理论风云中的思索

张翼星◎著

中国社会科学出版社

图书在版编目（CIP）数据

理论风云中的思索／张翼星著 . —中国社会科学出版社，2016.3
（北京大学马克思主义哲学论丛）
ISBN 978 - 7 - 5161 - 7736 - 5

Ⅰ.①理…　Ⅱ.①张…　Ⅲ.①马克思主义理论—理论研究
Ⅳ.①A81

中国版本图书馆 CIP 数据核字（2016）第 045786 号

出 版 人	赵剑英
责任编辑	喻　苗
责任校对	张依婧
责任印制	王　超

出　　版	中国社会科学出版社
社　　址	北京鼓楼西大街甲 158 号
邮　　编	100720
网　　址	http://www.csspw.cn
发 行 部	010 - 84083685
门 市 部	010 - 84029450
经　　销	新华书店及其他书店

印　　刷	北京明恒达印务有限公司
装　　订	廊坊市广阳区广增装订厂
版　　次	2016 年 3 月第 1 版
印　　次	2016 年 3 月第 1 次印刷

开　　本	710×1000　1/16
印　　张	22
字　　数	372 千字
定　　价	79.00 元

　　张翼星，男，1933 年 8 月生，湖南平江县人，1960 年毕业于北京大学哲学系。曾任哲学系教授。主要从事马克思主义哲学史与国外马克思主义的教学与研究，曾主持国家"七五"规划社科重点科研项目。1999 年退休后，主要研究方向为当代中国哲学和教育。主要著述有：《列宁哲学思想的历史命运》（曾获国家社科基金奖）、《为卢卡奇申辩》、《难以消逝的思想烟云》、《大学之所以为大——高等教育纵横谈》；主要译作有：《黑格尔——一种新解说》·（〔美〕沃尔特·考夫曼著）、《辩证法内部对话》（〔美〕诺曼·莱文著）、《苏联的马克思主义》（〔美〕赫伯特·马尔库塞著）、《民主化的进程》（〔匈〕乔治·卢卡奇著）；主要编集有：《人类精神的自由反思者》、《守道 1957—1957 年中国哲学史座谈会实录与反思》（合编）、《育才之路新足迹——北大首届文科综合实验班》等。发表各类文章近 200 篇。

总　序

　　在新的历史条件下推进马克思主义哲学研究，这既是时代发展和中国发展的客观要求，又是理论工作者所肩负的重要职责。要推进马克思主义哲学研究，必须处理好传承与发展的关系。这里讲的传承，既指马克思主义哲学理论本身的传承，同时也指马克思主义哲学研究成果的传承；这里讲的发展，既指马克思主义哲学理论本身的不断创新，同时也指马克思主义哲学研究水平的突破与提升。加强马克思主义哲学本身的传承与发展无疑是重要的，而对马克思主义哲学研究及其成果的传承与创新也是非常必要的。这两种传承与发展实际上并不是各自孤立进行的，而是内在地结合在一起的。马克思主义哲学的传承与发展固然离不开马克思主义内容本身的研究，同时也包含着后人的理解和阐释，不可能离开后人的研究来孤立地看待马克思主义哲学的传承和发展。因此，要加强马克思主义哲学研究，应当对后人的传承与发展加以重视和关注。这也正是我们组编这套《北京大学马克思主义哲学论丛》的初衷。

　　北京大学是马克思主义在中国传播的发源地，具有悠久的马克思主义理论研究传统。"五四"新文化运动中，李大钊、陈独秀发起成立"马克思学说研究会"，最早开设唯物史观课程，宣传马克思主义。新中国成立后，北京大学一直是马克思主义哲学教学、研究和宣传的重要阵地，冯定教授等对马克思主义哲学学科的建设起了重要的组织、推动作用。1978年以来，黄枬森教授等在原有的基础上，开创了马克思主义哲学史学科，拓展和完善了马克思主义哲学研究领域，使其成为全国重点学科。

　　多年来，北京大学马克思主义哲学学科在其研究中逐渐形成了自己的传统，这就是重视马克思主义哲学基础理论研究。"史"（马克思主义哲学史）与"论"（马克思主义哲学基本原理）成为本学科研究的重点。特别是改革开放以来，伴随马克思主义哲学史学科的成功开创，形成了独特的研究特色。由黄枬森等教授主持编写的以及与国内同行共同编写的各种版本的《马克思主义哲学史》在全国学界产生了重要影响。20世纪90年代以来，本学科在保持原有传统优势的基础上，又根据新的发展的需要，逐渐拓宽了研究领域，形成了这样几个主要的研究方向：一是文本研究，包括文献研究和文本内容研究；二是基本原理的专题性研究，特别是历史哲学的研究；三是国外马克思主义研究，重点是西方马克思主义研究；四是马克思主义人学和社会发展理论研究，主要结合当代社会发展变化的实际，对相关重大理论和现实问题从人学和发展理论的视角予以新的探讨。这些研究方向的确立，意味着研究不再仅仅限于传统教科书的框架，同时面向现实问题研究，从而走向新的融合。

对于基础理论研究与现实问题研究的关系，学术界多年来有着不同的看法。有的强调研究的学术性，有的强调研究的现实性，彼此形成不同的倾向和主张。实际上，二者并不构成矛盾与对立，而是完全可以结合在一起的，并且是相互渗透、相互促进的。研究马克思主义哲学，当然需要加强基础理论研究。不能正确理解经典文本和马克思主义哲学史，就不可能真正理解和把握马克思主义哲学，因而正确地阐释文本和马克思主义哲学史，这是掌握马克思主义哲学基本理论的前提和基础。但是，马克思主义哲学又不能仅仅限于这样的研究。将马克思主义哲学研究变为文本、马克思主义哲学史和一些原理的"诠释学""考据学"，无益于推进马克思主义哲学的发展。马克思主义哲学的基础理论也是一个发展、开放的系统，并不是一个固定不变的模式。伴随实践的发展，许多基础理论也要不断深化、调整和完善。关注现实问题，加强"问题导向"，一方面可以使文本中曾被忽视、误解以至被遗忘的思想、观点得到新的重视和开掘，另一方面可以给文本中许多思想赋予新的当代意义，从而激活其思想资源，使其焕发出新的生机、活力。就此而言，加强现实问题研究，又会有力促进基础理论研究。实现二者有机结合，有助于推动马克思主义哲学的深化和发展，这也正是本学科在原有研究基础上拓展研究方向与领域的动因所在。

收录在本论丛的书目，都是本学科老教授的研究成果。这些老教授虽已离开教学岗位，但不少人始终是"退而不休"，一直在马克思主义哲学研究的园地里辛勤耕耘，成果不断，在学科建设中发挥着重要作用。从本论丛写作的时间来看，既有过去撰写的，也有新近创作的，有的完全是近几年研究的成果；从其内容来看，涉及的论域比较广泛，既有关于马克思主义哲学史、经典文本和基本原理的研究，又有关于重大理论问题和现实问题的研究；从其关注的重点来看，既有基础性的问题，又有前沿性的问题；从其研究的领域来看，既有马克思主义哲学本身所涉及的各种领域，又有与其相关的研究领域。可以说，这些成果是这些老教授长期研究的真实记录，是他们探索轨迹的生动描绘，共同构成了马克思主义研究的绚丽画卷。

本论丛只反映了本学科过去研究的一个大致图景，并未体现其研究的全部历史和现状。收录的书目主要反映了作者在研究中的代表性成果或代表性观点。尽管各位作者研究的重点不同，旨趣各异，但其目标指向则是共同的，这就是不断深化和推进马克思主义哲学研究，以求发展、创新。正是围绕这一目标，各位作者分别从不同角度对马克思主义哲学进行了有益的探讨，形成了不同的研究特色。

值得注意的是，本论丛所收集的这些研究成果是和作者们的经历联系在一起的。这些作者都是在20世纪上半叶出生的，大多是在新中国建立后走进大学校园，而后留校任教。他们都经历了共和国的风风雨雨，其学术生涯又是同改革开放的历程联系在一起的。正是这些特殊的经历，使这些作者对社会、人生和马克思主义哲学有着独特而深刻的体认和感悟。这些研究成果均不同程度地打上了时代的烙印和个人体验的印记。今天看来，在这些成果中，尽管有些话题可能有些陈旧，某些看法也不一定新颖，但其确实反映了这些作者在不同历史条件下的独特思考和艰辛探索，有助于我们更好地理解和把握马克思主义哲学研究的思想历程及其经验教训。总体来看，这些成果是本学科长期积累的宝贵财富，它为本学科的发展奠定了厚实的基础，因而是其发展的重要阶梯。

传承是为了更好地发展。站在新的历史起点上，北京大学马克思主义哲学学科的同仁们始终没有忘记自己的使命和责任，没有忘记自己的天职，一直以高度的热忱投身于马克思主义哲学的教学与研究之中。我们相信，在未来的岁月中，只要充分继承和发扬北京大学马克思主义理论研究的光荣传统，锐意进取，不懈努力，就一定会在马克思主义哲学研究上取得新的更大的成就。我们将会把新的成果集中起来，以"马克思主义哲学：经典与当代"丛书加以出版。

近年来，本学科的发展得到了陕西帮建置业有限公司董事长王建良先生的大力支持和帮助，他建议并捐资设立了"黄枬森与北京大学马克思主义哲学学科发展"项目（简称"黄枬森项目"），为本学科的教学、科研作出了重要贡献，在此深表感谢！

　　本论丛的出版得到了陕西帮建置业有限公司董事长王建良先生和北京大学社会科学部的资助；北京大学哲学系对本论丛的出版给予了大力支持；中国社会科学出版社为本论丛的策划和出版作了很大努力，付出了辛勤劳动。在此一并表示诚挚的谢意！

论丛编委会

2016 年 4 月

目　　录

前　　言

我在北京大学哲学系艰难地学习、工作、生活了 60 余年，直接从事教学将近 40 年。结合教学，总有所思。若有所得，便形成文字，有若干极不成熟的"成果"。除了几本论著、编纂和译作之外，还陆续地写了一些文章，包括理论、教育和随笔之类。从 20 世纪中期进入 21 世纪，面对国内外的政治动荡和理论风云，我在哲学理论领域所思索、探究的问题，主要涉及以下三个方面。

一　国际思潮的比较，主要涉及对"西方马克思主义"和卢卡奇的评论

1. 关于"西方马克思主义"

20 世纪 20 年代国际思潮中的一件大事，是匈牙利卓越思想家卢卡奇（Lukács Georg，1885—1971）在 1923 年出版《历史与阶级意识》一书，它标志着"西方马克思主义"思潮的出现。这种思潮到 70 年代末才比较全面地介绍到我国来。如何看待"西方马克思主义"思潮的性质？如何认识它与马克思主义、列宁主义的关系？随后在国内理论界便有一场热烈的讨论与争议。主要有两派截然不同的观点。一派认为西方马克思主义是一种"小资产阶级激进派"思潮，是一种"非马克思主义"或"反马克思主义"的思潮。此派以中国社会科学院的徐崇温先生为代表；另一派则认为它基本上是出现于西方的一种马克思主义思潮，此派以中央编译局的杜章智先生为代表。我基本上不同意前一种观点，也不完全同意后一种观点，而在多篇文章中阐明了我的看法。我认为"西方马克思主义"与我们传统观念中的马克思主义、列宁主义既有对立、差别的一面，也有回应、相补的一面。由于它包含众多的派别和复杂的成分，并不具备一个统一的要旨或体系，因此，不宜笼统地给予定性，而需要就其不同派别、不同历史时期和各种代表人物的思想状况作具体分析。就其总的倾向来看，它是在西方历史文化背景下形成的一种重新诠释和探索马克思主义的思潮，它确实与马克思主义的某些当政派别或流行观念存在种种分歧，但它在发掘思想遗产、探究理论问题、思考人类前景等方面，是有重要启发和借鉴意义的。我主张深入开展东、西方马克思主义哲学派别的比较研究。

2. 关于卢卡奇等代表人物

怎样评价"西方马克思主义"思潮的几个开创者或早期代表人物的思想？特别是怎样评价卢卡奇及其《历史与阶级意识》？国内外出现诸多争议。我认为对于卢卡奇与意大利的葛兰西（Gramsci Antonio，1891—1937），不论从他们的理论信仰、创新探索或实践活动来看，都无疑是马克思主义者，他们在马克思主义思想史上的地位与贡献，是毋庸置疑的。他们与一般或后来的"西方马克思主义"者有着显著的区别。至于德国的科尔施（Korsch Karl，1886—1961），则在他 1916 年再版《马克思主义与哲学》的前后，有着重大的转折，从支持列宁主义转向全面批评列宁主义。德国的布洛赫（Bloch Ernst，1885—1977），也属于"西方马克思主义"思潮的开创者，他的《乌托邦》和《希望的原理》，虽然比较晦涩，却更具深度与远见，只是至今尚缺中译本，仍是有待开掘的宝贵遗产。卢卡奇是 20 世纪影响最大、引起争议最多的马克思主义理论家之一。在现代马克思主义哲学史上，卢卡奇思想有着特殊意义，他不仅是卓越的理论家兼革命活动家，而且是既善于理论探索又勇于自我解剖的思想家；在他的复杂而曲折的生命历程中，包含着丰富的理论思维的经验教训。他的哲学思想表现为特定的思想脉络，是与列宁主义有着重大差别与分歧的发展线索。他对马克思主义哲学的探索与贡献是多方面的，特别是他晚年的理论活动，不论是对马克思哲学体系或美学体系的构想，还是对马克思主义的革新或社会主义民主化的开创，都有重大的理论与实践意义。我关于卢卡奇的一系列论述，正是对于他的思想历程和地位、贡献的重点思考。

二　国内现实的考察，主要涉及社会主义与人的问题

1. 关于社会主义的本质

邓小平关于社会主义本质的论述，对于国内长期流行的社会主义观

念，是一个创新性的评判。它与马克思主义基本传统的关系究竟如何，不少人仍有疑问。我的文章试图辨明马克思主义基本传统与某些流行观念的本质区别，并且阐明邓小平思想的显著特点，及其与马克思主义的内在联系，从而肯定了邓小平关于社会主义本质的论述，是对马克思主义基本传统的继承与创新。与此相关，我对多年来国内社会主义现实状况的考察，从知识分子和平民百姓议论丛生、聚讼纷纭的众多问题中，分析、提炼出两个当前最为紧迫而又最难解决的矛盾：一是根治贪污腐败与保持经济快速增长、社会总体稳定的矛盾；二是加速现代化建设与民族道德文化素质偏低的矛盾。我虽对这两个突出矛盾还缺乏全面深入的分析，并因未能找到解决矛盾的基本途径而困惑，但我相信，切实把矛盾揭示到深处，把握问题的关键，引起执政领导和全国人民的高度重视，总能找到解决的途径。近来党中央坚持无禁区、全覆盖、零容忍的反腐败斗争，并提出党风整顿、廉政建设和反腐败斗争的一系列新判断、新思路、新举措、新要求，更使我困惑大解，信心倍增。

2. 关于异化和人道主义的批判

20 世纪 80 年代关于异化和人道主义的讨论与批判，是国内理论界的一件大事。问题本来是从沉重的历史经验与现实教训中提出的。1979—1983 年期间的讨论，基本上属于学术性质。许多学者的文章是对以往政治运动中的教训和 10 年"文化大革命"中人们所受灾难的理论反思。若沿着学术争鸣的方向发展，是有利于总结政治和理论思维的经验教训的，并且有利于促进现代文明和全面现代化的建设。不料从 1983 年 10 月下旬开始，在"清除精神污染"的声势下，在全国范围展开了一场对异化和人道主义观点的批判。当时北大哲学系的部分教师也举行过两次大型讨论会，出版过两本文集，我均未参加，也未写批判文章。直到 1993 年，我才发表《关于人道主义研究和教育的几个问题》一文，就人道主义和社会主义道德教育的几个原则问题表明了我的看法。

3. 关于"以人为本"的分析

人类进入 21 世纪，人的问题更加凸显。党中央提出"以人为本"的政策原则。"以人为本"的观念与马克思主义哲学的关系如何？是否有理论根据？人们不免提出疑问。我写了《谈谈"以人为本"的哲学根据》，说明哲学的归宿在于人；而现实的人，本是马克思主义的出发点；马克思当年提出的人的"类"概念和晚年的"人类学"研究，与当代全球性问

题还是息息相通的。在我看来，"以人为本"的提出，理应是对以往经验
教训的总结，不仅有政治和政策上的转变意义，也表明国内理论上的某种
进步，哲学上似有"回到马克思"的含义。《"以人为本"的若干思考》
则就其现实根据，及其所反对的几种倾向作了实际的分析。

三　历史经验的反思，主要涉及"五四"新文化运动和意识形态领域的争议

1. 关于五四运动和北大传统

对五四运动的认识，海内外存在诸多争议。我作过多次专题讲座，试
图澄清某些误解。五四运动本有双重内涵，即既有爱国救亡的一面，更有
新文化运动和思想启蒙、思想解放的一面。基于后者，它又是中国走向现
代化的一次重要启动，是一场使民族觉醒和复兴的伟大运动。怎样理解
"打倒孔家店"的口号？新文化运动的主要代表人物并不是要完全否定孔
子或否定中国传统文化。当时新思潮的主要锋芒只是反对把孔子和儒家思
想定于一尊而限制、扼杀其他思想派别；反对以儒家的人伦秩序来维护专
制主义的皇权统治；反对利用儒家经典来束缚人的思想与个性。新文化运
动的主要代表人物，如蔡元培、胡适、陈独秀等人，都是尊重孔子和中国
传统文化的。"五四"新文化运动的基本精神是什么？在众多说法中，我
赞赏胡适所说当时新思潮是一种"评审"的态度；陈寅恪在给王国维纪
念碑的铭文中所说"独立之精神，自由之思想"，足以揭示新文化运动之
基本精神。蔡元培倡导的"兼容并包，思想自由"的方针，为北大奠定
了基本传统，正与新文化运动的基本精神相衔接、相呼应。我在多篇文章
中的反复论述，说明北大的基本传统就是"兼容并包，思想自由"，并可
视作北大校训。这是我近 20 年来思考北大校史，探讨北大 100 多年来基
本经验的一份重要成果。

2. 关于意识形态领域的批判

辩证法思想是新中国成立后哲学领域颇为敏感而有激烈争议的方面。
20 世纪五六十年代占主导地位的观点是"一分为二"与"斗争"哲学。
冯友兰和顾准先生后来都对辩证法问题作过某些反思。这里论述了他们的
一些看法。冯先生引证北宋哲学家张载的话："有象斯有对，对必反其
为，有反斯有仇，仇必和而解。"冯先生认为，这里的前三句，马克思主
义辩证法也可同意，第四句就截然不同了。我则认为，张载的这段话代表

了中国传统哲学的主导思想。至于一斗到底的"斗争哲学"则并不符合马克思主义哲学的传统。

1957 年初在北大哲学系召开的全国范围的中国哲学史座谈会,是新中国成立后特定形势下的一次特殊而难得的哲学争鸣。其中包含理论思维和实施"双百方针"的许多经验教训。认真回顾与反思这类意识形态领域"大批判"的经历,是我近年来着力较多的一个方面。我与大学同学赵修义、陈村富、朱贻庭共同讨论、合作编集的《守道 1957—1957 年中国哲学史座谈会实录与反思》一书,在 2012 年北大哲学系百年系庆期间由上海人民出版社出版。此书获学界好评,由新浪网列为 2012 年社科类"10 本好书"之首。本书收录的是我在 2007 年纪念座谈会 50 周年和 2012 年哲学系系庆 100 周年所写的两篇文章。

关于意识形态领域多次大批判的回顾与反思,我在 2009 年曾出版《难以消逝的思想烟云》一书。这里再补写两篇:《关于"合二而一"论批判的回顾与反思》《关于异化和人道主义批判的回顾与反思》。在我看来,这是在实际生活中造成危害比较严重的两次"大批判"。

总的说来,这虽然是一部文集,但从国际思潮、国内现实和历史经验等三个方面,大致可以看到我的理论活动的某些轨迹。我深知自己学识浅陋,水平较低。这在主观和客观方面都有原因。主观方面缺乏自强不息的毅力。1957 年遭受政治厄运,长期的体力劳动(实际是劳动惩罚)耽误了许多宝贵的光阴;特有的政治歧视也让我难以振作,胸无大志。待到1979 年完全恢复政治和学术生命时,我已年近半百,且仍需为家庭生活艰苦奔波。因此,我在专业上是"先天不足",又"后天失调"的。但我仍然墨守两点:一是不懈怠,不放弃,尽力去弥补一点损失,年岁越增长,便越想学点孔夫子说的"学如不及,犹恐失之""发奋忘食,乐以忘忧,吾不知老之将至"的精神;二是赞赏宋代张载所说:"为学患无疑,疑则有进。"这成了我的座右铭。我不愿意把来自书本,特别是来自上层的话看作不变的教义,而比较习惯于从侧面或从反面去比较、去思考。讲话、写文章,我极不喜欢那种落于俗套,人云亦云,了无新意的大话和空话;发言、讲课,我主张着重讲自己的认识和体悟。这样才能活跃思想,带有启发性。我把蔡元培明确提出并坚决实施的"兼容并包,f思想自由"的方针看作北大的基本传统,看作开创学术繁荣、人才辈出的康庄大道。尽管我自己也长期受到教条主义的影响,在讲课与著述中难免带有这种缺陷。但我还是愿意尽力克服依附性，努力做到独立思考，发表自己的见解。我的译著和文章中的错误与缺陷一定很多，恳请学界同人和广大读者多赐批评、指教。

张翼星　谨识

于北京大学承泽园

2015 年 1 月

第 一 编

"西方马克思主义" 思潮的探究

第 一 章

关于"西方马克思主义"思潮

一 应当克服直线性和单线性的思维模式
—— 从国内马克思主义哲学史的研究说起

（一）

马克思主义哲学史，作为一门历史科学来建设，在我国主要是近30多年来的事情。近20多年来，我们在搜集整理资料、出版多种教材、开展专题学术研究等方面，都是有显著成绩的。但是，我们的马哲史研究，与整个改革形势的进展，与发展马克思主义哲学的要求，还是不相适应的。

马克思主义哲学史应当展开马克思主义哲学发展的丰富性，历史地揭示它的逻辑进程。但是，翻开我们的多种大同小异的教材和著作，就感到它在内容上比较单调和狭窄，存在着一种直线性和单线性的写法。直线性，就是写理论上的一个接一个的贡献和发展，基本上不写历史的局限和不足，看不到马克思主义哲学思想发展过程中的起伏和转折。单线性，就是只写一种传统观念上的发展线索：马克思——恩格斯——列宁——斯大林——毛泽东，基本上看不到其他的发展线索。这种写法，不能充分体现马克思主义哲学进程的曲折性和发展途径的多样性。因此，为了增强马克思主义哲学史研究的科学性和开创性，就应当努力克服这种直线性和单线性的缺陷，应当开阔视野，拓宽研究领域，把马克思主义的辩证法运用于马哲史的研究和阐述本身。

马克思主义的创始人，同时就是马哲史这门科学的开创者。他们在创立和发展马克思主义的过程中，十分重视对自己思想转变的及时清理和总结。从标志体系创立的《德意志意识形态》，到恩格斯晚期所写的《费尔巴哈与德国古典哲学的终结》，都注重清算他们"从前的哲学信仰"，清理他们与德国古典哲学的关系，从而历史地说明了他们世界观的根本转变。列宁在研究和阐述马克思主义哲学史时，也很注意揭示马克思、恩格斯世界观转变的具体进程。他要求弄清马克思怎样"离开黑格尔走向费尔巴哈，又进一步从费尔巴哈走向历史（和辩证）唯物主义"，从而深入揭示"从黑格尔和费尔巴哈继续向前的运动，从唯心主义辩证法到唯物主义辩证法的前进运动"。长期以来，为了澄清西方"马克思学"对马克思早期思想造成的某些歪曲和误解，科学地说明马克思主义哲学的形成，我们对青年马克思从唯心主义向唯物主义，从革命民主主义向共产主义两个密切联系、互相交错的转变，是作过比较深入的研究的，国际、国内这方面的研究成果也以不同程度地反映在我们的马哲史教材中。

　　然而，在马克思、恩格斯的世界观转变完成之后，在他们的基本理论创立和成熟之后，整个马克思主义的发展进程，是否就不再有思想的转折和起伏，是否就是一种贡献加贡献，发展再发展的直线式的连续过程呢？显然并不是这样。我们以《共产党宣言》为例，《宣言》标志着马克思主义的成熟，第一次比较系统地阐明了科学社会主义的基本原理，应当是一部相对完整的典范之作了。但正如恩格斯所说："《宣言》有它本身的经历，它的基本思想，在不同的社会实践条件下，会有不同的运用和发展，并且经历过若干修正。"这清楚地反映在马克思、恩格斯为《宣言》所写的几篇序言中。经过1848年欧洲革命和1871年巴黎公社实践的检验，在对待资本主义国家机器的态度、对以往社会主义文献所作的批判，以及共产党人对待各种反对党派的态度等方面，《宣言》的某些观点和提法显得已经过时，应当随着实践的发展而有所变动和改写。我们知道，《宣言》中着重阐述并反复强调的基本思想之一，是认为以往的全部历史都是阶级斗争的历史。这一点，直到马克思晚年研究了文化人类学，特别是阅读了摩尔根的《古代社会》，进一步地了解了家庭发展的历史之后，他的观点发生了重大的变化，这时他认识到，从"现代家庭"（一夫一妻制的个体家庭）萌芽时起的历史，才是阶级斗争的历史，在此之前，还有着很长一段根本不存在阶级的原始社会。这才确定了阶级斗争概念的上限范围。马克思主义的理论体系确立之后，这种理论观点上的重要变化，应当通过深入的科学研究，在我们的马哲史教材或专著中得到确切的反映。

　　马克思思想与恩格斯思想之间的关系，是国际社会思潮斗争的一个重要方面。为了反驳西方学者从哲学上制造的马克思与恩格斯的"对立"，我们的马哲史论著往往强调马克思与恩格斯的"完全一致"，而讳言他们之间的思想差别。当然，作为无产阶级革命事业的最亲密的战友，作为马克思主义这门科学的共同创立者，马克思与恩格斯的整个思想，在原则上是一致的。这种一致主要表现为坚持统一的立场、观点、方法，而不在于他们的探索重点、理论色彩和某些重要问题的论述没有差别和变化。马克思一生的理论活动，主要把精力集中于社会历史领域，集中于研究《资本论》。他关于哲学体系的思想，主要凝聚、体现在《资本论》这个科学和艺术的整体之中。他关于辩证法、认识论的思想，交织在社会历史观之中。他关于"实践唯物主义"的观点，充分体现了主体与客体，人与自然、社会的辩证关系，但他没有专门论述自然领域的哲学问题，没有专门论述认识论、辩证法的规律和体系。恩格斯则在19世纪的六七十年代专门研究了自然科学的哲学问题，区分了客观辩证法和主观辩证法，并且试图从自然领域入手，构想整个辩证法、认识论的体系，初步概括了辩证法的规律和范畴。因此，一方面，恩格斯的《自然辩证法》是试图与《资本论》一起，即在自然与社会的两大领域的研究，融合为一个有机的整体。尽管恩格斯对自然领域的专门研究为时较短，只是为我们提供了一些探索的片段和草图，远没有形成《资本论》那样的科学体系，但终究是马克思主义哲学体系和总体探索中的有机组成部分。另一方面，恩格斯着重探讨的领域和构思侧重的角度，与马克思相比较，显然是有所转变。恩格斯在研究自然辩证法的过程中，还写下了《反杜林论》、《费尔巴哈与德国古典哲学的终结》这类专门的哲学著作，概括了马克思主义哲学的基本原理和历史来源。在恩格斯的这些著作中，哲学的基本问题与中心，自然观与实践观等方面，与马克思的观点相比较，不难看出既有侧重方面的区别，也有理论色彩和具体观点的差异。为了严肃回答西方学者的挑战，为了科学地揭示马克思主义哲学的发展过程和规律，我们不应当否认或回避马克思与恩格斯之间的某些思想转折和差别，而应当通过历史的分析，从客观因素和主观因素等方面作出合理的说明。

对于列宁哲学思想的发展，我们的马哲史教材容易平铺直叙地划分为几个阶段，分别叙述列宁对马克思主义哲学的贡献。虽然涉及了列宁哲学思想的一些主要内容和成就，却使人难以历史地把握列宁哲学思想的逻辑进程，不能确切地表现列宁哲学思想的起伏、转折和历史特点。列宁与马克思、恩格斯不同，也与普列汉诺夫不同，他没有经历一个世界观的根本转变时期，而是在俄国革命民主主义者的唯物主义传统影响的基础上，在投身革命活动时，就直接走上了马克思主义的道路。但是纵观列宁哲学思想的整个进程，我们至少可以看到两次比较重大的转折。

第一次转折是从写作《唯物主义与经验批判主义》到写作《哲学笔记》。《唯批》与《哲学笔记》是列宁的两部主要哲学著作，二者有着共同的理论前提，坚持一贯的哲学立场，并且都着重研究和阐述了马克思主义的认识论问题。但由于历史条件、论战中心和理论准备等方面的情况不同，从《唯批》到《哲学笔记》，呈现出列宁哲学思想进程中的重要差别和转折。

1. 从哲学上与普列汉诺夫结盟转向与普列汉诺夫论战，标志着列宁哲学思想的成熟，标志着他的辩证法与认识论的统一。

2. 从主要进行狭义认识论的探讨，转向广义认识论，即辩证法、认识论、逻辑三者统一的认识论的探讨，也就是从作为哲学体系局部领域的探讨转向作为完整哲学科学的总体构思。这就表现理论探讨的深度和层次的重大转折。

3. 从主要继承哲学史上唯物主义者的遗产，转向系统研究辩证法史，着重发掘辩证法思想，特别是黑格尔的辩证法合理因素的遗产。这种批判继承的广度和重点上的变化，直接关系到列宁哲学思想的重大进展。

4. 在一系列哲学问题上，表现列宁理论视角的转换和理论探讨的深入。在认识论上，从着重强调唯物主义的反映论和一般涉及认识的辩证过程，转向揭示理性认识与感性认识、抽象概念与具体概念、概念转化过程与认识深化过程等方面的辩证关系，着重探讨以实践观点为基础的认识的辩证法。在实践观上，从侧重于实践是检验认识的标准，转向全面揭示实践的科学含义、实践与认识的辩证关系。在唯物主义与唯心主义的关系上，从着重强调唯物主义与唯心主义的对立，转向更全面地揭示唯物主义与唯心主义的对立统一关系。

我们既反对某些西方学者把《唯批》与《哲学笔记》对立起来或割裂开来，过分贬低《唯批》的倾向，也不主张把列宁的这两部哲学著作平列起来，不作比较，不分高低，以及不实事求是地过高评价《唯批》的倾向。应当历史地把握和揭示列宁哲学思想的逻辑进程，科学地评价两部著作各自的历史地位和理论贡献，具体说明从《唯批》到《哲学笔记》，列宁哲学思想的某些重大转折是如何实际地发生的，更充分地表现和突出列宁哲学思想发展的历史进程。

第二次转折是十月革命后从推行战时共产主义到实施新经济政策。如何在经济文化比较落后的俄国开辟社会主义道路，组织社会主义建设的问题，是列宁在十月革命后的理论与实践活动的中心，也是他回答时代课题的归宿。应当看到，在这个问题上，列宁的探索和设想，是经历过曲折，经历过否定之否定的过程的。早在 1905 年所写的《社会民主党在民主革命中的两种策略》中，列宁就曾设想在民主革命后经过某些中间环节过渡到社会主义，在十月革命前夕和苏维埃政权刚建立的头一年里，列宁又设想在无产阶级专政条件下利用"国家资本主义"之类的中间环节，通过迂回的道路走向社会主义。可是，到 1919 年，在内外交加的战争形势和极其艰难的经济环境下，列宁一度放弃原来设想的迂回道路，推行战时共产主义政策，实行余粮征集制，在小生产占绝对优势的前提下，企图走"直接过渡"的道路，立即转入由国家组织生产和消费的完全社会主义产品经济的轨道。实践表明，这样做的结果，不但使经济难以恢复，还遇到了农民的极大不满。这固然有特殊的战争环境的客观原因，但也包含着主观上要求过急、认识上的某些"左"的错误。到 1921 年春，列宁意识到这种错误，决定放弃战时共产主义时期企图"直接过渡"的不切实际的做法，要求重新回到原来设想的迂回前进的道路上去，转而实施新经济政策，明确提出有计划地利用商品货币关系，第一次把商品交换提到首位，把它作为新经济政策的基础。列宁在对照前后的认识时说：在为新的社会主义大厦奠定经济基础"这一最重要最困难的工作中，我们遭受的失败最多，犯的错误也最多。……我们现在正用'新经济政策'来改正我们的许多错误，我们正在学习怎样在一个小农国家里进一步建设社会主义大厦而不犯这些错误"①。我们的马哲史研究应当认真对待这种认识上的重大转折，更好地再现列宁哲学思想的发展过程，才有利于总结国际国内社会主义实践的经验教训，更好地揭示社会主义道路的一般性与特殊性、统一性与多样性的辩证统一。

在列宁逝世之后，列宁主义思想在国际范围内继续发生重大而深刻的影响，但也经历了更为复杂而曲折的过程。需要认真对待的争论问题是，

---

① 《列宁选集》第 4 卷，人民出版社 1995 年版，第 571 页。

关于斯大林的哲学思想，应当怎样作出科学的、实事求是的评价？列宁主义在当代富于生命力的思想，集中表现在两个方面，即列宁把辩证法——认识论系统化的构想，和关于落后国家向社会主义道路发展的构想。如果我们从这两个方面来考察，斯大林的一系列理论和主张，究竟主要是对列宁主义哲学的继承、发扬，还是对列宁主义哲学的扭曲和转向？都是值得深入研究而郑重地予以回答的。

毛泽东的哲学思想，从民主革命时期到社会主义革命时期，显然是有转折的。怎样分析毛泽东晚年政治错误的哲学根源？他的后期哲学思想的主要倾向和特点是什么？我们的毛泽东思想史研究应当给予科学的回答。怎样全面地、实事求是地评价《关于正确处理人民内部矛盾的问题》、《在中国共产党宣传工作会议上的讲话》等著作？对其中一些主要观点的思想渊源、理论是非和功过得失，应当作出确切的分析。这不但对于科学地阐述、评价毛泽东思想有重大理论意义，而且对于切实总结近 40 年来社会主义实践的经验教训，更好地建设有中国特色的社会主义，也是有重大现实意义的。

马克思主义哲学的重要特点在于理论与实践相统一。马克思主义哲学史与无产阶级革命史、与社会主义实践有着密切的联系。国际无产阶级公认的领袖人物，同时就是卓越的哲学家、理论家，这是历史的事实。因此，马克思、恩格斯、列宁、斯大林、毛泽东的著作和思想，首先作为马哲史的研究对象，马哲史应当着重分析他们的哲学思想的形成和发展，这是无可非议的。但是应当注意的是：第一，这些领袖人物的有代表性的马克思主义观点，既是时代、历史的产物，也是阶级、集体智慧的结晶。我们在重点研究他们的著作、思想时，也不可忽视他们同时代的战友或专业哲学家的著作和思想。第二，这些领袖人物也终究是人，而不是神，他们在对马克思主义哲学的形成、发展作出重大贡献的同时，由于受特定的时代、历史条件的制约，总是不可避免地带有一定的局限，而且由于受一定历史时期实践水平的限制，民族文化传统和各种思潮的影响，以及某些个人主观因素的作用，也可能发生某些缺陷和失误，有些是重大的缺陷和失误。马哲史在着重阐述理论的发展和贡献时，也应适当分析这些局限和失误，从中总结应有的经验教训，并作出科学、恰当的评价。第三，历史和革命的道路是曲折的，马克思主义哲学的发展也是曲折的。既有高潮，也有低潮，在总的前进过程中总有起伏和转折。列宁说："人的认识不是直线（也就是说，不是沿着直线进行的），而是无限地近似于一串圆圈，近似于螺旋的曲线。"[1] 这显然也适合于马克思主义哲学的发展过程。马克思主义哲学史只有深刻地再现这种波澜起伏的辩证发展的过程，才是充分可信的，有说服力的。

（二）

我们的马哲史教材和著作，一般还只是叙述了马克思——恩格斯——列宁——斯大林——毛泽东这个发展线索。当然，从理论的成果和某种实践的成效来说，这是一个主要的发展线索。但是，100 年来的历史说明，马克思主义哲学的发展，不但在不同的时代和时期，会形成不同的历史阶段，而且在不同的国家、民族里，由于不同的社会历史条件和思想文化传统，对于马克思主义就有着不同的理解和运用，也会形成不同的思潮和发展线索。在当今的世界范围内，任何僵化的社会主义模式都是行不通的。结合各个国家、民族的具体实践，社会主义道路和形式的丰富性、多样性，已成为无可否认的事实。社会主义实践形式和民族色彩的多样性，必然要表现为马克思主义理论色彩和形式的多样性。因此，不能把马克思主义哲学发展的主导线索看作唯一的发展线索，不能把一部活生生的马克思主义发展史看作单线式的发展。

在过去的很长一段时期内，由于极"左"路线的干扰和影响，常常把列宁主义、毛泽东思想看作唯一的"正统"，不承认当代还有列宁主义之外的其他马克思主义的学派；列宁主义、毛泽东思想的某些内容一遇诘难和批评，就简单地斥之为"修正主义"或"反马克思主义"，这种观点和做法，实际上并不是马克思主义的科学态度，而倒是带有某种狭隘的民族主义或宗派主义的特点。

当然，马克思主义与各种相异或敌对思潮的原则界限和理论是非，是不容抹杀、应当分清的。我们的马哲史应当在对照分析中明辨是非，更好地显示马克思主义的战斗历程。同时，对第二国际的历史作用，对于考茨基、普列汉诺夫的早期与后期的不同情况，哲学思想与政治思想的联系与区别，以及在不同时期对列宁哲学思想的不同影响、正面和反面的复杂交错作用等，应当作出具体的、恰如其分的分析。对于在马哲史上有重大影

---

① 《列宁全集》第 55 卷，人民出版社 1990 年版，第 311 页。

响的理论家的是非曲直,有些是需要经历较长历史实践的检验,而不宜简单对待或一笔否定的。总之,马克思主义的发展与鉴别,是一个历史过程,前后有很大的变化,实际上,恩格斯晚年的《1891 年社会民主党纲领草案批判》等文献中已经提出用和平过渡代替暴力革命,用民主共和国代替无产阶级专政的设想。他指出,"在人民代议机构先把一切权力集中在自己手里、只要取得大多数人民的支持就能够按照宪法随意办事的国家里,旧社会有可能和平长入新社会,比如在法国和美国那样的民主共和国,在英国那样的君主国。英国报纸上每天都在谈论即将赎买王朝的问题,这个王朝在人民的意志面前是软弱无力的"。因此他说:"把一切政治权力集中于人民代议机关之手的要求,在我看来是应该而且能够写到纲领里去的。"①

随着列宁主义的形成和发展,在西欧比较发达的资本主义国家里,逐渐形成和发展了与列宁主义相对应的另一方面的思潮和线索。西欧发达资本主义国家本是马克思主义的故乡。由于历史的种种原因,无产阶级革命却首先在经济文化比较落后的俄国取得胜利,马克思主义也相继在比较落后的地区得到继承和发扬,形成了有代表性的列宁主义、毛泽东思想。但是,在当代新的历史时期里,马克思主义及其哲学在西方各国,仍在结合自己的国情和民族文化传统,以多种的派别和形式,逐步地发展着。如果说,在 20 世纪的 30—50 年代,由于把马克思主义教条化和社会主义模式僵化的倾向,曾经严重影响了马克思主义在西方各国的发展;那么,在经过第二次世界大战之后,特别是在 50 年代中期国际范围内反对了个人崇拜的倾向之后,以冲破教条主义的束缚为转机,在西欧发达的资本主义国家,又出现了马克思主义的复兴和发展的势头。

这样,当代马克思主义的发展,实际上形成了两条基本的发展线索,一条是在东方经济、文化比较落后国家的运用和发展;另一条则是在西方发达资本主义国家的"复归"和"革新"。当代欧美主要资本主义国家的马克思主义哲学家和哲学派别,大致可以分为两种类型,一种是在工人阶级政党内占主导地位的,基本上是在维护马克思主义传统观念的前提下进行新的探索。许多国家的工人阶级政党都在力求更好地解决马克思主义的基本原理与本国具体实际相结合的问题。许多马克思主义者面对科技革命

---

① 《马克思恩格斯文集》第 4 卷,人民出版社 2009 年版,第 414—415 页。

蓬勃发展和当代全球性大变动中提出的新课题，正在寻求科学的回答。他们的探索是富有新的时代气息和民族特点的。比如，他们结合现代科技革命成果，创造性地探索辩证法体系和现代科学认识论中的一系列重要课题；依据当代资本主义现实和社会主义实践的经验教训，尝试着确立科学的马克思主义人道主义的基本理论；特别是在当今资本主义向社会主义过渡的潮流中，他们结合发达资本主义国家的特点，致力于探讨西方各国走向社会主义的新的途径和规律。他们提出了非暴力革命，把争取社会主义与争取民主的斗争相结合，以及经历某些特殊的中间阶段的途径和方式，为解决重大时代课题提出了创造性的见解。另一种是在工人阶级政党内不占主导地位，但仍属于马克思主义阵营内部，仍然坚持马克思主义和社会主义旗帜，对马克思主义展开了各种反传统观念的解释和探索，并且试图使马克思主义与现代西方哲学中的某些方面相结合，从而形成了一系列新的哲学派别。这些派别虽然思想庞杂、互有分歧，未能形成一种统一的体系，并且可能对马克思主义的基本原理发生这样那样的偏离，但也表现了面对现实、勇于探索，试图为马克思主义注入新的活力的精神，因而也是值得我们重视的。西方的各种马克思主义哲学派别的可贵探索和贡献，也是马克思主义哲学发展的组成部分。

马克思主义是国际工人运动的产物。它的各种潮头和派别，不宜从地域上划分，其影响也是没有地域限制的。列宁主义在西方也有过重大而深远的影响，而当今在西方出现的马克思主义思潮和派别，在东欧和亚洲的一些国家里，也有着程度不同的影响。同时，列宁主义与西方的各种马克思主义哲学派别，带有各自的社会和民族的思想文化传统的特点，也是明显不过的事实。列宁主义曾经指导一系列国家的无产阶级和革命人民取得了社会主义革命和建设的胜利，我们的马哲史把它看作当代马克思主义的主导线索，是不可避免的。但是，我们却不能由此而把列宁主义看作马克思主义的唯一发展线索，以至不承认列宁主义之外的其他马克思主义哲学派别。当今在西方出现的与列宁主义相对应的马克思主义思潮和一系列哲学派别，也应当看作当代马克思主义哲学发展的一些脉络和侧面，应当纳入马克思主义哲学史的研究对象和范围，写进马克思主义哲学史的重要篇章。如果我们的马哲史研究，完全忽视这个方面的发展线索，就是不全面、不充分的，因而势必损害它的科学性。今后在搜集整理资料、掌握发展动态、深入开展各种专题研究方面，还有许多艰巨的工作要做。在国内改革和建设的伟大实践中，国际上经济与科技正在激烈竞争，同时也在日益趋向综合化、整体化，各民族的思想文化正在日益加强对话与交流。在这种形势下，今后我们应当努力加强对国外马克思主义的各种思潮、派别的具体研究，并且认真开展东、西方马克思主义哲学的比较研究；在认真总结马克思主义哲学发展过程中的经验教训，揭示马克思主义哲学发展的内在联系和规律的同时，要以去芜存精、取长补短、见贤思齐、百花采蜜的方式来丰富和发展我们的马克思主义哲学。

（写于 1989 年）

二　"西方马克思主义"的由来与特点

"西方马克思主义"，是 20 世纪在国际上出现的一种重要的社会思潮，顾名思义，它是与东方出现的列宁主义相对而言的。它既是一个地域性思潮的概念，更具有独特的思想内涵，实质上显示出西方社会历史状况和民族文化传统的特点。从总体上看，它与 20 世纪的时代课题密切相关，又是对列宁主义的重大反响，表现了当代马克思主义发展或研究中的不同线索和某种分化。

（一）"西方马克思主义"思潮的由来和特点

"西方马克思主义"的概念，有一个演变和扩展的过程。这个概念的正式出现，是在德国的科尔施的著作中。他在 1923 年出版《马克思主义与哲学》时，并未提出这个概念，那时他是表示积极拥护列宁主义的。在此书与卢卡奇的《历史与阶级意识》在国际共产主义运动内同时受到批判之后，科尔施在 1930 年又发表了《〈马克思主义与哲学〉问题的现状——一篇反批评》，便多次提到"西方马克思主义"或"西欧马克思主义"这个名称，并对列宁主义或"俄国的马克思主义"提出了比较激烈的批评。当时他所说的"西方马克思主义"，主要指 20 年代出现的以卢卡奇、科尔施所代表的思想倾向。法国的梅洛－庞蒂在 1955 年出版的《辩证法的历险》的第二章中，进一步分析了"西方马克思主义"与列宁主义的对立。他的所谓"西方马克思主义"，主要指在卢卡奇的《历史与阶级意识》的影响下，在西方出现的从人本主义和社会历史理论的角度来理解和探索马克思主义的思潮。英国的佩里·安德森在1976年出版了《西方马克思主义探讨》一书，便把这一概念使用得更泛了。他把在第二次世界大战后出现的带有新实证主义和结构主义特征的研究马克思主义的派别也囊括进来了。70年代末，"西方马克思主义"这一思潮被介绍到中国时，是大致按照佩里·安德森所概括的范围来叙述的。

这样，"西方马克思主义"的含义和范围，就由最初所指少数几个代表人物的思想，扩展到整个人本主义的学派，比如法兰克福学派、存在主义的马克思主义、弗洛伊德主义的马克思主义等；并且囊括了科学实证主义的派别，如新实证主义的马克思主义、结构主义的马克思主义等。往后还包括1968年巴黎"五月风暴"后出现的一些派别，如七八十年代以来出现的生态学的马克思主义等。此外，自50年代中后期出现的东欧一些研究马克思主义的派别，如南斯拉夫的实践派、波兰的哲学人文学派、捷克的存在人类学派、匈牙利的布达佩斯学派等，这些派别尽管较多地涉及社会主义社会中的理论与实践问题，我们习惯于称之为"东欧新马克思主义"，但它们一般都与"西方马克思主义"的人本主义方面的学派有着密切的思想联系，或者说是在"西方马克思主义"思潮的直接影响下形成的，是属于整个"西方马克思主义"思潮系列的。所以，我们通常把以上所有这些派别统称为"西方马克思主义"，有时也统称为"新马克思主义"。

"西方马克思主义"的诸多派别包含着复杂的成分，并没有一致的理论规范和体系。从当前这个名称所涵盖的范围来看，大致包括人本主义和科学主义两大基本派别。前者受整个西方传统文化的影响，着重发掘马克思主义的人本主义的渊源，发扬马克思主义的人道主义的性质；后者在当代科学技术发展的影响下，从科学的视角理解马克思主义，作实证主义或结构主义的诠释。这两大基本派别之间，在有关马克思主义的思想实质、马克思的早期著作与晚期著作的关系、马克思主义与人道主义的关系、马克思主义与黑格尔思想的关系等方面，存在着重大分歧，甚至互相批评、诘难；在对列宁主义的认识和态度上，也有重大差别，整个说来，人本主义派别在"西方马克思主义"思潮中占主导地位，影响比较广泛而显著。同时，不仅两大基本派别之间，就是属于人本主义的各个派别之间，甚至同一个派别或同一个代表人物的前期与后期，也有重大差别或变迁。就其代表人物来说，也包含各种极不相同的类型。

尽管如此，"西方马克思主义"作为一种国际性的思潮，仍有其共同的理论倾向。比如：一般都致力于揭露当代资本主义的种种弊端，批评僵化社会主义模式的种种缺陷，追溯马克思主义哲学的理论渊源，主张考察当代社会生活的重大历史现象和现实问题，与现代西方哲学的某种派别或成分相结合，试图重新说明和发挥马克思主义，等等。"西方马克思主义"在理论色彩上的一个显著特征是，参照西方当代社会现实，继承西方思想文化传统，对马克思主义进行某种非正统观念的重新解释和非正统路线的重新探索。它们的这类解释和探索，对人们历来尊奉的某些基本原则或结论，不免发生这样那样的分歧和偏离，在某些具体观点上，也有与"西方马克思学"、"西方列宁学"相似或吻合之处。但从基本的研究动因和理论倾向上分析，"西方马克思主义"与西方马克思学、西方列宁学，仍然是有实质性区别的。

马克思主义实质上是当代最富于创造性的思潮，它的创造性的发展，决不会采取单线的直线的形式。当代马克思主义在发展过程中出现某种分化，形成某些思想脉络上的重大差异，这是客观事实，也是合乎规律的现象。分化与多样性的进展，正是人类思维创造性的体现，这在总体上是值得赞许的。对待"西方马克思主义"，我们不能从"唯一正统"的传统观念出发，采取简单排斥或基本否定的态度。鉴于"西方马克思主义"思潮包含众多派别和复杂成分，在考察和评论时，不能先入为主地笼统地作定性判断，不宜忽视差别地一概而论。应当依据当代资本主义和科技革命的发展趋势，依据当代社会主义实践的经验教训，结合当代马克思主义自身发展和分化的历史，对"西方马克思主义"的各个派别、各个历史时期和各种代表人物的思想，进行全面的具体的分析和评价。

我们知道，列宁主义是马克思主义在东方经济、文化比较落后国家的实际运用和发展，就其反映时代本质的国际意义来说，其影响当然不限于东方，但就其结合俄国社会实践而形成的具体内容和结论来说，则在东方经济、文化比较落后的俄国等地域具有代表性。当代西方的马克思主义，应当是西方较发达地区的先进代表人物，结合本国具体实践对马克思主义作出重大的贡献和发展，这本来可能在西方工人阶级政党内占主导地位的力量中出现。实际上东西方工人阶级政党内部，确实有不少人对马克思主义进行了创造性的研究（当然，"西方马克思主义"者中，特别是早期代表人物中，也有一些曾经参加工人阶级政党）。但是，由于种种历史的原因，这方面在总体上并无显著的理论创新和发展，一般的思想脉络仍可归属于传统马克思主义或列宁主义思潮之列。唯独我们称之为"西方马克思主义"思潮的一系列派别，它们首先把批判的锋芒指向第二国际的理论倾向，同时也与第三国际及列宁主义发生某些原则分歧，而与后来的"第四国际"又无任何关联。它们以自我更新的姿态，像是异军突起，从传统马克思主义的阵营或观念中分化出来，呈现为当代马克思主义发展中的另一种思想脉络和线索。

一种重大社会思潮的影响，是没有地域限制的。"西方马克思主义"思潮不仅在东欧曾经掀起思想波澜，在亚洲和其他地区，也有不同程度的影响。应当看到，国内理论界近些年来若干哲学问题的学术争论，比如关于异化和人道主义，关于主体性问题，关于实践唯物主义与辩证唯物主义，以及传统文化与现代化等方面的热点争议，正是在某种程度和范围反映出当代马克思主义的两种思想脉络的分歧。不少新的观点是与"西方马克思主义"思潮的影响密切相关的。

"西方马克思主义"思潮在理论上还有以下特点：

1. 重视哲学领域的探究

"西方马克思主义"反对第二国际的一般思想家轻视哲学、否认马克思主义的哲学基础的倾向，把理论探究的重心集中在哲学方面。这首先与特定的客观形势有关。20 世纪 20 年代初，由于无产阶级革命在中、西欧的一些国家受到挫折，一方面需要从理论上深入总结受挫的原因和教训；另一方面，在往后的历史时期内，某些马克思主义的研究者难以与实际的工人运动相结合，革命的现实问题和战略策略问题已退居次要地位。从主观条件看，"西方马克思主义"者中，除了早期的几个代表人物曾经是革命活动家兼理论家以外，大都是一些以教授为职业的学者，对社会历史问题的考察和研究，易于把深邃的目光集中到哲学的层次上。他们的著作大都是哲学沉思的成果。20 年代末和 30 年代初正式发表了马克思的著作《黑格尔法哲学批判》、《1844 年经济学哲学手稿》、《德意志意识形态》，也为"西方马克思主义"者热衷于哲学研究提供了特殊的契机。

2. 突出社会历史辩证法

"西方马克思主义"者特别重视辩证法的研究。被称为"奠基"性著作的卢卡奇的《历史与阶级意识》，它的副标题就是"马克思主义辩证法研究"。不少"西方马克思主义"的代表人物都有关于辩证法的专著，如梅洛－庞蒂的《辩证法的历险》、萨特的《辩证理性批判》、阿多诺的《否定的辩证法》等。他们一般把马克思主义哲学理解为社会历史哲学，同时也就把辩证法限制于社会历史领域，看作社会历史的辩证法，从而否认自然辩证法。针对实证主义的方法和物化观念，他们强调辩证法的总体性原则，把这看作辩证法的实质。反对机械唯物论和经济决定论的观点，他们重视弘扬主体的作用，在强调总体性革命时，他们尤其重视文化的意识形态领域的革命。受当代社会政治、经济激烈变动的影响，又处于发达工业国家社会心理的氛围中，"西方马克思主义"者大都要求把马克思主义与当代西方某种学说结合起来，试图解决当代西方文明的出路问题。他们重视文化领域的领导权，要求加强对文化、社会心理以至日常生活领域的研究，因而也在很大程度上发展了一种文化哲学。

3. 强调实践观点的首要地位

"西方马克思主义"者的批判锋芒首先指向第二国际的理论倾向，坚决反对把马克思主义哲学理解为单纯的经济决定论、庸俗进化论和宿命论。他们强调实践观点在马克思主义哲学中的首要地位，强调主、客体的相互作用和辩证关系。他们对价值选择、心理结构、文化态势等主体因素进行了多方面、多层次的研究。他们要求恢复和发扬马克思关于自由自觉的实践活动或实践唯物主义的思路，而对从恩格斯到普列汉诺夫所形成的唯物主义反映论或辩证唯物主义的路线提出异议，因而也与列宁的哲学思想发生原则分歧。

4. 宣扬人的问题的中心意义

"西方马克思主义"的人本主义学派把实践观点、人的主体性和人类的最终解放紧密结合起来，以马克思早期著作中关于异化和人本主义的思想为依据，针对斯大林时期苏联社会主义模式轻视人的价值和蔑视人的尊严的状况，批评某些传统观念和教材体系中忽视人的地位的倾向，他们要求整个马克思主义理论体系以人为中心，认为马克思主义的理论宗旨不仅仅是经济的发展和人们生活的富裕，而应当立足于人类的彻底解放和人的个性、才能的全面发展。他们在很大程度上把马克思主义理解为一种彻底的人道主义的学说。东欧的新马克思主义的一些派别，结合社会主义实践更加着重研究和发挥了这方面的思想。

（二）"西方马克思主义"思潮的若干新趋向

"西方马克思主义"思潮出现于 20 年代，曾在 60 年代达到高潮。自七八十年代以来，特别是苏联解体、东欧剧变以后，逐渐走向低谷。但也并不像有的人所说，它"已处于花叶飘零的境地"。任何有重大影响的社会思潮都不是直线发展的，总是呈现有起有伏的波浪形。一时处于低潮并不就是进入末路。当然，"西方马克思主义"的问题是明显的，它的基本观点和主张并没有在社会实践中获得富有成效的检验。可以说这种思潮包含着比较复杂的两重性。它在揭露资本主义的严重弊端、批评社会主义的僵化模式时，既有触及深处而相当锐利的一面，但因缺乏历史而全面的分析，也多有偏颇之处；在强调总体革命、倡导社会文化批判时，既有全面审视的深邃目光，也有忽视经济基础的重大缺陷。作为一种哲学思潮，"西方马克思主义"十分重视辩证法。它们大都立足于黑格尔的《精神现象学》和马克思的早期著作，强调马克思主义辩证法在本质上的革命性和批判性，在辩证法的视角上，要求从自然和物质的本体论转向实践的观点和主、客体的互动关系；在辩证法的本原上，要求从自然和客观的辩证法转向主体和人的辩证法，这就既有加强或弥补传统观念的辩证法所忽略的方面，也有忽视辩证法客观来源、偏离唯物主义的倾向。

七八十年代以来，"西方马克思主义"和其他研究马克思主义的派别一道，更加面向社会现实生活，进入更加深沉反思的时期。一些代表人物从各个侧面研究诸如当代资本主义的特点和命运、东欧剧变的原因、市场经济与社会主义的关系，以及中国特色社会主义的性质等，提出了各种见解。有的代表人物还把注视科学和社会的目光投向了全球性的问题，如"生态危机"、"人类未来"、"女权主义"、"现代家庭"等，形成了若干新的热点和派别。就目前了解的情况看，主要有"分析的马克思主义"、"生态学的马克思主义"、"市场社会主义"等重要派别和倾向，值得我们高度重视。

1. 分析的马克思主义

分析哲学，是 20 世纪流行于西方各国的一种重要哲学思潮，70 年代以来，西方逐渐出现了一批哲学家，运用分析哲学的原则和方法来研究马克思主义理论和方法，被称为"分析的马克思主义"者。

英国伦敦大学的哲学教授 G. A. 柯亨，便是分析的马克思主义者中最有代表性的人物。他的著作大都是围线历史唯物主义展开的。1978 年出版的《卡尔·马克思的历史理论——一个辩护》一书是他的代表作，现已有中译本出版。一般地说，在此以前，"西方马克思主义"的人本主义学派对马克思主义的解释和探索，固然包含不少可资借鉴的合理成分，但总的说来，在方法上缺乏论证和分析，而科学主义的学派的论述，也仍然不够精确和清晰；在此以前，"西方马克思主义"的各个派别，对社会历史问题的研究，都不同程度地带有偏离唯物主义的倾向。柯亨的著作和他的学生 W. 肖的《马克思的历史理论》，不仅按照分析哲学的明晰性、确定性的要求，对历史唯物主义的一系列基本概念作了细致的分析和论证，而且公开树起了保卫历史唯物主义的旗帜，为历史唯物主义作辩护，使之成为"站得住脚的历史理论"。这至少对改善我们传统的比较直观、笼统的思维方式是有启发和借鉴意义的。

美国经济学教授约翰·罗默，也是分析的马克思主义的重要代表人物。他在 80 年代初运用古典经济学的分析方法对马克思主义政治经济学的一系列结论作了重新的分析，并着重研究了剥削问题。他认为，马克思关于私人占有制必然导致阶级剥削的论点仍然可以得到证明，但劳动力的买卖已不是剥削的必要条件；剥削有时是社会经济发展所必需的，能刺激生产，属于"社会必要剥削"，过早地消灭这种剥削，对生产是不利的。因此，在社会主义的一定阶段，保留社会的必要剥削，是难以避免的。这种见解，看来已在社会现实生活中得到检验。对于某些僵化的教条主义的思维方式，也是一种重要的冲击，是值得我们重视的。

2. 生态学的马克思主义

生态学的马克思主义，是"西方马克思主义"思潮中一个新兴的颇有影响的学派。这个学派是 70 年代以后首先在北美地区出现的。

这个学派的创始人，是加拿大约克大学的威廉·莱易斯。他在《满足的极限》中指出："工业生产和人口的无情膨胀，已使人们把关注的中心从审美转向生态生存。"他认为生态危机的最深层次的思想根源，就是长期流行的统治自然的观念。这种观念企图把全部自然当作满足人的永不知足的欲望的材料而加以占有，这就导致生产的无限扩张，最终后果将是人的自我毁灭。因此，他认为进步的社会变革的前景，就要从消费过程之外的其他领域中去确立人的满足和幸福感，在社会政策上抛弃幸福的量的标准，而采用某种质的标准。

对生态学的马克思主义理论作系统阐述的，是加拿大滑铁卢大学社会学教授本·阿格尔。他的中心论点是：历史的变化使资本主义的危机趋势发生转移，即"生态危机取代了经济危机"。但是，本·阿格尔认为，放弃马克思的经济危机理论，并不意味着放弃他的异化或矛盾学说，而是结合新的历史条件分析危机的新的具体形式，使马克思的辩证法更有活力。在他看来，生态危机的理论，对当代发达资本主义的"内在矛盾"更相适应。由于资本主义社会造成浪费性的过度生产和过度消费，结果就不仅加剧人的异化现象，而且污染环境，破坏自然的生态系统，造成严重的生态危机。当代资本主义社会的主要异化现象就是"异化消费"。就是说，人们试图通过获得大量的商品来弥补单调乏味的劳动生活，把消费当作人生的唯一乐趣，形成一种不是为真正的需要而是为消费而消费的趋势。针对这种危机和趋势，生态学的马克思主义者强调，人的满足应当最终在于生产活动而不在于消费活动。因此，人们的幸福感，将从创造性的、非异化的劳动中而不是从以广告为媒介的商品的无止境的消费中得到满足。生态学的马克思主义的宗旨，就是要建立一种社会，既能克服资本主义的弊端，又能向人们提供非异化的、创造性的劳动，使人们从有害于生态系统的消费心理中摆脱出来，达到人与自然的和谐一致。总之，就是要寻求一条既能消除生态危机又能实现社会主义、建立人与自然的和谐关系的新道路。为此目标，他们提出的主张是，建立一种"稳态"经济，这种经济要求缩减资本主义的生产能力和扩大国家的调节作用。同时，还必须重新评价并大大削减人的物质需求，将这种需求引向精神和文化领域。此外，他们还主张生产和社会领域的分散化和非官僚主义化，强调劳动者对生产的直接管理。然而，对于实现他们的目标，生态学的马克思主义者并没有一个明确的纲领。他们对于建立一种非极权的、生态健全的社会主义，在理论上是乐观的，但因当代的权力和意识形态的现实却在阻碍这一理论目标的实现，又不免感到悲观。

至于生态学与马克思主义的关系，后来的生态学马克思主义者之间也有观点上的分歧：有人因当代生态学提出的严重挑战而否定马克思主义的基本理论，认为马克思主义现有理论的框架无法解决生态学提出的新问题；有人主张维护马克思主义的基本理论，否认生态学构成对马克思主义的严重挑战；看来比较多的学者认为，历史唯物主义的完整文本在很大程度上与生态学的观点是一致的，因而对于生态学的挑战，马克思主义可以作出应有的回答，但也认为"历史唯物主义必须革新和重建"。

　　3. 市场社会主义

　　东欧发生剧变之后，各国的马克思主义研究者都关注社会主义的前途和命运，对社会主义问题的研究更加突出，而社会主义与市场的关系，便成了当今国外马克思主义研究的一个热点，西方的一些研究机构和学者纷纷发表自己的见解。

　　从理论上确认社会主义的市场经济，是当代马克思主义研究的一项重大成果。这是对苏联社会模式的反思，也是建设有中国特色的社会主义实践经验的总结。按照以往的某种传统观念，社会主义与市场经济是相互对立和排斥的。国际上至今也有一些研究者，仍然坚持某种传统观念，把市场与社会主义对立起来，认为市场经济只能是资本主义的范畴，与社会主义在本质上是不相容的。当然，持这种观点的人已经越来越少了。近十几年来，在为数不多的几个社会主义国家，建立和发展市场经济，已成大势所趋。目前多数研究者认为，市场并不等于资本主义，实际上早在资本主义之前，市场在历史上就已经形成了。因此，市场是不可能取消的东西，只有设法使马克思主义、社会主义与市场相结合，并对市场加以改进。

　　还在 80 年代初，英国经济学家亚历克·诺夫就发表了《可行的社会主义经济》，主张实行市场社会主义，要求把市场与货币作为最有效的调节手段，实行经济的民主选择。但是，他的这种观点受到比利时经济学家恩斯特·曼德尔的反对，曼德尔主张建立公有制＋中央计划＋民主制度的三合一结构。

　　80 年代中期，英国经济学家和社会学家索尔·埃斯特林、尤利安·勒·格兰德等人集体编写《市场社会主义》一书，较系统地阐明了市场社会主义的观点，明确主张市场与社会主义的结合。他们认为资本主义与市场之间不存在内在的实质性联系，可以把市场作为手段来实现社会主义的目的。

　　分析的马克思主义学派的美国经济学教授约翰·罗默，于 1994 年出版了《社会主义的未来》一书，也集中讨论了市场社会主义。他认为社会主义需要现代化，而实现现代化的重要内容就是搞市场社会主义。他提倡一种把生产资料公有制与市场经济相结合的社会主义的新模式。法兰克福学派的著名代表人物哈贝马斯也是在理论上主张市场经济与社会主义相结合的。他认为拒绝资本主义并不意味着拒绝任何形式的市场，而只是防止市场经济支配整个生活方式和破坏人的生存环境。社会主义者在今天的关键性任务，正是要研究一种可以取代资本主义的崭新的复合制度。

关于市场社会主义理论，在西方不断地有一些新的论点提出。在六七十年代，有些西方学者提出经济机制可以与所有制脱轨的思想。美国有的学者，如格雷戈里、斯图尔特等人，认为市场和计划仅仅是资源配置的一种"手段"或"工具"。他们由此进而提出"中性机制"的观点，认为经济体制的机制能够从一种环境移植到另一种环境中，因此，市场的运用与社会主义制度不相矛盾，不一定损害生产资料公有制，并且还可以促进工人民主。80年代初，英国经济学界围绕市场经济与社会主义的关系问题，展开过一场激烈的论战。市场社会主义的代表人物在"资源配置手段（工具）论"和"中性机制论"的基础上，进一步提出了市场与社会主义的"联姻论"。针对流行很久的二者难以相容、不能联姻的观点，他们强调要将市场与社会主义联姻在一起，证明市场是能够用来实现社会主义的目的。

然而，就"西方马克思主义"原来的一些代表人物来说，许多人还是有一种把市场经济与社会主义对立起来的倾向。卢卡奇在60年代末所写的《民主化的进程》一书中，是反对在社会主义社会发展市场经济的。因此，我们在考察"西方马克思主义"的新近动向时，还应注意这种比较复杂的情况，分辨不同方面和不同时期的代表人物之间的差别。

总体来说，尽管在各种马克思主义的或研究马克思主义的思潮之间，存在着这样那样的分化和差别，但只有马克思主义的科学理论和实践能最终解放全人类，促进人的全面发展，并且拯救整个地球，这也许是东、西方马克思主义可以达到的共识。如果说，马克思主义创立、形成于19世纪中、下叶的西方，20世纪上半世纪马克思主义的主潮，则是东方马克思主义，那么，20世纪末至21世纪，则可能出现综合东、西方文化和东、西方马克思主义之所长，进行积极创新的某种更新、更高的形态。我们应当克服那种自封"正统"或"唯一正统"的观念，克服直线性和单线性的思维模式，以更加积极、开放的心态，注视马克思主义的发展趋势，迎接新的高潮和形态的到来。

（写于1993年）

三　我看国内评论"西方马克思主义"的两种倾向

西方马克思主义作为一种社会思潮出现于 20 世纪 20 年代初，它表现了当代马克思主义发展和探索中的不同路径，体现了当代马克思主义的某种自身分化。西方马克思主义从出现到今天，已经整整 90 年了，它在国际范围内的兴盛和影响，经历了从 30 年代到 40 年代、从 50 年代到 60 年代的几次高潮。80 年代到 90 年代以后，又表现为更多的形式而继续流传于世。然而，由于我们传统观念和理论格局的支配，直到 10 多年前，中国的理论界和知识分子对于这种思潮还是相当陌生的。

西方马克思主义从总体上被介绍到国内来，是在 70 年代末，而且一开始就被称为"资产阶级、修正主义的思潮"，卢卡奇被称为"国际共产主义运动中极左派修正主义思潮的一名重要的代表人物"。后来，提法和语气有所缓和，西方马克思主义也仍被称为"非马克思主义"或"小资产阶级左派激进主义思潮"。然而，当人们从更广阔的眼界看当代马克思主义的发展，特别是较多地接触了西方马克思主义的原著、资料之后，就逐渐对比较简单、笼统的定性发生疑问，要求展开讨论。于是，在 1987—1989 年期间，国内学术界掀起了一场关于评价西方马克思主义的热烈争论，几家重要报刊连续发表持不同观点的文章。争论涉及应否使用西方马克思主义的概念、研究西方马克思主义的意义何在，以及如何评价卢卡奇、葛兰西的思想，等等。争论的焦点仍然在于怎样分析、对待西方马克思主义这种社会思潮。综观这场争论，大致有三种观点和倾向：①认为西方马克思主义基本上是一种"反马克思主义"思潮（即"资产阶级、修正主义思潮"），或"非马克思主义"思潮（即"小资产阶级左派激进思潮"），以徐崇温先生为代表；②认为西方马克思主义基本上就是一种马克思主义思潮，以杜章智先生为代表；③认为对西方马克思主义不能先入为主或一概而论地笼统定性，应当就不同派别、不同代表人物和不同历史时期的观点，分别进行实事求是的具体分析和评价，这是笔者的看法。

在这场讨论中，我持第三种观点，而认为第一、二种观点都不免有失偏颇，但第一种观点是深入研究国外马克思主义和当代马克思主义的主要阻力。

把西方马克思主义一概看作反马克思主义或非马克思主义思潮的主要论据是什么呢？这种论据是不是充分呢？

（一）论据之一，认为西方马克思主义不是实行马克思主义普遍真理与本国革命具体实践相结合，而是实行马克思主义哲学与西方哲学中某个唯心主义流派的结合，也就是主张一种世界观与另一种世界观的折中混合

首先，西方马克思主义是否一概不实行马克思主义的普遍真理与各国具体实践的结合呢？我们不妨对西方马克思主义的出现和历程作些考察。

20 年代初，欧洲一些国家的革命相继受到挫折之后，卢卡奇、柯尔施、葛兰西这批西方马克思主义的早期代表人物，就曾试图分析革命遭遇失败或未能兴起的原因，总结革命实践的经验教训，从而创造性地探索和推进马克思主义。这种意图和尝试明显地反映在他们的第一批重要著作《历史与阶级意识》、《马克思主义和哲学》、《狱中札记》中。卢卡奇和葛兰西还始终保持着理论家兼革命家的特点，始终关注本国的革命事业，并保持与整个国际工人运动的联系。

在 20 年代末到 30 年代初的资本主义危机过去之后，西方一些国家的无产阶级革命并无显著进展，而且一度让法西斯主义得逞。为了分析和说明这种奇特的历史现象，揭示法西斯势力兴起和上台的原因，在西方马克思主义思潮中，先后出现了赖希的《法西斯主义的大众心理学》、布洛赫的《这个时代的遗产》、霍克海默尔的《独裁国家》、弗洛姆的《逃避自由》等著作，试图面对现实，把马克思主义的唯物史观与精神分析学结合起来，把对重大历史现象的物质经济根源与文化心理根源的分析结合起来，开拓马克思主义研究的新途径。

第二次世界大战后，社会现象呈现更为纷繁交错的局面，一系列社会主义国家的建立，形成了两个阵营的对峙，极大地削弱了资本主义体系，但随后资本主义却又逐渐恢复生机，而社会主义的进程则显得迟缓。社会主义制度的优越性不仅没有得到充分发挥，而且在经济、政治、文化等方面遇到难以摆脱的困境。斯大林逝世之后，特别是苏联共产党第 20 次代表大会之后，苏联社会主义模式的严重缺陷日益暴露，提出了一系列引人深思的问题：如何分析斯大林现象发生的根源，如何处理无产阶级专政下民主与专政、民主与集中、领袖与群众的关系，如何在社会主义条件下尊重人、调动人的积极性，等等。为了回答这类问题，马尔库塞的《苏联的马克思主义》、萨特的《辩证理性批判》、弗洛姆的《马克思关于人的概念》等著作，分析了从列宁主义到"斯大林主义"的思想进程，从特定的角度加强了对社会主义现实、对马克思的辩证法和人的问题的研究。

60年代以来，在资本主义社会相对稳定的历史条件下：随着当代科学的发展，以电子技术为基础的工业革命迅速兴起。西方社会的阶级结构以至整个社会生活，都发生了某些新的变化，出现了许多迫切需要研究的新的理论问题。我们从马尔库塞的《单面人》、哈贝马斯的《作为意识形态的科学与技术》和《晚期资本主义的合法化问题》、列斐伏尔的《资本主义的幸存》等著作中，都可以看到分析新情况、探索新问题的轨迹。70年代以后，随着科学技术的进一步发展，不但世界性的市场经济不断扩大，国际性的交往日益频繁，而且如环境污染、能源危机、人口膨胀、生态失调等全球性问题逐渐增多。科技革命的社会效应、生态危机与当代资本主义社会的关系等方面的问题又引起了西方马克思主义者的新的瞩目。哈贝马斯提出的社会交往理论，在国际范围内受到普遍重视，而且有"生态学马克思主义"等新的学派出现，试图从不同角度揭示当代生态危机的根源，力图为人类摆脱各类自然危机寻求出路。

由上可见，西方马克思主义思潮没有失去对当代社会现实的敏感，每当重大的历史事变和现实问题的发生，西方马克思主义者都能作出反响，他们展开了一次又一次的探讨，出版了一批又一批的著作。因此，从基本倾向上看，这种思潮本来就具有与当代资本主义社会、与国际社会主义实践相结合的特点。当然，这种思潮中的各个派别和在不同的历史时期，试图实行这种结合的方面和程度，是很不相同的，并且经历了重大变化。这种思潮发生时，正值西欧工人运动出现低潮，一些代表人物和理论观点，又接连受到共产国际和所属各国政党的排斥和批判，经常处于受压抑的地位，因而很难与本国革命的具体实践紧密结合。由于所受传统教育和专门从事学术研究方式的局限，许多代表人物的理论著述不免带有某种学院习气，语言文字的表述也有晦涩难懂的一面。这些可能是他们理论活动的某种比较普遍的弱点。但从他们的思想、著作的内容实质上分析，不论是总体革命实践经验，提出有关战略、策略的新主张，也不论是对资本主义社会种种弊端的揭露，对社会主义僵化模式种种缺陷的批评，还是对科技发展、现代生活中种种问题的分析，不正是试图在某种程度上使马克思主义理论与具体历史实践相结合吗？

　　值得我们重视和反思的是，几十年来，国际范围内某些经常标榜理论与实践相"结合"的理论家们，都往往在固定不变的理论框架下，拘泥于社会主义的僵化模式，把马克思主义教条化，却容易妄自独尊、抱残守缺。这与某些西方马克思主义者相比较：是不是反而使马克思主义理论与具体实践结合得更少、更差一些呢？

　　至于说西方马克思主义主张马克思主义哲学与某种唯心主义流派相结合的问题，应当说，这种倾向确实存在，否则，就不会有"存在主义的马克思主义"、"弗洛伊德主义的马克思主义"等名称。但是，这方面也有各种不同的情况，需要具体分析。

　　说到卢卡奇，历来就有人认为，他的《历史与阶级意识》主张马克思主义与黑格尔主义的"结合"，是"按照黑格尔主义去解释马克思主义"，其实，卢卡奇本人在他的自传材料中曾多次明确表示，他反对用一种资产阶级哲学派别去与马克思主义相"结合"，因为马克思主义有统一的哲学基础，不需要用资产阶级哲学来"补充"。他在第一次世界大战前后，反对第二国际的思想家们忽视黑格尔、贬低辩证法的倾向，把理论研究的重心集中到辩证法上，致力于发掘马克思主义辩证法的黑格尔来源，这个基本方向是无可非议的。只是由于卢卡奇当时仍深受黑格尔思想的影响，又处于向马克思主义转变的过程中，因而他的《历史与阶级意识》的一系列基本概念，比如总体性、主客体关系、物化、阶级意识等，既表现了马克思主义的创造性的探索，又包含着黑格尔思想的深刻印记，甚至不适当地渲染了黑格尔的唯心主义思想成分。但在历史观的基本出发点上，他是认识到马克思的思想与黑格尔思想的原则区别的。比如，卢卡奇认为，黑格尔不能深入理解历史的真正动力，因为黑格尔虽然反对从历史外部而要求从历史本身寻求动力，但却把这种动力归之于表现绝对观念的"民族精神"。马克思和恩格斯则指出，历史过程中的决定因素归根到底是现实生活的生产和再生产。卢卡奇指出，他们由此"获得了清算一切神话的可能和立足点"，而黑格尔的绝对观念是这些辉煌的神话形式中的最后一个。因此，卢卡奇说："黑格尔和马克思是在现实本身上分道扬镳的。"[1] 可见，说卢卡奇把马克思主义黑格尔化了，是缺乏充分根据的。只要不带成见地认真研读一下《历史与阶级意识》，这一点是不难辨析的。

---

　　[1]　卢卡奇：《历史与阶级意识》，商务印书馆1992年版，第67—68页。

比较明确地主张马克思主义与西方某种思想派别相结合的,可能主要是萨特、赖希等人。他们认为社会历史领域的某些方面,是现行的马克思主义理论体系所忽视了的,比如关于人学或人的心理结构等方面,可以由存在主义或弗洛伊德学说的某些内容来补充。但是,萨特在论述这种主张时,并没有把马克思主义与存在主义并列起来,而仍然把马克思主义看作"我们时代的不可超越的哲学"。只是鉴于马克思主义存在较长时期的停滞状态,在辩证唯物主义的体系中出现了"人学的空场",因而他认为需要吸取存在主义的某些内容。赖希认为马克思主义的研究范围存在一定的局限性,比如在意识形态理论方面,马克思主义虽然正确地把意识解释成经济发展过程的产物,并肯定意识具有反作用,但经济发展过程实际上是怎样变为意识的,意识究竟怎样发生反作用,却还缺乏进一步的说明。在革命学说方面,许多马克思主义者只注重于"宏观革命",而忽视了"微观革命",只注重外部世界的革命,而忽视改造群众意识的"内部结构"。他主张用精神分析学的某些内容去补充马克思主义。这里是否包含某些合理或可资借鉴的因素,是可以研究、讨论的,但至少不宜简单地斥责为主张"一种世界观与另一种世界观的折中混合"。

要实现马克思主义在中国的现代化,必须融会中西文化和哲学思想的精华,进行综合创新。西方马克思主义是当代马克思主义思潮的一种形态,反映了西方思想文化传统的特点,是值得我们重视的。西方马克思主义者注意研究和吸取当代西方哲学中的某些部分或因素,说明他们没有使马克思主义与整个人类文明的发展相脱离。他们这方面的工作和成果,可能发生这样那样的偏差和错误。但无论是正确的还是错误的,都值得我们认真分析和借鉴,不能因为主张马克思主义哲学与西方哲学的某种结合,就简单地加以否定和排斥。

(二)论据之二,认为西方马克思主义否认自然辩证法,批评反映论,因而提出了一条与辩证唯物主义相对立的哲学路线

应当看到,在这方面对于整个西方马克思主义也不能一概而论。在早期代表人物的著作中,是包含差别和矛盾的,至于后来的人本主义学派和科学主义学派之间,则更加存在着分歧。但是,在人本主义学派中,否认自然辩证法,批评反映论,确实是一种带有共同性的倾向,这比较突出地表现了当代马克思主义思潮的不同线索和自身分化。

　　当代马克思主义哲学发展中的这种分歧和分化，并不是凭空产生的，它首先与不同的社会历史条件、民族文化传统密切相关。西欧自文艺复兴时期以来，有着长期的人文主义的传统。人本主义学派着重从这个传统的角度解释和发挥马克思主义哲学，就倾向于把马克思主义哲学理解为社会历史哲学或文化哲学，强调人和主体性的作用，因而容易否认自然辩证法，批评反映论。同时，这种分歧和分化，也与对马克思的早期著作的理解、对马克思早期著作与后期著作的关系的认识相关。此外，这种分歧和分化，还与马克思主义哲学自身扩展过程中的某种差别相关。

　　从马克思主义哲学的形成和发展史上看，在理论形态上从唯物史观到辩证唯物主义，有一个扩展和演变的过程。马克思、恩格斯在创立马克思主义哲学体系时，着重阐述的原理和提供的构架，是以实践观为基础的唯物史观，而从恩格斯后期到普列汉诺夫、列宁，又逐步扩展，形成和发展了以物质本体论为基础的辩证唯物主义的构架和内容。当然，马克思一开始就充分肯定了自然界的优先地位和物质世界的客观存在，而恩格斯后期和普列汉诺夫、列宁在扩展辩证唯物主义部分时，也并没有忽视实践的观点。但在理论的立足和侧重的方面，看来又是有差别的。这里应当注意，列宁的哲学思想有一个发展、转变的过程，比较集中地反映在他的两部主要哲学著作《唯物主义和经验批判主义》与《哲学笔记》中。前一著作涉及了实践观点，但全书显然侧重于阐述以物质本体论为基础的唯物主义的反映论；《哲学笔记》继续肯定反映论，但显然侧重于阐述以实践为基础的认识的辩证法，发挥了马克思的实践观，强调了主体与客体的辩证关系。《哲学笔记》标志着列宁主义哲学的高度成熟和发展。毛泽东的《实践论》和《矛盾论》，是沿着列宁《哲学笔记》的基本思路进一步实现马克思主义哲学的中国化的。可是斯大林却片面夸大《唯物主义和经验批判主义》的意义，而轻视《哲学笔记》。他在《论辩证唯物主义和历史唯物主义》中，把辩证唯物主义看作基础或先行者，把历史唯物主义看作辩证唯物主义在社会历史领域的推广和应用。这种观点与马克思主义哲学的实质和发展进程并不一致。斯大林的这部著作有不少缺陷，但它的一个基本缺陷，是完全忽视了马克思实现哲学根本变革的基石——实践的观点，相应地也就忽视了人和人的主体性、主体与客体的辩证关系。

　　西方马克思主义思潮，是对马克思主义哲学的一种反传统观念的解释和探索，特别是其中的人本主义学派，要求恢复马克思原来的思路，着重从实践的角度理解和发展马克思的历史观和辩证法，因而与从恩格斯后期到普列汉诺夫和列宁前期的思想线索发生若干原则分歧，比较集中地表现为否认自然辩证法，批评反映论。我们在原则上并不同意西方马克思主义的这种观点。因为从唯物史观到辩证唯物主义，虽然有一个扩展的过程，二者也确有侧重方面的差别，但在马克思主义哲学体系中，二者并不是对立的。同时，实践观与反映论、历史辩证法与自然辩证法也是统一的，一些西方马克思主义者往往因强调实践观而批评反映论，因强调历史辩证法而否认自然辩证法，这与马克思的本意和思路并不一致。不少评论家认为这种观点正是从卢卡奇的《历史与阶级意识》开始的，因而卢卡奇是西方马克思主义思潮的奠基者。其实这也是需要分析的。

《历史与阶级意识》把批判的主要锋芒指向了第二国际的马克思主义，极力反对第二国际的思想家们鼓吹经济决定论、抛弃黑格尔、轻视辩证法的倾向。但是，在强调实践观、总体性和主客体辩证关系时，卢卡奇不恰当地对自然辩证法和反映论提出了批评。应当说，这是从反对一种片面性而走向了另一种片面性，在理论上是一种原则性的失误。不过，从总体上看，卢卡奇批评自然辩证法和反映论的分量与篇幅，在《历史与阶级意识》中并不占主导地位。卢卡奇后来对自己这方面的失误作过多次自我批评。

卢卡奇在《历史与阶级意识》中否认自然辩证法和批评反映论的观点，对以后的西方马克思主义者，特别是对存在主义和法兰克福学派的影响较大。后来者尽力利用和扩大了他的观点，应当说这是卢卡奇所始料不及的。而且，这种影响也包含着多种因素，它既为责难恩格斯和列宁思想的人提供了口实，也引起了不同观点的争议。科学主义的派别一般并不支持这种观点。葛兰西虽然强调"实践哲学"，但他主张人与自然的辩证统一，主张"把人类历史也看作自然史"，反对把辩证法"从自然中分割开来"。① 法兰克福学派的后期代表施密特，虽然也忽视马克思主义的本体论基础而极力否认自然辩证法，但他并不同意把自然看作一种社会范畴的观点，他认为"社会给予自然的烙印和自然的独立性质构成了一个统一体"，物质世界是被人类劳动所"过滤"，而不是被创造，它存在着一个

---

① 葛兰西：《狱中杂记选》，伦敦 1971 年英文版，第 448 页。

被马克思反复强调的"不借人力而天然存在的物质基质"。①

　　同时，卢卡奇这方面的思想，就是在《历史与阶级意识》中也并不是前后一贯的。他主要在"物化和无产阶级意识"一篇中批评了反映论，可是在另一篇"阶级意识"的正面论述中，却又多次使用了"反映"的概念，比如他说："经济发展的各个阶段在意识中的反映仍旧是有着重要意义的历史事实"；② 他主要在"什么是正统的马克思主义？"一篇的一条附注中批评了恩格斯的自然辩证法观点，但他并不一般地否认自然界的优先存在，而且在"物化和无产阶级意识"一篇的正文结尾部分，他又进一步提出了辩证法的分类问题，要求把"自然界的纯客观运动的辩证法在方法论上与社会的辩证法区分开来"③。在这里，他把自然界的辩证法看作纯客观运动的辩证法，而社会的辩证法，则是主体纳入与客体的相互关系的辩证法。这就在实际上承认了自然辩证法，只不过认为与社会辩证法是不同类型罢了。值得注意的是，"物化和无产阶级意识"是专为此书出版而写，是书中写得最晚、篇幅最大也最重要的一篇。

　　西方马克思主义的一些代表人物否认自然辩证法、反对反映论，在理论上是一种原则性的错误或偏颇，但这并不排斥他们的具体论述中包含某些可资借鉴的因素。至少他们提出了一些值得深入探讨的问题，比如，马克思主义哲学体系的理论结构问题、本体论与认识论的关系问题、辩证法的分类问题、马克思主义的实践观与反映论的关系问题，以及马克思与恩格斯、列宁的各自的思想特色和差别问题，等等。这些问题的深入研究和说明，对于推动马克思主义哲学的丰富和发展，是有理论意义的。卢卡奇与人本主义学派的思想特点是，把马克思的哲学思想理解为社会历史哲学，侧重于从实践、从主客体关系的角度理解辩证法，要求在马克思主义哲学中突出人的地位，确立和强化主体性。这里确实表现了当代马克思主义哲学思潮中与传统的观念和线索相区别的另一种理解和线索。如果我们不从"唯一正统"的观念出发的话，就可以看到，这两种线索既有相互对立、相互批评的一面，也有相互补充、相互促进的一面。西方马克思主义比较重视马克思早期富于思辨性的著作，东方的传统马克思主义则比较

①　施密特：《马克思的自然观》，伦敦1973年英文版，第70页。
②　卢卡奇：《历史与阶级意识》，商务印书馆1992年版，第103页。
③　同上。

重视马克思的较为成熟而定型的著作；西方马克思主义侧重于实践观和主体性以及主客体关系的研究，东方的传统马克思主义则比较强调物质本体论、客体性和认识的客观性的研究。这种各具特色的倾向是可以相互参照、相互补充的。

因此，由于有些西方马克思主义者否认自然辩证法，批评反映论，就认为整个西方马克思主义思潮在世界观、自然观、认识论上提出了一条反马克思主义的哲学路线，这种观点并不是实事求是的，也不利于促进当代马克思主义哲学的丰富和发展。

（三）论据之三，认为西方马克思主义把马克思主义人道化了，否定经济因素的决定作用，因而与历史唯物主义无缘

的确，西方马克思主义中的人本主义学派力图建立一种以人为中心的社会历史哲学，突出人在社会历史中的主体性活动，并且往往把马克思主义理解为一种彻底的人道主义。卢卡奇的《历史与阶级意识》可能是首发其端。葛兰西也把实践哲学称为"绝对的历史人道主义"。但能否说这种观点一定会否认经济因素对历史的决定作用而与历史唯物主义无缘呢？

在《历史与阶级意识》中，卢卡奇立足于人类的彻底解放，以辩证法的总体性思想为统帅，批判资本主义社会的物化意识，要求突出人的地位，通过无产阶级的阶级意识的自觉活动和一系列长期而复杂的斗争，克服社会现象中的各种物化形态，超越"人类史前史"，进入自由王国，使人类第一次把它的历史掌握在自己的手中。他说："从社会的角度说，人现在才作为人而产生。"① 在这里，卢卡奇的思想确实带有某种人本主义的色彩。他在强调阶级意识的历史作用时，有时不免包含夸大的成分。但是，我们通观《历史与阶级意识》全书，就不难看到，卢卡奇并没有否认经济因素的决定作用，并没有否认历史唯物主义的基本观点。他是有条件地论述阶级意识的决定作用的，主要指资本主义危机爆发或阶级斗争处于你死我活的形势下，革命的命运将依赖于无产阶级的阶级意识。同时，在社会历史领域，他不但没有否认，而且明确肯定历史唯物主义的基本观点："经济利益就是至关重要的解释因素。"② 他肯定了恩格斯关于追索动

---

① 卢卡奇：《历史与阶级意识》，商务印书馆 1992 年版，第 274 页。
② 同上书，第 115 页。

因的动因，即人们思想动机背后的历史原因的观点，从而明确指出："科学马克思主义的本质就在于认识到历史的真正动力是独立于人对它的（心理学上的）意识的。"①

四　加强对国外马克思主义哲学派别的具体研究

马克思主义是关于无产阶级和全人类彻底解放的学说，是国际工人运动的产物。就其思想实质和基本原理来说，应无地域之分。但是，100多年来的历史说明，不但在不同的时代和时期，马克思主义的发展会形成不同的历史阶段，而且在不同的民族传统、社会条件下，对马克思主义的理解和运用也会形成不同的思潮和线索。

列宁主义是马克思主义发展中的一个重要派别，它不但从理论上与第二国际路线相对立，全面阐发了马克思主义，而且在实践上指导了经济、文化落后于西欧的俄国取得革命胜利，首先打开了通向社会主义的航道，从而在国际范围内发生过十分深刻的影响。中国革命的胜利和毛泽东思想的形成，显然与十月革命、列宁主义的影响直接相关。但是，正如俄国革命民主主义者车尔尼雪夫斯基所说，任何一种先进的社会思潮，既是产生它的那个时代的女儿，又是孕育它的那个民族的女儿。列宁主义也不例外，它无疑是新的历史条件下的一种马克思主义派别，同时也不可避免地带有某些鲜明的民族特色。但是，斯大林给列宁主义下过一个颇有影响的定义："列宁主义是帝国主义与无产阶级革命时代的马克思主义。更确切些说，列宁主义，一般是无产阶级革命的理论和策略，特别是无产阶级专政的理论和策略。"这个定义强调了列宁主义的革命与专政性质和国际意义，这一方面固然符合实际，但现在看来也有缺陷，就是完全忽视了列宁思想的民族特色这一方面。实际上，列宁主义的某些原理，比如关于民主革命与社会主义革命的关系，关于无产阶级与农民的关系，关于建党学说和组织原则，关于暴力革命和无产阶级专政，以及关于社会主义建设的途径和方法等论述，既是对马克思主义的阐发，但也不免打上东方民族的烙印，反映资本主义不够发达、农民占人口的绝大多数、经济与文化比较落

---

① 卢卡奇：《历史与阶级意识》，商务印书馆1992年版，第99页。

后这一类型国家的特点。

列宁作为一个马克思主义者，他的辩证法思想表现在他十分重视探讨和阐述一般与个别、社会主义道路的统一性与多样性的辩证关系，十分明确地意识到"社会主义的各种不同类型的问题"。在列宁看来，十月革命所具有的国际意义，是"按最狭义来说的"，即作为某种规律"具有在国际范围内重演的历史必然性"；马克思主义"所提供的只是一般的指导原理，而这些原理的应用具体地说，在英国不同于法国，在法国不同于德国，在德国又不同于俄国"。然而，在列宁逝世之后，这种方法论的原则曾遭背弃，在一段时间内，斯大林领导下的第三国际企图把俄国革命的经验和策略强制地推行于其他国家，使国际工人运动遭受某些重大的挫折和损失。

随着列宁主义的形成和发展，在西欧比较发达的资本主义国家里，也在逐渐形成与列宁主义相对应的另一条马克思主义的发展线索。经过两次世界大战之后，西方国家的马克思主义思潮和派别日益兴盛起来。从政治方面说，主要有"欧洲共产主义"思潮的兴起，从哲学方面说，有主要在西欧和中欧出现的一系列派别的形成。这种思潮和派别的出现，可以说是对列宁主义的重大反响。在工人运动和马克思主义阵营内部，一批试图代表无产阶级利益而又深受西欧思想文化熏陶的知识分子，为了总结战后某些国家无产阶级革命失败的教训，分析当代资本主义社会的特点和弊端，并且揭露个人迷信和僵化的社会主义模式所造成的危害，对马克思主义进行了各种反传统观念的解释和探索，试图重新发现马克思，重新揭示马克思主义的真义；试图重新探索西方革命的途径，并且"补充"和"革新"马克思主义。在这种解释和探索中，他们提出了一系列与"传统观念"相分歧的哲学观点。哲学方面的这种思潮和派别，虽然思想繁杂、诸多歧异，未能形成一种完整的体系，而且在西欧的社会历史条件下，也并没有实际与工人运动相结合，导致革命的积极成果，但是其中的不少派别和代表人物敢于面对当代资本主义的现实和科技革命的新特点，敢于研究无产阶级革命遇到的新问题，试图为马克思主义注入新的活力，虽然这样做可能发生某些原则性的错误和偏离，但也必然包含某些真知灼见和创造性的探索。

这样，当代马克思主义的发展，就形成了两条基本线索或两股主要潮流。一条是在东方经济、文化比较落后国家的运用和发展，另一条是在西方发达资本主义国家的探索和"革新"。列宁主义，就其反映时代本质的国际意义来说，可不限于东方，但就其结合俄国实际而形成的具体内容和结论来说，则在东方民族和经济、文化比较落后的地域具有代表性。毛泽东思想基本上属于列宁主义的继续和发展。西方的马克思主义思潮的基本趋势，则着重反映了西方资本主义社会和思想文化传统的特点，其中包含的某些合理的方面，也具有普遍意义。当然，思潮的影响是没有地域限制的，实际上，列宁主义在西方也有过重大影响，而西方的马克思主义思潮在东欧和亚洲的一些国家里，也有许多反映。国内前不久关于异化和人道主义的若干争论，也在一定程度上反映出两种思潮的分歧。在这两条线索、两股思潮中，列宁主义已经形成一个比较完整的理论体系，在继承、阐发马克思主义方面，显示出它的重要地位；而西方马克思主义思潮，则尚处于重新探索和形成体系、经受检验的过程之中。列宁主义在马克思主义发展史上的特殊地位是无可否认的，但是，我们也不能把一部活生生的马克思主义发展史看作单一的直线的发展，把列宁主义、毛泽东思想看作马克思主义的唯一的"正统"，因而不承认当代还有列宁主义之外的其他马克思主义的学派。在当今的世界范围内，社会主义道路和形式的多样性，已成不可否认的事实，这种多样性必然要表现为马克思主义的民族形式和派别的多样性。那种把在西方出现的众多马克思主义派别，笼统地看作非马克思主义或反马克思主义思潮的观点显然是不对的。

应当看到，当前在国内流传的"西方马克思主义"的概念，是一个比较含混的概念，这个概念的含义和范围，在西方就经历了一个演变的过程，至今只在西方的部分学者中沿用，在国外并没有被普遍接受，而且历来受到非议。在国内的某些论著和教材中，"西方马克思主义"似乎已经形成某种框架，主要包括三个"奠基者"（卢卡奇、葛兰西、柯尔施）和作为"后继者"的几个派别（法兰克福学派、存在主义的马克思主义、结构主义的马克思主义和新实证主义的马克思主义等）。其实，在所谓"奠基者"中，卢卡奇的思想尽管对西方的各种派别产生过重要影响，但从基本的方面说，他曾是站在列宁主义一边的马克思主义者；葛兰西是坚定的共产主义者，原则上也是维护列宁主义的；柯尔施则经历了从拥护列宁主义到激烈批评列宁主义的变化。能不能把他们一起看作"西方马克思主义"的"奠基者"或"创始者"，还是一个值得研究的问题。在"后继者"的几个派别中，包含着人本主义和科学主义的两大基本派别。

这两大派别之间，在对马克思主义实质的理解、对马克思主义与人道主义、马克思主义与黑格尔思想的关系等方面，存在着重大分歧，甚至互相攻击和诘难，在对待列宁主义的认识和态度上也很不一致。其中的代表人物，有的基本上是马克思主义的探索者，如阿尔都塞；有的从研究马克思主义走向攻击马克思主义，如科莱蒂；有的则本来是资产阶级哲学家，如梅洛－庞蒂等。自70年代以来，这些派别的研究重心和地域，也在逐渐变化，又出现了若干新的派别和倾向。而且，西方的马克思主义思潮，首先应当包括西欧工人阶级政党中占主导地位而又带有民族特色的思想，东欧社会主义国家中如南斯拉夫"实践派"的基本观点，波兰的克拉科夫斯基、捷克的科西克等人的思想，实质上也属于这个思潮的范围。总的来说，在国外出现的各种派别，情况相当复杂，国外学者进行过不同的分类。有的把第二次世界大战后涌现的一系列派别称之为"新马克思主义"。美国学者郭曼还试图把"新马克思主义"划分为"先验"、"经验"、"实验"三类。这种称呼和分类很难说是确切的。英国学者马丁·杰在《西方马克思主义与总体性》一书中，把"西方马克思主义者"的共同特性概括为两点：①出生于西欧或主要接受西欧思想的传统；②坚持欧洲中心论。这种说法并不完全符合事实，而且主要从地域上或民族主义观点上划分马克思主义派别，显然并不是依据本质特征的科学划分。可见，面对西方各种不同类型的人物和派别，如果按照一个先入为主的框架去理解，或者按照一种地域的外在的标准去划分，显然不是一种实事求是的具体分析的态度。

面对改革和建设的伟大实践，在当今科学和经济日益趋向综合化、整体化，各民族的思想、文化日益加强交往的潮流中，我们理论工作者的重要任务是，一方面要深入开展列宁主义和毛泽东思想的研究。列宁主义与中国的马克思主义有着更多的思想衔接点，俄国的国情和我们中国的国情有着更多的相似之处，确有许多不同于发达资本主义国家的特殊性。结合我国的社会主义实践，可以从列宁主义的思想中深入探讨改革之路的理论渊源，努力挖掘马克思主义的生长点。同时还应当看到，在过去的一段较长的历史时期内，斯大林对列宁思想的某些传统解释，极"左"路线对列宁思想的片面宣传和理解，都对我们有过很深的影响，我们应当依据当代社会主义实践和科技革命的发展，通过总结我国社会主义革命和建设的经验教训，对列宁主义及其哲学思想的本质做出历史的反思和重新探讨。

另一方面，也应当加强对国外其他马克思主义派别，特别是对西方的各种马克思主义派别的深入、具体的研究。两种基本思潮，尽管有各自的许多特点，存在若干方面的重大分歧，但在马克思主义的旗帜下，是可以相互借鉴、相互促进的。西方的许多马克思主义派别中某些结合当代现实的创造性探索，在经过认真分析和实践检验之后，是可以用来丰富、发展当代马克思主义的；西方的马克思主义派别中某些与列宁主义相分歧的理论和见解，通过比较、分析和批评、争议，有的可以互相取长补短，有的可资启发、借鉴，即使某些有方向、原则性错误的部分，也可作为马克思主义的反面教训或验证。

对待西方的马克思主义思潮，应当加强具体研究，既然存在着各种不同的类型和派别，就宜于分门别类地进行研究。或者以派别、著作为中心，分别对各个重要派别的思想，对各种代表人物的主要著作，逐个地进行分析、评论，把它们置于马克思主义的发展过程中，纳入马克思主义哲学史的范围来考察，理出来龙去脉，实事求是地评价它们的理论是非和功过得失，从中取得启发和借鉴；或者以问题为中心，围绕当代社会主义实践和国际社会思潮斗争中发生分歧的重大问题，比如国家学说和革命战略问题，建党学说和组织原则问题，东、西方民族的社会主义道路问题，当代社会主义民主问题，辩证法的基础和实质问题，认识论中的主体与客体、实践观与反映论的问题，历史发展的动力和上层建筑的地位问题，科学、文化、心理因素的社会作用问题，等等，对东、西方马克思主义的各种观点深入地进行比较研究，分析它们的思想渊源和理论根据，比较它们的民族特点和思维方式，从中总结、提炼思维发展的经验教训，揭示马克思主义哲学的发展规律。

总之，深入进行对西方的马克思主义思潮的具体研究，认真开展东、西方马克思主义哲学的比较研究，是我们丰富和发展马克思主义哲学的一条重要途径。

（写于 1988 年）

五 对研究"西方马克思主义"的几点想法

（一）

"西方马克思主义"思潮出现于 20 世纪 20 年代初，它作为一种国际性的社会思潮比较完整地介绍到中国来，则是在 80 年代初。长期以来，从总体上说，我国知识分子对这种思潮是比较陌生的。一段时间以来，我国是把它作为"资产阶级"、"修正主义"的思潮而加以排斥和批判的。但是，在改革、开放的大潮中，当人们较多地接触到"西方马克思主义"的原作之后，就对过去某些简单的定论和批判提出了质疑。于是，80 年代中后期，在国内理论界出现了一场如何评价"西方马克思主义"的争论，焦点在于"西方马克思主义"的性质和它与传统马克思主义的关系。对"西方马克思主义"的开创者卢卡奇和他的奠基性著作《历史与阶级意识》如何评价，有七八种报刊，发表文章数十篇，表达了不同的观点，掀起了一次研究和讨论的热潮。自此以后，"西方马克思主义"的各个派别的代表性著作陆续得到翻译、出版，各种专题性研究和评论性的专著也陆续出现。但自 80 年代末以来，由于种种原因，对"西方马克思主义"的讨论与研究开始退潮。

"西方马克思主义"的概念和范围，有一个演变和扩展的过程，由最初所指少数几个代表人物的思想，到整个人本主义的学派，后又囊括了科学主义、实证主义的派别。顾名思义，"西方马克思主义"是与东方形成的列宁主义相对而言的。它是一个地域性颇强的概念，同时又具有独特的思想内涵，实质上显示出西方社会历史状况和民族文化传统的特色。"西方马克思主义"的诸多派别包含着复杂的思想成分，大致可以分为人本主义和科学主义两大基本派别。前者受整个西方传统文化的影响，着重发掘马克思主义的人本主义的渊源，试图发展马克思主义的人道主义；后者在现代科学技术发展的影响下，尽力把马克思主义科学化，作实证主义或结构主义的解释。两大派别之间，显然存在着重大差别和分歧，甚至互相批评和诘难，而从现代思想史上的作用和影响来看，占主导地位的显然是人本主义的派别。

"西方马克思主义"这种流传了大半个世纪的国际性思潮，不但在它的早期与后期之间，发生了重大的变化，它的各种派别之间，包含着纷繁的差别，而且就它的各种代表人物来说，也有着极不相同的类型。比如，在早期的代表人物中，卢卡奇、葛兰西是经历重大磨难和曲折而始终坚持社会主义信念的坚定的革命家和理论家，在对待列宁主义的态度上，与德国的柯尔施发生了重大的分野；德国的布洛赫则是一位极具思辨性的哲学家，他对卢卡奇有过深刻的影响。在东欧的新马克思主义者中，大都曾在马克思主义阵营内部就社会主义现实的重大问题，对某些传统观念表示异议，提出各种不同的观点，但也有最终宣布放弃马克思主义立场的，如波兰流亡国外的科拉科夫斯基。凡此种种，都需要作历史的具体的分析，不可一概而论。

（二）

那么，"西方马克思主义"究竟有没有共同的理论倾向和特征呢？在我看来，作为一种社会批判的思潮，它的共同的理论倾向是：揭露当代资本主义的种种弊端，批评僵化社会主义模式的严重缺陷，追溯马克思主义的理论渊源，考察当代社会生活中重大的历史现象和现实问题，并与现代西方哲学的某种派别或成分相结合，试图重新诠释和探索马克思主义。它在理论色彩上的一个显著特点是，对马克思主义进行某种非正统观念的解释和非正统路线的探索。这样，它与东方马克思主义的某些传统或流行的观念，不免发生某些原则性的差异和分歧，甚至在某些具体的观点或论述上，也有与"西方马克思学"、"西方列宁学"相似或吻合之处；但从基本的研究动因和理论倾向上看，它并不立意曲解或篡改马克思主义，因而与"西方马克思学"、"西方列宁学"仍然有着实质性的区别。

正由于"西方马克思主义"在理论上有着反传统观念的特点，这就决定了很长时期它在中国所遭受的命运，即受到冷漠、排斥或批判。80年代中期以来，情况逐渐有所转变。在改革、开放的形势下，人们的视野逐渐开阔了，一部分知识分子开始对西方马克思主义有所了解和借鉴。这也较多地反映在某些哲学问题的探讨或新著中，诸如对人的问题的关注，对异化和人道主义的争议，对主体性的呼唤，对实践唯物主义的强调，对文化问题和文化哲学的重视，等等。"西方马克思主义"显示的独特魅力，就在于它从人本身出发理解和阐释马克思主义：于是，研究人本身的呐喊，弘扬主体性的呼唤，在我国理论界有如空谷传声，反响颇为热烈，使长期沉寂的哲学领域掀起了阵阵波澜。当然，在论战中也有"坚决反击"之类的不甚冷静的提法。不过，改革开放之势已成，学术争鸣之风已兴，过去对学术问题争论采取的"扣帽子"、"抓辫子"的做法，在学术文化领域已很难占主导地位了，使"西马"（"西方马克思主义"的简称）以及与"西马"思想相关的学术讨论，能够相对地持续下去。

　　随着时代、历史的推移，马克思主义必然会发生主题和形态的演变，由于各国的社会主义实践和民族特性的差异，马克思主义在发展过程中必定出现多种的表现形式。马克思主义不可能呈现为直线形和单线性的发展。实际上，在整个 20 世纪的不同历史时期里，就出现过多种形态的马克思主义，也有过好几种自视为"正统"的形态。然而，应当看到：首先，"正统"与非正统是相对的，一定历史时期占主导地位并具有相对真理性、正确性的思想，可以视为"正统"，但这并不表明它的绝对、永久的真理性。正统与非正统的思潮或派别之间，在包含差别或分歧的同时，往往也包含相互促进、相互补充、相互借鉴的方面。其次，正统并不是自封的，而是在历史实践中形成，并需要接受实践发展的检验。如果自封为唯一正确的正统，而排斥各种异己的观点和派别，陷于僵化、停滞的境地，那么，即使原来具备合理依据的正统地位，也会发生转化的。更重要的是，马克思主义的"正统"的含义，并不在于一套现成的观点或结论。马克思主义能够保持常青的生命力，是在于它的理论与实践相统一的原则和辩证思维的方法。卢卡奇在《什么是正统马克思主义?》一文中说："正统马克思主义并不意味着无批判地接受马克思研究的结果。它不是对这个或那个论点的'信仰'，也不是对某本'圣'书的注解。恰恰相反，马克思主义问题中的正统仅仅是指方法。"人们在初次读到这段话时，可能有耳目一新之感。卢卡奇在当时是不是颇有针对性地举起了一面反教条主义的旗帜呢？

　　（三）
　　卢卡奇无疑是西方马克思主义思潮的主要开创者，也是研究和评价这种思潮的一个关键性人物。国际上形成的"卢卡奇热"持续了半个多世纪，国内近些年来也陆续翻译、出版了他的一些主要著作，但不论从质量或数量上说，都还不够完善。对卢卡奇思想的研究还停留在一般性的评价和争议上，专门性的深入研究和学术著作目前尚未出现。特别值得注意的是，以往的研究，主要集中在卢卡奇思想的早期阶段，大都是围绕《历史与阶级意识》一书而展开的。西方不少学者认为，卢卡奇思想的"精华"体现在《历史与阶级意识》中，以后的思想则是某种"衰退"或"萎缩"。而有些持传统观念的马克思主义者，则认为卢卡奇的理论是错误的，以《历史与阶级意识》为代表。因此，争议往往集中在对此书的理解和评价上。应当看到，卢卡奇一生的思想，是一个完整的发展过程。从基本的方面看，卢卡奇始终坚持对马克思主义和社会主义的信念，始终关注国际社会主义事业的命运，而且他的整个思想过程的显著特点，是一种向上向前的发展。特别是愈到晚期，他的思想就显得愈益丰富和完整。试看他晚期所写的三部著作：《审美特性》、《社会存在本体论》、《民主化的进程》正是他毕生创造性探索的重要成果，在理论内容和逻辑结构上都富于总结性。这三部著作，是他晚期思想的三个组成部分，有着内在的相互联系。在《社会存在本体论》中，他以劳动范畴为核心，试图评论人类实践、目的性活动的基本性质。他设想在克服《历史与阶级意识》的若干理论错误的基础上，建构一种新的社会存在本体论的理论体系。《审美特性》则是以社会存在本体论为基础，试图建立马克思主义美学的基本构架和主要范畴。同时，他还把理论探索推向政治领域，试图完善马克思主义的政治学说。在《民主化的进程》中，卢卡奇运用马克思阐述过的"市民社会"、"类存在"和人的目的性活动的概念，试图建立一种有别于列宁的《国家与革命》的新的政治学说。

　　《民主化的进程》，是在 1968 年年底写成的，直到 1985 年才在德国出版，1991 年英译本问世。如果说，列宁的《国家与革命》是帝国主义和无产阶级革命时代的产物，那么，历史向列宁提出的任务，是为推翻资产阶级统治提供战略的指南；那么，卢卡奇的《民主化的进程》，则可以说是社会主义体制改革时代的产物，这时历史向卢卡奇提出的任务，是如何从体制上解决社会主义的民主管理，从而促进生产力发展的问题。在卢卡奇看来，马克思主义的政治学说的目的，不在于描述一种固定的共产主义社会，而在于分析社会主义社会如何进一步民主化，从而揭示逐步趋向未来的可能性。他在晚年的多次谈话中，还特别强调了马克思主义的革新和社会主义的民主化问题。

　　总之，卢卡奇的晚期思想和著作，不论就建设和完善马克思主义哲学、科学社会主义和美学的基本理论来说，还是就马克思主义的革新和社会主义的民主来说，都蕴涵着丰富的理论遗产，值得我们认真研究和借鉴。应当指出,那种认为研究卢卡奇的热潮已经过去、卢卡奇的思想已经过时的看法是没有根据的。我们应当把研究卢卡奇的重心,从他的早期思想和《历史与阶级意识》一书,转向他的晚期思想和著作,并且与马克思主义的理论建设、社会主义的体制改革紧密结合起来,促进当代马克思主义的深入发展。

(四)

西方马克思主义思潮的出现,正是当代马克思主义发展过程中的某种分化和多样形态的表现。"西方马克思主义"提出的某些反传统观念的诠释和探索,往往可以从马克思主义自身找到内在根据,也包含20世纪西方社会历史条件的特点,与我们的具体国情、文化传统、民族特点有重大差异,在参考、借鉴"西马"的思想时,应当认真辨别,谨慎对待,但却不宜简单否定。

不可忽略的是,西方马克思主义基本上是一种哲学思潮。与第二国际的代表人物否认马克思主义的哲学基础的观点相反,"西马"的代表人物则把哲学看作马克思主义的命脉:在哲学中,他们尤其重视辩证法,他们立足于黑格尔的《精神现象学》和马克思的早期著作,强调马克思主义辩证法本质的革命性和批判性,在辩证法的视角上要求从物质的本体论转向实践的观点、主体和客体的互动关系;在辩证法的重心上要求从自然辩证法、客观辩证法转向主体和人的辩证法。"西马"的这种辩证法思想虽然有偏离唯物主义、忽视辩证法客观来源的倾向,因而与传统观念的辩证法发生原则分歧,但他们要求深入探讨和发挥马克思关于异化与人化自然的观点,强调人的自由自觉的实践活动,阐明人的活动的辩证法,力图弘扬人的主体性,却也正是加强或弥补了传统观念的辩证法中比较薄弱或相对忽略的部分。因此,西方马克思主义思潮也促使中国的马克思主义者重新解读马克思的文本,审视当前的哲学体系,在一系列理论问题上,初步展开了不同观点和派别的争鸣,并且写出了各具特色的哲学教程。

"西方马克思主义"的问题是明显的,它的许多观点和主张并没有在社会实践中获得富有成效的检验。"西马"在揭露资本主义弊端、批评僵化的社会主义模式时,既有触及深处而相当锐利的一面,也因缺乏历史分析而多有偏颇之处;在强调总体革命、倡导文化批判时,既有全面审视的深邃目光,也有忽视经济基础的致命缺陷。然而,作为一种有着广泛影响的社会思潮和理论形态，它的两重性是不足为奇的。我们不能因为它的某些缺陷便大加谴责和排斥。

就目前的状况和影响看，与五六十年代的极盛时期相比，西方马克思主义思潮已进入低谷，但任何有重大影响的社会思潮都不是直线发展的，总是呈现有起有伏的波浪形态，低潮不等于没落；自八九十年代以来，"西方马克思主义"的某些派别和代表人物似已"隐逸"，但各国的马克思主义研究者也开始更加深沉地思考。他们面对社会现实的重大疑难，更加潜心地研究诸如苏联解体、东欧剧变的原因；当代资本主义的命运；市场经济与社会主义的关系；以及中国特色社会主义的性质等，并且已经提出了各种不同的见解。有的研究者还把注视科学和社会的目光投向了全球性的问题，如"生态危机"、"后工业社会"、"女权社会"、"现代家庭"，等等。还有人运用总体性思想，进一步把本国、本民族的现实生活问题与人类全球性问题、人类未来的问题联系起来探究，形成了"生态学马克思主义"、"人类学马克思主义"等新的派别。从注重阶级与革命到注重生态与全球问题，反映了时代主题的转换，也表现了传统的社会主义观念向新型的社会主义观念的转变。只有社会主义能够最终解放全人类，这也许是东、西方马克思主义可以达到的共识。如果说，20 世纪马克思主义的主潮是以列宁主义为代表的东方马克思主义，它的理论体系的完整性和它对人类社会历史的决定性影响是没有疑问的，那么，21 世纪马克思主义的主潮，则可能是马克思主义的进一步丰富和发展，也可能是一种更高的综合创新的形态。我们应当深入探索，以更加积极、开放的心态，注视马克思主义的发展趋势，迎接理论创新高潮的到来。

（写于 1988 年）

六　也谈"西方马克思主义"在中国

读了徐友渔的文章《西方马克思主义在中国》（见《读书》1998 年第 1 期，以下简称"徐文"），感到确有新意，但也有疑问和不解，就想也写一篇，抒发一点自己的议论。

"西方马克思主义"思潮出现于 20 世纪 20 年代初，它作为一种国际性的社会思潮介绍到中国来，则是在 80 年代初。长期以来，从总体上说，我国知识分子对这种思潮是相当陌生的。在我国的舆论指导上，最初是把它作为"资产阶级"、"修正主义"的思潮而采取排斥和冷漠态度的。80年代初出版的那本《"西方马克思主义"》，也把它定性为"小资产阶级"思潮，指责它"歪曲"、"攻击"马克思主义。但是，在改革、开放的大潮中，当人们较多地接触到"西方马克思主义"的原著作之后，就对某些简单的定性和批判提出了怀疑和非议。于是，80 年代中后期，在国内理论界就出现了一场如何评价"西方马克思主义"的争论。焦点在于西方马克思主义的性质和它与传统马克思主义的关系，如何评价西方马克思主义的开创者卢卡奇和他的奠基性著作《历史与阶级意识》？大约有七八种报刊，发表文章数十篇，掀起了一次研究和讨论的热潮。自此以后，西方马克思主义的各个派别的有代表性的著作陆续得到翻译、出版，各种专题性研究和评论性的专著也陆续出现了。正如"徐文"所说："西方马克思主义正式成为学术界的研究对象，学者、教师和学生都表现出了强烈的兴趣。"但这不是在"80 年代初"，而是在 80 年代中后期。而且，自 80年代末以来，由于国际、国内某种政治风波的发生，"西方马克思主义"的研究氛围也告吃紧，一度出现的讨论热潮，并没有再次出现，这固然与西方马克思主义本身进入低谷有关，也仍与我们长期形成的意识形态的观念相联系。

　　"西方马克思主义"的概念和范围，有一个演变和扩展的过程，由最初所指少数几个代表人物的思想，到其中整个人本主义的学派，后又囊括了科学主义、实证主义的派别。顾名思义，"西方马克思主义"是与东方形成的列宁主义相对而言的。它是一个地域性颇强的概念，同时又有其独特的思想内涵，实质上显示出西方社会历史状况和民族文化传统的特色。西方马克思主义的诸多派别包含着复杂的思想成分，并没有一致的理论规范或体系。从这个约定俗成的名称所涵盖的范围来看，大致可以分为人本主义和科学主义两大基本派别。前者受整个西方传统文化的影响，着重发掘马克思主义的人本主义的渊源，发扬马克思主义的人道主义的本性；后者在现代科学技术发展的影响下，尽力把马克思主义科学化，作实证主义或结构主义的解释。两大派别之间，显然存在着重大差别和分歧，甚至互相批评和诘难，而从现代思想史上的作用和影响来看，占主导地位的显然是人本主义的派别。因此，"徐文"用属于科学主义的结构主义的代表人物阿尔都塞的某种特例,来说明"文革"的理论、西方马克思主义和后现代主义三者之间也确实有共通的思想渊源",就不免以偏概全,显得太牵强了。对于后现代主义,我们姑且不论。至于"'文革'理论",则过来的知识分子,几乎都有切肤之痛的体认,它是"阶级斗争日益尖锐"论的运用、个人迷信恶性膨胀的结果,是对人的权利和尊严的蔑视,这与"西方马克思主义"的着眼于人的解放、要求弘扬人的主体性的主导脉络究竟有什么共通的思想渊源呢?难道为西方马克思主义盖上一个"小资产阶级"或"左"的印章,就可以把它与"'文革'理论"联系起来吗?

西方马克思主义,这种流传了大半个世纪的国际性思潮,不但在它的早期与后期之间,发生了重大的变化,它的各种派别之间,包含着纷繁的差别,而且就它的各种代表人物来说,也有着极不相同的类型。比如,在早期的代表人物中,卢卡奇、葛兰西是经历重大磨难和曲折而始终坚持社会主义信念的坚定的革命家和理论家,在对待马克思主义的态度上,与德国的柯尔施是发生了重大分野的;德国的布洛赫则是一位极具思辨性的哲学家;他对卢卡奇有过深刻的影响。在存在主义的马克思主义者中,既有从存在主义走向马克思主义的萨特,也有从马克思主义走向存在主义的列斐伏尔,又有试图超然于马克思主义之外而专事研究、评论的梅洛-庞蒂。在东欧的新马克思主义者中,大都曾在马克思主义阵营内部就社会主义现实的重大问题,对某些传统观念表示异议,提出各种不同的观点,但也有最终宣布放弃马克思主义立场的,如波兰流亡国外的科拉科夫斯基。凡此种种,都需要作历史的具体的分析,不可同日而语或一概而论,很难笼统地加以定性。

那么,西方马克思主义究竟有没有共同的理论倾向和特征呢?在我看来,作为一种社会批判的思潮,它的共同的理论倾向是:揭露当代资本主义的种种弊端,批评僵化社会主义模式的严重缺陷,追溯马克思主义的理论渊源,考察当代社会生活中重大的历史现象和现实问题,并与现代西方哲学的某种派别或成分相结合,试图重新解释和探索马克思主义。它在理论色彩上的一个显著特点是,对马克思主义进行某种非正统观念的解释和非正统路线的探索。这样,它与东方马克思主义的某些传统或流行的观念,不免发生某些原则性的差异和分歧,甚至在某些具体的观点或论述上,也有与"西方马克思学"、"西方列宁学"相似或相近之处。但从基本的研究动因和理论倾向上看,它并不立意曲解或篡改马克思主义,因而与"西方马克思学"、"西方列宁学"仍然有着实质性的区别。

正由于西方马克思主义在理论上有着反传统观念的特点,这就决定了很长时期它在中国所遭受的命运,即受到冷漠、排斥或批判。80年代中期以来,情况逐渐有所转变。在改革、开放的形势下,人们的视野逐渐开阔了,一部分知识分子(主要是从事哲学和社会科学的研究者,至于青年学生中一度兴起的"萨特热"、"弗洛伊德热",一般不属于理论研究的范围)。开始对西方马克思主义有所了解和借鉴。这也较多地反映在某些哲学问题的探讨或新著中,诸如对人的问题的关注、对异化和人道主义的争议、对主体性的呼唤、对实践唯物主义的强调、对文化问题和文化哲学的重视,等等。正如"徐文"所说:"西方马克思主义显示的独特魅力,首先就在于它从人出发理解和阐释马克思。"人们产生了一种回到本来的马克思的愿望。于是,重视人本身,弘扬主体性的呼唤,有如空谷传声,反响颇为热烈,在长期沉寂的哲学领域内掀起了阵阵波澜。至于"回答挑战"、"坚决打退"、"无情揭露"的要求和做法,当然有,甚至在一段时间里,某些被视作"异端"的观点,有被当作"污染"而遭"清除"之势。笔者清楚地记得,90年代初,教育部门的一位高层官员,在一所著名大学的礼堂的讲台上,说什么主张弘扬主体性就是鼓吹个人主义,因而要对这种观点大张挞伐。当前中国知识分子的心理还是比较脆弱的,在这种场合下总不免心有余悸。不过,改革开放之势已定,学术争鸣之风已兴,上述那种习惯的思路和做法,已不像"徐文"所说仍"占主导地位"了,关于"西马"以及与"西马"思想相关的学术讨论,还是能相对地持续下去的。

问题常常发生在"正统"的观念上。长期在特定的社会历史环境里生活的人们,比较容易把占有主导地位而在头脑里积淀下来的观念看作唯一的"正统",而把不同于这种"正统"的思路看作"异端"、"歧路"。其实,就马克思主义的实质来说,它是一种国际性的思潮,也理应是一种最富于创造性的思潮。随着时代、历史的推移,马克思主义必然会发生主题和形态的转变,由于各国的社会主义实践和民族特性的差异,马克思主义在发展过程中必定出现多种的表现形式。马克思主义不可能呈现为直线形和单线形的发展。实际上,在整个20世纪的不同历史时期里,就出现过多种形态的马克思主义,也有过好几种自视为"正统"的形态。但是,应当看到:首先,"正统"与非正统是相对的,一定历史时期占主导地位并具有相对真理性、正确性的思想，可以视为"正统"，这并不等于它的绝对、永久的真理性。正统与非正统的思潮或派别之间，在包含差别或分歧的同时，往往也包含相互促进、相互补充、相互借鉴的方面。其次，正统并不是自封的，而是在历史实践中形成，并需要接受实践发展的检验。如果自封为唯一正确的正统，而排斥各种异己的观点和派别，陷于僵化、停滞的境地，那么，即使原来具备合理依据的正统地位，也会发生转变的。更重要的是，马克思主义的"正统"的含义，并不在于一套现成的观点或结论。马克思主义在理论上能够保持常青的生命力，是在于它的理论与实践相统一的原则和辩证思维的方法。卢卡奇在《什么是正统马克思主义?》一文中说:"正统马克思主义并不意味着无批判地接受马克思研究的结果。它不是对这个或那个论点的'信仰'，也不是对某本'圣'书的注解。恰恰相反，马克思主义问题中的正统仅仅是指方法。"笔者在初次读到这段话时，就有耳目一新之感。卢卡奇这里不是颇有针对性地举起了一面反教条主义的旗帜吗?

西方马克思主义思潮的出现，正是当代马克思主义发展过程中的某种分化和多样形态的表现。分化和多样性的进展，是人类思维创造性的特点，从总体上是值得赞许的。西方马克思主义提出的某些反传统观念的诠释和探索，往往出自马克思主义自身包含的内在根据，也有 20 世纪西方的特定社会历史条件的根据，与我们的具体国情、文化传统、民族特点有重大差异，在参考、借鉴"西马"的思想时，应当认真辨别，谨慎对待，但却不宜简单否定。

不可忽略的是，西方马克思主义基本上是一种哲学思潮。与国际上某些思潮或代表人物否认马克思主义的哲学基础的观点相反，"西马"的代表人物则把哲学看作马克思主义的命脉。在哲学中，他们尤其重视辩证法。他们立足于黑格尔的《精神现象学》和马克思的早期著作，强调马克思主义辩证法本质的革命性和批判性，在辩证法的视角上要求从物质的本体论转向实践的观点和主、客体的互动关系;在辩证法的重心上要求从自然辩证法、客观辩证法转向主体和人的辩证法。"西马"的这种辩证法思想虽然有偏离唯物主义、忽视辩证法客观来源的倾向，因而与传统观念的辩证法发生原则分歧，但他们要求深入探讨和发挥马克思关于异化与人化自然的观点，强调人的自由自觉的实践活动，阐明人的活动的辩证法，力图弘扬人的主体性，却也正是加强或弥补了传统观念的辩证法所淡忘而忽略的部分。因此，西方马克思主义的思潮也促使中国的马克思主义者重新解读马克思的文本，审视当前的哲学体系，在一系列理论问题上，初步展开了不同观点和派别的争鸣，并且写出了各具特色的哲学论著。

西方马克思主义的问题是明显的，它的许多观点和主张并没有在社会实践中获得富有成效的检验。"西马"在揭露资本主义弊端、批评僵化的社会主义模式时，既有触及深处而相当锐利的一面，也因缺少历史分析而多有偏颇之处；在强调总体革命、倡导文化批判时，既有全面审视的深邃目光，也有忽视经济基础的基本缺陷。然而，作为一种有着广泛影响的社会思潮和理论形态，它的两重性是不足为奇的。我们能因它的某些缺陷便认为"大有问题"而倍加谴责和予以排斥吗？这又不禁使人反省"唯一正统"的观念了。

就目前的状况和趋势看，西方马克思主义如"徐文"所说，"已处于花叶飘零的境地"吗？也不见得。任何有重大影响的社会思潮都不是直线发展的，总是呈现有起有伏的波浪形。低潮并不等于没落。

自七八十年代以来，西方马克思主义的一些派别和代表人物，与各国的马克思主义研究者一道，更加面对社会现实的重大问题，更加潜心地研究诸如苏联解体、东欧剧变的原因，当代资本主义的命运，市场经济与社会主义的关系，以及中国特色社会主义的性质，等，已经提出了各种见解。有的派别还把注视科学和社会的目光投向了全球性的问题，如"生态危机"、"后工业社会"、"女权社会"、"现代家庭"等等。运用总体性思想，有的代表人物进一步要求把本国、本民族的现实生活问题与人类全球性问题、人类未来的问题联系起来探索，形成了"生态学马克思主义"、"人类学马克思主义"等新的派别。从注重阶级与革命到注重生态与全球问题，反映了时代主题的转换，也表现了传统的社会主义观念向新型的社会主义观念的转变。只有社会主义能够最终解放人类、拯救地球，这也许是东、西方马克思主义可以达到的共识。如果说，20 世纪马克思主义的主潮是以列宁主义为代表的东方马克思主义，那么，21 世纪马克思主义的主潮则可能是一种更高的综合创新的形态。我们难道不应当以更加广阔、开放的胸怀，注视马克思主义的发展趋势，迎接马克思主义 21 世纪的创新形态吗？

（写于 1988 年）

七 "西方马克思主义"思潮的
启发和借鉴意义

"西方马克思主义"作为一种国际性的思潮，曾在五六十年代达到高潮。这种思潮包含着众多的派别，并没有一致的理论规范或体系，但又确实表现出某些共同的理论倾向。比如：揭露当代资本主义社会的种种弊端，批评僵化社会主义模式的种种缺陷，追溯马克思主义的理论渊源，考察当代社会生活的重大历史现象和现实问题，其中相当一部分试图使马克思主义与现代西方哲学的某种派别或成分相结合，等等。"西方马克思主义"在理论色彩上的一个显著特征是：依据西方当代社会现实，继承西方思想文化传统，对马克思主义进行某种非正统观念的重新诠释和非正统路线的重新探索。这种诠释和探索的结果，与马克思主义的某些基本原则或传统观念不免发生这样那样的分歧或偏离，在某些具体观点和结论上，也有与"西方马克思学"、"西方列宁学"等西方资产阶级思想派别相类似之处。但从基本的研究动因和理论倾向上分析，"西方马克思主义"与"西方马克思学"、"西方列宁学"等，仍然不可混为一谈。

从"西方马克思主义"这个名称一般所涵盖的范围来看，大致包括人本主义和科学主义两大基本派别。前者受整个西方传统文化的影响，着重追溯马克思主义的人本主义的渊源，发扬马克思主义的人道主义的精神；后者在当代科学技术发展的影响下，尽力把马克思主义科学主义化，作实证主义或结构主义的解释。这两个基本派别之间，在有关马克思主义的实质、马克思的早期著作与晚期著作的关系、马克思主义与人道主义的关系、马克思主义与黑格尔思想的关系等方面，存在着重大分歧，甚至互相批评、诘难；在对待东方的列宁主义的认识和态度上，也有重大差别。整体说来，人本主义派别在"西方马克思主义"思潮中占主导地位，影响比较广泛。在"西方马克思主义"的一系列代表人物中，也包含极不相同的类型和特征。

马克思主义本来是最富于创造性的社会思潮，它的创造性的发展，也绝不会采取单线的、直线的形式。当代马克思主义在发展过程中出现某种分化，形成东方的列宁主义和西方马克思主义两条基本线索或两种基本思潮，这是客观事实，也是合乎规律的现象。分化与多样性的进展，正是人类思维创造性的体现。从总体上是值得赞许的。马克思主义在当代的某种分化和不同线索的出现，是基于马克思主义自身的内在根据，也与 20 世纪特定的时代、历史条件密切相关，这需要认真分析和研究。因此，对待"西方马克思主义"思潮和它的各种派别，我一直认为，不能先入为主地作笼统的定性，不应采取简单排斥或基本否定的态度。

我国的改革开放和建立、发展社会主义市场经济的实践，突破了马克思主义的某些传统观念，迫切要求进一步探索和实现马克思主义的中国化和现代化，迫切要求在理论上融合中西文化，进行综合创新。"西方马克思主义"作为一种影响广泛的社会思潮，是当代西方文化的一个重要组成部分。尽管它与马克思主义的传统观念和发展有着这样那样的分歧或冲突，也确实包含着对马克思主义基本内容的某些原则性偏离，但它仍是当代马克思主义发展过程中在西方出现的不可忽视的方面，具有比较鲜明的时代感和现实感。尽管它在西方和东欧兴起或流传的高峰似已过去，但它提出的问题或形成的构想、留下的思想遗产或当今的发展趋向，仍然值得我们重视和思考。

（一）追溯历史，深入发掘珍贵的思想遗产

"西方马克思主义"者中不少人比较尊重历史，重视对思想遗产的深入发掘和对历史经验的认真总结。

20 世纪 20 年代初，当卢卡奇、葛兰西等人在国际工人运动内部结合本国革命实践从事理论探讨时，第二国际的一些思想家们仍在把马克思主义看做某种机械的经济决定论和宿命论。他们有些蔑视辩证法，抛弃黑格尔。但是，德国古典哲学，特别是黑格尔的辩证法，正是马克思主义哲学的基本来源之一。"西方马克思主义"最早的一批代表人物，为了总结欧洲某些国家的无产阶级革命遭受挫折的原因，针对某种教条主义的倾向，就十分重视从揭示马克思主义哲学的理论来源、揭示马克思主义哲学与黑格尔辩证法的关系入手，试图恢复和阐明马克思主义的革命本质，要求弘扬人的主体性和无产阶级的阶级意识。在这方面，卢卡奇是最突出的代表。他在《历史与阶级意识》中所阐述的总体性思想、物化和异化概念、主体与客体关系，以及历史概念等，无不与发掘黑格尔的思想遗产密切相关。在他们的这种理论探讨中，尽管有渲染某种哲学的唯心主义成分，夸

大人的主观性的倾向，但把揭示马克思主义的理论来源，特别是黑格尔辩证法来源作为理解和发展马克思主义哲学的重要途径是合理的。这与列宁在第一次世界大战期间系统研究和推进马克思主义辩证法所坚持的路径也有相似之处。

后来的"西方马克思主义"者，在西方传统思想文化的影响下，除了继续发掘黑格尔的思想遗产之外，从更为深远或广泛的角度追溯和探讨了康德、费希特、歌德、孟德斯鸠、卢梭、斯宾诺莎、伽利略、亚里士多德等人对马克思的影响，侧重辩证法、人、主体性以及政治上的民主、自由等方面，同时涉足经济、政治、法律、道德、科学、文艺等领域。这就拓宽了马克思主义理论研究的向度，对我们是有启发的。

就马克思主义哲学史而言，他们着重发掘了马克思本人的思想遗产，特别是那些被第二国际的思想家们和苏联马克思主义者所忽略或淡忘了的部分。他们主要以马克思的早期著作为依据，要求恢复马克思的实践哲学和辩证法的革命本质，恢复人在马克思主义哲学中的重要地位。他们认为这是马克思的思想原来包含的精华部分，后来被遗忘和淹没了。因此他们要求正本清源，尽力发掘和阐明马克思思想的本义和内涵。他们重新提炼和概括了一些重要范畴和方法论原则，是值得当代马克思主义哲学认真研究的。

"西方马克思主义"的许多代表人物，不论是早期的卢卡奇、柯尔施，法兰克福学派的马尔库塞、弗洛姆，还是属于科学主义派别的科莱蒂、阿尔都塞等人，他们的主要著作几乎都直接涉及马克思主义哲学史，对于揭示、研究马克思主义哲学形成发展的线索和规律，提供了颇有价值的思想资料和见解。

（二）面向现实，积极探索重大的理论问题

"西方马克思主义"思潮的出现，既与第二国际的思潮相异议，又曾在第三国际的范围内受到压抑。从实际效果上看，其代表人物的理论活动并没有具体实现与本国革命实践的结合，促成本国革命的胜利；从著述形式上看，由于这些代表人物大都是专职的哲学教授，或者被迫离开政治实践而专门从事学术研究，他们的论述不免带有某些学究气，甚至相当晦涩难懂。但是"西方马克思主义"出现以来70多年的历史说明，对于历史过程的重大事变、现实生活的重大问题，他们不但没有回避，而且大都及

时地面向现实,接受挑战,试图为马克思主义的发展注入新的活力。比如,20—30年代对欧洲革命经验教训的总结,30—40年代对法西斯主义产生根源的分析,50—60年代对斯大林现象的研究和对苏联社会主义模式的批评,70—90年代对科技革命、生态危机等新问题的探讨,都是如此。他们往往身居书斋,却倾听着时代和现实的呼声。他们运用的是深奥的哲理、特殊的范畴,甚至晦涩的言辞,却大量地反映了他们所生活的那个时代和社会的生动信息与丰富内容。

"西方马克思主义"者面向现实生活,分析、干预现实生活的重大问题,集中表现在三个方面:①结合分析当代资本主义社会的特点,提出不同于俄国十月革命的战略策略思想;②结合对僵化社会主义模式的批评,提出革新马克思主义的内容、扩展社会主义的民主、发扬人道主义精神的各种主张;③关注科技革命和后工业社会的发展趋势,提出并探究迫切需要解决的新课题。他们的这种探讨,虽然主要结合西方社会的现实,并与西方的思想文化传统密切相关,与我国的特殊国情、文化传统有重大差别,因而不免出现理论观点和意识形态上的分歧,但我们很难责备他们的理论探讨是与社会实践完全脱离的。他们面向现实提出的各种创新性的见解,尽管可能包含某些偏颇和错误,但对我们今日的改革开放和现代化建设也确有不少值得参考和借鉴之处。

(三) 展望未来,认真思考人类的发展趋向

"西方马克思主义"者一般都把马克思主义特别是把马克思主义哲学看作一种开放的体系。他们不受某种固定结构、范畴框架的束缚,在面向现实、注视科学发展、吸取当代西方哲学成果的同时,往往以敏锐的眼光展望未来。

自七八十年代以来,"西方马克思主义"的有些派别就把注视科学和社会的目光投向了全球性的问题,如"生态危机"、"后工业社会"、"女权问题"等。运用总体性思想,他们进一步要求把本国、本民族的现实生活问题与人类全球性的问题、人类未来的问题联系起来探究。

20世纪西方哲学的一个重大动向是逐渐恢复了本体论问题的研究。"西方马克思主义"的一些学者也表现了对本体论问题的关注,促进了本世纪本体论研究的复兴。卢卡奇在1971年出版的《社会存在本体论》,意味着一种新的开端。这部著作和他的《历史与阶级意识》相比较,有

很大的转变，比如肯定了自然辩证法和唯物主义的反映论，但其中的基本思想，仍然是试图回到早年马克思的传统和道路上去，以社会实践，特别是以劳动为基础，来建构马克思主义的新的本体论。这对于马克思主义哲学体系的改造和建设是一个重要的先声。

"东欧新马克思主义"者中的德国哲学家布洛赫的思想，至今值得我们研究，他曾经对卢卡奇的思想发生过重大影响。布洛赫的思想富于思辨和独创性，也许可以说他是马克思主义的未来学的一位开创者。他在《希望的原理》一书中批评流行的马克思主义忽视对未来问题的研究，指出："马克思主义只有把未来的地平线导入知识，把过去作为未来的前室，才能给现实以真正的向度。"他提出"期待"（Anticipation）范畴，把世界与人都看作一个尚未定型、尚未完成的过程，也就是向各种可能性、向未来敞开的过程。在这里，他充分肯定了哲学思想中想象的创造性作用。

布洛赫主张在批判地继承黑格尔的主客体关系理论的基础上，把主、客体的辩证同一看作一个向前敞开的动态过程，从而发展出一种面向未来的哲学。这种哲学就是一种"开放体系"，它的特点就是把未来作为思考的基础和中心，而不是像传统哲学那样一味地"回忆"过去或拘泥于现在。他还在哲学中引入"希望"（hope）的概念。他所主张的开放的体系，正是建立在对未来的希望的基础上的。他的理论探讨，正是要求以"开放体系"的新哲学为出发点，来建设马克思主义的完整的伦理学、美学以及宗教学说。显然，布洛赫所设想的这种哲学体系，是一种向各方面敞开、积极地展望未来，并且充满着希望的哲学，它是一种善于吸取人类知识的各种有益成果、具有生机与活力、永远向前发展的哲学。布洛赫的观点和主张，尽管包含某些空想甚至神秘的色彩和成分，但就其基本倾向看，他的开创性的思考和探究，可以说给当代马克思主义哲学的发展，带来了新的气息。

"西方马克思主义"者展望未来的积极思考，对于我们当前理论体系中某些僵化孤立的结构和观念，对于我们社会实践中的某些急功近利的思考和政策，具有积极的警觉和冲击作用；对于我们的整个经济、文化和理论的现代化建设也有重要的启迪意义。

（写于 1995 年）

八　20世纪80年代以来的"西方 马克思主义"研究

20世纪初，列宁主义在我国指导革命取得了胜利，并在国际上产生了广泛影响。中国人民主要是通过列宁主义而接受和运用马克思主义的。这样，在20世纪20年代出现的"西方马克思主义"对中国的影响便来得很晚了。大致是在70年代末和80年代初，才逐渐有比较全面的介绍。徐崇温的《西方马克思主义》一书出版于1982年，可以看作我国学术界评述和研究"西方马克思主义"的一个开端。

（一）研究大致可分为三个阶段

1. 80年代初至80年代中，初步进行介绍和评述。"西方马克思主义"思潮之所以引起重视，并且比较全面地介绍到国内来，显然与真理的实践标准的讨论，中共十一届三中全会后实行改革开放方针相联系。不过，应当看到，这时候国际上"西方马克思主义"在60年代掀起的高潮已基本回落，而且在我国舆论界的主导方面，由于从马克思主义的某种传统观念出发，最初一般是把它看作"资产阶级、修正主义"的思潮，或称为"小资产阶级激进主义"思潮，总之，多半是指责它歪曲马克思主义，特别是对马克思主义的辩证唯物主义哲学提出了种种挑战。当然，这种状况随后不久就发生了某些变化。这个阶段影响比较大的著作，除前面提到的徐崇温的著作以外，英国佩里·安德森（Peiry Anderson）的《西方马克思主义探讨》于1976年问世，其中译本已于1981年出版。《探讨》把结构主义的马克思主义、新实证主义的马克思主义囊括进"西方马克思主义"，扩展了最初由柯尔施（Karl Korsch）提出，后来由梅洛－庞蒂（Merleau－Ponty）进一步阐发的"西方马克思主义"的概念范围。近20年来国内基本上是沿袭这个扩展了的范围来讨论的。在80年代初，对"西方马克思主义"中影响最大的法兰克福学派，就有评介性的著作出现。杜章智所编的《卢卡奇自传》于1986年出版，由于比较广泛地收集、翻译了卢卡奇的一些自我批评和自述的材料，也增强了读者和研究者的兴趣。

2. 80 年代后期至末期，热烈展开讨论和争议。随着改革、开放大潮的兴起和学术、文化领域"双百"方针的提倡，当人们较多地接触到"西方马克思主义"的原著和实际内容后，就对原有的某些比较简单地定性和批驳提出了质疑。1986 年 8 月在长春市召开了"国外马克思主义研究现状"的学术讨论会，会上发生不同观点的交锋。随后在 1987 年和 1988 年，国内理论界就如何评价"西方马克思主义"发表文章数十篇，争论焦点在于如何看待"西方马克思主义"的性质和它与传统马克思主义的关系，如何评价"西方马克思主义"的开创者卢卡奇、葛兰西的思想，特别是如何分析、评价卢卡奇的奠基性著作《历史与阶级意识》等。虽然，由于国际、国内的种种原因，自 80 年代末往后，这场讨论和争议的热潮已发生回落，但它积极促进了以后对"西方马克思主义"各个派别的代表性著作的翻译、出版和研究，并且波及海峡对岸，发文章，兴讨论，出丛书，重交流。在一段时间内，掀起了研究"西方马克思主义"或"新马克思主义"的热潮。90 年代以来，高潮虽已过去，但讨论和研究仍在断断续续地进行。

3. 90 年代至今，持续开展翻译和研究。接着讨论和争议热潮而兴起的，是一个翻译和出版原著的热潮。因为争议的问题和不同的观点，都要求直接阅读和研究原著。十余年来，"西方马克思主义"各个主要派别和代表人物的主要著作，基本上都已陆续翻译并出版。海峡两岸曾分别出现合作出版的丛书系列。最突出的是，由徐崇温主编、重庆出版社出版的"国外马克思主义和社会主义研究丛书"，已出版译著和著述 30 余本，对"西方马克思主义"的研究起了重要的推动作用。国内已经出版、发表的著作和论文，比较多地集中在以下几方面：有关"西方马克思主义"开创者卢卡奇、葛兰西思想的评论；有关法兰克福学派及其重要代表人物哈贝马斯、马尔库塞、弗洛姆等人的评论；有关存在主义的马克思主义及其代表人物萨特的评论；有关结构主义的马克思主义及其代表人物阿尔都塞的评论；有关"西方马克思主义"某一专题或某一新派别的评论，等等。可见研究的重心是在人本主义的派别方面。此外，翻译、出版了当代西方学者有关"西方马克思主义"的研究性著作，如《西方马克思主义概论》（［加］本·加格尔著）、《马克思以后的马克思主义》（［英］戴维·麦克莱伦著）、《辩证法的内部对话》（［美］诺曼·莱文著）等。还翻译、出版了某些工具书，如《新马克思主义研究辞典》、《新马克思主义传记辞典》等。1994 年 1996 年 1998 年都曾召开国外马克思主义学术研讨会，1996 年正式成立了当代国外马克思主义研究会。总之，各种翻译、出版和研究活动还正在持续而逐步深入地开展。

（二）发生争议的主要问题

讨论中的分歧和争议，主要发生在一些总体性的评论、估价方面：

1. 对卢卡奇及其《历史与阶级意识》的基本评价问题。作为"西方马克思主义"思潮的开创者，卢卡奇究竟是不是一个马克思主义者？有人认为他是 20 世纪的一位卓越的马克思主义者，有人则认为他不过是一个"新马克思主义"者，而并不是一个真正的马克思主义者。这一分歧显然与对他的关键性著作《历史与阶级意识》的基本评价密切相关，这种评价并且直接关系到对整个"西方马克思主义"的分析和认识，甚至成为当代马克思主义哲学一系列重大争议之源。自从《历史与阶级意识》于 1923 年发表以来，对其理论性质和主导倾向的评价，国际上一直存在截然不同的观点。持基本肯定和赞扬态度者认为它是"20 世纪马克思主义最重要的理论著作"，"恢复"了马克思主义的精华；而持基本否定和批判态度者，则把书中的基本观点确定为"理论修正主义"或"黑格尔主义思想之大杂烩"。国内有的学者把书中的某些"偏颇"和"失误"看作"瑕不掩瑜"，"根本无法遮掩其思想的马克思主义的光辉。"有的学者则认为书中的思想"构成了对马克思列宁主义哲学基础的挑战"，"其基本倾向是错误的，影响是不好的"，等等。造成这种分歧的重要原因在于凭借的理论尺度不同。从传统的辩证唯物主义的观点出发，认为卢卡奇的否认自然辩证法、批评反映论的观点，是与马克思主义哲学相对立的；而从实践唯物主义观点出发，则认为卢卡奇强调主客体关系和改变现实的思想是对马克思本来思想的恢复和发扬。但是，即使都声称凭借实践唯物主义的尺度，由于理解的不同，也产生了根本不同的评价。比如，一派认为，卢卡奇坚持对人类社会生活做整体、全面的理解，即不以自然本体论为基础，而是将主体与客体相互作用的全部社会运动作为历史的基础，突出了人类活动的实践性、社会性和高于自然历程的特点，因而贴近了马克思的实践概念；另一派则认为卢卡奇提出"自然是一个社会范畴"，忽视了"第一自然"的前提，否定自然辩证法，把马克思主义哲学变成了一种单纯的社会哲学；而且卢卡奇的实践概念不以劳动为基础，还把实验和工业排除在外，并在最后归结于意识，因而不能说成是实践唯物主义，而只能是一种唯心主义的观点。

总的说来，与国际上的"卢卡奇热"相似，国内对卢卡奇的研究和评价，也有一种从贬到褒、从否定到较多地肯定的趋势。然而，《历史与阶级意识》究竟树立了一面什么旗帜？它的理论思维的主旋律究竟是什么？都是并未明确解决的问题。

2. 怎样认识和估价"西方马克思主义"思潮？这是多次争议的焦点，大致有三派观点：

（1）认为它基本上是一种"反马克思主义"或"非马克思主义"思潮；（2）认为它基本上是一种马克思主义思潮，甚至就称为"发达资本主义社会的马克思主义"；（3）认为不能先入为主或一概而论地笼统定性，应当就不同派别、不同代表人物和不同历史时期的观点，分别进行实事求是的具体分析和评价。第一派观点的主要论据是："西方马克思主义"不是实行马克思主义普遍真理与本国革命具体实践相结合，而是实行与西方哲学中某个唯心主义流派的结合，主张一种折中混合的世界观；认为"西方马克思主义"否认自然辩证法，批评反映论，提出了一条与辩证唯物主义相对立的哲学路线；认为"西方马克思主义"，特别是其中的人本主义学派，把马克思主义人道化了，否定经济因素的决定作用，因而与历史唯物主义无缘。后两派观点反驳前者的理由主要是：（1）"西方马克思主义"出现时，正值西欧工人运动处于低潮，一些代表人物和理论观点又在共产国际和所属各国政党内受到排斥和批判，经常处于受压抑的地位，很难与本国革命的具体实践相结合，由于所受传统教育和专门从事学术研究方式的局限，不少著述的内容和语言表达也确有晦涩难懂的一面，但这种思潮没有失去对当代社会现实的敏感，而能对重大历史事变作出积极反响，一次又一次地进行探讨，一批又一批地出版专著。其中不论是对资本主义社会弊端的揭露，对社会主义僵化模式的批评，还是对科学技术发展、现代生活中种种问题的分析，以及新的战略、策略主张的提出，都正是试图实现马克思主义理论与具体历史实践的某种结合。至于"西方马克思主义"者注意研究和吸取当代西方哲学中的某些部分或因素，并不等于主张折中混合的世界观，而正说明他们没有使马克思主义与整个人类文明的发展相脱离，这种工作和成果即使发生偏差和错误，也值得我们认真分析和借鉴。（2）"西方马克思主义"思潮中否认自然辩证法、批评反映论的倾向,突出地表现了当代马克思主义思潮的不同线索和自身分化。这种倾向在理论上不免有所偏颇和失误,但也提出了某些值得深入探讨的问题和可资借鉴的因素,如体系结构、本体论与认识论的关系、辩证法的分类、实践观与反映论的关系,以及马克思、恩格斯和列宁的各自的思想特色和差别问题等。(3)这种思潮中的人本主义学派力图建立一种以人为中心的社会历史哲学。突出人在社会历史中的主体性活动,从各个角度发挥了人学,可能在不同程度上有偏离唯物史观的倾向,但每个派别对科学技术发展负效应的揭露,对全球性生态危机的考察,对人的心理因素和微观领域的探索,对个人问题、人的价值和个性的研究,可能正是传统马克思主义研究中比较容易被忽视和薄弱的方面,因而也值得认真考察和借鉴。

3. 怎样看待"西方马克思主义"在马哲史上的地位?"西方马克思主义"是不是马哲史的研究对象,应不应当纳入马哲史的研究范围?主要有三种观点:

(1)根本对立、应予排斥论。认为这种思潮对马克思主义,特别是对列宁主义提出了多方面的挑战,虽然自称为马克思主义,实质上在理论与实践上都是与马克思主义根本对立的。虽有某些可以借鉴、吸取的合理因素,但首先应当正视它与马克思主义、列宁主义的对立。长期以来,国内的多种马哲史教材或专著中不提这一思潮和派别,或只作为批判材料涉及,也正是这种观点的表现。

(2)区分主流、支流论。认为马克思主义哲学的发展,必然呈现一源多流的状况。这是马克思主义传播、演变过程中的客观事实。马克思主义创始人的思想是理论的源头,在马克思主义发展的历史长河中,各种思想流派,必然有主流、支流、逆流之分。"西方马克思主义"既未形成主流,也不可简单地归之于逆流。这一思潮的不少代表人物是潜心研究和有所作为的理论家,从当代西方的社会现实出发,以新的视角和方法,突破了第二国际和苏联的理论模式,对马克思主义的发展作出了某些有价值的探索和贡献,因而是马克思主义发展过程中的一个支流,是马哲史的一部分。列宁主义仍是当代马克思主义发展中的主流,"西方马克思主义"与列宁主义的关系是支流与主流的关系,既有分歧和对立的一面,也有相互促进和借鉴的一面。

(3)当代哲学分化论。认为20世纪的马克思主义呈现出不同脉络的分化和多样化的格局。一般说来,第二次世界大战前主要有三种:第二国际的马克思主义;列宁主义及其第三国际的马克思主义;以卢卡奇、葛兰西等人为代表的非正统的马克思主义。第二次世界大战后则更有:各社会主义国家的"正统马克思主义";西方人本主义和科学主义的马克思主义;东欧新马克思主义;"欧洲共产主义";北欧的"民主社会主义",等等。这种分化和多样化的根据是:马克思主义创始人思想的内在差别,人类历史实践(社会历史条件)的重大变化。多样化在理论上体现了人类思维的创造本性和马克思学说的内在生命力,在实践上为在新的历史形势下重建和发展创造性的马克思主义开创了局面。因此,马哲史的研究应当破除唯一"正统"的固定观念,突破直线和单线发展的思维模式,正视马克思主义分化和多样化的历史事实,从而以更加开放的心态对待不同形式的马克思主义,积极促进马克思主义的创新发展。

(三)展望今后的研究趋势

与五六十年代的极盛时期相比,目前"西方马克思主义"思潮已进入低谷。但任何有重大影响的社会思潮都不是直线发展的,总是呈现有起有伏的波浪形态,低潮并不等于没落或衰亡。自八九十年代以来,某些后继的派别和代表人物正在面对社会现实的重大疑难,进行更加深沉的思考,出现了若干新的趋势。当前值得我们重视和跟踪研究的方面是:

1. 西方有的研究者在近 20 年来,逐渐把注视科学和社会的目光投向了全球性的问题。如"生态危机"、"后工业社会"、"女权社会"、"现代家庭",等等,并且进一步把本国、本民族的重大现实问题与人类全球性问题、人类未来的问题联系起来探究,形成了一系列新的派别,主要有分析学派的马克思主义、生态学马克思主义、女权主义、市场社会主义、人类学马克思主义等。目前国内理论界已开始注视这些派别,并有个别专著和少量论文发表。

2. 90 年代以来,一些主要资本主义国家的马克思主义研究者,更加潜心于研究现实生活问题。比如关于十月革命的合理性问题,苏联东欧剧变的原因问题,中国特色社会主义的性质、意义问题,市场与社会主义的关系问题,当代资本主义的命运问题,马克思主义的现实性问题,社会主义和共产主义的新模式问题,等等。这些在国际上富于敏感性的重大理论问题,西方学者的研究动向是值得我们密切关注的。

3. 对卢卡奇的研究应从早期转向晚期。国际国内以往对卢卡奇的研究主要是围绕《历史与阶级意识》一书。其实，他的思想愈到晚期愈益丰富而完整。他在晚期所写的三部著作：《审美特性》、《社会存在本体论》、《民主化的进程》，是他毕生探索的总结性成果，是他晚期思想的三个组成部分，有着内在的相互联系。目前前两部著作已有中文译本出版，笔者正在翻译和准备出版他的《民主化的进程》。他在晚年的多次谈话中，也特别强调了马克思主义的革新和社会主义的民主化问题。因此，我们似应把研究卢卡奇的重心，从他的早期转向其晚期，并且与马克思主义的理论建设、社会主义的体制改革紧密结合起来，促进当代马克思主义的深入发展。

4. 要重视"后马克思主义"思潮的研究。西方关于马克思主义的研究，经历了"传统马克思主义"、"西方马克思主义"的形态，近些年来已出现"后马克思主义"的思潮。目前我们对"后马克思主义"还十分陌生，这看来是一个与后现代主义、后结构主义以及法兰克福学派后期思想等方面都有密切联系的思潮，需要我们重视和研究。

（写于 1999 年）

九　走进新世纪的"西方马克思主义"研究

在走进新世纪的几年里，国内学术界关于当代国外马克思主义，主要是西方的马克思主义的研究，出现了新的势头。

原来，在苏联东欧剧变之后，许多人以为，国际范围的马克思主义会出现低潮，"西方马克思主义"也会冷落下去。实际上，西方的不少学者，面对新的社会形势中的重大问题，更加潜心于深层次的研究。诸如东欧剧变的历史根源、市场与社会主义的关系、当代资本主义的发展趋势，中国的社会主义和现代化的特点，以及全球化中的一系列问题，都已成为研究的热点。近几年来，国际上接连传来的信息，也往往出人预料，令人深思。①英国广播公司于 1999 年秋在国际互联网上最后评定：马克思位居爱因斯坦之前，为千年最伟大、最有影响的人物。②《马克思恩格斯全集》国际版（原计划出版 142 卷），在苏联东欧剧变后，由国际马克思恩格斯基金会继续组织这项工程，本来拟向有关国家、政党呼吁资助的资金问题，也已获得解决：主要由德国联邦政府资助。据说资助的理由是：马克思、恩格斯是德国人；他们的学术思想丝毫不亚于历史上任何伟大的思想家。③自1995年至1998年，千人以上的马克思主义国际研讨会就开过4次，小型的国际研讨会更不计其数。④西方享有盛名的思想家雅克·德里达，写下《马克思的幽灵》一书，在西方引起密切关注，1999年出版中译本，也在中国产生震撼人心的作用。德里达虽然不是马克思主义者，却论证了马克思主义的现实性，并向世人宣告：马克思主义的幽灵是不会消逝的，它已成为人类的文化遗产，而没有这种遗产，也就没有人类的未来。这些事实说明，当今世界的诸多社会矛盾和问题，重新激起了人们研究马克思主义的热情，面对现实生活和全球性的重大问题，人们仍然希望到马克思那里去寻求思想武器。

国内现代化建设的快速进程，和国际上研究马克思主义的热忱，极大地促进了国内学术界对"西方马克思主义"的研究。1996年10月，在北京成立了"中国当代国外马克思主义研究会"，接着于1998年、1999年先后在北京和云南举行了国内学者的研讨会，着重探讨了当代国外马克思主义的态势和前景，今后研究的任务与重点，以及如何分析、评价等问题。同时，国内学者多次出席国际研讨会，或具体考察国外马克思主义的研究现状，并且陆续引进图书资料，组织翻译和出版有关国外马克思主义研究的著述。已出版的文集有：《未来的社会主义》、《全球化时代的马克思主义》、《苏联东欧剧变后国外马克思主义趋向》等。复旦大学当代国外马克思主义研究中心编辑出版了《当代国外马克思主义评论》（第1辑），反映了国内学者近几年来的研究状况和成果。据笔者不完全的查阅和统计，近5年来，国内评述或翻译有关"西方马克思主义"的著作，达30余本，国内学术刊物发表的有关文章，近200篇，可谓盛况空前了。这些研究有以下几个突出的方面：

1. 法兰克福学派热，特别是哈贝马斯热的兴起

法兰克福学派本是"西方马克思主义"中影响最大、最持久的一个派别。近20年来，法兰克福学派的思想和著作，越来越引起国内学术界的关注，近几年来，更有火热之势。1996年出版了〔美〕杰伊的《法兰克福学派史》中译本，1997年出版了朱立元主编的《法兰克福学派美学思想论稿》，1998年出版了上海社会科学院编的《法兰克福学派论著选

辑》。论及法兰克福学派的文章，在研究"西方马克思主义"的文章中约占60%。为什么法兰克福学派会使中国学者情有独钟，如此关注呢？复旦大学陈学明教授的《法兰克福学派的批判理论在当代中国的意义》一文，对此作了分析，大致是说：法兰克福学派一直持马克思主义的旗号，又以社会批判理论著称，因而在以马克思主义为指导的中国便占有"话语"优势，受到学界的青睐；法兰克福学派从事跨越多种学科的综合研究，其体系庞杂而内容丰富，因而拥有广泛的读者群；更由于这个学派敏锐地反映世界信息，关切人类命运，并扎根于社会现实生活之中，就不可避免地具有较强的吸引力。

当然，究竟如何评价法兰克福学派？它的社会批判理论与马克思主义的关系如何？近20年来它对中国的影响主要是积极的还是消极的？国内学者有不同看法。一般说来，七八十年代，主要持批判和否定的态度；近20年来，随着研究的进展，肯定其合理因素或可资借鉴的态度占主导地位。有的学者也在发生认识上的转变。由于法兰克福学派的社会批判理论深刻揭露了当代西方社会的种种弊端，提供了丰富的社会、思想资料，一方面有助于认清当代资本主义的特点和实质，另一方面还可应用这种批判作为借鉴，对照、分析中国现代化过程中面临的问题和效应，使中国"社会主义的现代化"不再重复西方国家现代化的过程，尽量避免或减少"人文精神衰退"、"道德沦丧"、"贪污腐败"和"畸形发展"的沉重代价，在加速经济发展和实现现代化的同时，尽可能和谐地推动社会的全面进步，促使人的全面发展。陈学明指出法兰克福学派所批判的10个方面，即对消费主义、大众文化、劳动异化、工具理性、实证主义、日常生活、生态危机、爱欲压抑、攻击行为以及科技社会功能的批判，虽难免有片面或不切合中国实情之处，但对我们都是有启发、借鉴意义的。

在对法兰克福学派的研究中，有些文章涉及马尔库塞关于性格结构、语言哲学的批判，弗洛姆的自由观、人本主义，阿多诺的否定的辩证法以及他与后现代主义的关系，等等。但是，法兰克福学派中当前最突出的亮点，还是它的第二代代表人物尤尔根·哈贝马斯。哈贝尔斯在西方学术界被誉为"当代最有影响的思想家"。他的社会交往理论和"重建历史唯物主义"的观点，受到国内学术界的密切关注，形成评论的焦点。他在哲学、社会学、政治学和文化哲学、法哲学等一系列领域的建树，引起国内学者的广泛兴趣。目前，哈贝马斯的重要著作，如《交往行动理论》、

《公共领域的结构转型》、《重建历史唯物主义》、《后形而上学反思》等，已有 10 余本出版了中译本，即将推出的还有：《理论与实践》、《包容他者》，以及他的新著《真理与论证》等。至于研究、评论哈贝马斯的著作，近来出版的有：汪行福著《走出时代的困境——哈贝马斯对现代性的反思》、曹卫东著《交往理性与诗学话语》、贺翠香的博士论文《哈贝马斯与马克思的社会劳动概念的比较》等。

自 2001 年 4 月中旬以来，哈贝马斯应邀来中国访问，在北京、上海作了 7 次学术讲演，每次都是听众爆满，反响热烈，对话活跃。他的社会交往理论和关于传统的认识论、方法论的反思，特别是在全球化的趋势和背景下，他的政治哲学和法哲学中有关民族国家、民主、人权等问题的探索与思考，都能引起国内学者和听众的兴趣。因为这对中国当前社会现实中的问题，对如何推进现代化的建设，确有重要的启发和借鉴意义。学术界、出版界的哈贝马斯热正在兴起，方兴未艾。

2. 萨特思想研究的持续开展

让－保尔·萨特，是存在主义的马克思主义的主要代表人物。萨特作为知识分子的经历和性格是比较单纯的，但他作为文学家、剧作家、哲学家和社会活动家，作为国际社会主义运动的同路人，他的思想所包含的成分又是多重性的。从 80 年代开始，国内学术界和知识分子就重视萨特，许多大学生甚至迷恋于他的思想。20 多年来，人们对萨特的兴趣，一直是持续不断的。他始终对马克思主义采取亲近和善意的态度，甚至认为马克思主义是不可超越的，同时他又主张用存在主义和人学辩证法去补充或诠释马克思主义，这就引起了不同的评论和争议。他的最引人注目的思想，还是他的自由观，他的主动选择、发展个性的主张。看来人们也很重视萨特本人的生平与个性。笔者惊奇地发现，近 5 年内出版的萨特的传记，至少就有 6 本：《萨特传》（黄忠晶著）、《存在与自由——让－保尔·萨特传》（弗朗西斯·让松著）、《萨特、波伏瓦和我》（比安卡·朗布兰著）、《萨特传》（西蒙娜·德·波伏瓦著）、《萨特评传》（杨昌龙著）、《萨特自述》（黄忠晶等编译）。对萨特思想的这种重视，与国内人学研究的兴起，和人们对思想自由、个性发展的迫切要求是密切相关的。就一些有关萨特的论文看，有从对萨特思想的一般评论，进入到对他的思想的特点、难点的分析；从对其存在主义、自由观的一般分析，进入到对其生存本体论内在演进的揭示；从对个人的分析进入到对个人与他人的思想的评析。可见，近几年来有关萨特的研究，是在逐步深入。

3. 早期代表人物思想的深入追溯

"西方马克思主义"早期代表人物的思想，似乎已离我们比较远，国际范围持续了半个多世纪的"卢卡奇热"似已降温。但他们的思想又确是这一思潮的重要源头，并且各自保持着理论思维的特色与魅力。

长期以来，对卢卡奇的研究，主要集中于早期代表作《历史与阶级意识》的分析与评论，出现的分歧与争议甚多。近些年来，已进入对卢卡奇思想的全面分析和深入发掘，重点转向他的晚期思想。近5年内，国内出现3本研究卢卡奇哲学思想的著作：《历史哲学的重建——卢卡奇与当代西方社会思潮》（张西平著，生活·读书·新知三联书店1997年版）、《卢卡奇与马克思》（孙伯鍨著，南京大学出版社1999年版）、《为卢卡奇申辩——卢卡奇哲学思想若干问题辨析》（张翼星著，云南人民出版社2001年版）。三本著作，各有侧重，反映了卢卡奇思想研究的深入开展。卢卡奇思想的重要特点，是始终关注国际社会主义事业和坚持对马克思主义哲学的创造性探索。他的思想愈到后期愈是趋向于成熟与完善。他在晚年极力倡导马克思主义的革新和社会主义的民主化，写出了三本重要著作：《社会存在本体论》、《审美特性》、《民主化的进程》，形成了一个整体，富于理论的开创性和现实意义。前两本已有中译本，唯独后一本，一直阙如。笔者在1996年就已从英译本译出此书，可是由于某种说不清楚的原因，至今未能出版，不能不令人遗憾。

德国思想家恩斯特·布洛赫，与卢卡奇同龄，二人也曾是同窗好友。后来在文艺观上虽有分歧，但一致和互相影响的一面是主要的。布洛赫的著作出版较晚，并更具晦涩性，因而在国际范围的影响远不及卢卡奇，但他的哲学思想的远见和深邃性，是值得重视和深入发掘的。对布洛赫哲学思想的研究，在我国学术界还是一个空白点。布洛赫的主要著作，至今没有译成中文。北大哲学系博士陈岸瑛对布洛赫的著作和思想，作了持续5年的了解与钻研，最近写成博士论文《不该遗忘的希望——恩斯特·布洛赫乌托邦哲学述评》。论文指出，布洛赫与一般的西方马克思主义者不同，他开创了一个全新的研究领域，即对梦想或白日梦的系统研究，寻求梦想中的积极因素，即希望生期盼，形成了一个乌托邦的哲学体系。论文从澄清布洛赫的核心观念入手，揭示了布洛赫从《乌托邦精神》走向《希望的法则》的原因和思想轨迹，不仅对乌托邦哲学作了整体的介绍和评价，而且扼要讨论了马克思主义对布洛赫乌托邦哲学的影响，以及布洛赫乌托邦哲学对马克思主义的意义和启发。

总之，当前关于"西方马克思主义"的研究，已经大大突破原有苦干派别的范围或框架。比如，对于全球化趋势中的某些理论问题，不同文化的冲突与融合，以及生态学、人类学、女权主义等方面的探索，都在纳入"西方马克思主义"的研究领域。至于个别学者仍在争议"西方马克思主义"是否就是马克思主义的问题，这本是 80 年代初就争议过的问题。笔者一直认为，我们沿用的"西方马克思主义"的概念，所涵盖的范围和包含的成分，是比较广泛而庞杂的，并不是一个观点基本一致的思潮或体系。其中的各个派别、各个代表人物之间，从前期到后期，甚至同一个人物的早年和晚年，都有重大差别，需要具体分析，不宜于笼统定性和一概而论。在我看来，"西方马克思主义"的出现，实际上是对东方列宁主义的重大反响，是依据西方的文化、历史条件，对马克思主义进行重新诠释和探索的一种思潮。这种思潮在不断地演变和发展。我们应当扩大视野，克服"唯一正统"和先入为主的观念，以更加开放的心态，实事求是、逐步深入地开展对"西方马克思主义"的研究。

（于 2001 年）

第 二 章

关于卢卡奇等思想家

一 卢卡奇卓越而坎坷的一生

马克思主义虽早在 19 世纪末即已传入匈牙利并于 20 世纪初开始在工人和激进知识界得到越来越广泛的传播，但马克思主义哲学思想的宣传却并未在工人运动内开展。1918 年匈牙利资产阶级民主革命的胜利，特别是 1919 年 3 月匈牙利苏维埃共和国的建立，激起了匈牙利共产党人和进步人士对马克思主义哲学的巨大兴趣。但是，匈牙利革命者在迎接 1919 年无产阶级革命时，却缺乏足够的马克思主义理论准备。短暂的苏维埃共和国于 1919 年便被颠覆，革命失败后，他们又面临重新认识和理解马克思主义哲学理论，总结经验教训，为进一步开展革命斗争寻找理论武器的局面。这期间，革命人士中争论得最多的问题是关于国际工人运动的理论问题。正是在这种背景下，卢卡奇从马克思主义哲学的高度，反思革命失败的教训，推出了具有重大而深远影响的论著——《历史和阶级意识》。这部著作一问世，便受到共产国际和匈牙利党内的批评，随后在国际舞台上引起长期的纷繁复杂的讨论与争议。

（一）卢卡奇的生平和历史分期

卢卡奇·久尔吉（1885—1971 年）是匈牙利当代最著名的马克思主义哲学家。在 20 世纪的国际政治、理论舞台上，他的活动使他声名显赫，并且引起长期的争议，毁誉参半。

卢卡奇的理论活动长达半个多世纪，跨越第二次世界大战前后，一直延续到 70 年代初。为了叙述的连贯和完整，这里对他的生平与主要哲学著作作一简要而集中的评价。

卢卡奇出生于布达佩斯一个富有的有着犹太血统的家庭，自幼受到良好教育，培养了优异的文化素质。他酷爱文学名著，并长于哲学沉思，反对陈规陋习。1902 年毕业于布达佩斯文科中学后，他进入布达佩斯大学学习法律、国民经济学、艺术史和哲学等课程，1906 年在科罗茨瓦大学获法律博士学位，1909 年在布达佩斯大学获哲学博士学位。在此期间，他曾多次赴德国柏林大学等处进行学习和学术交流，从事哲学和文学艺术史的研究。因此，他很早就接受了西方、特别是德国的传统思想、文化的影响。1909 年至 1910 年，他到柏林就学于美学家兼哲学家席美尔。从1912 年至 1917 年，他一直定居于德国的海德堡。这不仅使他有机会深入钻研德国古典哲学，而且也得以与社会学家韦伯相识，并结识了与他年龄相同、才华相当的思想家布洛赫。在海德堡大学他曾旁听新康德主义的重要代表李克特和温德尔班的课，并与他们最得意的学生拉斯克交往甚密。同时，卢卡奇在学生时期就参加了社会民主党中左翼反对派邵波领导的社会主义小组，通过邵波而接受了法国索列尔所代表的革命工团主义，即小资产阶级无政府主义思潮的影响。

另一方面，卢卡奇还在中学毕业之前就读了《共产党宣言》，留下了深刻印象。上大学后，他更多地阅读了马克思和恩格斯的著作，特别是在1908 年夏天钻研了《资本论》第 1 卷之后，便确认马克思主义基本观点的正确性，接受了剩余价值和阶级斗争的学说。但这时他还没有就哲学上的认识论和辩证法引出一定的结论，而且多半是透过席美尔和韦伯的眼光去看待马克思，主要把马克思当作社会学家来理解。

以上是卢卡奇走向革命、转向马克思主义之前的一般文化、思想基础。

卢卡奇的长达 60 多年的丰富而曲折的政治理论生涯，在一定意义上是当代国际共产主义运动史、马克思主义发展史的一个小小的缩影。

1. 走向马克思主义之前的心路历程（1909—1918）

卢卡奇在海德堡定居期间接受新康德主义中海德堡学派的影响较深，对实证主义表示不满，倾向于人文科学的独立性。在第一次世界大战爆发之前，中欧思想界里，胡塞尔的现象学，柏格森的活力论和由浪漫主义复活的某种轻理性、重直觉的思潮，有代替新康德主义的趋势。在这种氛围下，卢卡奇一度由文学批评和美学的探讨，转向"生命哲学"的领域。同时，拉斯克的主要著作《哲学的逻辑和范畴学说》（1910），更影响卢卡奇由对康德主观精神的探讨,逐渐转入对黑格尔的客观精神的考察。黑格尔的《精神现象学》越来越受到他的重视。第一次世界大战前后各种思潮和趋向的交错影响,引起卢卡奇本人的哲学危机,这种危机随着战争的进程而加剧。对于帝国主义之间的战争,卢卡奇一开始就持坚决反对的态度,对于任何支持战争的倾向和观点,他都感到难以忍受。这不仅导致他与狄尔泰、席美尔等人支持德国政府战争政策的立场发生冲突,而且导致他与考茨基、普列汉诺夫等第二国际代表人物的社会沙文主义立场的对立。卢卡奇试图寻求新的出路。大战时期激烈动荡的客观形势,帝国主义时代各种矛盾的尖锐化,以及欧洲各国正在酝酿和发生的无产阶级革命运动,都推动着卢卡奇研究辩证法,由康德哲学转向黑格尔哲学,并由黑格尔辩证法进一步转向马克思主义辩证法的探索。

基于战争和革命形势的迫切需求,为了解除自己的哲学危机,并在黑格尔思想的影响下,卢卡奇在大战期间再次钻研马克思的著作,已经开始认识到马克思是一位全面的思想家和伟大的辩证法家。但他对马克思主义的理解仍然存在着各种矛盾,除了试图把黑格尔与马克思在某种"历史哲学"中进行综合之外,新康德主义、席美尔和韦伯的思想,以及无政府工团主义的影响在他那里并没有彻底清理。在这个时期,他主要是通过研究黑格尔的渠道,因而在一定程度上是透过黑格尔思想的棱镜来理解马克思的。

当卢卡奇在理论上酝酿和走向马克思主义时,他已经参加了革命运动。在克服了短暂的犹豫之后,他于1918年12月加入了成立不久的匈牙利共产党,作出了终生不悔的抉择。这首先是由于当时欧洲革命高潮、俄国十月革命胜利的鼓舞,他投身革命实践,走上了背叛原来阶级的道路;同时,他由于没有完全形成马克思主义的世界观,小资产阶级的激进主义和救世主义的思想倾向仍然在他身上起着作用。

这个阶段卢卡奇出版的主要著作有:《心灵与形式》(1910年匈文版,1911年德译本)、《现代戏剧发展史》(1906—1907年写作,1909年改写,1911年出版)、《审美文化》(1913年出版)、《小说理论》(即历史哲学在长篇叙事形式上的尝试,1916年出版)。

2. 基本转变为马克思主义者(1919—1929)

1919年2月,卢卡奇任匈牙利共产党中央委员会委员。匈牙利苏维埃共和国于1919年3月成立,卢卡奇任教育人民委员、匈牙利红军第五师政委。同年 8 月，匈牙利苏维埃共和国失败，不久卢卡奇流亡维也纳。在流亡维也纳期间，他与来自欧洲各国的政治流亡者广泛接触，是《共产主义》杂志的创办者和责任编辑之一，并经常为各种报刊写稿。当时他怀着憎恨资本主义制度和企图尽快摧毁资本主义制度的情绪，以为世界革命即将到来，整个资本主义世界即将崩溃，因而一度主张最激进的策略，企图与资本主义的社会制度、生活方式立即全面决裂。1920 年他在《共产主义》第 6 期上发表《论议会制问题》一文，完全否认参加资产阶级议会的必要性，随即受到了列宁的尖锐批评。[①] 卢卡奇把列宁的批评看作自己世界观转变的一种开端，因为这使他逐渐摆脱无政府工团主义，使他的历史观更加灵活、更少僵化，更能适应革命策略的需要。这也促使他对列宁的著作，特别是对列宁的《共产主义运动中的"左"派幼稚病》进行更深入的研究。

　　1923 年在柏林出版了卢卡奇青年时期的成名之作：《历史和阶级意识——关于马克思主义辩证法的研究》，这是一部包含 8 篇论文的论文集，大都是 1919—1922 年在流亡维也纳期间所写。这部著作在国际范围内产生了重大影响，并且引起了广泛、持久的争议。它表明了卢卡奇向马克思主义转变中的过渡性和两重性：既体现了他对时代本质问题的尝试性回答，对马克思主义哲学的创造性理解和探索，又说明他仍然保留着资产阶级哲学思潮和无政府工团主义的影响；它既是有意识地运用马克思的思想来克服和扬弃黑格尔思想的唯心主义和神秘性，又在某些重要理论观点上表现出向唯心主义的让步和动摇；它既凝聚着卢卡奇对本国革命实践的理论沉思，并且熔铸了整个欧洲工人运动的实际经验，又表现出卢卡奇受西方传统文化影响的深刻烙印。但是，从主导的倾向上看，它基本上是 20 世纪的一部对马克思主义哲学富于创造性探索精神的著作。

　　为了悼念列宁的逝世，并且全面阐明自己对列宁主义的理解，卢卡奇在 1924 年及时地出版了《列宁——关于列宁思想统一性的研究》一书，概括地叙述和高度评价了列宁一生的理论与实践活动，这标志着他在政治理论上已经是一个成熟的列宁主义者了。

　　1928 年 9 月，卢卡奇为匈牙利共产党起草了一份政治纲领，因作者署名"勃鲁姆"而历来称为"勃鲁姆提纲"。提纲依据列宁的思想，结合

---

① 见《列宁全集》第 39 卷，人民出版社 1986 年版，第 127—128 页。

匈牙利国情和匈牙利党在非法条件下开展工作的实践经验；认为匈牙利不能直接过渡到无产阶级专政的国家形式，而只能先采取类似于列宁在1905年所主张的那种工农民主专政的形式。这种观点随后受到共产国际和匈牙利党内的严厉批判，卢卡奇本人也被迫作了自我批评，但"勃鲁姆提纲"经过实践的检验，说明卢卡奇已逐步摆脱"左"倾思潮的影响，探索把马克思主义与匈牙利具体实践相结合的道路。

3. 在苏联工作，与斯大林思想保持分歧（1930—1945）

卢卡奇亲身经历了从列宁到斯大林的历史交替，在斯大林当权时期的30年代到40年代，他在苏联侨居和工作了10多年。

卢卡奇于1930年前往莫斯科，在马克思恩格斯研究院工作，把研究重点转向马克思主义经典作家的哲学和美学遗产方面。在当时的研究院院长梁赞诺夫的帮助下，他读到了尚未发表的马克思的《1844年经济学哲学手稿》和列宁的《哲学笔记》，对之进行研究整理，获得重大收获。1931年，卢卡奇曾去柏林从事作家协会和文学批评方面的研究工作。法西斯主义在德国上台后，1933年3月，卢卡奇再次到莫斯科，先后在语言文学研究所和哲学研究所工作，直到第二次世界大战结束。

在侨居苏联和反法西斯战争时期，在反对法西斯主义侵略、坚持一国建成社会主义的问题上，卢卡奇坚决支持了斯大林的路线和主张，批判了托洛茨基和布哈林等人的观点，并且始终肯定了斯大林的历史功绩。但是，在政治、理论和策略的一系列问题上，卢卡奇思想又是与斯大林思想保持着原则分歧的。比如，在"勃鲁姆"提纲中，他没有照搬俄国革命的经验；在反法西斯主义的斗争策略上，他要求联合资本主义社会中包括社会民主党人在内的各种民主力量，建立"人民阵线"；在政治体制上，他反对过分集中和极权主义，主张广泛联合各民主阶层，把社会主义民主贯彻在经济领域和日常生活中；在文艺创作和文学理论上，他积极倡导自主性，反对不合理的行政干预，同时主张贯彻能动的反映论和现实主义；在对待哲学史遗产的态度上，他坚持深入研究黑格尔哲学，发掘黑格尔思想的合理方面；在国际关系和对外政策上，他反对大国之间的僵持对立和冷战政策，主张东、西方各国之间的和平共处，等等。在特定的历史环境下，他常以比较曲折的形式和灵活的态度，坚持了自己的观点和主张，抵制或批评了斯大林的某些错误。

在苏联工作期间，是卢卡奇在哲学和美学研究领域富于成果的时期。

除了大量文学批评和文学理论方面的著述以外，他所写就的哲学手稿主要有《青年黑格尔》（1938 年完成手稿，1942 年在苏联科学院通过获得哲学博士学位的论文答辩）、《存在主义还是马克思主义？》（1948 年出版）等。

4. 战后返回匈牙利的政治、文化活动（1945—1956）

卢卡奇于 1945 年 8 月回到匈牙利，11 月被任命为布达佩斯大学哲学和美学教授，1948 年当选为匈牙利科学院院士。1948 年和 1955 年两次获科苏特奖金。此期间，卢卡奇在苏联写下的一些手稿相继问世，并且积极参与国内和国际的政治文化活动，为文学事业的民主化和发挥知识分子的作用而努力工作。但是，他在 1948 年再版的《文学与民主》一书中关于现实主义和党性的观点，却受到了党内意识形态专家们的批评，被指责为思想右倾，并被追溯到他在 20 至 30 年代有关人民民主的观点。

卢卡奇于 1952 年写成并于 1954 年以德文在布达佩斯出版了《理性的毁灭》一书。他在书中勾画了德国近期非理性主义的发展史，分析评述了非理性主义的各个流派。他把理性与非理性的对立看作唯物主义与唯心主义、辩证法与形而上学对立的一种表现形式。

在匈牙利于 1956 年 10 月发生的政变中，卢卡奇曾任纳吉政府的文化部长，但他坚决反对纳吉政府让匈牙利退出华沙条约组织的决定。在改组了的匈牙利社会主义工人党中，卢卡奇不再被接纳为党员。

5. 晚年批判斯大林的错误和理论上日臻完善（1957—1971）

1956 年纳吉政府倒台后，他一度退出政治生活，但仍然关注国际、国内重大事态的发展，继续撰写评论文章。50 年代中期以后，卢卡奇更加积极主动地进行了对斯大林错误的反思和批评，进行重大历史现象的冷静分析和评价，试图认真地总结经验教训，并且积极倡导马克思主义的革新和社会主义的民主。他在 1967 年又被重新接纳为匈牙利社会主义工人党党员。

卢卡奇在晚年力图总结国际、国内社会主义实践的经验教训，重新审视自己的政治理论生涯，进行了更为深沉而系统的理论探讨。他在 1957 年出版了《特殊性是美学范畴》一书，论述了科学反映与艺术反映的区别。1962 年完成了《美学》的第一部分《审美特性》，详尽地论述了艺术与日常现实生活的关系，这是他运用马克思主义哲学于美学领域的重大尝试。最后，卢卡奇还从总体上发动新的创造性探索，试图为自己毕生从事探索的马克思主义哲学奠定一种本体论的基础。他于1971年写成了巨著《社会存在本体论》，批判了现代西方哲学思潮和派别中否认或歪曲本体论的倾向，从理论上阐述和论证了马克思主义哲学的本体论。可惜他于1971年6月4日因癌症逝世，未能看到《社会存在本体论》的出版。

（二）卢卡奇的辩证法与总体性思想

第一次世界大战前后，帝国主义时代各种矛盾的尖锐化，无产阶级革命高潮的形势，要求马克思主义者把握时代本质，洞察历史主流，反对第二国际一般思想家们的片面的经济决定论和宿命论观点，澄清理论是非，制定正确的战略和策略，从而创造性地推动马克思主义理论，特别是马克思主义哲学的丰富和发展。正是这种共同而迫切的时代历史课题，使列宁和卢卡奇都不约而同地突出了辩证法的理论探索。列宁在1914—1915年所写的8个《哲学笔记本》，实际上是对实践提出的各种重大问题，通过对辩证法理论的总体构思和深入探索，从世界观、认识论和方法论相统一的高度寻求根本的回答。卢卡奇关于辩证法的集中探索，也大致始于1914—1915年，而他于1923年出版的《历史和阶级意识》所包含的8篇论文，则大都写于1919—1922年。在这些论文中，卢卡奇更多地涉及阶级意识、斗争策略、党的建设和组织形式等方面的问题，但他总是把问题提升到哲学和辩证法的高度，从理论上加以探索和把握。

对马克思主义辩证法的探讨，贯穿于卢卡奇一生的理论活动。《历史和阶级意识》一书的内容和结构，就是围绕马克思主义辩证法展开的，在书的首篇题为《什么是正统的马克思主义？》一文中，他反对第二国际那些素以"正统"派自居的代表人物的观点，认为马克思主义的正统（即思想实质），不在于某些现成的公式或结论，而在于它的方法，即革命的辩证法。他重视马克思主义辩证法的理论来源，着重发掘黑格尔辩证法思想的历史遗产；他对于辩证法的实质问题、主体与客体的关系问题、人的历史地位问题、资本主义社会的物化现象问题，以及辩证法的分类和体系构想问题，都进行了富于特色的尝试性的探索。所有这些方面，与列宁在第一次世界大战期间对马克思主义辩证法的研究相比较，既体现了大致相同或相近的方向，又包含着某些重大的理论分歧和差别，表明当代马克思主义哲学发展中不同线索的展开和分化。

总体，或总体性，是《历史和阶级意识》中占主导地位的思想和范畴，也是卢卡奇一生始终坚持的基本观点。他把总体性看作方法论的精华、辩证法的实质。他对资本主义社会的尖锐批判，对"物化"现象的深刻揭露，对历史、实践、阶级意识等范畴的论述，以及对无产阶级和全人类解放前景的展望，都运用了总体性思想。

总体性思想在西欧哲学史上有着长久的历史渊源。黑格尔概括了哲学史上的成就，发现和阐述了具体总体性的意义，而且第一次建立了具体内容全新的逻辑——总体性逻辑。卢卡奇认为，这是黑格尔哲学中极有价值的东西，他把总体性思想看作马克思从黑格尔哲学中吸取的方法论的核心，是无产阶级革命理论的科学性的保证。在《历史和阶级意识》的1967 年版序言中，他强调指出"毫无疑义，《历史和阶级意识》的重大成就之一，在于使那曾被社会民主党机会主义的'科学性'打入冷宫的总体范畴，重新恢复了它在马克思全部著作中一向占有的方法论的核心地位"[1]。

卢卡奇虽然认真发掘黑格尔的思想遗产，但他更直接地依据马克思的思想，主要借助于黑格尔思想的媒介来重新恢复和发扬马克思的思想内蕴。他多次引证马克思在《哲学的贫困》中的一句名言："每一个社会中的生产关系都形成一个统一的整体。"[2] 在马克思看来，生产、分配、交换和消费是互相联系的，"它们构成一个总体的各个环节、一个统一体内部的差别"[3]。

卢卡奇对马克思和黑格尔的总体性思想作了重要发挥，他的总体性范畴包含着多方面的含义：

1. 整体统率局部

在卢卡奇看来，整体具有优于部分的地位，部分不能孤立地说明自己，它的意义只能在与整体的关系中显示出来，因为部分从属于统一的整体结构，其性质是由整体来规定的。因此，他认为马克思关于普遍联系的观点，正是总体性思想的直接来源。社会生活的各种现象，不能孤立地加以考虑和论述，只有在它们与社会总体的关系中，才能揭示出它们的性质和意义。所以，只有运用总体性概念，才能指出资本主义生产方式所造成

---

①　卢卡奇：《历史和阶级意识》（中译本），商务印书馆 1992 年版，第 15 页。

②　《马克思恩格斯全集》第 4 卷，人民出版社 1958 年版，第 144 页。

③　《马克思恩格斯全集》第 12 卷，人民出版社 1962 年版，第 749 页。

的拜物教特征，所谓资本主义社会的永恒性，都不过是一种假象，实际上资本主义只是人类社会历史过程中的一个部分、一个阶段。卢卡奇认为，当总体性思想揭示了解决资本主义社会生产力与生产关系等内部矛盾的道路时，它也就揭示了资本主义的性质和地位，无产阶级的革命便获得了更为明确而深远的目标。这就是总体性思想作为方法论，强调整体优于部分的实践意义所在。卢卡奇说，总体性"是能够理解和再现现实的唯一方法"①。

卢卡奇指出，一些资产阶级的经济学家由于缺乏总体性思想，只能孤立地研究资本主义社会的经济现象，在永远有效的范围内去理解社会的生产体制，把资本主义社会各种无法忽视的矛盾只看作某种表面的病态现象，似乎与资本主义的生产方式无关。资本主义社会被描绘成由自然规律注定要存在下去的社会。某些机会主义的思想家也醉心于孤立地解释社会现象和"事实"，整体被视为非辩证的"总和"，或被视为"非科学的"东西而取消。由于离开或抛弃总体性思想，资本主义社会的历史的、过渡的性质便模糊起来，资本主义制度成了不可改变的事实，似乎为永恒的自然规律所控制。卢卡奇指出："他们发现他们自己处于'最一般'的资本主义社会中，这个最一般的社会存在对他们来说，是符合人类理性的本性和'自然规律'的。"②

因此，卢卡奇认为，在社会历史领域内，必须实现方法论上的变革，哲学必须改变它的方法，形成总体性的思想。但这绝不意味着实行机械的综合，而是一种根本的世界观的转变。资产阶级哲学不能实行这一转变，他特别指出：无产阶级科学是革命的，不仅仅在于它以革命的思想同资产阶级社会相对立，而且首先在于它的方法本身是革命的。"总体性范畴的统治地位，是科学中革命原则的支柱。"③

2. 主体与客体的相互作用

在社会历史领域内，卢卡奇的总体性思想主要体现为主、客体的相互作用与统一。主体与客体缺少一方，总体性就会失去意义。同时，卢卡奇认为，总体性不仅决定认识的客体，而且决定认识的主体，只有把主体自

---

① 卢卡奇：《历史和阶级意识》，商务印书馆 1992 年版，第 15 页。
② 同上书，第 30 页。
③ 同上书，第 15 页。

身作为一个整体时，才能把客体作为一个整体来认识。在现代社会，只有阶级才能作为一个整体。他强调整个阶级的阶级意识的作用，并且认为只有无产阶级的阶级意识，才能对资本主义社会形成总体性的认识，即不仅从经济方面，而且从政治、法律、文化、哲学、道德、宗教等方面，从总体上对资本主义社会加以揭露和批判，从而加速它的崩溃和灭亡。

在卢卡奇看来，康德的认识上的综合，仍然是主体范围之内的综合，而并不是历史过程中主、客体的统一。在康德那里，思维与存在、理论与实践的两重性仍然没有得到解决。黑格尔虽然在努力寻找这种历史过程中的主体，但他又把认识主体看作绝对，使绝对观念成为真正的行动者，并体现在民族精神中；在卢卡奇看来，这只能成为一种神话。因此，黑格尔也并没有找到历史的真正主体。

卢卡奇认为，观念的主体并不能成为历史的真正主体，只有一个阶级以实践的方式涉及整个现实，并洞察历史和自己的命运，证明和展示了主体与客体、思维与存在之间的统一。这个阶级必然是无产阶级。无产阶级既是历史的辩证过程的原因，又是这一过程的结果，既是这一过程的反映，又是这一过程的动力。无产阶级在历史过程中既是剧作者，又是剧中人，即既是主体，又是客体。这一历史过程主、客体统一的强有力的中介便是实践。卢卡奇十分重视马克思在《关于费尔巴哈的提纲》中所强调的实践的作用。

卢卡奇的总体性范畴是与中介范畴密切联系的。马克思在论述政治经济学的方法时指出："具体之所以具体，因为它是许多规定的综合，因而是多样性的统一。"① 卢卡奇也把总体理解为具体的总体，即包含矛盾和多种规定性的总体。这种总体是由一系列"中介"构成的。"中介"既是联系各个部分、达到主体与客体统一的中间环节，又是主体与客体相互作用、矛盾发展的结果。卢卡奇批判了把马克思主义庸俗化的经济决定论和唯意志论、政治上的乌托邦主义和宗派主义、文学上的自然主义和象征主义等思想倾向。他认为这些倾向在理论表现形式上的共同特点，就是片面地崇尚直接性，而否定或压制"中介"的作用。比如，唯物史观所论经济的决定作用，乃是一种辩证的运动，是从构造和方法上联系结构中的各种中介和要素；绝不是主张机械的、片面的经济决定论。在卢卡奇看来，

---

① 《马克思恩格斯全集》第 12 卷，人民出版社 1962 年版，第 751 页。

没有"中介"的社会"总体",就像"没有平等的自由"一样,只是一种抽象而空洞的假设。因此,卢卡奇把中介与总体的统一看作哲学理论结构的重要原则,把中介关系看作重要的方法论因素。

3. 历史的趋势与过程

卢卡奇认为主体与客体的统一是在历史的运动过程中实现和把握的。主体与客体的关系在不同的历史时期具有不同的内涵。人们认识自然和改造自然的程度取决于社会历史条件。无产阶级作为一个自觉的阶级积极参与实践,克服资本主义社会的物化现象,进一步实现整体性主体与整体性客体的统一,才能使人类第一次有意识地把历史掌握在自己的手里。这正是把握总体性思想、唤醒无产阶级的阶级意识的理想目标。无产阶级就是要把总体性思想和这种理想目标付之于日常斗争的现实之中。

卢卡奇是将主体与客体、人与世界之间相互作用的运动作为考察社会历史的基础,把握人类社会的逐步发展,从而突出人类社会的总体性、实践性和过程性。因此,他指出:"马克思主义的正统绝不是守护传统的卫士,它是指明当前任务与历史过程的总体的关系的永远警觉的预言家。"①

卢卡奇的总体性思想对"西方马克思主义"思潮产生过重大影响,特别是在法兰克福学派和存在主义的马克思主义中得到更多的发挥。马尔库塞把总体革命论进一步阐述为"总体社会主义"论。阿多尔诺在《否定辩证法》中所论述的总体性,与卢卡奇的总体性思想既相联系,又有重大差别。萨特从卢卡奇的总体性概念的含义中进一步区分了总体性和总体化,作了更为深入细致的阐述。

应当看到,卢卡奇在《历史和阶级意识》中所阐述的总体性思想,还包含唯心主义思想的某些影响,包含某些片面性。他在强调总体统率局部时,有忽视局部和个体作用的倾向;在谈论主体与客体关系的总体性时,对客体的独立性有所忽视;他重视和强调了社会关系的"总体性",却比较忽视它的客观性和规律性,特别是他在一定意义上否认了自然客体的独立性,这就导致了他对自然辩证法和唯物主义反映论的某种偏见,发生理论上的失误。但是,总的看来,卢卡奇的总体性思想的某些缺陷虽然与黑格尔思想的影响密切相关,但他的总体性思想的基本内容和方向,仍然是直接依据和发挥了马克思的思想,是对马克思主义辩证法的一种比较

---

① 卢卡奇:《历史和阶级意识》,商务印书馆 1992 年版,第 24 页。

深入的尝试性的探索。同时，卢卡奇阐述总体性思想的基本要领，是试图寻求和运用一种方法论原则，去分析、把握整个社会历史的发展，这大致已包含他晚年所著《社会存在本体论》的某种雏形。正如他后来在自传材料中就《历史和阶级意识》写道："我同样不想否认，在书中许多地方，我试图对辩证范围的真正本质和运动作出描绘，这会导致一种真正马克思主义的社会存在的本体论。"① 他的这种尝试性的探索，给人们留下了可以借鉴的因素，也留下了值得重视和发掘的精神遗产，同时也说明了卢卡奇的早期思想和晚期思想的某种一贯的、内在的联系。

（三）卢卡奇的物化概念

"物化"是卢卡奇在《历史和阶级意识》中着重阐述的另一个重要范畴。《历史和阶级意识》的理论主旨，是要启发无产阶级的阶级意识，使无产阶级完成其历史使命。为了运用革命的辩证法，促进阶级意识的形成，从正面看，必须紧紧把握总体性思想，从反面看，就必须深入批判物化现象和物化意识。

1. "物化"概念的基本含义

卢卡奇的物化概念直接依据马克思的《资本论》中关于商品拜物教的分析。他引证马克思的话："商品形式的奥秘不过在于：商品形式在人们面前把人们本身劳动的社会性质反映成劳动产品本身的物的性质，反映成这些物的天然的社会属性，从而把生产者同总劳动的社会关系反映成存在于生产者之外的物与物之间的社会关系。由于这种转换，劳动产品成了商品，成了可感觉而又超感觉的物或社会的物。……这只是人们自己的一定的社会关系，但它在人们面前采取了物与物的关系的虚幻形式。"② 可见物化就是指商品生产中人与人的关系表现为物与物的关系，即所谓"人的一切关系的物化"。物化也可以说是一种非人化。马克思认为资本不是一种物，而是一种以物为媒介的人与人之间的社会关系。

同时，卢卡奇还进一步指出物化概念的另一个含义，即人通过劳动所创造的物反过来控制着人。他说："人自己的活动，人自己的劳动，作为某种客观的东西，某种不依赖于人的东西，某种通过异于人的自律性来控

---

① 卢卡奇：《历史和阶级意识》，商务印书馆 1992 年版，第 22 页。
② 同上书，第 147 页。

制人的东西，同人相对立。"① 或者说，客体化了的人的本质所组成的物的世界，反过来通过"客观"规律来统治主体，使人对世界抱"静观"态度，即缺乏主体性，不能对现实自觉地进行干预和改造。

卢卡奇把商品拜物教看作他所生活的那个时代即现代资本主义所特有的问题，物化现象也就是生活在资本主义社会中的人们的必然的直接现实，它渗透在人们的整个社会生活中。他从动态的角度考察物化现象，把这看做一种暂时的、历史的现象。在他看来，商品交换和由此产生的物化现象虽然在资本主义以前的社会中也可以发生，但前资本主义的非物化的结构是存在的，由此更有理由展望消除物化的前景。

2. 劳动异化及其后果

在分析商品拜物教的基础上，卢卡奇进一步展开了对劳动异化的分析，从物化概念引申出"异化"概念。他从客观和主观两个方面揭示了劳动异化的产生。从客观方面看，是一个现成的物或者物与物之间关系的世界，它的规律虽然逐渐为人们所认识，但仍然是无法制服的、作为自发的力量而与人们相对立；从主观方面看，在商品经济充分发展的地方，人的劳动变成了一种与人相对立的商品，它不依赖于人而进行自身的运动。

卢卡奇从资本主义社会中劳动异化的分析出发，进一步揭示了劳动异化造成的后果。随着工业生产的机械化的日益发展，愈来愈要求实行根据计算，即可计算性来加以调节的合理化的原则。卢卡奇揭示了这种趋势和原则在经济过程中造成的变化与后果，仍然从客体和主体两个方面作了考察。从客体方面看，劳动过程的可计算性，必然要求把整体分解成它的各个组成部分，这就使产品的有机整体变成了孤立的局部、机械的原子。从主体方面看，由于劳动过程的合理化，与客体的机械分割相适应，劳动者只是作为机械化的一部分被结合到某一机械系统里去，必须服从机械运行的规律。因此，他说："随着劳动过程越来越合理化和机械化，工人的活动越来越多地失去自己的主动性，变成一种直观的态度，从而越来越失去意志。"② 这种主体方面的分裂，不仅表现为单个工人主体性的消失，而且表现为工人之间的相互隔离和原子化。同时，由于生产客体的分割，原来作为客体的有机整体的社会与个人相联系的纽带便遭到破坏，主体便愈

---

① 参见卢卡奇《历史和阶级意识》，商务印书馆 1992 年版，第 147 页。

② 同上书，第 151 页。

来愈受客体的支配。最后，卢卡奇指出，当工人把自己的唯一的所有物——劳动力作为商品，即人的功能变为商品时，就最确切地表明了商品关系已经和正在处于非人化的性质。

3. 物化意识的种种表现

卢卡奇的物化概念不限于分析生产、经济领域的物化现象及其后果，而是深入分析了资本主义社会物化现象导致的物化意识，这种物化意识在政治、法律、伦理、哲学、文艺以至语言文字等领域，都有所表现。他指出："在资本主义发展过程中，物化结构越来越深入地、注定地、致命地沉浸到人的意识里。"① 在卢卡奇看来，人们在日常生活中的当下意识，把资本主义制度看作固定的、当然的东西，只是顺从地适应，而不采取批评与改造的态度，这就是物化意识的表现，它与无产阶级的阶级意识、与辩证法的总体性观点是根本对立的。他指出，物化意识培育机械、依附的工作方式，促使官僚制度的形成，渗入文化的各个领域，扼杀文艺和新闻创作的独立人格，而孤立的实证主义的方法，也会导致科学和哲学研究的片面性。总之，资本主义社会特定的经济结构产生相应的意识结构，物化现象导致形形色色的物化意识，严重地阻碍着无产阶级的阶级意识的形成。无产阶级只有加强对资本主义社会物化现象的深入透视和批判，达到对社会历史的总体认识与它的自我认识的一致，才能在历史过程中真正达到理论与实践、主体与客体的统一。

卢卡奇还联系批判了第二国际的一般思想家们把马克思主义庸俗化的倾向，他们把马克思主义哲学曲解成单纯的经济决定论和宿命论，忽视了无产阶级的阶级意识和人的主体性的历史作用，这与他们孤立地对待局部事实的实证主义观点和见物不见人的物化意识是密切相关的。卢卡奇坚持以革命辩证法的总体性思想为指导，总结欧洲无产阶级革命遭受挫折的原因，批判和清理物化意识及其影响，目的是为无产阶级的阶级意识的进一步觉醒，为无产阶级革命事业的胜利和全人类的解放扫除思想障碍。

4. 解决物化问题的途径

对于资本主义社会的物化现象，资产阶级思想家也曾作过描述，比如席美尔的《货币哲学》，可以说是描述物化现象的一部代表作。卢卡奇的物化概念也不免受到他的这位老师的思想的影响。但是，席美尔只是停留

---

① 参见卢卡奇《历史与阶级意识》，商务印书馆 1992 年版，第 155 页。

在表面现象的分析上，并未透视它的经济结构和发展趋势。而且，资产阶级思想家一般都把物化看作永久性的现象，并不研究它的克服和消除问题。卢卡奇则进一步考虑解决问题的途径。

在卢卡奇看来，当无产阶级意识到自身的地位，认识到自己与资本的关系，商品拜物教的观念就开始崩溃了，但这不等于物化现象的消除。卢卡奇还没有明确地把解决物化问题与消灭私有制联系起来。但是，卢卡奇并没有单纯停留在阶级意识上，他认为必须通过工人委员会来开展工作。工人委员会是在无产阶级革命中产生，并正在成长为国家机构，在争取统治权的斗争中，它一方面要克服无产阶级在空间和时间上的分裂；另一方面要在经济上和政治上达到无产阶级行动的真正统一，从而克服直接利益和最终目标的分离。

卢卡奇认为，物化意识这种孤立的、直接性的观点，是一种"虚假意识"，因为它用表面现象掩盖真实本质，用物的关系掩盖人的关系。克服物化意识，就需要运用辩证法，需要一种"对总体性的渴望"，认识整个资本主义的内在矛盾，透过物化现象，发现人本身。但这样克服物化意识，并不是一种简单的思想运动，而是要通过实践，实际地改变各种社会生活形式，才能达到目的。

在卢卡奇看来，为了彻底消除物化，无产阶级必须将斗争进行到底，最后实现无阶级的社会，也就是达到无产阶级的自身完善。这就不仅需要与外部敌人的斗争，而且需要进行无产阶级与自身的斗争，即对资本主义的腐蚀和影响的斗争。所以，卢卡奇特别指出，无产阶级绝不能害怕自我批评，自我批评必定是无产阶级的"生命因素"。可见他认为克服物化的基本途径，是通过斗争和实践。他得出结论说："无产阶级本身也只有当它采取真正实践的态度时，它才能克服物化。"①

卢卡奇看到资本主义社会物化现象的普遍性和严重性，因而估计到克服物化意识的艰巨性。物化在一种形式上被克服了，还存在导致另一种新的物化形式的危险。所以，他把解决物化问题看作一个充满顽强斗争的漫长过程。

总的说来，卢卡奇关于物化和异化的论述，既表现了德国思想，特别是黑格尔思想的传统印记，也受到同时代思想家如韦伯、席美尔等人思想

---

① 参见卢卡奇《历史与阶级意识》，商务印书馆 1992 年版，第 302 页。

的影响。但他基本上清除了黑格尔异化概念的唯心主义基础，超出了韦伯停留于社会表面现象的局限，并且克服了席美尔把物化关系永恒化的缺陷。他从客体和主体两个方面，结合经济结构与意识结构，揭露和分析了物化现象和物化意识的种种表现，并且把它看作资本主义社会特有的历史现象，初步提出了克服和消除物化的途径，因而形成了一种比较完整的有关"物化"的概念和学说。这是《历史与阶级意识》一书的重要组成部分。

卢卡奇在写作《历史和阶级意识》时，还不可能读到马克思的《1844年经济学哲学手稿》（1932年才正式发表）。马克思关于异化概念的分析，由人与劳动的异化扩展到人类自身的异化，由经济关系扩展到人的本质和社会心理，并且得出了极为重要的结论：私有财产和阶级关系是异化劳动的产物和结果。因此，马克思把扬弃异化劳动与根本变革私有制联系起来，为剩余价值学说和科学社会主义以至唯物史观的创立开辟了道路。如果说，马克思从《手稿》到《资本论》，是从劳动异化的概念入手，深入到分析商品拜物教，并从分析商品生产的矛盾逐步深入地揭示剩余价值的秘密，那么，卢卡奇则是从商品经济的解剖出发，依据马克思关于商品拜物教的分析，阐述物化概念，揭示劳动的异化。马克思的异化概念从分析客观的劳动产品、劳动活动的异化，到分析人的类本质和人的相互关系的异化；卢卡奇的物化概念也是从客观和主观的两个方面的分析，从揭露物化现象进展到批判物化意识。可见在概念的基本含义和分析层次上，二者确有颇为相近之处。同时，卢卡奇要求运用辩证法的总体性思想，透过形形色色的物化关系去发现人，恢复人的本质，实现主体与客体的统一，实现无产阶级和全人类的解放，这与马克思的理论思路也是大致吻合的。所以，当1930年他有幸在莫斯科读到《1844年经济学哲学手稿》之后，便进一步思考以劳动概念为核心，作为历史观的出发点，从而更加贴近唯物史观的内涵，并且更好地揭示了马克思主义所包含的人道主义方面。应当看到，在马克思之后，是卢卡奇最先发挥马克思的异化思想，对资本主义社会普遍存在的物化和异化现象进行了敏锐的揭露和批判。这方面正表现了他的惊人的理论深度和洞察能力。

当然，卢卡奇的物化概念不如马克思的异化概念那样清晰而完整，特别是马克思将劳动异化与财产私有制密切联系起来，把私有财产的起源问题变为异化劳动同人类发展的关系问题。这种论述的科学性和理论意义，是卢卡奇的思想所不及的。同时，卢卡奇虽然也把物化和劳动异化的普遍性看作人类社会的历史现象和资本主义社会的特有问题，但是，他终究受到黑格尔思想的某些影响，在论述物化概念时，有把物化、异化和对象化混同起来的倾向，而马克思则是严格区分了对象化和异化、物化和异化的概念的。

卢卡奇的物化概念对当代西方哲学和"西方马克思主义"思潮，特别是对存在主义学派和法兰克福学派，发生过显著影响。海德格尔在1927年发表了《存在与时间》，曼海姆在1929年发表了《观念学和乌托邦》，看来都像有回答《历史和阶级意识》所提问题的意图。异化问题成为当代哲学争论的重要热点之一。萨特在使马克思主义与存在主义结合方面，也尽力使用了异化范畴。卢卡奇著作的评注者戈德曼认为，卢卡奇的物化概念成了马克思主义与存在主义相结合的纽带。海德格尔和萨特不但改造了卢卡奇的物化概念，而且把物化、异化问题作为对资本主义文化展开批判的中心问题，形成了他们的"存在主义人学"。法兰克福学派的社会批判理论，在一定程度上是以卢卡奇对资本主义社会物化现象的批判为基础而扩展开来的。阿多尔诺很重视卢卡奇的物化概念，认为这产生于把无产阶级看作历史的主体—客体的信念。

（四）卢卡奇对自然辩证法和反映论的批评

卢卡奇针对第二国际的思想家们的倾向，试图着重强调和阐明马克思的历史辩证法和实践观点时，对在自然领域推广辩证法和认识论上的反映论观点提出了异议，因而明显地与恩格斯、列宁的哲学观点发生某些分歧。这是《历史与阶级意识》出版后在国际共产主义运动中受到严厉谴责的主要原因之一。然而，这主要说明当时社会历史和思想领域斗争形势的复杂性，也说明《历史与阶级意识》一书的过渡性和两重性。一个思想家在思想激烈震荡和复杂转变的过程中，保留唯心主义思潮的某些影响，往往是难以避免的；在对马克思主义哲学进行探索中的某些失误，与公开背离马克思主义终究是有区别的。

1. 对自然辩证法的批评

卢卡奇认为马克思主义辩证法的实质在于改变现实。因此，他既不单从客观的存在、事物方面去理解辩证法，也不单从主观的概念、思维方面去理解辩证法，而是从实践的角度、从主体与客体的相互作用上理解辩证法。在卢卡奇看来，改变现实的关键点就在于主体与客体之间的辩证关系，而主、客体之间的相互作用不能在纯自然的领域发生，而只能在人们进行变革活动的社会历史领域发生。他把辩证法限制在社会历史领域，并在《什么是正统的马克思主义？》一文的一条附注中，对恩格斯关于自然领域的辩证法观点提出了批评。

卢卡奇反对把辩证法扩展到自然领域，还由于他把自然就看作一个社会范畴。在他看来，不管在什么特定的社会发展阶段上，自然总是与人相联系，不管人与自然的联结采取什么形式，自然的内容、范围和客观性总是被社会制约的。卢卡奇认为，不存在单纯的自然辩证法，一切辩证法都只能在人与自然、主体与客体的对话中才有意义。

本来，卢卡奇依据马克思对费尔巴哈直观唯物主义的批判，强调对事物、现实从实践的角度和主体的方面去理解，是有积极意义的。但是，他强调实践观点、强调主体与客体的相互作用时，却否认了在自然领域运用辩证法的可能性，这就不但与恩格斯的观点发生分歧，也不能不与马克思的思想相抵触。

第一，他忽视了马克思提出的"实践唯物主义"是既以实践为基础，又以唯物主义的本体论为前提的。实际上，马克思既着重批判了否认主观能动作用的直观唯物主义，也批判了抽象地发展能动方面的唯心主义。而且，从自然界到人类，是一个漫长的历史过程，如果不把物质的自然界理解为辩证的，那么人类的出现和社会历史的辩证发展也无法得到合理的说明。

第二，他忽视了马克思主义哲学是世界观和方法论的统一，是关于自然、社会和人类思维的一般规律的完整的科学体系。他有些过分强调马克思主义哲学的方法论性质，而且把辩证法只理解为一种分析社会历史问题的方法，于是否认辩证法对自然规律的概括和反映。

第三，他忽视了马克思的社会历史辩证法的研究和恩格斯的自然辩证法研究是各有侧重，并且互相衔接、互相补充的。

卢卡奇在《历史与阶级意识》的1967年版序言中比较全面地清理了自己在理论上的失误，指出自己的观点代表了一种倾向，这种倾向是"反对马克思主义的本体论的根基的"。"将马克思主义仅仅看作是一种关于社会的理论、社会的哲学，因而忽视或者否认它同时也是一种关于自然的理论的倾向。"①

2. 对反映论的批评

卢卡奇坚持主体与客体的相互作用，并且认为客体和主体都不是静止不变的，而是一个辩证的过程。由此他认为思维与存在的同一、主体对客体的认识，便不是一者对另一者的"符合"或"反映"，而在于"它们是同一个现实的历史和辩证过程的各个方面"。这样，卢卡奇便否认了唯物主义的反映论在马克思主义认识论中的地位。这种观点的失误在于：

第一，他把反映论与对反映的直观或机械的理解等同起来了，似乎肯定思维反映存在，就会肯定事物是静止不变的，因而反映就只能是消极、直观的反映。实际上，能动的反映本身是辩证发展的过程，它并不要求客观事物的静止不变。而且，事物既有绝对运动、变化的一面，也有相对稳定、静止的一面，在一定的历史时期和范围内，认识就能对事物作相对正确的反映。

第二，他强调主体与客体的相互作用，但实际上有些夸大主体对客体的改变作用，而相对忽视了主体对客体的依赖作用。在继承西欧哲学史遗产方面，他过分重视笛卡尔、莱布尼兹以来的唯理主义的传统，而比较忽视唯物主义经验论的传统。这样，在认识论上他对马克思主义实践观与反映论的统一便缺乏全面的理解。他不了解，马克思主义在进入成熟时期以后，在坚持思维与存在的关系的唯物主义路线上，马克思与恩格斯的思想是完全一致的。

卢卡奇在自然观和认识论上的原则性失误，是由于他反对第二国际的理论倾向，批评机械唯物论，强调辩证法和实践观点时，忽视了马克思主义哲学的自然本体论基础，从社会历史观上使实践观点离开了反映论。这种失误在国际共产主义运动中受到严厉的批判，可以说是事出有因的。

但是，应当看到，卢卡奇对自然辩证法和反映论的批评，在《历史与阶级意识》一书中只出现于个别段落，不占主导地位。全书批判的主要锋芒，是指向第二国际的思潮，只是在这种论战过程中顺带涉及自然辩证法和反映论。卢卡奇后来检查他之所以反对反映论时，就曾谈到这与反对第二国际机会主义思潮相联系。当时他对这种思潮所包含的机械宿命论极为厌恶，而以为宿命论总是与反映论休戚与共。他说："我思想中当时

① 参见卢卡奇《历史与阶级意识》，商务印书馆 1992 年版，第 10 页。

以救世主自居的乌托邦主义、关于实践优先性的观点都对这种机械唯物主义提出了强烈的抗议。"① 这样，他就把机械唯物主义的反映论当作反映论的一般形态来批评：感情上的激奋冲淡了理论上的严谨探讨和具体分析，这说明卢卡奇当时理论上的两重性和不成熟性。

应当指出的是，卢卡奇对待自然辩证法和反映论的态度，在《历史与阶级意识》一书中，前后并不是一贯或一致的。他批评恩格斯的自然辩证法观点仅见于一条附注中，正是在这条附注前面的正文里，他却又明确地肯定和引证了恩格斯关于辩证法的一个定义："这样，辩证法就归结为关于外部世界和人类思维的运动的一般规律的科学，这两个系列的规律在本质上是同一的。"② （着重号是卢卡奇所加）这里所说"外部世界"，显然首先是指自然界。卢卡奇既然肯定了恩格斯的定义，就无异于承认了自然领域的辩证法。而且，在《物化和无产阶级意识》一文的最后部分，卢卡奇提出了辩证法的分类问题，他试图把自然界的辩证法和社会的辩证法看作两种类型的辩证法。他说："必须把自然界的纯客观的运动辩证法在方法论上与社会的辩证法分离开来，而在社会的辩证法中，主体也被纳入到了辩证的相互关系之中，理论和实践之间的相互关系也变得辩证了等等（对自然的认识的发展，作为社会形式属于第二种类型的辩证法，这是不言而喻的）。"③ 可见在写作《历史和阶级意识》各篇论文的前后几年里，卢卡奇的思想已经包含着差别和变化，而他关于区分辩证法类型的见解，正见于他写得最晚（1922 年）的一篇里。他主要在《物化和无产阶级意识》一文中批评了反映论，而在另一篇"阶级意识"的正面论述中，却又多次使用了"反映"的概念，比如他说，"经济发展的各个阶段在意识中的反映仍旧是有着重要意义的历史事实"；④ 这种状况和卢卡奇事后的多次自我批评和及时转变，说明他对自然辩证法和反映论的批评，是一个还不成熟的马克思主义者在探索过程中的某种失误。

（五）卢卡奇与当代马克思主义哲学

卢卡奇是在列宁主义已经成熟并全面发展，科学社会主义理论开始变

---

① 《卢卡奇自传》，社会科学文献出版社 1986 年版，第 255 页。

②．《马克思恩格斯全集》第 21 卷，人民出版社 1965 年版，第 337 页。

③ 卢卡奇：《历史与阶级意识》，商务印书馆 1992 年版，第 303 页。

④ 同上书，第 103 页。

为现实的条件下向马克思主义转变的。综观卢卡奇一生的理论活动，他的创造性的探索和贡献是居主导地位的，主要出现于《历史和阶级意识》中的某些缺陷和失误，是在探索、转变的过程中发生的，而且随后就有所弥补和转变。卢卡奇不失为 20 世纪的一位卓越的马克思主义理论家，他对马克思主义哲学作出了重要贡献。

1. 逐步提出了建设马克思主义哲学的基本构想

从《历史与阶级意识》开始，卢卡奇就尝试着按照马克思的思路，运用总体性思想来重建马克思主义哲学。这是一项重大的理论工程，尽管包含着矛盾、失误和曲折，但却是逐步趋向完善的。他试图以社会历史的辩证法为纲，把马克思主义哲学的各个部分和范畴融为一体，来建构一种完整的哲学理论。他把主、客体相统一的社会运动看作历史的基础，突出了人类社会运动不同于自然并且高于自然过程的特点，使自然从属于社会历史，因而认为"自然是一个社会范畴"，主张把自然纳入社会历史的发展过程来考察。这与马克思的"历史的自然"、"人化自然"的思想不无吻合之处。卢卡奇的整个哲学思想表现出 20 世纪西方哲学复兴本体论的某种趋势，正如他自己所说："我的充满矛盾和挫折的发展，从一开始就向着本体论。"如果说卢卡奇在《历史与阶级意识》中有忽视自然本体论的倾向，那么在他晚年关于马克思主义哲学的理论建构中，则特别提出"返回到存在去"的口号，集中精力探索以自然本体论为前提的社会存在本体论的问题。他认为按照马克思的观点，应当把本体论设想为哲学本身的组成部分，但这种哲学是以社会历史为基础的。在生命的垂暮之年里，他毅然放弃了《美学》第 2、3 卷和《伦理学》的写作计划，转而撰写《社会存在本体论》，虽然未能最终完成，却是他以抱病之躯奋笔疾书的绝笔。这种本体论的基本思想，在他的《自传对话录》中有过清楚而扼要的表述："人类社会的本质就是人的有目的的行动，也就是劳动。这是最主要的新范畴，因为它把一切都包括在内。""当我们说到人类生活时，我们就必须利用各种价值范畴。""事物不是自然而然地改变，不是通过自发的过程，而是有意识选择的结果。有意识的选择意味着，目的先于结果。这是整个人类社会的基础。价值和无价值之间的对立，发生的东西和被制造的东西之间的对立，实际上构成整个人类存在。"①

① 《卢卡奇自传》，社会科学文献出版社 1986 年版，第 24 页。

在这里，卢卡奇明确肯定了社会存在本体论以一般本体论（即自然或物质本体论）为前提。他强调了辩证发展的自然观，认为从无机存在到有机存在再到社会存在是一个历史过程。劳动是社会存在的起点，是社会和自然之间物质变换的中介。人类历史从无到有、从低级到高级，从人在自然物种方面的提升，到人类自身的解放，即人的社会关系方面的再度提升，都是围绕劳动来实现和展开的。因此，他有时就把"社会存在本体论"称为"劳动本体论"。劳动是作为主体的人的实践活动：是人有目的地改变自然和自身的活动。人是社会的动物，又是社会的生产者。他认为，辩证法既然是具体现实的规律，就不会只作用于社会，而必定在非有机的和有机的自然界有其相应的前史。这时的卢卡奇认为，自然辩证法是存在的，只是不宜把它看作与社会辩证法相平行，而应当看作社会辩证法的前提。

这样，卢卡奇的社会存在本体论就肯定了自然本体论的地位和自然辩证法的意义，但他的理论重心，仍然是要在自然与人、对象与实践、主体与客体的总体性关系中，去揭示社会历史的起源、矛盾和发展。而且，他试图从目的性与因果性的统一来说明劳动问题，说明全部"社会存在"，这似乎是他试图建构马克思主义本体论的一个重要线索。他的认识论和方法论是与这种本体论融为一体的。

卢卡奇的这种总体构想，是对列宁在《哲学笔记》中关于辩证法的总体构想的重要补充和发展，它与马克思的历史辩证法、实践唯物主义和人类学观点有着更为密切的衔接关系，可以说是继承马克思哲学遗愿的另一个重要构想。尽管在《社会存在本体论》中叙述的这种构想还比较粗糙，甚至包含着不少矛盾，但它对于马克思主义哲学体系的重建和完善，提供了新的创见和启迪，是理应受到重视的。

2. 着重开拓和发挥了马克思哲学思想的精神遗产

卢卡奇所力图把握和运用的总体性思想，是着眼于寻求无产阶级和人类的解放的道路，特别强调无产阶级的主体意识和参与历史的能动作用。在他看来，历史事实不是孤立的东西，而是一种具体的总体，历史并不是单纯客观的自然过程，它同时也是主体实践和创造的过程。他所阐述的辩证法及其总体性的实质，是侧重于强调实践性和主体性，要求无产阶级在推动历史前进的过程中实现主体与客体、理论与实践的统一。这是卢卡奇哲学思想的基本精神所在。他在《历史与阶级意识》中着重提出和阐述的一系列重要范畴，如总体性、历史、实践、物化、阶级意识等，都贯穿着这种基本精神。虽然在他的探索过程中出现过某些原则性的缺陷和失误，但从主导的方面看，在马克思的巴黎《手稿》和列宁的《哲学笔记》尚未发表的历史条件下，在第三国际中教条主义之风开始滋长的时候，他在理论上独立探讨，拨开迷雾，力排陈言，要求紧密结合实践，重新开掘和发挥马克思哲学思想中被人们忽略或遗忘了的精神遗产，这是难能可贵的。而正是这一方面，他后来意识到，与列宁《哲学笔记》的方向是基本一致的。卢卡奇这方面富于独创性而颇有理论特色的工作，也是对马克思主义哲学的重要贡献。

3. 创造性地概括了哲学史方法论原则

在写作《历史与阶级意识》之后，为了进一步揭示马克思主义哲学的理论来源，针对新黑格尔主义者把黑格尔的辩证法神秘化、非理性化的倾向，卢卡奇深入研究了黑格尔的辩证法思想与经济学的关系，这也是他于 1930 年在苏联读了马克思的《手稿》后获得重要启示的结果。在《青年黑格尔》一书中，他详尽地说明了黑格尔思想的形成，揭示了黑格尔的辩证法与法国大革命、特别是与英国古典经济学的内在联系。这是运用马克思主义在德国古典哲学、黑格尔哲学研究上的一个重要进展。也正是这种研究，为他最后建构社会存在本体论奠定了基础。

在《理性的毁灭》一书中，在系统研究德国的近、现代哲学史的基础上，他又进一步从哲学与时代、与社会历史的关联上，概括了哲学史的方法论原则："哲学的历史，正像文学和艺术的历史一样，从来不像它们的资产阶级历史学者所以为的那样，简单地是一种哲学观念或哲学人物的历史。对哲学来说，问题及其解决方向，都是由生产力的发展、社会的发展、阶级斗争的开展提出来的。如不根据对这些首要推动力的认识，一个时期的哲学的根本线索就不可能被揭示出来。"[1] 这就是说，哲学史不能停留在哲学思想本身的叙述上，不能仅仅是哲学观点和哲学代表人物依次登场的历史，而要求在与时代、阶级、社会生产力的内在关联上，作出对哲学思想的确切评价，揭示哲学思想发展的基本线索。同时，卢卡奇还十分重视哲学本身的相对独立性，他依据当代哲学的丰富史料和详尽研究，又进一步概括了判定哲学思想的社会历史作用的新的方法论原则："就哲

---

[1] 卢卡奇：《理性的毁灭》（中译本），山东人民出版社 1988 年版，第 1—2 页。

学的意义而言，赞成理性或反对理性的立场，就直接决定着一种哲学所以为哲学的本质，决定着它在社会发展中的地位。其所以如此，乃是因为理性自身不能是某种飘浮于社会发展之上的、不偏不倚的中性东西，相反，它总是反映着一个社会情况或一个发展趋势中具体合理的东西（或具体的不合理的东西），使之成为概念，从而促成或抑制该具体的东西。但理性的内容和形式的这种社会规定性，并不含有任何历史相对主义。"① 这就是要求分析、把握哲学史上理性与反理性斗争的线索。他所说的"理性"，主要是指符合社会历史发展趋势、促进社会历史发展的合理性思想。从 19 世纪到 20 世纪，西方思想文化的主流，有一个从理性主义向非理性主义转变的趋向，如何评价这种趋向的实质，怎样分析法西斯主义出现的思想基础，是当代哲学研究的一个重大课题。卢卡奇敏锐地观察到那种反对革命辩证法、反对社会历史进步的倾向，与非理性主义思潮有着本质联系。他提出理性主义与非理性主义的划分，就是进一步把哲学的评价与社会历史的评价结合起来，使恩格斯关于哲学基本派别划分的思想进一步丰富而深刻化了。实际上，理性主义与非理性主义的斗争，并不排斥或代替唯物主义与唯心主义的斗争，而是更全面、更切实地表现当代哲学基本派别的分野，避免哲学史研究中运用哲学基本问题的学说去划分哲学派别上的简单化和公式化倾向。哲学史上各种派别的对立，不是只有唯物主义和唯心主义的对立，还有辩证法与形而上学、决定论与非决定论等方面的对立，唯物主义与唯心主义的对立也有各种复杂的关系和表现形式。卢卡奇着重于从对社会历史的作用上评价哲学基本派别的理论是非，但他不论是对理性主义还是非理性主义，都并不采取完全肯定或完全否定的态度，而是进行具体分析，给予比较切实的评价。

4. 积极开创了马克思主义的美学理论体系

卢卡奇又是当代著名的文艺评论家、美学家。在他毕生的理论活动中，文艺的批评、美学原理和美学史的研究占有突出的位置。他在这些方面的言论和成就，在国际范围内享有盛誉，获得了重大反响。发现艺术反映的特性，论述并发挥现实主义和社会主义现实主义的理论，是他在文艺理论和美学方面作出的显著成果。

他在晚年所写的《审美特性》，被誉为第一部系统的马克思主义美学

① 卢卡奇：《理性的毁灭》（中译本），山东人民出版社 1988 年版，第 3 页。

巨著。他继承马克思主义创始人的美学观点，批判地吸取黑格尔辩证法的合理因素，提出"主客观在历史中的同一"的论点，丰富并推动了现实主义美学中人的研究。在卢卡奇看来，马克思主义是关于人类解放的学说，而人类解放的标志，就是人的完整性得到恢复，人的才能得到全面和谐的发展，这是他的现实主义美学理论的一个重要基础。

二　卢卡奇怎样对待斯大林问题

斯大林问题，是 20 世纪举世瞩目的历史现象。如何分析、对待斯大林问题，关系到社会主义事业的前途和命运。在当今复杂多变的国际局势中，关于这个问题的正确导向，就显得更为重要、更为迫切了。

匈牙利著名思想家卢卡奇，不但经历了十月革命和两次世界大战，经历了列宁主义和斯大林思想的历史交替，而且在斯大林当权时期，从 30 年代到 40 年代，曾在苏联侨居和工作 10 余年。卢卡奇在政治、理论生活上的许多遭遇，也与斯大林的思想、路线密切相关，因而对斯大林问题颇有深切的感受。他有关斯大林问题的论述，有其深刻、独到之处，表现了一个卓越思想家的理论风度，今天读来，仍发人深省，对清理和理解当今国际上的某些纷争，促进社会主义事业的健康发展，颇有现实意义。

（一）顾全大局，讲究策略，保持重大问题的原则分歧

国际上有关斯大林问题的种种争议中，主要有两种基本的倾向和态度：一种是对斯大林的一生全盘否定，激烈批判或对斯大林的某些错误激于义愤，倾诉怨恨与不满；另一种是对斯大林的功过是非作历史的分析和全面的评价，通过深入反思，从理论上认真地总结经验教训。卢卡奇采取了后一种态度。

总的来看，卢卡奇在侨居苏联和反法西斯战争时期，为了维护第一个社会主义国家的生存和保证反法西斯战争的胜利，他在政治上对斯大林的路线、政策表示了基本支持的态度。特别是在与法西斯力量决战的时刻，他深明大义，顾全大局，认为必须无条件地和斯大林所领导的党团结一致，把这种团结看得高于一切。他认为赢得反法西斯战争的胜利，比理论观点上某些分歧、争议更重要。实际上，在反对法西斯主义的侵略，坚持

一国建成社会主义的问题上，卢卡奇坚决支持了斯大林的路线和主张，批判了托洛茨基的观点，并且始终肯定了斯大林的历史功绩。

但是，长期以来，在政治、理论领域的一系列重要方面，卢卡奇思想与斯大林思想是有着原则分歧的。比如，在革命纲领和政权组织形式上，早在 1929 年他为匈牙利共产党起草的《布鲁姆提纲》中，就没有按照斯大林的主张照搬俄国革命的经验，要求立即实行无产阶级专政，而是依据列宁的思想，结合匈牙利的革命实际，主张实现列宁在 1905 年提出的"工农民主专政"的目标；在反对法西斯主义的斗争策略上，斯大林曾把社会民主党人描绘成法西斯分子的"孪生兄弟"，拒绝与之联合，卢卡奇则要求联合资本主义社会中包括社会民主党人在内的各种民主力量，建立"人民阵线"，共同抵抗法西斯主义的崛起和侵略；在政治制度和政治生活上，他在 30 年代就反对过分集中和极权主义，而主张广泛联合各个民主阶层，把社会主义民主贯彻在经济领域和日常生活中；在文艺的创作和理论上，他积极倡导文艺创作中的自主性，反对不合理的行政干预，反对单纯以意识形态作为艺术和美学成就的标准，同时，他主张能动的反映论和现实主义，反对单纯模拟生活的自然主义观点；在对待哲学遗产的态度上，当斯大林和日丹诺夫把黑格尔思想简单地判定为法国唯物主义和法国大革命的反动时，卢卡奇则坚持深入研究黑格尔，发掘黑格尔思想的合理因素，于 1938 年写成《青年黑格尔》一书，着重揭示黑格尔辩证法的形成与法国大革命、英国工业革命所引起的经济问题的关系；在国际关系和对外政策方面，第二次世界大战之后，他反对大国之间的僵持对立和冷战政策，主张实行东、西方各国之间的和平共处。

卢卡奇在苏联侨居和工作期间，鉴于当时的政治态势和历史环境，鉴于德国的柯尔施因与斯大林领导下的第三国际的批判相对抗而被迫离开国际共产主义运动的教训，为了取得参加反法西斯斗争和社会主义事业的"入场券"，卢卡奇采取了原则上不混淆是非、策略上则较为灵活的态度。如进行某种"游击斗争"，即不时地引上几段斯大林的语录，或写点合乎时宜的应景文章，实际上也使自己所发挥的某些观点得以发表。卢卡奇的这种比较灵活的策略，加上某些有利的机遇（如对布哈林、拉狄克的回避，与季米特洛夫的特殊关系等），使他得以幸免大清洗期间的重大灾难。有的西方学者，抓住卢卡奇在苏联期间的某些表面现象，把他看作"斯大林主义分子"，显然是缺乏根据的。实际上，卢卡奇是在特殊的历史环境下，以比较独特而曲折的形式，坚持了自己的观点，批评了斯大林的某些错误。

50 年代中期随着国际上反对个人崇拜之后，卢卡奇更加深入地思考了斯大林问题，公开地进行了对斯大林错误的批评。但是，他没有被国际上那股全盘否定斯大林的浪潮所左右，也不囿于个人的恩怨。卢卡奇把斯大林问题作为一种社会历史现象，置于马克思主义和社会主义的历史发展过程中来考察，着眼于揭示斯大林错误的实质和方法论根源，以便从理论上总结经验教训，有利于社会主义事业更好地向前发展。即使卢卡奇在十分尖锐地批判斯大林的某些错误观点时，他也仍然认为斯大林坚持一国建成社会主义的理论和反对法西斯主义的基本方向是正确的。可见，有的西方学者因卢卡奇后期对斯大林进行了公开的批判，就认为卢卡奇是全盘否定斯大林的，这种看法也不符合历史实际。

（二）追索方法论根源，进行较深层次的理论批判

卢卡奇对斯大林错误的批判，不是就事论事地谴责斯大林某些言行与后果，也不愿罗列那些令人吃惊的历史事例或数字。有些人批判斯大林，是为了激起义愤和怨恨之情，从而诋毁社会主义制度，或使人们对社会主义失去前进的信心和勇气。卢卡奇则是侧重于分析斯大林问题的症结之处，从哲学上寻求斯大林错误的方法论根源，以便让人们从中总结应有的经验教训，避免类似现象的重复发生，从而巩固和发展社会主义事业。卢卡奇对斯大林错误的方法论根源主要追溯到两个方面：

第一，斯大林颠倒了马克思主义的战略与策略的关系，把策略放到了首位。

卢卡奇认为，社会发展的基本方向和革命整体利益决定了无产阶级在一定历史时期的战略方针，在这种战略方针指导下，也有各种不同的策略问题。局部服从全局，策略应当从属于战略。斯大林却把这种关系颠倒了，把一时的策略当成主要的至高无上的东西，从那里引出理论的概括，并强制地加以推行。卢卡奇反复谈到两个例证。在国内政策上，斯大林不是依据阶级斗争的一般规律和正确的理论原理对布哈林等人进行大清洗，而是感到有这种清洗策略的需要，进行了这种清洗之后，再从理论上去进行论证，便制造了阶级斗争在社会主义制度下日益尖锐化的理论。在对外政策上，斯大林在 1939 年与希特勒签订了互不侵犯条

约，这本是策略上正确的一步，它促使英国、美国和苏联很快成了抗击希特勒的联盟，使苏联抵御了纳粹主义的进攻。但斯大林却从这个特殊的策略出发，引出了一个错误的理论结论，认为第二次世界大战与第一次世界大战在本质上没有任何差别，仍然要求各国共产党首先在自己国内打击敌人。他通过共产国际把这一结论下达给法国党和英国党，使它们蒙受重大损失。

卢卡奇认为，列宁的（包括斯大林在内的）某些继承者，由于缺乏战略眼光和理论科学的洞察力，总是优先考虑当时的战术和策略，并且企图使战略和理论去适应这种战术和策略。这样，在经常的情况下，战略不是战术的基础，理论不是策略的依据，而沦为某种事后炮制的实用主义的东西。这种做法，如果武断而强制地从国内推行到国外，就会给社会主义事业造成重大损失和难以挽回的严重后果。应当指出，卢卡奇的这种批评，是颇有见地的，至今值得我们重视。

第二，斯大林过分夸大必然性，忽视人的地位和作用。

卢卡奇认为斯大林错误的另一个重要的哲学根源，在于过分夸大必然性的概念。斯大林从逻辑的必然性的立场解释社会决定论的思想，而马克思的唯物史观应当是社会决定论和社会选择论的统一。卢卡奇指出，社会历史领域的发展趋势，与自然领域的必然性是有重大差别的。斯大林把社会历史领域的必然性夸大到绝对化的程度，他就忽视了人在社会历史领域的作用，不了解社会历史规律的特点在于有人的参与活动。在卢卡奇看来，片面强调经济因素，过分夸大因果必然性，就会限制无产阶级的主体意识和主体能动性。社会主义社会中的人，要求与它相适应的政治制度和社会意识形态，才能充分发挥其积极性和创造性。这样，社会主义民主，就成为社会主义体制和日常生活中的关键问题。斯大林过分夸大必然性，忽视人在社会实践中的作用，就容易在政治生活中形成高度集权和僵化的体制，强调集中而忽视民主，在意识形态领域便容易形成个人崇拜。这样，从夸大必然性就会过渡到夸大个人和主观性的作用。这看来是斯大林思想路线的一个重要特点。卢卡奇指出："悲剧性的矛盾在于，他的巨大的天赋，他的丰富经验和他的敏锐的洞察力常常使他突破这种主观主义的魔圈，甚至清楚地看出主观主义的缺陷。例如，他的最后的一部著作（指《苏联社会主义经济问题》——引者注）对经济上的主观主义提出了正确的批评，可是他连想都没有想到，他自己就是这种主观主义的精神之父和坚定支持者。"①

　　可见卢卡奇对斯大林错误的批判,与单纯的政治性谴责或归咎于个人品质的批判相比较,是一种更高层次的理论批判,是上升到哲学方法论的分析,因而更有利于总结经验教训,防止这类历史现象的重演。

(三)　把握列宁主义的实质,探讨斯大林思想和列宁主义的关系

　　斯大林思想与列宁主义的关系问题,是当代政治生活和马克思主义发展中的一个扑朔迷离的问题,也是批判斯大林错误时势必涉及的问题。与许多西方的政论家或学者把斯大林的错误溯源于列宁和列宁主义的做法不同,卢卡奇一生的基本倾向和基本态度,说明他是列宁主义的坚决支持者和斯大林错误的严肃批判者。同时,卢卡奇也认真地思考了斯大林思想与列宁主义的关系。

　　第一,关于列宁主义和斯大林主义的历史联系与本质区别。

　　卢卡奇在 1924 年出版了《列宁——关于列宁思想统一性的研究》,书中对列宁主义的基本内容和实质的理解,对列宁主义的态度,表现了辩证法的创新精神,而与斯大林的某些观点有着明显的区别。

　　列宁主义是马克思主义在新时代历史条件下与俄国革命实践相结合的产物。卢卡奇认为,列宁一生的工作,就始终如一地把马克思主义辩证法运用于一个伟大转折时期,列宁从来没有规定过能够"适用"于许多不同情况的"一般规则",也从来没有把受时间、空间限制的俄国经验一般化,"这与斯大林主义的一贯正确的纪念碑式的官僚主义思想"是毫不相同的②。卢卡奇指出,与列宁主义的创造性精神相反,"随着斯大林的精神统治得到巩固并凝固成为个人迷信,马克思主义的研究在很大程度上变成了对'终极真理'的注解、运用和传播。对生活中和科学中的一切问题的答案,都是按经典作家的著作,首先是斯大林的著作中的学说写成的。而且,起初马克思和恩格斯被列宁,后来列宁又被斯大林越来越有力地挤到次要的地方"③。因此,在卢卡奇看来,从列宁主义向斯大林主义转变的过程,也就是由创造性的马克思主义转变为教条主义的过程。对于

---

　　①　《卢卡奇自传》,社会科学文献出版社 1986 年版,第 231 页。
　　②　卢卡奇:《列宁——关于列宁思想统一性的研究》,英国剑桥,1971 年版,第 92 页。
　　③　《卢卡奇自传》,社会科学文献出版社 1986 年版,第 232、230—231、231—232 页。

这种转变的契机，卢卡奇作过这样的描绘："列宁在帝国主义时期开始时超出经典作家的学说，阐发了主观因素的意义。斯大林由此编造了一个主观主义教条的体系。"①

斯大林主义不仅自身表现为一种"一贯正确"的教条集成，而且在解说列宁主义时，也把列宁主义的内容固定化，用一种既定的格式去束缚它，并把它看作超出时间、空间的限制无条件地适用于一切国家的真理。卢卡奇认为这显然不符合列宁主义的实质。因为列宁对马克思主义实际上进行了天才的、双重的改革工作："一方面，列宁清除了在几十年中形成的对马克思主义经典作家的一切偏见。这种清除工作表明，马克思和恩格斯的著作中包含有许多直到那时还没有被发现的认识。另一方面，他也以他无情的现实感指出，对生活所提出的新问题，不可能只靠经典作家的'无可置疑'的引文"②。所以，卢卡奇强调要以列宁研究马克思的精神来研究列宁，以列宁对待马克思的态度来对待列宁。就是说，决不能把列宁的思想和著作变成固定的教条，而要以面向现实和未来的创造性的态度对待列宁和列宁主义。

在卢卡奇看来，列宁理论工作的特点，就是坚持把马克思主义的辩证法创造性地运用于新的时代和俄国的具体实践，进行创造性的探索。列宁主义的真理性，来自于对具体形势的具体分析，是以对历史和现实的辩证探索为基础的。而斯大林主义，则是以教条主义和形式主义为特征的，并且包含着某种宗派主义和极权主义的成分。按照斯大林主义的观点去理解和运用列宁主义，就会使列宁主义停滞和受到歪曲。因此，卢卡奇认为，批判斯大林主义的错误，与维护和发展列宁主义是一致的。因此，肃清斯大林错误的影响，也包含着清理和反思我们对列宁主义的认识。

第二，在把握列宁主义内容、实质的问题上同斯大林的重要分歧。

斯大林曾给列宁主义下了这样的定义："列宁主义是帝国主义和无产阶级革命的理论和策略，特别是无产阶级专政的理论和策略"③，这个定义曾经长期支配着人们对列宁主义的理解。当然，它强调了列宁主义的时

---

① 《卢卡奇自传》，社会科学文献出版社 1986 年版，第 232、230—231、231—232 页。
② 同上。
③ 《斯大林选集》上卷，人民出版社 1980 年版，第 185 页。

代性和国际意义，也表明了列宁主义与马克思学说的有机联系，因而有其合理的一面，但是，它显然因过分强调列宁主义的普遍性和国际意义，而完全忽视了列宁主义的民族特点。实际上列宁主义只能是 20 世纪的时代精神与俄国民族特色的有机统一。同时，按照这个定义，列宁主义的基本内容和实质就被限定为无产阶级革命和无产阶级专政的理论与策略，而比较忽视列宁主义的多方面的丰富内容，忽视列宁主义为经济文化比较落后国家开辟社会主义道路的突出贡献。卢卡奇在 1924 年出版的《列宁》一书，并没有给列宁主义下一个确定的定义，也没有把列宁主义的内容限定在某一方面；但他在从整体上把握和阐述列宁主义的基本思想的同时，更着眼于从哲学的高度进行方法论的分析。他没有停留在列宁的一般的理论、策略上，而是从列宁有关理论、策略的一系列论述中，提炼、上升到辩证法的高度。他指出，"列宁的实践使辩证法比他从马克思和恩格斯那里继承时具有了一种更广阔、更完全和理论上更发展的形式。""列宁主义是唯物辩证法的一个新阶段。"所以，他认为，研究列宁的思想，就是要着重学习如何运用辩证法，"学习如何通过对具体形势的具体分析来发现一般中的特殊和特殊中的一般；看到一种形势中的新事物与从前的发展结成什么样的联系，观察在历史发展的规律下永远不断更新的现象，发现整体中的部分和部分中的整体，在历史必然性中找到能动性的因素和在能动性中找到与历史必然性的联系"[1]。这样，卢卡奇对列宁主义精髓的理解与把握，就显得更为开阔，更有深度。

第三，指出斯大林模式的根源不是列宁主义。

卢卡奇在苏联流亡和工作期间，正值斯大林模式逐渐形成和巩固。他既看到了斯大林模式与列宁主义的某种历史的联系，又清楚地认识到斯大林模式与列宁主义思想的本质区别。

斯大林模式的基本特点是：集中、僵化和专制。当前国际上有些人认为这种模式来源于列宁的思想，与列宁主义一脉相承。他们认为列宁主义的中心思想是反民主的极权主义，因而是斯大林主义和斯大林模式的根源或基石。卢卡奇以他的亲身感受和冷静的考察为依据，提出了与此不同的观点。他认为按照列宁的思想，社会主义是与最发达的民主不可分割的。社会主义之所以能够成为民主发展的最高阶段和最完善的形式，主要是因

---

① 卢卡奇：《列宁——关于列宁思想统一性的研究》，英国剑桥，1971 年版，第87—88 页。

为它使人们在各个重要方面——经济生活和劳动方面能够真正享受自由和平等。因此，列宁对国家政治生活中的官僚主义现象十分敏感，疾恶如仇。特别是在列宁重病缠身的晚年，始终对克服官僚主义问题充满着忧虑，一直渴望着解决如何克服苏维埃国家内自发产生而日益增长的官僚主义化的问题。尽管列宁关于发扬更高类型的社会主义民主的主张，在苏联的特殊历史环境下，受到了很大的限制，但他反复提出这种要求，到晚年更加成熟而强烈；因此，在卢卡奇看来，列宁的政治思想，实质上是一种民主性而不是极权性的类型。这与斯大林模式的基本思想是根本不同的。斯大林模式的高度集权与专制，不是继承列宁主义，而正是与列宁主义的实质相违背的。

（四）总结经验教训，推进社会主义的民主和马克思主义的革新

卢卡奇认为，批判斯大林错误，有两个积极的目标：一是发展社会主义民主，二是推动马克思主义的革新。

社会主义民主及其实现，是卢卡奇一生思考的中心问题，可以说贯穿在他的全部著述中。他认为社会主义民主是依靠人民内部的力量来发展的，但他没有离开专政来谈论民主，他既不同情那种想用专政的方法来实现共产主义的人，也不同意社会民主党人鼓吹纯粹民主而削弱专政的观点，在苏共第20次代表大会之后，他更把批判斯大林的错误与社会主义问题紧密联系起来。他所思考和强调的，不是政治领域的某种修修补补的工作，而是要求把社会主义民主切实贯彻到经济、政治体制的改革和人民群众的日常生活中。吸取斯大林问题的教训，卢卡奇更加深切地认识到民主问题与社会主义事业的命运息息相关。他认为斯大林的主要错误，在于使国家的权力机构过分集中化和官僚化了，削弱了它的群众性和民主性。马克思对巴黎公社、列宁对苏维埃所发现的最本质的东西，不是表面的组织形式，而是所体现的领导与群众在实践中的直接联系和互相适应，从而避免了资产阶级社会中代议制民主或议会结构的形式主义。卢卡奇认为社会主义要存活下去，并保持长久的生命力，就只有实现民主化。同时，他认为这种民主化不能离开党的领导，而且必须通过党自身的建设和扩大党的民主来实现。

马克思主义的革新，是卢卡奇晚年甚为关心的另一个问题。所谓"革新"，在卢卡奇看来，为了捍卫和发展马克思列宁主义，必须在两条战线上作战，既反对教条主义，又反对修正主义，找到一种"第三条道路"，真正复兴马克思主义，回到马克思主义的方法上来。由于受以往斯大林个人崇拜的严重影响，在一个较长的历史时期内，斯大林所说的一切都被宣布为与马克思主义完全一致，甚至被宣布为马克思主义的最高成就。这样，马克思主义的创造性研究就被窒息，而代之以对斯大林著作、言论的单纯的注解和传播。这种教条主义的风气随后就被修正主义利用，修正主义者极力利用斯大林的许多论点及其方法论部分的明显错误，要求对被描写为与它们完全一致的马克思主义经典作家的成果也同样进行修正。这样，在修正主义思潮泛滥的危险形势下，马克思主义理论阵营和共产党人队伍内部，由于长期普遍存在着教条主义的习俗，思想上便对修正主义毫无抵抗力。因此，卢卡奇感到迫切需要对马克思主义的革新，只有把斯大林时期对马克思主义的歪曲与马克思主义本身区别开来，坚决铲除教条主义，才能恢复马克思主义的活力。

同时，卢卡奇认为，各个国家的马克思主义者，都会按照各自的实际情况对社会问题作出回答。在马克思主义理论阵营内部，不存在也不可能存在宣布谁代表真理的"终审法庭"。卢卡奇认为，马克思主义和任何别的科学一样，服从于只有一个真理的规律，但通向真理的道路和趋向可以是多样的。在达到真理之前，马克思主义发展的各种线索和派别，可以互相补充，也可以互相反对，但最后都要达到真理。在这个探索的时代，什么是马克思主义的观念，已大大扩展了外延，必然产生出形形色色真伪难辨的东西。因此，更应当允许各种流派、观点之间进行尖锐的批评和自由的讨论。这也是马克思主义革新的一个重要方面。

总之，卢卡奇以一个马克思主义者的郑重态度，对斯大林问题进行了严肃的沉思。他对斯大林错误的批判，虽有言辞过激或个别用语不当之处，但基本倾向是比较全面、公正的。他既没有庇护斯大林的错误，也没有全盘否定斯大林。卢卡奇的批判，是一种较深层次的理论分析；着眼于哲学的高度，追索斯大林错误的方法论根源，有利于从理论思维上总结经验教训。对于当今纷争于世而又至关紧要的斯大林思想与列宁主义的关系问题，卢卡奇也作了一定的分析，虽然离问题的解决还有较大距离，并且可能有不尽妥善之处，但对于澄清原则是非，是有一定借鉴意义的。至于他从斯大林问题的教训中所强调的社会主义民主和马克思主义的革新，也确实是当今政治理论生活中的十分紧迫的问题，他的一些意见是值得人们深思的。

（写于 1991 年）

三　卢卡奇倡导社会主义体制与理论的革新

在 20 世纪的国际政治、理论舞台上，匈牙利著名思想家和革命活动家卢卡奇（1885—1971），有过广泛而持久的影响。在 1923 年发表的成名之作《历史与阶级意识》中，他劈面提出"什么是正统马克思主义"的问题，并且作出自己独特的回答："正统马克思主义并不意味着无批判地接受马克思研究的结果。它不是对这个或那个论点的'信仰'，也不是对某本'圣'书的注解。恰恰相反，马克思主义问题中的正统仅仅是指方法。"这种方法，在他看来，便是以总体性为原则，目的在于改变现实的辩证法。同时，他试图沿着马克思的思路，提出了揭露资本的本质特征的"物化"概念（类似马克思 1844 年阐述的"异化"概念），把历史理解为人们活动的产物，并且按照人类解放的目标，力主弘扬人的主体性，酝酿提出总体革命的战略。他提出的问题和主张，在国际思潮中像石破天惊般地引起巨大波澜，从此他声名显赫而又毁誉参半，在受到"正统"观念激烈批判的同时，更被视作"西方马克思主义"思潮的主要开创者。由此而形成的研究卢卡奇的热潮，在 20 世纪的大半个世纪中经久不衰。

卢卡奇出身于贵族家庭，年轻时按受以德国古典哲学为中心的西方思潮的多种影响，经过复杂的心路历程而转向马克思主义，一生致力于马克思和列宁思想的结合。卢卡奇的长达 60 多年的政治理论生涯，几乎可说是 20 世纪国际共运史、现代马克思主义史的一个斑驳的缩影。他经历了俄国十月革命的胜利和两次世界大战的洗礼，他遭遇过匈牙利等国无产阶级革命受挫的命运；20 年代至 30 年代，他自认为尊崇列宁主义的理论探讨，却受到了各种思潮的交锋和冲击；30 年代至 40 年代，他侨居苏联从事理论研究 10 余年，亲身感受了列宁主义向斯大林思想的更替；40 年代至 50 年代，他在匈牙利投身广泛的文化和文学评论活动，并在官方组织的"卢卡奇辩论"中经受激烈的批判；50 年代至 60 年代，他深入思索了僵化社会主义模式和社会主义体制改革中的问题。卢卡奇思想的显著特点之一是：整个一生的理论成就是向上发展的，即愈到后期显得愈益完善和成熟。这与他勇于自我批评、善于总结经验教训的性格是密切相关的。他在哲学、政治、经济、文艺、美学等各个领域提出的问题和见解，表现了一代革命知识分子的强烈的社会责任感，并且紧扣着时代、历史的脉搏，因而受到人们的高度关注，并引起纷繁复杂的争议。如果说，20 年代初他走向马克思主义早期所写的《历史与阶级意识》，由于所受各种思潮的错综影响而不免带有过渡性、两重性的话，那么，经过数十年艰难曲折的社会实践和尖锐激烈的思想撞击，到 60 年代末，则是他晚年进入理论上深沉反思和系统总结的时期。他晚年多次谈论和着力倡导的，主要是两个方面：社会主义民主化和马克思主义的革新。他认为这是决定国际社会主义事业成败的关键。他在垂暮之年奋笔疾书而没有最后完成的著作，主要有三本：《审美特性》、《社会存在本体论》和《民主化的进程》（以下简称《进程》），三者之间是相互联系的，要求对人类社会存在提供一种整体的见解。前两本试图从两个侧面从事哲学和美学体系的完善化，推动马克思主义的革新；后一本则从逻辑与历史的统一上阐明社会主义民主化的迫切性。卢卡奇的晚期思想和三本著作，正是他毕生创造性探索的重大成果，在理论内容和逻辑结构上都富于总结性，蕴含着丰富的文化遗产，是值得我们深入研究的。前两书先后在 1986 年和 1993 年有中译本问世，国内学者已有若干研究成果发表。后一书于 1968 年 11 月末写成，全部手稿直到 1985 年才在德国正式出版，1988 年再版于匈牙利，1991 年有英译本问世。笔者在 1992 年就已尝试着从英译本翻译成中文，但由于难以说清的种种原因，至今未能付梓出版。

我国在解放前就已开始翻译卢卡奇的著作，20 世纪五六十年代，他的某些文学和美学著述，也曾引起我国学术界和文艺界的注意。由于"左"的思潮的支配，把他的思想视为异端，因而我国广大知识分子长期以来从总体上对卢卡奇是相当陌生的。对卢卡奇思想的全面评价，特别是对他的哲学思想的研究，是直到 80 年代初才开始的。1987—1989 年期间，国内学术界关于"西方马克思主义"有过一场讨论，如何评价卢卡奇及其哲学思想，是讨论中的一个重点。此后，卢卡奇的一系列著作的中译本，陆续在国内出版。一般说来，目前人们对卢卡奇已不太陌生，对卢卡奇思想的研究也曾初步开展，近 20 年来又陷入低谷。从总体上说，国际、国内以往的研究和争议，主要集中于卢卡奇的早期思想，主要是围绕《历史与阶级意识》中的一系列问题而展开的。当然，他一生的理论活动，有一个历史的逻辑进程，从早期到晚年，有其内在的联系，需作完整的把握，但在研究的重心上，我认为，进入 21 世纪，应当从他的早期思想和《历史与阶级意识》，尽快转向他的晚年思想和三本著作，关注他晚年的郑重探索，这有利于促进社会主义体制改革和当代马克思主义的发展。这里就笔者所知，略述《进程》中关于社会主义民主化和马克思主义革新的若干基本思想。

（一）民主的由来和根据

卢卡奇一生关注民主问题，这与他关于人、人道主义的思想渊源密切相关。1922 年，他曾发表《再论幻觉政治》一文，严厉谴责匈牙利党内官僚化和权力主义的滋长。1939—1940 年，他曾发表《人民领袖还是官僚？》的文章，这是在斯大林执政时期，在俄国发表的对官僚主义的最为尖锐而透彻的批评。晚年结合对斯大林思想的批判和社会主义国家体制改革的实践，他关于社会主义民主化的思想便更加明朗而强烈了。在《进程》中，第一，他追溯了民主制的历史形态。古希腊城邦制经历漫长演变而形成于公元前 6 世纪末，它的基本特点是：主权在民，直接选举，"轮番为治"。雅典民主制是其典型。它的突出优点在于个人是公共生活的积极参与者。这与公社所有制的经济结构相联系。因法国大革命而兴起的西方近代资产阶级民主制，意味着人类历史的巨大进步，并且受到古希腊城邦制理想的影响。卢卡奇说："自从文艺复兴以来，对古代城邦制民主理想的反复引申，是这种革命激情的典型特征。"[①] 但在资本主义社会，由于私有制的经济结构，人与人的关系以利己主义为指导，不可能真正实现自由、平等，因而资产阶级民主制不能成为社会主义民主的现实选择。只有社会主义才为继承古代城邦制理想，复兴和再创造城邦制民主提供了合适的条件：创造社会与个人的和谐结合；吸取和发扬人道主义传统中的合理成分。第二，他阐述了社会主义民主的根据。从现实的层面说，在俄国等经济、文化比较落后国家发生的革命，不是马克思、恩格斯原来设想

---

① 卢卡奇：《民主化的进程》（英译本），纽约州立大学出版社 1991 年版，第 74 页。

的西方若干先进资本主义国家同时发生的革命，因而具有"非经典性"，必然带来两个不可分离的迫切问题：发展经济与建设民主。列宁晚年思考的中心，正是这两个方面的问题。反对官僚政治，吸引群众参与监督和管理，是列宁弥留之际最为关注的重心。可惜列宁的后继者们中断了列宁的路线和探索，没有再为此奉献自己的才华和精力。斯大林用一国能否建成社会主义的问题代替了俄国革命的"非经典性"问题，使后者逐渐淡漠和消失了，似乎公有制和无产阶级专政便提供了对一切复杂问题的本质性回答。这与后来僵化社会主义模式的形成密切相关。我们国内也有类似的经验教训。从理论的层面说，卢卡奇认为，人类历史的发展，是决定论与目的论的辩证统一，是客观的自然、社会环境与人类实践活动相互作用的结果。落后国家在革命胜利后，要走向社会主义道路，在大力发展经济、逐步赶上先进国家水平的同时，必须有民主制度的发展，使经济的发展与人的目的性、主动性相互促进。同时，人类历史的发展，又是从"必然王国"向"自由王国"的发展。"自由王国"的概念比一般上层建筑及其社会功能包含更多的东西。列宁在十月革命前所写的《国家与革命》中，对于社会主义的前途，主要关注"国家的消亡"，还没有提及自由王国的问题。但在十月革命后的新经济政策中，列宁十分关注民主建设，并且经常引用拿破仑的话："只有参与它，才能指导它。"社会主义的民主，就是要达到群众从社会重大问题到日常生活的积极参与。资本主义社会，是由经济控制人，社会主义社会，则应由人的需要控制经济，使生产过程向着人的价值方面调节，尊重人性的要求。社会必要劳动时间减少了，把更多的剩余劳动时间运用于人的个性发展和自我创造，正是社会主义民主的任务。自由王国作为人类自身目的，是人类积极力量的展开。在卢卡奇看来，社会主义的民主化，是一个急待探索的新领域。

（二）社会主义民主化的改革

卢卡奇把社会历史看作两条线索发展的结果：人的劳动或工作，这是主观的方面，自然或社会经济环境，这是客观的方面。历史就是人类实践活动与客观环境的相互作用。

资本主义社会受必然的经济规律支配，缺乏自觉的和目的的方向。卢卡奇认为，马克思承认经济（属必然王国）是共产主义（属自由王国）必不可少的基础。但马克思在估计社会经济结构的决定作用时，从未忽视人的有目的的实践活动。马克思要求把资本主义让经济控制人的过程转换过来，允许人性指导经济，把人性的需要置于经济关系之上。社会主义的民主化，就是要充分发挥人作为类存在的自觉能动性，发挥劳动者在政治、经济活动和日常生活中的积极参与作用。他谈论社会主义民主的显著特点是：

1. 社会主义民主是一个历史过程

卢卡奇认为民主不存在于永恒的形式中。民主作为一种社会制度，会不断改变它的形式。他把"社会主义的民主化"看作一个延续很长的事业。因为要达到主观与客观的和谐，人与经济的融合，需要不断地进行调整。他之所以不大使用"民主"（democracy）一词，而较多地使用"民主化"（democratization）这一术语，就是由于他不把民主看作一种固定的、静止的东西。一方面，他把社会主义的民主化设想为古希腊城邦制理想和西欧人道主义传统的某种新的结合与继续。同时，他设想的民主化，更要求不断扩展公民对生产管理和政府工作的参与，不断地从经济领域扩展到政治、文化和其他社会生活的领域。

2. 社会主义的民主化是政治活动与日常生活的融合

卢卡奇认为，与资本主义社会的实利主义目标不同，社会主义的历史目标，是要结束日常生活的人与政治活动参与者的分离。社会主义民主要求把对社会、国家重大问题的关注与日常生活结合起来，使普通公民都成为政治活动的积极参与者。他说，列宁晚年著述的中心，是要在民主活动与官僚政治之间进行比较和选择，这是列宁在生命最后时期所认真思考的"怎么办？"然而，列宁晚年为社会主义民主建设所作的构想与准备，实际上在他的后继者那里都消失了。卢卡奇甚至指出："官僚主义的统治，在资本主义条件下，比在斯大林主义的社会主义条件下还要少一些。"[①] 所以，在他看来，被称为列宁"最后遗嘱"的那些著述和书信，包含对列宁的多数布尔什维克同事的批评，"是已知的最具有悲观色彩的历史文献。"[②]

卢卡奇当时还察觉到，在现存的社会主义社会里，活动的、广泛的公众意见是存在的，但往往是以隐蔽的形式出现，即不以公开的、正式的形

---

① 卢卡奇：《民主化的进程》（英译本），纽约州立大学出版社1991年版，第150页。
② 同上书，第107页。

态表述。他把这种隐蔽的公共意见看作现存社会主义走向民主化的重要契机，认为把这种社会的舆论力量动员到系统的公共实践中，加以研究和参考，也是走向社会主义民主化的一个重要步骤。

总之，在卢卡奇看来，为了振兴社会主义事业，克服和防止官僚政治的危害，就必须使群众在日常生活中感受到他们自身的效力。他说："没有群众的积极参与，没有各种自发的、日常的、暂时的和经常非正式的联系，要消除官僚主义是不可能的。通过这种隐蔽运动的自觉动员，群众必定再次获得他们能够改善自己日常生活的意识。"① 而且他认为这与列宁的思想是一致的："这里我们的兴趣的中心，是社会主义民主如何融入人的日常生活，使人们积极参与其中起作用。列宁谈到'习惯化'是'国家消亡'的最重要的起因，因为它能使人们与他们的伙伴组织合作，没有权力，没有强制，没有屈从。"②

（三）马克思主义的革新

卢卡奇认为，社会主义民主化与马克思主义革新是相互蕴含，相互促进的。

马克思主义革新的基本途径是什么？他主要提到两个方面：

1. 回到马克思的方法

在卢卡奇看来，马克思主义的正统或马克思主义的精髓，是在于以总体性为原则的辩证法，而斯大林主义对马克思主义的曲解，也首先是在辩证法问题上。列宁在《哲学笔记》中本已对辩证法作了深入的探究。但到了斯大林那里，在《联共（布）党史》的第四章二中，辩证法却被简单和庸俗化了。卢卡奇着重在两个方面指出斯大林的思想违背了马克思和列宁的辩证法。

第一，在总体和局部、战略和策略的关系上，按照马克思的辩证法，总体是统率局部、战略优先于策略的。卢卡奇指出，"对列宁来说，策略的决定并不是首要的"③。"策略只有在与一般历史战略相一致时，才能是有效的。列宁把一般历史趋势归于战略，而把具体的阶段归于策略，只有

---

① 卢卡奇：《民主化的进程》（英译本），纽约州立大学出版社1991年版，第152页。
② 同上书，第102页。
③ 同上书，第108页。

在一种历史的科学理论和战略结构的内部，人们才能前进到对现实主义策略的系统阐述，也就是导向具体实践的具体情况的具体分析。"① 可是斯大林却往往把策略提到首位，实施策略优先的方针。比如，斯大林用"一国建成社会主义"的问题，代替了更为重要和全局性的俄国革命的"非经典"性质的问题，因而忽视了全面发展经济和发展民主的战略任务；只是片面发展重工业，忽视发展农业和轻工业，忽视广大群众的物质文化生活需要。卢卡奇认为，斯大林对国内重要问题的回答，是出于纯策略的考虑。更突出的例证，还在于斯大林提出社会主义社会阶级斗争日益尖锐化的论点，卢卡奇认为，这不是出于对国内阶级和阶级矛盾的全面分析，而是出于党内斗争的需要，出于清洗布哈林、季诺维也夫和托洛茨基等异己势力的需要而作出的论证。所以，卢卡奇指出，在斯大林那里，"与马克思、列宁的思想相反，理论不再是策略决定的精神基础，而毋宁是事后炮制的，因而是诡辩性的'证明'"②。又说："斯大林的方法论原则，是策略考虑的绝对优先，而把马克思主义关于社会主义发展的过程总体性的学说置于完全从属或干脆不顾的地位。"③ 他还说："策略优先性问题，直到苏共第20次代表大会上批判'个人迷信'时，仍然没有受到批判。"④ 因为赫鲁晓夫对斯大林的批判，仍然局限于斯大林主义的范围，社会主义民主化的理论仍然在他们的视野之外。

第二，在连续性与非连续性的关系上，辩证法坚持二者的统一。按照马克思的辩证法，任何历史的过程，都既是连续的又是非连续的。卢卡奇指出，"斯大林和他的后继者们都实践了一种连续性的拜物教"。他们相信（至少是主张），斯大林时期的生活方式和具体成就，是从方法上排斥中断的。在卢卡奇看来，"这种单纯进化和连续性的观点，正如完全的革命和非连续的观点一样，是极其非历史和非马克思主义的观点"⑤。列宁认为马克思主义的思想体系并没有抛弃资产阶级时代最宝贵的成就，而是吸取并改造了两千多年来人类思想和文化发展中有价值的内容。这显然肯定了进化与革命之间的有机联系。斯大林完全否认马

---

① 卢卡奇：《民主化的进程》，（英译本），纽约州立大学出版社1991年版，第108页。
② 同上书，第109页。
③ 同上书，第114页。
④ 同上。
⑤ 同上书，第105页。

克思主义和社会主义发展过程中的非连续性，就势必否认自我批评、理论革新和体制改革的必要性。可见卢卡奇对斯大林哲学观点的批评是中肯的。

卢卡奇认为，要真正实现马克思主义的革新，就必须对长期流行的某些思想、观念，进行认真的清理与反思，确实回到马克思，恢复和弘扬马克思本来意义的辩证法。

2. 勇于自我批评与自我更新

卢卡奇认为，历史的发展和国际形势有利于马克思主义的革新和社会主义的民主化。帝国主义世界对社会主义的威胁，要比列宁所处的时代是减轻了些。但是，他说："党的成功的活动，它的持久的生命，依赖于马克思主义的复兴。在恢复党的元气方面，有一个因素是异常重要的，即党内民主。"① 他着眼于内在的力量，认为关键在于恢复并激发内在的活力。斯大林主义在许多方面对马克思的理论与方法作了严重的曲解，马克思主义要复兴，就必须从各种曲解的形式中解放出来，进行马克思主义基本理论的重建，这就必然要求马克思主义政党内部不断地进行自我清理和自我批评，实行自我改正和自我更新。这就是选择"自我校正"（self-correction）的道路。他说："虽然这是一个痛苦的过程，马克思主义的复兴将来源于这种自我澄清和自我批评。""只有通过从过去的错误中解放自身，马克思主义才能作为一种有活力的理论与政治工具恢复它的高度。"卢卡奇本人就是比较勇于自我解剖和自我批评的。因此，他的理论与实践，虽有过失误和曲折，但从整体上看，却没有发生衰退和萎缩，而始终具备一种内在的活力，保持向上、向前的发展。

卢卡奇晚年关于社会主义民主化和马克思主义革新的思考与探索，虽然有历史条件和本人思想的局限性，但他的深沉思考和郑重探索，对于我们今天深化体制改革、发展社会主义民主和创造性地对待马克思主义，仍有重大借鉴意义。这是关于人类政治文明的一份重要成果。

（写于 2004 年）

---

① 卢卡奇：《民主化的进程》，（英译本），纽约州立大学出版社 1991 年版，第 159 页。

四 卢卡奇对当代马克思主义哲学的贡献

卢卡奇是 20 世纪影响最大的马克思主义理论家之一。他出生于匈牙利的贵族家庭，却深受西欧思想的影响，他依据西欧思想文化传统和工人运动实践，为创造性地探索和推进马克思主义哲学付出了毕生的精力，作出了重要贡献。但是，由于卢卡奇的《历史与阶级意识》于 1923 年出版后，在国际范围内引起纷繁复杂的争议，他的思想在国际共运内部多次受到批判。而国际舆论中又常把卢卡奇视为与列宁主义相对立的"西方马克思主义"思潮的开创者。因此，长期以来，国内理论界对卢卡奇的思想、著作，多持冷漠的态度。近些年来的情况有所改变，已开始翻译卢卡奇的著作和有关文献，但远不适应研究工作的要求。对卢卡奇思想的研究，还不深入。他的思想、著作至今没能纳入马克思主义哲学史的研究范围，在许多马哲史的教材、专著中，根本不提卢卡奇，至多只作为对立面或陪衬人物而略书一笔。应当说，这不但对卢卡奇本人是不公正的，而且也不能全面地再现当代马克思主义哲学发展的历史。因此，深入开展卢卡奇思想、著作的研究，实事求是地评价他在马克思主义哲学史上的地位，是一个重要而迫切的研究课题。

（一）卢卡奇在当代马克思主义哲学史上的特殊意义

卢卡奇的生平、思想和著作，在当代马哲史上具有多方面的特殊意义。

1. 卢卡奇是 20 世纪卓越的马克思主义理论家兼革命活动家。他的理论研究，跨越哲学、历史、文学、经济、政治等多种学科。在哲学方面，他又涉及历史观、认识论、方法论、美学、伦理学和哲学史等领域。他视野广阔，学识丰富，思想深邃，有的西方学者称他为"学问的泰斗"。他的理论著述和见解，已经产生广泛而深远的影响。同时，他曾是匈牙利共产党的领导成员，亲身参与领导匈牙利革命运动。1919 年匈牙利革命失败后，在国外流亡的 20 余年期间，他始终保持与国际工人运动的联系，关注着社会主义事业的利益和命运。第二次世界大战后，他回到国内继续从事革命实践和文化、教育工作，晚年又集中精力于理论探索。在他的《历史与阶级意识》、《勃鲁姆提纲》、《社会存在本体论》等著名论著中，既蕴含着对重大理论问题的沉思，又凝聚着对丰富实践经验的总结。他一贯强调并亲身履行着理论与革命实践相结合的原则。因此，他虽然历经坎坷与曲折，却始终保持着理论与革命的活力。他的这种特点，既与后来的许多"西方马克思主义"者脱离本国工人运动实践而闭门著述的情况有显著区别，也与普列汉诺夫因长期流亡国外而与俄国实际相脱离的倾向大不相同。卢卡奇这种身兼理论家与革命家的特点，与马克思、恩格斯、列宁则有共同之处。这在当代马克思主义者中并不多见。

2. 卢卡奇的复杂而曲折的历程，包含着丰富的理论思维的经验教训。他经历过两次世界大战。在投身革命后，既经受了俄国十月革命的胜利和喜悦，也遭遇到本国革命的失败和挫折。他既亲身参与过本国的革命实践，在流亡国外期间，又与各国革命者有过广泛而密切的交往。在侨居苏联期间，他经历了从列宁主义到"斯大林主义"的交替，从基本的方面看，他是拥护列宁主义而与"斯大林主义"保持着原则的分歧。但在对待第三国际后期和斯大林的政策上，他采取过某些比较灵活的态度。他对理论观点多次所作的自我批评中，既有切实的检查，也包含较多的违心成分。50年代中他曾在匈牙利纳吉政府任职而被开除出党，而在他晚年（1969年）又被重新接纳入党。在理论思想方面，他接受过唯心主义多种派别以及无政府工团主义思潮的严重影响，但他从中学时期就开始接触马克思的著作，如他所说，一生经历了钻研马克思主义的三个阶段。因此，在社会历史大动荡的时代，他的理论观点不能不发生激烈的矛盾和复杂的转变。他包含两重性和过渡性的著作《历史与阶级意识》，虽然多次被指责为理论上的"修正主义"和"唯心主义"，但随着历史和实践的推移，书中的某些思想也日益引起重视和反响，而他本人在接受批判和检验的过程中，也在积极实现理论上的转变和发展。直到晚年，他一面倡导马克思主义的革新和社会主义民主，一面仍在进行马克思主义哲学体系的探索和完善工作。总之，卢卡奇饱经沧桑的一生，是与马克思主义发展史的命运息息相关的。深入研究卢卡奇思想的发展过程和理论是非，有利于认真总结和反思理论思维的经验教训，也有利于揭示当代马克思主义哲学的发展趋向和规律。

3. 卢卡奇是一位既勇于理论探索又勇于自我解剖的思想家，因而他的一生始终是向上发展的。他出身于资产者家庭，青年时期带着资产阶级思想义化的深厚影响转向无产阶级和马克思主义的队伍。他的成名之作

《历史与阶级意识》，是在第一次世界大战前后，在社会矛盾尖锐复杂、革命浪潮风起云涌、本人思想激烈震荡的年代里酝酿、形成的，虽然不免有他向马克思主义探索、转变过程中的某些失误，但就他提出的若干理论问题本身而言，却触及了时代、历史的本质，至今仍显示着理论思维的魅力。此后，在维护列宁主义、反对法西斯主义、批判资产阶级哲学派别以及发掘古典哲学遗产等方面，他都展开了哲学上的系统分析和总结，写出了一系列重要著作，如《列宁》、《理性的毁灭》、《存在主义还是马克思主义》、《青年黑格尔》等，表明了他的不断进取的新探索，也表明他的某些观点的实际转变。在革命的战略策略方面，他结合匈牙利国情和实践经验，于1928年起草《勃鲁姆提纲》，提出在匈牙利采取不同于无产阶级专政的工农民主专政的过渡形式。结合国际工人运动实践，为了壮大反法西斯力量，他提出过建立人民阵线的主张。这些见解和主张在当时的历史条件下虽然难以实现，甚至在第三国际和匈牙利共产党内受到批判，但却经受了时间和历史的检验。卢卡奇还善于把辩证法运用于自身，不断地进行自我解剖。他曾恳切地接受列宁对他于1920年所写有关议会制文章的尖锐批评，并把这看作是自己世界观和政治思想转变的起点。他对自己理论观点上的问题，进行过多次清理和自我批评，即使在比较宽松的政治环境下，他也严于律己，从善如流。在他晚年所写的《历史与阶级意识》的"序言"和《自传》等材料中，更是实事求是地全面反映自己走向马克思主义的道路。对于青年时期所受各种思潮、派别的影响，存在缺点、错误的来龙去脉，他总是坦然披露，认真清理，严格批评。这样，不断地坚持真理、修正错误，就保证了他在政治、哲学思想上一直向上发展的趋向。直到晚年，他所写的《审美特征》、《社会存在本体论》，进一步体现了理论上的成熟和完善。这是一代思想家的一个显著特点，在当代马克思主义者中，也是相当难能可贵的。一部当代马哲史，显然不能忽视卢卡奇。

　　最后，卢卡奇的哲学思想，表现了特定的思想脉络，在当代西方的马克思主义思潮中，颇具代表性。卢卡奇本人虽然出生于地处东欧的匈牙利，但他自青年时期起主要接受西欧的思想文化传统的影响，在向马克思主义转变时，表现出某种强调人的地位和主体意识的倾向，虽然他本人始终拥护并高度评价列宁主义，但是，他的发展道路、基本思想和实际影响，他对马克思主义哲学体系的探索和建构，无疑仍然表现出与列宁哲学思想的重大分歧和差别。除了某些理论上的原则是非之外，主要是马克思主义哲学发展的不同线索和民族特色的反映。在一定意义上，可以说卢卡奇是通过不同侧面丰富和发展着马克思主义。或者说，卢卡奇思想是在另一种发展的线索和路径上，丰富和发展着马克思主义。因此，深入研究卢卡奇的哲学思想，有利于开展东、西方马克思主义哲学的比较研究，有利于展现马克思主义哲学发展的多种形式和线索。

（二）卢卡奇对马克思主义哲学的重要贡献

卢卡奇是在列宁主义成为主流、俄国的社会主义开始变为现实的条件下向马克思主义转变的。他对马克思主义哲学的探索和贡献比较集中地表现在以下几个方面：

1. 逐步提出重建马克思主义哲学的基本构想

马克思主义的哲学体系的建立和完善，有一个不断探索和发展的过程。马克思主义创始人在创立马克思主义哲学体系时，主要着力于唯物史观的建构。马克思没有来得及写下辩证法专著，只是留下这方面的哲学遗愿。在《自然辩证法》和《反杜林论》中，恩格斯对马克思主义的哲学体系进行了扩展，对唯物辩证法的基本规律和范畴从总体联系上作了概括和探索，但《反杜林论》主要是一部论战性的著作，而《自然辩证法》是一部没有完成的手稿，并且是在列宁去世之后才公开问世的。

正当列宁把理论活动的重心集中在辩证法方面，把辩证法史与辩证法理论的系统研究紧密结合起来，继马恩之后，进一步从总体上探索和构思唯物辩证法，写下没有及时公之于世的 8 个"哲学笔记本"时，卢卡奇也开始了他的马克思主义辩证法的独创性探索。探索的成果首先集中反映在《历史与阶级意识》之中。卢卡奇试图循着马克思的思路，建构马克思主义的哲学体系，应当看到，卢卡奇的构思与列宁的构思，既有共同之处，也有重大差别。

（1）在辩证法的性质、范围上，列宁与卢卡奇都把辩证法的研究提到首位，而且都着眼于从总体上构思辩证法。但列宁把马克思主义的辩证法理解为辩证法、认识论、逻辑学三者同一的哲学体系，他探索和构思的重点是认识、思维的辩证法；而卢卡奇则把马克思的哲学理解为社会历史哲学，他主要着眼于社会历史的辩证法。

（2）在辩证法与唯物主义的关系上，列宁与卢卡奇都极力反对第二国际思想家们的倾向，重视阐发马克思主义的实践观点、人的主体性和能动性，但列宁在阐述认识、思维的辩证法时，是以肯定自然本体论和唯物主义反映论为前提的，坚持实践观与反映论的统一；而卢卡奇在《历史与阶级意识》中强调人和阶级意识的社会历史作用时，则有忽视自然本体论的倾向，强调主体与客体的相互作用而批评了反映论。因而在一定程度上偏离了唯物主义。

（3）在辩证法的实质问题上，列宁与卢卡奇都反对形而上学的发展观，批判社会主义思潮的哲学基础，都尽力揭示辩证法的实质与核心，但列宁从事物发展的基本动力和范畴体系的逻辑结构上，把对立统一学说确定为辩证法的核心或实质；而卢卡奇则从社会历史领域的方法论上揭示总体性原则，把总体性看作辩证法的实质。二者并不相互排斥，但却有侧重方面的不同。

（4）在辩证法思想的理论来源上，列宁与卢卡奇都继承马克思主义创始人的观点，特别是都以《资本论》的结构、方法为依据，并揭示马克思主义辩证法的黑格尔思想来源。但列宁着重继承《资本论》科学体系中辩证法、认识论、逻辑相统一的思想，受恩格斯哲学思想的影响较深，主要发掘黑格尔《逻辑学》中科学主义的结构因素；而卢卡奇则着重继承马克思的社会历史的总体观和分析方法，对恩格斯的若干观点提出批评，主要发掘黑格尔《精神现象学》中人文主义的精神因素。

（5）在辩证法与人类学的关系上，列宁与卢卡奇对辩证法的人类学基础，都作了一定程度的探讨，列宁在辩证法和认识论的研究中，不仅强调了实践在认识中的作用，而且把实践与人类的发展联系起来，论述了主体与客体的中介——工具和工艺结构、主观与客观的中介——范畴等思维形式的作用，特别重视工艺技术史和范畴发展史的研究；卢卡奇则是在社会历史辩证法的研究中，更加明确地突出人的地位，立足于人类的最终解放，强调了人的实践性和主体性，把主体与客体、理论与实践的相互作用看作辩证法的基本内容。

总之，列宁在《哲学笔记》中是依据《资本论》的科学整体和恩格斯关于辩证法的解说，把唯物辩证法看作一门完整的哲学科学，是辩证法、认识论、逻辑三者的同一，这门科学的范畴体系，是以对立统一学说为核心而相互联系逐层展开的。卢卡奇在《历史与阶级意识》中则是依据《资本论》关于社会历史问题的分析方法，循着马克思的"实践唯物主义"的思路，把辩证法主要理解为社会历史的辩证法，认为辩证法的中心问题是改变实在，并且以整体与部分、主体与客体、理论与实践相统一的总体性来统率整个辩证法。卢卡奇也试图以社会历史的辩证法为基础，把马克思主义哲学的各个部分和范畴融为一个整体。这显然是关于辩证法总体构想的两条思路，我们不能简单地用一条思路去否定另一条思路。

卢卡奇在《历史与阶级意识》中的思想是过渡性的，包含着各种矛盾。由于他把马克思主义哲学理解为一种社会历史哲学，忽视马克思主义辩证法的自然基础，否认自然辩证法，这可能包含着理论上的失误。但是，卢卡奇并没有否认自然界的优先存在和辩证运动，只是认为历史辩证法的客观基础不是自然的，而是人本身。他并且明确主张按照马克思的观点把人理解为具体的现实的人。他把主客体相统一的社会运动看作历史的基础，突出了人类社会运动不同于自然并且高于自然过程的特点，使自然从而属于社会历史，因而认为"自然是一个社会范畴"，主张把自然纳入历史的发展过程来考察，这与马克思的"历史的自然"、"人化自然"的思想，应当说不无吻合之处。而且，即使在《历史与阶级意识》中卢卡奇有时并不完全否认自然辩证法，而是把自然辩证法与社会辩证法看作不同类型的辩证法，他说："有必要把仅仅是客观的自然辩证法从社会辩证法中分离出来。因为在社会辩证法中，主体是包括在相互关系之中，理论和实践是相互辩证的（不断去认识自然界是一种社会现象，因而应该包括在第二种辩证类型中，这是不言而喻的）。此外，如果要具体加强辩证的方法，那么，不同类型的辩证法就应该确定具体的形式，这是至关重要的。"①

如果说卢卡奇在《历史与阶级意识》中有忽视本体论的倾向，那么在他晚年关于马克思主义的理论建构中，则提出"返回到存在去"的口号，集中精力探索本体论的问题，最后写了《社会存在本体论》，试图为自己终生信奉的马克思主义哲学奠定一个本体论基础。他批判了现代资产阶级哲学各种派别否认或歪曲本体论的倾向，从理论上论证了马克思主义哲学的本体论。在这里，他明确肯定了社会本体论以一般本体论（即自然或物质本体论）为前提。他强调了辩证唯物主义的自然观，认为从无

① 卢卡奇：《历史与阶级意识》（中译本），重庆出版社 1989 年版，第 236 页。

机存在到有机存在再到社会存在是一个历史过程。他认为，辩证法既然是具体现实的规律，就不会只作用于社会，而必定在非有机的和有机的自然界有其相应的前史。这时的卢卡奇认为，自然辩证法是存在的，不过不应当看作与社会辩证法相平行，而应当看作社会辩证法的前史。

这样，卢卡奇的社会存在本体论，就明确肯定了自然本体论的地位和自然辩证法的意义，实际上已经反对那种把恩格斯与马克思对立起来的倾向。同时，他也反对那种把自然本体论与历史辩证法作简单联系或对"社会存在"作僵化解释的观点，而是依据他所理解的马克思的本意，重新赋予"劳动"以社会存在基础的地位。他所主张的社会存在本体论，就是要在自然与人、对象与实践、主体与客体的总体性关系中，去揭示社会历史的起源、矛盾和发展。而且，他试图从目的性与因果性的统一来说明劳动问题，说明全部"社会存在"，这似乎是他试图建构马克思主义本体论的一个重要线索。他的认识论和方法论是与这种本体论融为一体的。

卢卡奇关于马克思主义哲学的这种总体构想，是对列宁关于辩证法总体构想的一种重要补充和发展，它与马克思的历史辩证法、实践唯物主义与人类学观点有着更为密切的衔接关系，可以说是继承马克思哲学遗愿的另一个重要构想，尽管在《社会存在本体论》中叙述这种构想还很粗糙，甚至包含着不少矛盾，但它对于马克思主义哲学体系的重建和完善，提供了新的创见和启迪，是理应受到重视的。

2. 开掘和发挥马克思的哲学精神遗产的贡献

卢卡奇探索辩证法，固然是为了马克思主义的理论建构，但更重要的是为了总结欧洲无产阶级革命成败的经验教训，更好地指导无产阶级革命实践。他的理论批判的锋芒，主要指向第二国际一些思想家们的经济决定论倾向。他强调辩证法的革命性，指出"辩证法的中心问题是改变实在"，"总体性范畴是科学中革命原则的支撑者"。他认为这种辩证法与单纯的科学原则或实证主义的方法是对立的。卢卡奇所主张的总体性方法，是着眼于寻求无产阶级的解放道路，特别强调无产阶级主体意识和参与历史的能动作用。在他看来，历史事实是一个"具体的总体"，历史并不是单纯客观的自然过程，它同时也是主体实践和创造的能动过程。可见卢卡奇阐述的辩证法及其总体性实质，是侧重于强调实践性和主体性，要求无产阶级在推动历史前进的过程中，实现主体与客体、理论与实践的统一。这是卢卡奇哲学思想的基本精神所在。他在《历史与阶级意识》中着重提出和阐述的一系列重要范畴，如总体性、实践性、物化性、阶级性意识等，都贯穿着这种基本精神，虽然他在探索和阐述的过程中，发生过对唯物主义的某些偏离，但从主导的方面看，在马克思的《手稿》和列宁的《哲学笔记》尚未发表的历史条件下，在第二国际的思想家们把马克思主义机械化的氛围以及第三国际中教条主义之风开始抬头的时候，他在理论上独立探讨，拨开迷雾，排除陈言，力图紧密结合实践，重新开掘和发挥马克思哲学思想中被人们忽略或遗忘了的精神遗产，而正是在这一方面，他后来意识到，与列宁《哲学笔记》的方向是基本一致的。卢卡奇在这方面的富于独创性而颇有理论特色的努力，也是对马克思主义哲学的重要贡献。

3. 概括马克思主义哲学史方法论原则的贡献

马克思主义哲学的理论渊源，特别是马克思主义辩证法与黑格尔辩证法的关系问题，是卢卡奇始终关注的问题。在马哲史上，如何批判地继承黑格尔哲学的合理因素，对马克思主义哲学的形成起着重大作用，而如何继续深入地挖掘、改造、利用黑格尔辩证法的合理因素，对往后和当代马克思主义哲学的发展，仍然有着迫切意义，与第二国际的一般思想家们忽视辩证法、轻视黑格尔的倾向截然不同，列宁与卢卡奇在探索马克思主义辩证法时，都比较充分地利用了黑格尔这个环节。尽管在把握黑格尔哲学的实质，重视和利用黑格尔思想的角度和侧重方面有重大差别，特别是在唯物主义地改造黑格尔哲学上，与列宁相比，卢卡奇有很大差距。但是，卢卡奇对待黑格尔哲学的态度，并不是某些评论家所断言的那样，是"把马克思主义黑格尔化了"。实际上，对一系列重要范畴和理论问题，他是注意马克思对黑格尔唯心主义的批判、马克思的思想与黑格尔的思想有着本质区别的。如果说，在《历史与阶级意识》这部过渡性的著作中，卢卡奇还保留着黑格尔唯心主义的某些影响，表现出观点上的某些模糊和动摇，比如在阐述总体范畴意义和阶级意识的作用时，对经济关系的决定作用重视不够，在阐述物化概念时，有把异化与对象化混同起来的倾向，那么，在他后来的著作中，就克服了这些影响，历史唯物主义的观点也就明朗了。

为了进一步揭示马克思主义哲学的黑格尔思想来源，针对新黑格尔主义者把德国古典哲学归结到康德的水平上从而贬低黑格尔哲学，或者把黑格尔的辩证法思想神秘化、非理性化的倾向，卢卡奇专门深入研究和阐明了黑格尔辩证法思想与经济学的关系，这也是他 1930 年在苏联阅读了马克思的《1844 年经济学哲学手稿》之后获得重要启示的结果。他首先把这种关系运用于青年黑格尔的研究，在《青年黑格尔》一书中详尽地说明了黑格尔思想的形成，黑格尔的辩证法思想与法国大革命、英国古典政治经济学的内在关联。这是马克思主义关于德国古典哲学、黑格尔哲学研究的一个重要进展。也正是这种研究，为他最后建立社会存在本体论奠定了基础。

同时，卢卡奇关于哲学思想的来源和形成的研究，并没有局限于哲学与经济学的关系上，在《理性的毁灭》一书中，他系统研究了德国的近、现代哲学史，进一步从哲学与时代、哲学与社会历史的关联上，概括了哲学史的方法论原则："哲学的历史，正像文学和艺术的历史一样，从来不像它们的资产阶级历史学者所以为的那样，简单地是一种哲学观念或哲学人物的历史。对哲学来说，问题及其解决方向，都是由生产力的发展、社会的发展、阶级斗争的开展提出来的，如不根据对这些首要推动力的认识，一个时期的哲学的根本线索就不可能被揭示出来。"① 这就依据唯物史观，明确提出了分析、把握哲学发展趋向和规律的重要准则，使哲学史不再停留在哲学思想本身的叙述上，不再单纯是哲学观点和哲学代表人物依次登场的历史，也使哲学史不再被看作纯思辨思维的历史，而是要求从哲学与时代、与社会阶级和社会生产力的内在关联上，寻求对哲学思想的确切评价，揭示哲学思想发展的基本线索。同时，卢卡奇不仅看到哲学受时代和社会历史制约，而且看到哲学本身的相对独立性，要求揭示哲学思想自身发挥社会作用的特点和规律。他依据当代哲学的丰富史料和详尽研究，又进一步概括了判定哲学思想的社会历史作用的新的方法论原则："就哲学的意义而言，赞成理性或反对理性的立场，就直接决定着一种哲学所以为哲学的本质，决定着它在社会发展中的地位。其所以如此，乃是因为理性自身不能是某种于社会发展之上的，不偏不倚的中性东西。相反，它总是反映着一个社会情况或一个发展趋势中具体合理的东西（或具体的不合理的东西），使之成为概念，从而促成或抑制该具体的东西。但理性的内容和形式的这种社会规定性，并不含有任

---

① 卢卡奇：《理性的毁灭》（中译本），山东人民出版社 1988 年版，第 1—2、3 页。

何历史相对主义。"① 这就是要求分析、把握哲学史上理性与反理性斗争的线索。

尽管卢卡奇的这种提法，招来许多批评和诘难，但如果结合卢卡奇对当代德国哲学的实际分析，就可以看出，他的论点是有充分的历史和现实的根据的，是符合当代哲学思想的发展实际的。从 19 世纪到 20 世纪，西方思想文化的主流，有一个从理性主义向非理性主义转变的趋向，如何评论这种趋向的实质，怎样分析德国出现法西斯主义的思想基础，是当代哲学研究中的一个迫切课题。卢卡奇敏锐地认识到反对革命辩证法、反对社会历史进步，与非理性主义有着本质联系。卢卡奇所说的 "理性"，主要是指符合社会历史必然性，促进社会历史发展的合理性思想。可见他提出理性主义与非理性主义的划分，就是进一步把哲学的评价与社会历史的评价结合起来，进一步把恩格斯关于哲学基本派别划分的思想丰富而深刻化了。实际上理性与非理性的斗争，并不排斥或代替唯物主义与唯心主义的分歧，而是更全面、更切实地表现当代哲学基本派别的分歧，避免在哲学史上运用哲学基本问题划分哲学派别方面的简单化和公式化。因为哲学史上各种派别的对立，不是只有唯物主义和唯心主义的对立，而且有理性主义与非理性主义、决定论与非决定论等多方面的对立。卢卡奇从对社会历史的作用上评价哲学基本派别的理论是非，但他不论是对理性主义还是对非理性主义，都并不采取完全肯定或完全否定的态度，而是进行具体分析，给予切实的评价。

卢卡奇在马克思主义的研究中，十分关注当代哲学和科学的发展，注意同时代的哲学思潮的相互影响，从当代的哲学和科学中吸取营养。但他绝不主张一味赞赏当代资产阶级哲学，并不主张与某种资产阶级哲学派别搞 "结合"。他认为只有在对当代西方哲学的历史分析和高度批判的基础上，才能吸取某种有益的东西。

总之，卢卡奇对马克思主义哲学的理论来源的探索和有关哲学史方法论的论述，至今仍然是富于理论意义的。

4. 开创马克思主义美学原理体系的贡献

卢卡奇晚年听写的《审美特性》，被誉为第一部系统的马克思主义美学巨著。他继承马克思主义创始人的美学观点，批判地吸取黑格尔辩证法

---

① 卢卡奇：《理性的毁灭》（中译本），山东人民出版社 1988 年版，第 1—2、3 页。

的合理因素，提出"主客观在历史中的同一"的论点，丰富和推动了现实主义美学中人的研究，在卢卡奇看来，马克思主义是关于人类解放的学说，而人类解放的标志，就是人的完整性得到恢复，人的才能得到全面和谐的发展，这是他的现实主义美学理论的一个重要基础。系统深入地研究卢卡奇的美学思想，是当代马克思主义美学研究中的一个重要方面。

　　总体来看，卢卡奇是 20 世纪的一位富于理论素养和实践经验的马克思主义哲学家。他提出和加以探索的哲学问题，往往反映了时代、历史发展的趋势，因而在理论思维上具有持久的吸引力。有人认为卢卡奇的思想对往后"西方马克思主义"的一些派别影响很大，这些派别的许多观点都是与传统马克思主义相对立的，因而否认卢卡奇的思想在马哲史上的地位。其实，对卢卡奇思想的评价，不应当有先入为主的成见，也不能从比较狭隘的正统观念出发，而应当实事求是地分析，从长远的发展上衡量。对于卢卡奇思想的国际影响，也应当全面思考，既看到消极方面，也应看到积极的方面，即使是消极影响的方面，也应当看到，卢卡奇的某些难以避免的失误是一回事，而这些失误被后来某些派别尽力夸大和利用则是另一回事。当这些失误被夸大和利用时，卢卡奇本人早已作过检查，并已实际转变。实际上，卢卡奇与后来的许多"西方马克思主义者"是有重大差别的。卢卡奇注意使马克思主义理论与匈牙利革命实际、国际工人运动实践相结合。而"西方马克思主义"者则多半与工人运动实践相脱离，带有不同程度的纯理论探讨的学究气；卢卡奇重视马克思主义的理论来源，认真发掘、利用黑格尔的辩证法思想因素，他不主张马克思主义与黑格尔唯心主义相结合。而"西方马克思主义"者则多半主张马克思主义与当代某种资产阶级哲学派别相结合；卢卡奇关注社会主义事业，坚持马克思主义的方向，对列宁主义既有分歧又有支持，而"西方马克思主义"派别则对列宁主义单持批判态度，并且缺乏坚持社会主义事业的信念和行为。因此，应当把卢卡奇与后来的一般"西方马克思主义"者区别开来，在当代马克思主义哲学发展史上，给卢卡奇以恰当的历史地位。

（写于 1994 年）

五　"哈贝马斯热"在我国
悄然兴起的原因

在当代国外马克思主义的研究方面，法兰克福学派一直是国内理论界注视的重点，近年来更为突出。这不仅因为法兰克福学派是"西方马克思主义"中影响最大、最持久的一个派别，而且因为法兰克福学派久负盛名的社会批判理论，以综合研究的优势，扎根于社会现实生活之中．表现了对人类社会历史命运的关切，特别是对于各国的现代化问题，常以深入独到的见解，提出可以借鉴的观点和分析，对我国学术界和知识分子有着较强的吸引力。

法兰克福学派走过 80 来年的路程，出现过三代代表人物。当前在国际上最引人注目的，是它的第二代代表人物尤尔根·哈贝马斯。他于 1929 年出生于德国，1955 年正式成为法兰克福学派的成员。1969 年继阿多诺之后任法兰克福社会研究所所长。20 世纪 80 年代以来，他成为当代西方最活跃、最多产的理论家之一，被称为"联邦德国思想威力最强大的哲学家"、"当代最有影响的思想家"、"百科全书式的学者"，等等。

哈贝马斯的理论研究跨越多种学科，在哲学、社会学、政治学、文化哲学、法哲学以及语言学等一系列领域皆有所建树，广泛地引起国际国内学者的兴趣。他的社会交往理论和"重建历史唯物主义"的观点，也特别受到国内学者的关注。他的重要著作，如《交往与社会进化》、《交往行为理论》、《公共领域的结构转型》,《重建历史唯物主义》,《后行而上学反思》等，国内已有 10 多本中译文出版；关于研究、评论哈贝马斯的著作，和哈贝马斯的传记、访谈录也有多种陆续出现；近几年来，研究哈贝马斯的课题、论文日益增多。今年 4 月中旬，哈贝马斯应邀来中国访问，在北京、上海的著名高校和科研单位作了 7 场学术讲演。讲演的中心，是政治哲学中关于全球化形势背景下的民族、国家、民主和权力等问题，即所谓"话语政治"的一些内容。

我国理论界为何会兴起"哈贝马斯热"呢？

（一）深厚的思想渊源和广阔的理论视野

生活在德国的哈贝马斯，从青年时期就深受德国古典哲学的熏陶，并较早地接触了马克思主义。他的思想体系，基本上是沿着"西方马克思主义"的思想脉络而形成和发展的。在成为法兰克福学派成员之前，他读了卢卡奇的《历史与阶级意识》，这本他感到"魅力与缺陷同时存在"的著作引导他走进了青年马克思，并且与社会批判理论结下了不解之缘。同时，他也受到葛兰西、布洛赫和科尔施等人的影响，激发了他研究哲学的浓厚兴趣。不过，法兰克福社会研究所两任所长霍克海默和阿多诺合著的《启蒙的辩证法》，更给了他历史而系统地解读马克思的勇气，特别是阿多诺在第二次世界大战后出版的著作，对他的思想历程有着关键性的作用，启发他在阐释马克思的著作之前务必先全面攻读和发掘原典，并引导他从人类学的角度去解读马克思，从而决定了他继续开创社会批判理论的新道路。

与法兰克福学派老一辈或其他成员相比，哈贝马斯有着更为广阔的思想渊源和理论视野，他广泛地概括和吸取了现代西方哲学各种思潮和派别的影响。他曾经指出，20世纪有过4次重要的哲学运动，即4种各有其思想体系的学说。这就是：分析哲学、现象学、西方马克思主义和结构主义。这些运动，在思想的构成和内含等方面，是有重大差别的。他认为在学科方面留下深刻印迹的，是分析哲学和现象学。语言分析后来分解为一种科学理论和一种日常语言理论；现象学沿着宽泛的人类学化和深刻的本体论化的方向，便被存在主义的论题所支配。存在主义与实证主义有所分工，发生互补作用。实证主义在科学与形而上学之间划了一道分水岭，从而又激活了分析哲学的主流。结构主义和西方马克思主义代表着完全不同的思维方式，前者从索绪尔的语言学和皮亚杰的心理学获取动力；后者将马克思主义从政治、经济引导到哲学思考上来，重新将它黑格尔化，并且走向人文和社会科学等领域。

他认为有4个方面标志着西方现代思潮的4个主题和方向：①后形而上学思维，即某种哲学思维服从于科学规范的倾向；②语言转向，即意识哲学向语言哲学的范式转移，语言与世界或与事物状态之间的关系取代了主体与客体之间的关系；③以人类学为中心的现象学进一步定位于行为、语言和身体上；④由于马克思主义观点的反复磨炼和实践，改变了理论对实践的至高无上的地位，或者说克服了逻各斯中心主义的倾向。

在哈贝马斯看来，所有这些方面，都在不同程度上标志着传统观念的转变，受到他深切的关注和批判的审视，从历史到现实，他比较全面地考察了德国以至整个西方的精神与文化，形成了他自己的一系列独特的观点。他既熟悉德国传统的思辨哲学，但对实证科学也倾注了极大的热情，他不停留在抽象的理论范围，而是注重分析、解决当代现实生活的重大问题。这正是他作为当代理论家的一些颇具魅力的特点，因而受到中国理论界的青睐。

（二）对社会批判理论的继承和超越

哈贝马斯对法兰克福学派和以往的社会批判理论进行了总结性的反思和批评，他指出原有的社会批判理论有 3 个主要缺陷：①在理论上既追求严格的结构形式，却又有求助于经验主义的倾向；②在哲学上没有扬弃从黑格尔那里继承的真理概念；③在政治上不重视资产阶级民主。为了修正这些缺点，哈贝马斯受惠于语言学理论的启示，直觉到相互理解是建立在语言交流上面的。他沿着这条思路去理解交往合理性的概念，并把这一概念运用到社会关系和相互影响的体制中。这就促使他煞费苦心地提出和阐述了交往行为理论。关于真理的概念，他认为不应当作传统的狭义认识论的理解，而应当揭示康德三个批判中的理性的统一性，即融合道德实践观和审美判断的理论理性的统一性。关于民主理论，他认为资产阶级法律和政治制度的形式，与以往的传统的政治制度相比，肯定具有某些优越性。他说："如果能正确理解马克思，就会发现资本主义制度中某些根深蒂固的思想，在社会主义社会中作为传统值得保留。"①

总之，在哈贝马斯看来，老法兰克福学派的社会批判理论已不适用于现代社会，他力图改造这一理论，建立一种新的社会批判理论。那么，二者的主要区别何在呢？①他认为原来的社会批判理论，对资本主义社会否定得很多，但并没有什么建树的方面，有些只破不立。比如对"工具理性"的批判，固然十分激烈，但并没有提出用以代替的理性。他则以"合理性"作为社会批判理论的基本概念，提出"交往理性"，用来取代"工具理性"，建立以"交往合理性"为核心的批判社会学，写下《交往行为理论》等著作。这在整个社会科学领域引起了很大的震动。②原来的社会批判理论，如马尔库塞、弗洛姆、阿多诺等人的著作，侧重于揭露社会对个人的压抑，鼓吹个人的价值、尊严和解放，倡导个人的独立和自

① 见《现代性的地平线——哈贝马斯访谈录》，上海人民出版社 1997 年版，第 49 页。

主；而他则侧重于建立人与人之间的和谐、合作的关系，强调人与人之间的交往、对话和相互理解。③原来的社会批判理论对资本主义制度的弊端作了激烈而尖锐的批判，而他则逐渐淡漠了这种否定性的批判，更多地关注人的生存与发展，更多地关注生态问题、人权问题、妇女问题，特别是日常生活的质量，以及参与社会决策的公平机会。他力图消除社会冲突，维护社会的稳定和秩序。这导致他对待 1968 年在西方发生的学生运动最后持反对和责难的态度。他的这种观点，与马尔库塞等人所主张的对资本主义的"拒绝"也是迥然相异的。这些转变和差别，在某种意义上说，是从原来对资本主义的激进的社会批判，逐渐地趋向于调和与改良。

然而，哈贝马斯的这种理论和主张，是基于对资本主义新特点的分析，主张用重新建构的方式，对资本主义进行工具和功能合理性的批评，对于经济全球化形势下的社会科学理论，是不是也有某些合理的参考、借鉴的因素呢？同时，他对以往的社会批判理论的反思和批评，是不是也有助于我们对"西方马克思主义"思潮的缺陷和危机的认识呢？

（三）对当代资本主义的分析和历史唯物主义的"重建"

哈贝马斯虽然批评了对资本主义的单纯批判和只破不立的倾向，但他仍然对当代资本主义作了深入的分析和批评。他指出资本主义的危机首先是经济上的衰退、恶化和劳动者的失业。这种危机来源于资本主义的经济体制，只是资本主义福利国家的危机不再表现为直接的经济形式，但"潜在的抗议"仍然会形成巨大的潮流，显示百姓中的不满情绪占据很大的比重，这不只是对某一个别政策或政党的不满，而是表现了对官僚体制和行政管理过程的抗议。参加抗议的人，虽然包含工人，但已不限于马克思主义所阐述的工人阶级的抗议，其社会成员已十分复杂。

哈贝马斯指出当代资本主义危机的主要表现是：①官僚主义体制的严重性；②世界经济的强国与弱国的关系和劳动力分布所引起的问题；③生态环境的继续恶化。因此，资本主义世界的经济的持续发展，导致了各种社会问题的持续发生，这就必然严重危害整个社会和文化的和谐一体的进步。

哈贝马斯认为，作为马克思主义者的任务，就是要善于解读资本主义社会抗议运动中发现的经验，以防止保守主义的政党或势力夺取阵地。不过他的目标，仍然是要转移社会冲突的方向来维持社会的稳定。他看到，资本主义制度仍然保持着高度的灵活性和强大的适应力，并且拥有重要的文化和动力资源，因而仍有惊人的能力去调整社会一体的组织形式。因此，哈贝马斯认为，资本主义存在着无法避免的危机，并不等于资本主义的法律和宪法体制的形式特征中不包含某些合理性，原有的社会批判理论的一个重大缺陷，就在于没有看到这个方面，便对资本主义进行单纯的批判和否定。

哈贝马斯并不一般地否认马克思关于历史唯物主义基本观点和经济结构分析的正确性，问题在于，从斯大林开始，把它"典式化"了。同时，当代的资本主义经济已不同于马克思当年分析的资本主义经济，而是更为复杂的体制，政治体制的介入起着重要作用。单纯的经济分析并不能作为准确预言的基础。他特别指出，马克思所分析的古典的、自由竞争的资本主义社会，已经进入"由国家管理的晚期资本主义阶段"。由于科学技术直接运用于生产，从而大幅度地提高了劳动生产率，科技进步实际上决定着生产的发展和经济的增长，已经成了"第一生产力"，成了"独立的变数"和"独立的剩余价值来源"。因此，对待马克思主义不应采取"教条主义"的态度，而应根据情况的变化重新考虑，作出新的解释，这才是对待一种在某些方面需要修正，但其鼓舞人心的潜在力量仍旧（始终）没有枯竭的理论的正常态度。① 他提出"重建历史唯物主义"的要求，对生产力与生产关系、经济基础与上层建筑、阶级与阶级斗争等一系列概念，作出了他的重新解释。他自称重建历史唯物主义的目的，就是以社会交往理论对现代西方社会进行预测性分析，重建马克思对当代资本主义社会的批判，并且进一步探讨晚期资本主义的合法性和生命力问题。

哈贝马斯对当代资本主义新特点的分析，以及依据这种特点提出重建历史唯物主义的主张，究竟应当如何评论和估价呢？哈贝马斯的整个理论体系与马克思主义的基本理论究竟是什么样的关系？其中究竟包含哪些可资借鉴或参考的成分？

美国学者诺曼·莱文于1998年在北京大学的一次学术报告中提到：马克思主义在西方的创立和流传，大致经历了三种基本形态：传统马克思主义（由马克思开始）、西方马克思主义（由卢卡奇开始）、后马克思主

---

① 哈贝马斯：《重建历史唯物主义》，社会科学文献出版社2013年版，第3页。

义（由哈贝马斯开始）。是不是可以把哈贝马斯看作这种思潮转折时期的
代表人物呢？中国的马克思主义理论界不能不重视和研究这些问题。对当
代国外马克思主义及哈贝马斯的研究，需要深入持久地开展下去。

（写于 2001 年）

第 二 编

社会主义与人的问题的思考

第三章

关于社会主义事业

一 《共产党宣言》与社会主义的命运

《共产党宣言》（以下简称《宣言》）发表已经 150 多年了。《宣言》是第一个科学社会主义的纲领，蕴藏着丰富的哲学内涵。它曾经是世界上吸引读者最多的著作之一。历来被认作革命者必读的书籍。当然，它更是社会主义革命家、思想家的理论力量的源泉。中国共产党的第一、二代的领导者代表人物，都对《宣言》有过特殊的感情和理解。1936 年，毛泽东对埃德加·斯诺说："有三本书特别深地铭刻在我的心中，建立起我对马克思主义的信仰。"[①] 这里所说的三本书，首先就是《共产党宣言》。邓小平在 1992 年视察南方的谈话中也说，《共产党宣言》是他的"入门老师"。

然而，怎样解读《宣言》，怎样把握《宣言》的理论内涵，对于革命家和思想家来说，却有着不同的侧面和重点，这不同的侧面和重点会在社会实践效果上产生重大的差别，并密切关系着社会主义的命运。

法国思想家阿尔都塞曾就《资本论》的阅读方法提出建议，他倡导一种阅读"文本"的方法。他试图区别"第一文本"与"第二文本"。"第一文本"，指文字上某些表层的联系与结构；"第二文本"，则是指蕴含在话语间的某些更深层次的内在联系与结构。他认为，透过"第一文本"，揭示"第二文本"，才能真正做到对原文的创造性的理解。阿尔都塞的这种主张，包含一定的合理因素。这就是说，阅读和理解马克思主义经典著作的要义，确实需要一种由此及彼、由表及里的功夫。

---

① 转引自埃德加·斯诺《西行漫记》，生活·读书·新知三联书店 1979 年版，第 131 页。

（一）两个层次的解读与把握

一个半世纪以来，当人们问，《宣言》的基本内容或思想实质是什么？一般概括性的回答是："两个必然"和"两个彻底决裂"。的确，《宣言》论述了历史发展的必然趋势："资产阶级的灭亡和无产阶级的胜利是同样不可避免的。"①《宣言》也宣布："共产主义革命就是同传统的所有制关系实行最彻底的决裂；毫不奇怪，它在自己的发展进程中要同传统的观念实行最彻底的决裂。"② 同时，《宣言》也确实写下了一个结论："共产党人可以用一句话把自己的理论概括起来：消灭私有制。"③ 而且，由于《宣言》中关于阶级斗争的叙述比较多，人们又常常把《宣言》的基本思想理解为"消灭私有制"和开展阶级斗争。应当说，这些回答和理解，都有一定的文本依据，是有一定道理的。但是，如果停留在这种表层文字的理解上，局限于这方面文本的依据，又是不全面或不深入的，甚至会导致误解。

的确，《宣言》的首要任务是要揭示资本主义灭亡和共产主义胜利的历史趋势，使工人群众和革命人民能够认识这种趋势，从而树立共产主义的信念。在马克思恩格斯进行理论创造、建立理论体系的 19 世纪 40 年代，资本主义尚处于上升的时期，工人运动虽已蓬勃兴起，但工人群众还不可能认识到反资本主义斗争的本质和前途，还不可能认识到人类历史前进的方向。当时欧洲形形色色的资产阶级、小资产阶级思潮往往打着社会主义的旗号，在工人群众中造成影响和混乱。为了消除这种影响和混乱，在《宣言》中，马克思恩格斯就是要对他们创立的共产主义的学说和信念进行科学的论证。马克思学说在理论上的两大贡献，亦即科学共产主义学说的两个主要理论依据，一是唯物史观，二是剩余价值学说。前者揭示了人类历史的一般运动规律，后者论证了资本主义社会的特殊运动规律。在 1848 年 2 月发表《宣言》时，马克思的剩余价值学说还没有创立，而唯物史观，则已经在其 1845 年写作的《关于费尔巴哈的提纲》，特别是《德意志意识形态》中基本建立起来了。正是依据崭新的唯物史观，马克

---

① 《马克思恩格斯选集》第 1 卷，人民出版社 2012 年版，第 413 页。
② 同上书，第 421 页。
③ 同上书，第 415 页。

思恩格斯考察了人类历史进程，揭示了共产主义代替资本主义的必然趋势，阐明了无产阶级作为资本主义掘墓人和未来社会创造者所担负的历史使命。总之，唯物史观是贯穿于整个《宣言》的更深层次的基本思想。这才是《宣言》的巨大的理论内涵和折服力量之所在。

在马克思恩格斯之前，某些资产阶级思想家已经涉及阶级斗争的问题，某些空想社会主义者已经表达了消灭阶级、实现人类解放的理想。但他们受唯心史观的支配，不了解物质资料的生产和一定历史阶段的经济关系构成社会及其上层建筑、意识形态的基础，因而他们不可能了解社会历史发展的规律和趋势，也就无法解决理想与现实之间的矛盾。马克思恩格斯怎样使共产主义学说成为科学呢？关键就在于唯物史观的建立和运用。

《宣言》诚然一开始就叙述了阶级社会的各种阶级关系、阶级对立，并且着重分析了资本主义社会两大阶级，即无产阶级与资产阶级的对立。但是，随着阶级关系的更替和资产阶级的出现，资产阶级的统治代替了封建的、宗法的关系。由于生产力的发展，由于蒸汽和机器引起工业生产的革命，引起市场的逐步扩大以至世界市场的出现，使得资产阶级越是增加资本，越是把中世纪遗留下的一切阶级都抛在其后。所以，马克思指出："现代资产阶级本身是一个长期发展过程的产物，是生产方式和交换方式的一系列变革的产物。"[1] 资产阶级之所以在历史上曾经起过非常革命的作用，就因为它曾经代表先进的生产力，"资产阶级在它的不到一百年的阶级统治中所创造的生产力，比过去一切世代创造的全部生产力还要多，还要大"[2]。但是，随着现代工业、现代生产力的进一步发展，资产阶级统治的生存条件及其所有制关系就显得狭窄而对生产力发生阻碍了。随着资本的发展而发展的无产阶级，不仅人数日益增加，而且力量日益增长。在同资产阶级对立的一切阶级中，只有无产阶级是真正革命的阶级，"其余的阶级都随着大工业的发展而日趋没落和灭亡，无产阶级却是大工业本身的产物"[3]。可见，生产力的发展，生产力与生产关系的矛盾运动，决定着社会历史的前进，决定着旧的没落阶级的衰亡和新的革命阶级的兴起。这是贯穿《宣言》的一条主导线索，是蕴含着的唯物史观的基本

---

[1]　《马克思恩格斯选集》第 1 卷，人民出版社 2012 年版，第 402 页。

[2]　同上书，第 405 页。

[3]　同上书，第 411 页。

思想。

同时，我们应当看到，《宣言》的基本思想是国际性的，是有普遍意义的。但是，《宣言》的某些历史叙述和某些政策、策略的提出，以及对各社会主义流派的分析等，又都是基于西欧、北美等比较发达国家的国情的，关于工人阶级成为统治阶级后的"十大措施"，也是就"最先进的国家"而言的。显然，西方资本主义的历史和现实是马克思恩格斯创作《宣言》的主要背景和舞台。因此，在把握和运用《宣言》的思想时，既要努力把握它的较深层次的主导线索，又要结合各国的具体国情进行分析。

值得特别重视的是，马克思恩格斯在《德意志意识形态》中最初提出的"世界历史"的思想，在《宣言》中得到了更为凝练的概括和充分的发挥。近代工业化的生产力和走向世界市场的普遍交往，乃是世界历史形成的两个前提。大工业开创了世界历史，因为它使每个文明国家以及这些国家中的每一个人的需要的满足都依赖于整个世界，并且消灭了以往自然形成的各国的孤立状态。资产阶级为了追逐利润，满足自己阶级利益的需要，便不断开辟新的广阔的市场。"不断扩大产品销路的需要，驱使资产阶级奔走于全球各地。它必须到处落户，到处创业，到处建立联系。"①"资产阶级，由于开拓了世界市场，使一切国家的生产和消费都成为世界性的了。"② 这种世界历史发展的趋势，不仅表现为经济活动、经济关系，而且表现为文化活动、文化交往。资产阶级社会各民族的各个方面的互相往来和互相依赖，不仅体现在物质生产上，而且体现在精神生产上。"各民族的精神产品成了公共的财产。民族的片面性和局限性日益成为不可能，于是由许多民族的和地方的文学形成了一种世界的文学。"③ 这种"世界的文学"，就是精神生产的产品，即科学、文学、艺术、哲学等方面的成果。世界历史的发展趋势，人们交往活动的普遍化，使人有可能超越狭隘的血缘关系、地域和民族的局限，克服异化现象，成为世界历史性的存在，这就是自由而全面发展的新人。可见世界历史为共产主义的前途创造了客观的前提，也为人的个性发展提供了广阔的空间。作为世界历史

---

① 《马克思恩格斯选集》第 1 卷，人民出版社 2012 年版，第 404 页。

② 同上。

③ 同上。

性存在的人，将既是高度社会化的人，也是高度个性化的人。所以，《宣言》既批判了资产者的个性和自由，又指出未来联合体的前景和目标："在那里，每个人的自由发展是一切人的自由发展的条件。"①

　　毛泽东把《宣言》读过许多遍。他着重解读和汲取的内容是《宣言》中有关阶级斗争的论述。他主要从阶级斗争的角度把握马克思主义对历史的正确解释。在民主革命时期，毛泽东运用《宣言》的思想分析中国的社会实际。他所写的《中国社会各阶级的分析》、《湖南农民运动考察报告》等，正是运用马克思主义的阶级斗争学说的结果。毛泽东没有拘泥于《宣言》的表面字句，没有照搬国外的经验，而是理论联系实际地分析中国的阶级状况，把农民问题看做中国革命的根本问题，创造性地提出了农村包围城市的特殊革命道路和新民主主义理论，并领导中国民主革命取得了胜利。但是，新中国成立以后，毛泽东却忽视全国社会阶级关系的深刻变化，忽视党的七届二中全会关于革命胜利后的形势和工作重心的正确分析，一次又一次地发动意识形态领域内的政治批判、阶级斗争，特别是1957年以后，更是不顾党的第八次全国代表大会关于国内主要矛盾和主要任务的正确论述，把国内主要矛盾改变为无产阶级与资产阶级的矛盾、社会主义道路与资本主义道路的斗争，并且人为地扩大这种矛盾和斗争。《宣言》中有关阶级斗争和两个"彻底决裂"的论述，成了"左"的路线的理论依据和辩护词。可见，解读《宣言》的侧重方面不同，会产生不同的社会影响与后果。

　　在社会主义的特定时日里，邓小平对《宣言》的解读有着另一个侧重的方面。他一直把发展生产力看做社会主义建设的首要任务。他所主张的改革，就是解放生产力。他从新的时代要求出发，把发展生产力与实现现代化结合起来，认为不发展生产力，不实现现代化，社会主义就不能巩固，共产主义也无从实现。他用"三个有利于"取代了"姓社"还是"姓资"的争论，开创了建设有中国特色的社会主义的新道路。

　　邓小平主要从唯物史观和发展生产力的角度理解和把握《宣言》的基本思想，这就决定了他的社会主义观念所发生的根本性的变化。

---

　　①　《马克思恩格斯选集》第 1 卷，人民出版社 2012 年版，第 422 页。

（二）怎样理解社会主义的本质

在《宣言》中，马克思恩格斯依据先进资本主义国家的社会条件，认为无产阶级在夺取政权成为统治阶级后，首先就要建立公有制，发展生产力。至于"社会主义"和"共产主义"这两个名称，在他们一生的许多论著中，都是作为相同或近似的含义来使用的。在《1844 年经济学哲学手稿》中，马克思甚至把共产主义看做最近将来的阶段，而把社会主义称为下一段历史发展的阶段。在 1848 年 2 月发表《宣言》时，由于当时资产阶级的运动和思潮多标榜为"社会主义"，而只有共产主义才是工人阶级的运动，马克思恩格斯便只把自己所主张的理论和运动称为共产主义。正如恩格斯在《〈共产党宣言〉1888 年英文版序言》中所说："在 1847 年，社会主义是资产阶级的运动，而共产主义则是工人阶级的运动。"① 即使在涉及共产主义两个阶段的《哥达纲领批判》中，马克思虽然认为从资本主义到共产主义社会之间需要一个政治上的过渡时期，共产主义的建立需要一个较低的第一阶段，但也没有把这个过渡时期或第一阶段称为社会主义。这可能与他们当时预计无产阶级革命将首先在西欧、北美等比较发达的资本主义国家同时获得胜利有关。然而，到 20 世纪初，却是在经济、文化比较落后的某些国家中，无产阶级革命的条件更加成熟起来。在第一次世界大战期间，由于资本主义经济、政治发展不平衡的规律更加突出，无产阶级革命已不可能在各个比较发达的国家同时胜利，只可能在比较落后的国家首先胜利。这样，由资本主义到共产主义之间的过渡时期和共产主义的第一阶段，就需要相当长的时间。因此，卢森堡，特别是列宁，发挥了马克思主义创始人的思想，明确地把第一阶段单独称为社会主义，以区别于更高阶段的共产主义。对此，列宁在《国家与革命》一书中作了较为详尽的论述。

依据唯物史观，按照社会历史发展的程序，社会主义应当是比资本主义更高的社会历史形态，它应当比资本主义提供更高的劳动生产率，也只有这样，才能为发展到共产主义的更高阶段创造条件。

列宁对俄国社会主义道路的探索，经历过艰难曲折的路程。他曾指出，社会主义就是比资本主义更高得多的劳动生产率，而且起初他曾设想

---

① 《马克思恩格斯选集》第 1 卷，人民出版社 2012 年版，第 385 页。

俄国革命胜利后，不能立即实行社会主义，必须采取某些特殊的过渡措施，通过某些中间环节。但是，十月革命胜利之初的苏维埃俄国，由于资本主义国家的武装干涉和国内反革命势力的叛乱，被迫进入了一个"战时共产主义"时期（大致是 1918 年秋至 1921 年春）。为了保卫战争的胜利成果和巩固苏维埃政权，列宁实行余粮征集制和基本消费品的定量分配，并试图实行产品经济。同时，他在政治、经济生活中都强调了高度的集中和纪律。列宁在这个时期的文章、演说中也特别强调了过渡时期的阶级斗争和无产阶级专政，并且说社会主义就是消灭阶级。这是由于当时特殊的历史环境造成的。到 1921 年春，战争基本结束，苏维埃俄国开始实行新经济政策。在《论粮食税》等著作中，列宁要求采取中间环节，回到迂回前进的道路上。他明确指出："应当把商品交换提到首要地位，把它作为新经济政策的主要杠杆。"[1] 他认为商业正是党和国家"必须全力抓住的环节"[2]。从此列宁和布尔什维克党就把工作重心坚决地转向以市场、商业为基础的经济建设。同时，在政治建设方面，列宁十分关注国家机关和党的领导制度的改革问题，致力于反对官僚主义，发扬社会主义的新型民主，发动人民群众参与监督和管理国家事务。可见，列宁的社会主义观念，从战时共产主义到新经济政策，也经历了重大的转变。列宁在十月革命后经历的俄国走向社会主义道路的实践是十分短促的，总共不到 7年的时间。列宁不曾给社会主义下过一个确定的定义，在他看来，社会主义正在实践中，一切需要经受实践的考验。他在不同的条件与场合下，对社会主义有过各种不同侧重方面的论述。但即使在实行战时共产主义的时期，他也仍然清醒地认识到，要完成社会主义的事业，就必须大力发展生产力。他甚至还指出："劳动生产率，归根到底是使新社会制度胜利的最重要最主要的东西。"[3] 在实行新经济政策之后，他立即要求把社会主义建设的重心转向发展生产力，阐明了奠定物质技术基础对于经济落后的苏维埃俄国具有生命攸关的重大意义。为了适应发展生产力这一根本任务的需要，他主张采取以社会主义经济成分为主体的多层次的经济结构，并且特别提出利用商品货币关系来发展商品经济建设社会主义。列宁十分明确

---

① 《列宁全集》第 41 卷，人民出版社 1986 年版，第 327 页。

② 《列宁全集》第 42 卷，人民出版社 1987 年版，第 248 页。

③ 《列宁全集》第 37 卷，人民出版社 1986 年版，第 18 页。

地指出："大机器工业是社会主义唯一可能的经济基础，谁忘记了这一点，谁就不是共产主义者。"① 然而，在列宁逝世之后的一段历史时期内，他所开始实行的新经济政策，他对落后国家建设社会主义道路的新的探索和构想，实际上被中断了，而逐渐形成了一种流行的社会主义观念。这种流行的观念的基本特征是：在经济方面强调生产资料公有制、按劳分配原则和计划经济体制，在政治方面强调阶级斗争和无产阶级专政。简要地说，可以用一个公式来表达：社会主义＝公有制计划经济和按劳分配＋阶级斗争和无产阶级专政。这种观念的主要缺陷，在于忽视生产力的决定性作用，脱离生产力的发展而片面强调生产关系、上层建筑领域的变革，过分强调集中的计划体制，夸大阶级斗争而忽视人的个性和社会主义民主。其结果就是不顾生产力水平和物质基础，过早过急地扩大公有制，鼓励"一大二公"，甚至强制性地实行农业集体化，这不但没有调动反而损害了广大人民群众的生产积极性，使国民经济长期停滞和衰退，使人民的生活长期处在较低的水平上。至于高度集中的计划经济体制，特别是"以阶级斗争为纲"的"左"的政治路线，更是严重压抑了人民群众的主动性和创造性，损害了知识分子的自尊心，严重阻碍了创造性人才的培养和出现。这在几十年的国际国内社会主义实践中有着极为严峻而深刻的经验教训。

显然，这种长期流行的社会主义观念，与马克思主义的基本传统，与《宣言》的基本思想是不相一致的。从马克思恩格斯到列宁，都没有经历或者只是经历很短时期的社会主义实践，都没有写过有关社会主义的教科书，因而都没有试图给社会主义作出确定的定义。但他们都以唯物史观为指导，把生产力的高度发展看做共产主义或社会主义唯一的物质基础，看做社会主义制度获得巩固并向高级阶段发展的基本保证。在他们看来，不论是公有制、按劳分配原则，还是无产阶级专政，都必须以生产力的一定发展为前提，并且又都是为了促进生产力的高度发展，以便为过渡到共产主义的高级阶段，为人的自由而全面的发展逐步地创造条件。

因此，过去长期流行的社会主义观念并不是来自马克思主义的基本传统，而可能来源于苏联论述"科学社会主义"或政治经济学的某些教科书，实际上是来源于斯大林的思想。斯大林对待列宁主义的态度，不是向

① 《列宁全集》第42卷，人民出版社1987年版，第52页。

前看而是向后看的。他在《列宁主义基础》一文中，把列宁主义定义为关于无产阶级革命和无产阶级专政的理论和策略。这个定义曾经长时期地支配着国际共产主义运动内部的认识，它固然反映了帝国主义和无产阶级革命时代的列宁主义的主要内容，但却忽视了列宁主义的民族特色，忽视了列宁主义的向前发展和列宁主义关于社会主义建设方面的重要思想。斯大林在哲学思想上拘泥于列宁的《唯物主义和经验批判主义》，而忽视列宁的《哲学笔记》；在社会主义的道路、方法上拘泥于列宁在战时共产主义时期的认识，而忽视列宁在实行新经济政策以后的思想。同时，他过分夸大向社会主义发展时期的阶级斗争，比如他说："我们的进展愈大，胜利愈多，被击溃了的剥削阶级残余也会愈加凶恶，他们愈要采用更尖锐的斗争形式，他们愈要危害苏维埃国家，他们愈要抓紧最绝望的斗争手段来作最后的挣扎。"[①]于是他得出了社会主义社会阶级斗争日益尖锐化的结论，在国内乃至党内搞阶级斗争扩大化和肃反扩大化。应该承认，当社会主义国家还是资本主义包围中的一个孤岛时，斯大林的错误也有难以避免的客观原因；在斯大林领导时期，苏联的生产力水平和科学技术仍然取得了一定的成就，因此才能成功地粉碎法西斯的侵略，但是长期的阶级斗争扩大化的影响和计划经济体制的束缚却使社会主义的优越性受到极大的限制，在与资本主义发达国家的竞争中处于不利的地位。这种模式给国际共产主义运动带来的消极后果是非常严重的。

毛泽东在建设社会主义的问题上开始是强调学习苏联的。后来他反对照搬苏联模式，以极大的努力独立地探索适合中国国情的建设社会主义的新模式。但是，他的悲剧在于他并没有找到正确的模式。他在阶级斗争扩大化和坚持计划经济这两点上仍然没有摆脱斯大林的影响，在前一点上甚至有过之而无不及。他晚年脱离了生产力发展的水平，把"一大二公"看成社会主义的标志，并且认为通过阶级斗争（实际上是扩大化了的阶级斗争）就可以实现建设社会主义的目的。这种错误导致了"文化大革命"的灾难，使国民经济走到了崩溃的边缘。

邓小平在1980年指出："社会主义是一个很好的名词，但是如果搞不好，不能正确理解，不能采取正确的政策，那就体现不出社会主义的本

---

① 《斯大林文选》上卷，人民出版社1962年版，第129页。

质。"① 他提出的建设有中国特色的社会主义理论，在许多方面包含着对社会主义的重新认识问题。依据马克思主义的文本，总结国际国内社会主义实践的经验教训，邓小平提出了令人耳目一新的社会主义观念，这比较集中地反映在他的 1992 年南方谈话关于社会主义本质的一段论述中。他说："社会主义的本质，是解放生产力，发展生产力，消灭剥削，消除两极分化，最终达到共同富裕。"② 这个概括针对长期流行的观念，首先突出了生产力这个中心，把"解放生产力，发展生产力"提到首位，因为马克思主义的基本原则就是要发展生产力，而以往社会主义实践和毛泽东晚年思想的一个重大缺陷，正是忽视发展社会生产力，或者发展的方法不对。鉴于以往的经验教训，邓小平认为，社会主义的任务很多，但最根本的任务，是发展生产力。而且我们之所以应当特别强调发展生产力，还由中国的特殊国情是"一大二落后"，迫切要求从根本上改变面貌，逐步赶上发达国家的水平。只有社会生产力的尽快发展，才有建设社会主义大厦的物质基础。如果不发展生产力或发展太慢，那么社会主义大厦只会建立在沙滩上。总之，邓小平把发展生产力提到首位的观点，是在深刻把握了《宣言》的思想，运用了马克思主义的唯物史观，同时又结合了中国的特殊国情的基础上提出的。

　　邓小平关于社会主义本质的概括，也体现了社会主义的物质基础与价值目标的统一。在突出发展生产力的基础上，还融合了社会主义的价值目标："消灭剥削，消除两极分化，最终达到共同富裕。"马克思的共产主义学说中本来就包含着一个富于巨大魅力的价值目标，即人的自由而全面的发展，或者，用《宣言》中的一句话说："每个人的自由发展是一切人的自由发展的条件。"③ 这看来还是一个远大的理想目标，要达到这个目标，还需要经历一系列阶段。就我国当前的社会主义初级阶段来说，共同富裕是比较现实的重要目标之一。达到共同富裕与人的自由而全面发展的价值目标并不是对立或隔离的，前一目标正是为实现后一目标逐步地创造条件的。共同富裕首先是一个经济的概念、物质文明的概念，它包含社会经济的发展和社会成员物质生活水平的提高；但这一概念实际上又是物质

---

　　① 《邓小平文选》第 2 卷，人民出版社 1994 年版，第 313 页。
　　② 《邓小平文选》第 3 卷，人民出版社 1993 年版，第 373 页。
　　③ 《马克思恩格斯选集》第 1 卷，人民出版社 1995 年版，第 294 页。

文明与精神文明协调发展的结果，包含着价值观和道德观的丰富内涵。这样，把客观的物质基础与人的价值取向统一起来，既体现了唯物史观，也表现了当代中国建设社会主义的某种特色。我们应当把实现共同富裕的价值目标与《宣言》中关于人的全面而自由的发展和人的个性的充分发展的价值目标联系起来，而绝不能割裂开来。只有这样，我们的社会主义实践才具有远大理想和动力。

（三）怎样看待生产力的发展与阶级斗争

究竟什么是社会历史发展的基本动力？怎样看待社会主义社会的发展动力？怎样看待阶级斗争的历史作用？这些都是长期没有真正弄清的问题。在过去"左"的思想和路线支配下，人们往往以为只有阶级斗争才能推动社会历史前进，所谓"以阶级斗争为纲"、"阶级斗争一抓就灵"，奉行"斗争哲学"，因而把阶级斗争的弦绷得紧紧的，并且人为地制造许多阶级斗争，愈演愈烈，直至十年动乱的发生。这样斗来斗去，斗得生产停滞、经济萧条、文化衰退，也斗得人性乖戾、人情冷漠。

其实在《宣言》中，马克思恩格斯只是肯定自有文字以来的历史是阶级斗争的历史，在资本主义制度下，无产阶级处于被剥削被压迫的地位，必须与资产阶级展开尖锐的斗争，直到取得统治地位。同时，《宣言》也明确指出，阶级斗争只与生产发展的一定阶段相联系，因为阶级斗争总是受社会经济状况，生产力的性质、水平和方式所制约的。当马克思恩格斯在他们的著作中说到阶级斗争是历史发展的"直接动力"或"伟大动力"时，一般都是就阶级社会的一定时期的"社会革命"而言，而且主要是指上层建筑方面的变革。在他们看来，已经建立公有制的社会主义和共产主义社会是不在此列的。

应当看到，社会生产力的发展、生产力与生产关系之间的矛盾，是阶级矛盾和阶级斗争的基础，是人类历史发展的最终动因。至于历史上的各种阶级斗争，能否成为历史发展的动力，也应当以历史唯物主义的观点去观察，看它是否促进了社会生产力的发展和旧生产关系或上层建筑的变革。绝不能离开这个准则，而一味用斗争的观点去颂扬阶级斗争，否则就会夸大或人为地制造阶级斗争，给人民群众造成灾难和损失。至于历史上的某些农民战争，是否都推动了社会历史的发展，也值得研究。农民，作为一个被压迫的阶级，一般属于小资产阶级，它本身并不代表先进的生产力。在欧洲的封建主义社会里，是在资产阶级的领导下农民的斗争才起到了它应有的历史作用。在中国的极权主义社会里，农民的斗争由于缺乏先进阶级的领导，最后往往只能成为统治阶级改朝换代的工具。在中国的半殖民地社会里，由于资产阶级的软弱性，农民只有在工人阶级及其政党的领导下，才能真正发挥它的历史进步作用。

历史上任何起积极领导作用的先进阶级及其代表人物，他们的作用和价值，以及他们是否能取得持久的胜利，都要看他们是否始终代表新的生产力，是否能够发挥促进生产力发展的自觉性。他们在取得统治地位之后，能否真正站住脚跟、巩固政权，也取决于能否继续代表并创造新的生产力，能否创造出新的更具活力的生产方式，从而真正胜过旧的阶级和社会，否则就可能遭受失败。这已是许多历史事实所证明了的。列宁在十月革命后也曾经指出："无产阶级专政不只是对剥削者使用的暴力，甚至主要的不是暴力。这种革命暴力的经济基础，它的生命力和成功的保证，就在于无产阶级代表着并实现着比资本主义更高类型的社会劳动组织。实质就在这里。共产主义源泉的力量和必获全胜的保证就在这里。"[1] 在列宁看来，这种劳动组织就是要提高劳动生产率，创造出比资本主义高得多的劳动生产率。所以，当国内战争基本结束时，列宁就提出新经济政策，把经济建设提到首位。在 1921 年庆祝十月革命 4 周年时，列宁指出：我们最后的一项事业，也是最重要、最困难而又远远没有完成的事业，就是经济建设，就是在破坏了的封建基地和半破坏的资本主义基地上为新的社会主义大厦奠定经济基础。在这一最重要、最困难的事业中，我们遭受的失败最多，犯的错误也最多。"[2] 列宁还曾把全国实现电气化的计划看做"第二个党纲"，并且把它与长远的共产主义目标联系起来。应当看到，对于《宣言》和列宁的这方面的思想，我们在解放前后的一段时间内是有所认识的。比如，1949 年党的七届二中全会关于革命胜利后工作重心向经济建设转移的论述，以及 1956 年党的十八大提出国内主要矛盾是人民群众日益增长的物质文化生活需求与落后的社会生产之间的矛盾，今后的主要任务是发展生产力。然而，在 1956 年之后，受国际国内某些政治风波的影响，国际上对斯大林错误的批判反而激发了国内领导者对斯大林

---

① 《列宁选集》第 4 卷，人民出版社 1995 年版，第 9、10 页。

② 同上书，第 569 页。

模式的坚持，原有的正确认识发生急剧的动摇和变化，生产力与阶级斗争的关系发生倒置。在生产资料的社会主义改造基本完成后，我们仍然大搞阶级斗争。生产力的发展受到漠视，阶级斗争被极度夸大，意识形态领域的大批判和政治领域的对敌斗争日益激烈，最终酿成一场10年之久的民族大灾祸。痛定思痛，反思以往的经验教训，应当牢牢掌握马克思主义的唯物史观，并且深入理解《宣言》中的世界历史的观念和人的自由而全面发展的价值目标，切实发扬社会主义的民主，尊重和发展人的个性，更好地推进建设有中国特色的社会主义事业向前发展。

应当提醒的是，我们也绝不能从一个极端走到另一个极端。在集中力量发展生产力时，也不能完全忘记阶级斗争，否则，就不是一个真正的马克思主义者。既然我们当前所处的社会主义初级阶段还会长期存在着私有制和多种经济成分，更何况资本主义的包围和渗透还会长期存在，那么一定范围和程度的阶级斗争就是难以避免的。生产力的发展是起决定作用的，它始终是掌握领导权的先进阶级、政党和广大人民群众的中心任务。但生产力的发展，离不开人的因素，离不开生产关系、上层建筑领域的变革，离不开人的自觉改造。规划、领导生产力发展的力量，应当是一种富于生机的先进而强健的力量。主要危险正是在执政党和领导阶层自身的官僚腐败上。50年前的中共七届二中全会就曾向全体党员，特别是党的领导层发出过警告，"资产阶级的捧场则可能征服我们队伍中的意志薄弱者"，他们"经不起人们用糖衣裹着的炮弹的攻击，他们在糖弹面前要打败仗"[1]。这种在执政和领导者中逐渐形成并蔓延的腐败力量，如不坚决遏止，并从根本制度上加以防范，就不但会严重阻碍生产力的发展，而且可能造成社会动乱，造成严重破坏生产力的后果，这是我们绝对不能不加以警惕的，关键在于执政党能否始终坚持如《宣言》所说，没有任何同整个无产阶级的利益不同的利益，在当前的运动中代表运动的未来。这就要求执政党必须不断地自我批评、自我更新，切实地把自身置于广大人民群众的监督之下，使人民群众真正成为社会历史的主人。

（写于2001年）

---

[1] 《毛泽东选集》第4卷，人民出版社1991年版，第1438页。

二　邓小平关于社会主义
本质论述的理论意义

马克思主义创始人建立科学社会主义的理论，已经有一个半世纪的历史了。新中国成立后我们又经历了半个多世纪的社会主义的实践。不论是口头表述，还是见诸文字，"社会主义"，可说是我们使用得最为普遍的术语了。什么是社会主义？这似乎属于马克思主义的 ABC，应该是如数家珍，十分熟悉的了。然而，正如黑格尔的那句名言所说："熟知并非真知。"实际上在长时期内，对于社会主义的内涵与本质，我们是又清楚又不清楚，在认识上不很清醒。

邓小平关于建设有中国特色社会主义的主张，在许多方面包含着对社会主义的重新认识。依据马克思主义的基本观点，总结国内外社会主义实践的经验教训，邓小平提出了一种耳目一新的社会主义观念。这比较集中地反映在他的 1992 年南方谈话关于社会主义本质的一段论述中。他说："社会主义的本质，是解放生产力，发展生产力，消灭剥削，消除两极分化，最终达到共同富裕。"① 由于这个论断与国际国内长期流行的社会主义观念有很大的差别，因而起初使人们感到惊奇，继而引起人们的反思，发生不同的理解和讨论。这里谈谈几个人的一些认识。

（一）马克思主义的基本传统与流行观念的区别

有人认为，建设有中国特色的社会主义理论，特别是其中的"社会主义本质论"，最突出的方面，就在于"它提出了一种同传统马克思主义不同的新的社会主义观"，或者说，邓小平的社会主义本质论是对马克思主义传统观点的"突破"或"匡正"。

我认为，在这类问题上，长期流行的观念与马克思主义基本传统并不一致。什么是社会主义？流行的观念是：经济方面的生产资料公有制、按劳分配原则和计划经济体制；政治方面的阶级斗争和无产阶级专政。或者用一个公式来表达：社会主义＝公有制＋按劳分配＋无产阶级专政。这些特征往往是在离开生产力的前提下，孤立、片面地加以强调的。这种观念

① 《邓小平文选》第 3 卷，人民出版社 1993 年版，第 373 页。

可能首先来源于苏联的论述科学社会主义或政治经济学的某些教科书。至于把列宁主义定义为关于无产阶级革命，特别是关于无产阶级专政的理论和策略，则是斯大林在《论列宁主义基础》一文中作出的。这个定义固然反映了帝国主义和无产阶级革命时代列宁主义的主要内容，但却忽视了列宁主义的民族特点，忽视了列宁主义的向前发展和列宁主义关于社会主义建设方面的思想。

邓小平在1980年指出："社会主义是一个很好的名词，但是如果搞不好，不能正确理解，不能采取正确的政策，那就体现不出社会主义的本质。"① 过去长期流行的社会主义观念的主要缺陷在于忽视生产力，脱离生产力的发展而片面强调生产资料的公有制和按劳分配的原则，强调高度集中的计划经济体制；并且在过分夸大社会主义社会阶级斗争的基础上特别强调无产阶级专政的必要性。这种观念的弊端与后果是：不顾生产力水平和物质基础，过早过急地扩大公有制，提倡"一大二公"，甚至强制性地实行农业集体化，不但没有调动反而严重损害了人民群众的生产积极性，使人民的生活长期停滞在很低的水平上。离开生产力的发展，在"一大二公"条件下所实行的"按劳分配"原则，实际上只会造成平均主义的倾向。至于高度集中的计划经济体制和"以阶级斗争为纲"的极"左"政治路线，则显然极大地压抑了知识分子与人民群众的主动性与创造性。阻碍了商品经济和社会主义建设事业的发展。总之，长期忽视发展生产力，片面地开展生产关系和上层建筑领域的革命，曾经造成了严重的损失与后果，付出了难以挽回的代价。这些方面，在20世纪的国际国内社会主义实践中，是有丰富而深刻的经验教训的。

但是，应当澄清的是，过去长期流行的关于社会主义的观念，并不属于马克思主义的基本传统，而且恰恰是与马克思主义的基本传统相违背的，只是由于许多人受教条主义的束缚，未能自觉认识到。马克思、恩格斯在创立科学社会主义理论的过程中，由于尚未经历社会主义的具体实践，主要是在批判、揭露资本主义社会本质的基础上，与空想社会主义相对立，揭示了资本主义的社会主义发展的一般规律，提出了"关于无产阶级解放条件的学说"。对于未来的理想的共产主义社会，他们还只是作了一般特征的大致描述。他们初步划分了共产主义社会的低级和高级，即

---

① 《邓小平文选》第2卷，人民出版社1994年版，第313页。

社会主义和共产主义两个大的阶段。应当看到，他们当时的这种描述和划分基本上是以西欧发达国家的情况为依据的。他们把社会主义看作在资本主义和共产主义之间的一种过渡性的社会，是刚刚由资本主义脱胎而来，不能不带有旧社会种种痕迹的社会。在他们看来，由于生产力水平和消费品丰裕程度的限制，在社会主义社会，还只能实行保留事实上不平等，实质上仍然容许资产阶级权利的按劳分配的原则。社会主义社会无疑必须首先建立生产资料的公有制，并且实行无产阶级专政。然而，不论是公有制、按劳分配原则，还是无产阶级专政，其目的都是为了发展社会生产力，以便为过渡到共产主义逐步地创造条件。

因此，正如列宁所说，马克思关于社会主义和共产主义的解释的伟大意义，"这里所根据的是，共产主义是从资本主义中产生出来的，它是历史地从资本主义中发展出来的，它是资本主义所产生的那种社会力量发生作用的结果。马克思丝毫不想制造乌托邦，不想凭空猜测无法知道的事情"①。

实际上，马克思关于共产主义高级阶段的概念有两个基本的特征，就是物质产品的极大丰富和人的自由而全面的发展。涉及客体和主体、客观世界和人这两个方面。显然，要达到这种长远的总体的目标，必须以生产力的高度发展为前提。在社会主义社会，如果不充分发展生产力，它本身就会失去物质基础，就更谈不上向共产主义社会过渡了。恩格斯也同样强调社会主义社会首先发展生产力的必要性，比如他指出："蒸汽机确实是所有那些以它为凭借的巨大生产力的代表，唯有借助于这些生产力，才有可能去实现这样一种社会制度。在这种制度下不再有任何阶级差别，不再有任何个人生活资料的忧虑，在这种制度下第一次能够谈到真正的人的自由，谈到那种同已被认识的自然规律相协调的生活。"

列宁在十月革命后所经历的社会主义实践也很短促，总共不到7年的时间，而且大都面临着国际国内复杂交错的战争环境。列宁也没有给社会主义下一个确定的定义。在列宁看来，社会主义是在实践中，一切需要经受实践的检验。他在不同的历史条件与场合下，对社会主义有侧重于不同方面的各种论述。在十月革命前夕所写的《国家与革命》中，列宁陈述和发挥了马克思关于共产主义社会两个阶段的基本观点。那个时期他还指

①　《列宁全集》第31卷，人民出版社1985年版，第81页。

出："人类从资本主义只能直接过渡到社会主义，即过渡到生产资料公有和按每个人的劳动量分配产品。"① 在十月革命后的"战时共产主义"时期，由于外有帝国主义国家的武装干涉，内有反革命势力的叛乱，列宁着重强调了社会主义社会的阶级斗争和无产阶级国家的专政职能。他提出"社会主义就是消灭阶级"的任务。但即使在这个时期，他也清醒地认识到，要完成社会主义的事业，就必须大力发展生产力。② 他甚至精辟地指出："劳动生产率，归根到底是使新社会制度胜利的最重要最主要的东西。"③ 到国内战争结束，开始实行新经济政策之后，列宁对落后俄国建设社会主义的道路有了新的探索，他对社会主义的认识也发生了重要的转变。他立即要求把社会主义建设的重心转向发展生产力，阐明了奠定物质技术基础对于经济落后的苏维埃俄国的重大意义。为了适应发展生产力这一根本任务的需要，他主张采取以社会主义经济成分为主体的多层次的经济结构，并且突出地提出利用商品货币关系，发展商品经济来建设社会主义。列宁十分明确地指出："开发资源，建立社会主义社会的真正的和唯一的基础只有一个，这就是大工业。"④ 并且说："大机器工业是社会主义唯一可能的经济基础，谁忘记了这一点，谁就不是共产主义者。"⑤ 更重要的是，从哲学和历史观的高度上说，列宁认为唯物史观的精义是在于，把一切社会关系归结于生产关系，并把生产关系归结于生产力。不论在哪个时期，他始终是把这种观点贯彻于社会主义社会的分析之中。

因此，从马克思主义的基本传统的线索上看，从马克思、恩格斯到列宁，都没有经历或者只是经历很短时期的社会主义实践，都没有写过有关社会主义的教科书，因而都没有试图给社会主义作出确定的定义。但是，他们从这个或那个角度对社会主义基本特征所作的表述，都是以唯物史观和辩证法为指导的，都把生产力的高度发展看作社会主义社会唯一的物质基础，看作社会主义制度获得巩固并向共产主义发展的基本保证。可是，在列宁逝世之后较长的一段历史时期内，列宁所实行的新经济政策，他对落后国家建设社会主义道路的新的探索和构想，并没有得到继续。而较长

①　《列宁全集》第29卷，人民出版社1985年版，第178页。
②　《列宁全集》第37卷，人民出版社1986年版，第13页。
③　同上书，第18页。
④　《列宁全集》第41卷，人民出版社1986年版，第301页。
⑤　《列宁全集》第42卷，人民出版社1987年版，第52页。

时期流行的社会主义观念的主要问题是：第一，忽视社会主义社会的物质基础，忽视生产力发展的首要地位，往往离开生产力的水平而孤立、片面地强调公有制、按劳分配、计划经济和无产阶级专政，这就导致社会主义经济的停滞、落后状态，使人民群众的生活难以改善，使社会主义制度失去生机与活力。第二，对社会主义缺乏动态的辩证的观点，往往把社会主义社会的某些特征凝固化，看不到社会主义向前发展的契机与前景。可见，这种长期流行的观念，虽然在论述社会主义的特征时，可以引经据典，但实质上与马克思主义的基本传统、基本方法是不相一致的。

邓小平的社会主义观，特别是他关于社会主义本质的论断，是依据马克思主义的理论和方法，总结中国国际国内社会主义实践的经验、教训，特别针对苏联社会主义模式存在的严重弊端，作出了新颖、独到的概括。这种概括，明确地把解放生产力和发展生产力列为本质要素的首位，从而彻底克服了唯心史观的误区，也澄清了长期以来人们仅仅从生产关系方面理解社会主义本质的流行观念，使社会主义的基本目标和任务有了实现的坚实基础和依托，使人们深化了对科学社会主义的认识。这是从生产力与生产关系的结合上全面揭示社会主义的本质。它不但不是与马克思主义的基本传统相对立，而且正是对马克思主义基本理论的继承与创新。

（二）邓小平关于社会主义本质的论断的重要特点

邓小平关于社会主义本质的概括，言简意赅，既有鲜明的针对性，又有丰富的思想内涵。总体来看，有三个显著的思想特点：

1. 是社会主义的物质基础和价值目标的统一。邓小平的社会主义概念，针对长期流行的观念，首先突出了生产力这个中心，把"解放生产力，发展生产力"提到首位，因为"马克思主义的基本原则就是要发展生产力"[①]，而以往社会主义实践和毛泽东晚年的一个重大失误，则是忽视发展社会生产力，或者发展的方法不对。总结以往的经验教训，邓小平认为，社会主义的任务很多，但最根本的任务是发展生产力。党的基本路线是：一个中心和两个基本点。改革开放是为解放和发展生产力扫清障碍。我们之所以特别强调发展生产力，还由于中国的特殊国情是一大二落后，迫切要求从根本上改变面貌，逐步赶上先进国家的水平。因此，在社

---

① 《邓小平文选》第3卷，人民出版社1993年版，第116页。

会主义社会，判断是非的标准，首先应当看是否有利于发展社会主义社会的生产力。邓小平说"发展才是硬道理"，这里所说的发展，主要指发展生产力。可以说，发展生产力就是发展这个硬道理中最硬的道理。因为只有社会生产力的尽快发展，才是建设社会主义大厦的物质基础。如果不发展生产力或发展太慢，那么社会主义大厦只会建立在沙滩上。总之，邓小平把发展生产力提到首位的观点，既运用了马克思主义的唯物史观，又结合了中国的特殊国情。

邓小平关于社会主义本质的概括，在突出发展生产力的基础上，还融合了社会主义的价值目标："消灭剥削，消除两极分化，最终达到共同富裕。"马克思的共产主义学说中本来就包含着一个富于巨大魅力的价值目标。要达到这个目标，还需要经历一系列阶段。就我国当前的社会主义初级阶段来说，共同富裕是比较现实的重要目标之一。达到共同富裕这一阶段价值与人的自由而全面发展的价值目标并不是对立或隔离的，而正是为实现后一目标创造条件。在社会主义的概念中，明确地纳入共同富裕这一价值目标，是把马克思的共产主义学说具体化。共同富裕首先是一个经济的概念、物质文明的概念，它包括社会经济的发展和社会成员物质生活水平的提高，但邓小平的社会主义共同富裕的概念又不仅仅是指物质文明的成果，它实际上是物质文明与精神文明协调发展的结果，包含着价值观和道德观的内涵。这样，把客观的物质基础与人的价值取向统一起来，也表现了当代中国建设社会主义的某种特色。

"社会主义本质论"，是有中国特色的社会主义理论体系的一个重要组成部分。

2. 是社会发展的效率原则与公平原则的统一。效率与公平的关系问题，是社会历史发展中的重大问题，也是困扰人类生活的一个基本问题。社会主义在代替资本主义时，也面临着如何处理效率与公平的关系问题。资本主义代替封建主义时，曾经在历史上造成了巨大的生产力，经历两次世界大战之后，资本主义也仍然保持着发展的某种活力和余地。资本主义社会无疑是一种讲效率的社会。但是，资本主义终究是人剥削人的社会制度，它以效率压抑了社会公平，两极分化不可避免，而且日趋严重，作为劳动者的各个阶层，不同程度地丧失了自己的社会地位，资产阶级思想家所标榜的政治民主和抽象的自由、平等观，并不能掩盖和消除资本主义社会中极不公平的事实。因此，历来的社会主义者，从空想社会主义到科学社会主义的代表人物，有一个共同的方面，就是都把消除人与人之间的剥削，建立一个没有剥削与压迫的公平社会，作为自己的理想目标。但是，对于如何建立这种理想社会，各个时期的社会主义者则又有不同的主张和看法。对于马克思主义理论，也形成了不同的理解。过去长期流行的社会主义观念，往往只顾公平，忽视效率。只讲变革生产关系，不注重提高劳动生产率，只讲按劳分配，却并不认真调动劳动者的生产积极性。这样做，要建立理想的公平社会，是很难实现的。

邓小平关于社会主义本质的论断，最基本的含义是发展生产力和达到共同富裕，或者说，就是突出效率，力求公平。二者相互促进，不可偏离。发展生产力，是建设社会主义大厦、达到共同富裕的物质基础和根本途径，而共同富裕又是建设社会主义、发展生产力的基本目标和活动归宿。二者也是前提与结果的关系，并且互为因果。共同富裕与过去的平均主义倾向截然不同，在一定历史时期内，富裕的先后次序，以至富裕的程度，是有差别的，应当允许一部分人、一部分地区先富起来，然后逐步带动和保证各个地区和各种人走向共同富裕的道路。总之，在社会主义的概念中，把社会发展的效率原则与公平原则有机地结合起来，确实体现了社会主义的本质特点。

3. 运用辩证法，从动态的角度表述社会主义社会的本质。按照马克思主义的观点，社会主义社会是一种过渡性质的社会，它既是从资本主义社会脱胎而来，又是向共产主义过渡的社会，它本身是一个很长的历史过程，并且包含着若干发展阶段。过去流行的社会主义观念，却把社会主义本质看作一些静态特征的总和，看不到社会主义的过渡性。

邓小平关于社会主义本质的概括，从动态的观点强调解放和发展生产力，依据我国的国情，提出社会主义历史阶段的价值目标。为了实现这种目标，他提出了发展我国经济，改变面貌，力争接近发达国家水平的分三步走的战略构想。这就不但揭示了社会主义社会是一个向前发展的历史过程，而且切实地展现了社会主义向共产主义发展的广阔前景。

总体来看，邓小平关于社会主义本质的概括的针对性是很强的。针对长期以来国际国内社会主义实践中的严重缺陷，针对过去脱离生产力而片面、孤立地强调生产关系的思想弊端，邓小平的论断首先强调生产力的解放和发展，同时又包含生产力与生产关系的两个层次，因而充分体现了建设社会主义物质基础与价值目标的统一。社会发展中效率原则与公平原则的统一，把社会主义置于人类历史向共产主义发展的过程之中，是唯物史观和辩证法的彻底贯彻，同时也反映了我国社会主义初级阶段的特点，是建设有中国特色社会主义理论的一个重要组成部分。

当然，应当看到，邓小平关于社会主义本质的明确概括，是在一次重要谈话中作出的，并不是系统地论述理论观点，也无意对社会主义或社会主义本质作完整的定义，它的内容本身，也是可以随着实践的推移而继续丰富和发展的。我们应当把他的这个概括与他关于社会主义的其他论述统一起来理解。由于他的概括具有鲜明的针对性和着重强调的角度，乍一看去，似乎与马克思主义的传统理论相左。比如，从字面上看，没有提及公有制和按劳分配。但是，从实质上看，却显然是包含这些方面的。在经济领域内，如果不以公有制为主体，不以按劳分配为主导的分配原则，便难以想象如何消灭剥削，消除两极分化。其实，邓小平在 1985 年就明确指出："在改革中，我们始终坚持两条根本原则：一是以社会主义公有制经济为主体，一是共同富裕。"① 又说："吸收外资也好，允许个体经济的存在和发展也好，归根到底，是要更有力地发展生产力，加强公有制经济。只要我国经济中公有制占主体地位，就可以避免两极分化。"②

所以，我们不能把邓小平关于社会主义本质的概括与马克思主义的基本传统对立起来，而应当看到这种概括正是结合当代中国的社会主义实践，对马克思主义的基本传统的重要继承与创新。为此，就应当把马克思主义的基本传统与过去长期流行的某种社会主义观念区别开来，并且把邓小平关于社会主义本质的概括与他的整个建设有中国特色的社会主义理论联系起来，特别是与国际国内社会主义实践的经验教训结合起来，才能对社会主义及其本质形成比较确切而完整的认识。

（写于 1998 年）

---

① 《邓小平文选》第 3 卷，人民出版社 1993 年版，第 142 页。
② 同上书，第 149 页。

三　市场经济大潮中的两个突出矛盾

当前我国正处于经济体制转轨、经济结构转型的深刻变化的历史时期，各种利益、矛盾互相交织，各种思潮、文化相互激荡，呈现出一种蓬勃发展而又错综复杂的局面。一方面，在中国特色社会主义理论的指导下，改革开放和市场经济的大潮，使中国现代化事业出现了经济起飞的空前有利的机遇；另一方面，在文化教育、政治体制、社会风气、干群关系等领域，又遇到了各种严重的问题，可以说进入了一种积重难返的困境。邓小平是当代中国的一位十分重要的历史人物，他是中国社会主义体制改革的开创者。他的伟大功绩就在于总结了历史的经验教训，开创了中国社会主义市场经济的新体制，为中国人民开创了一条逐步走向富强的道路。这种新体制的整体应是：以社会主义的新型市场经济为基点，逐步配套发展新型民主政治和新型精神文明的体制。但在他有生之年，这种体制并没有得到完整的推进，因而遗留下许多问题。我们必须继续解放思想，实事求是，不断进行创造性的探索和实践，达到振兴中华，建设一个真正繁荣、民主、富强的中国的目的。

几十年来的社会主义实践说明，只有以经济建设为中心，发展市场经济，坚持改革开放，全面建设有中国特色的社会主义，才是我国人民走向富强的康庄大道。但是，目前体制改革并没有配套发展，而市场经济犹如一把双刃剑，它一方面解放生产力，为社会主义的精神文明建设提供物质前提，促进人们思想观念的变革，有利于文化理论思维的创新；全面开放和竞争的市场，也为文化的繁荣和文化多元的格局以及人才的锻炼与选拔开创了有利的形势。近些年来，传统文化与现代文化的交接与渗透，中国文化与西方文化的对话与融合，严肃文化与通俗文化的并行与互补，都是在改革开放与市场经济大潮中酝酿发生的。另一方面，市场经济的发展和价值规律的作用，人们对物质利益的追逐，又猛烈地冲击着社会主义精神文明的建设，冲击着优良的历史传统和文化教育事业，人们思想深处的各种自私、庸俗、卑劣的欲望都可能被调集到商品买卖和市场竞争中来，败坏民族精神和社会风尚。在我国历史上，本来就有官商结合、垄断经营、滥用权力、营私舞弊的传统，加上当前体制转轨时期制度不健全的许多漏洞，这也就形成了官场、市场上的种种腐败、欺诈现象。

因此，我们应当看到我国现代化建设蓬勃发展的大好势头，抓住新世纪来临的重大机遇，毫不迟疑地实现经济起飞，为振兴中华、造福子孙后代而贡献我们个人的力量。改革开放以来，中国国民经济指标以每年9%左右的速度，持续地发展了近20年，如果路线、政策、方略得当，全国各族人民团结一致，这种发展势头可望再持续10年左右，我们祖国的富强、民族的兴旺，是充满希望、大有可为的。从总的历史发展方向、道路上看，本质上应持一种乐观主义的积极态度。但是，对于改革开放、市场经济发展过程中的某些严重弊端和潜在危险，又必须保持清醒的头脑，怀有责任在身的忧患意识，绝不能盲目乐观、掉以轻心，也不能以"无能为力"作理由，对祖国、民族的命运漠不关心。面对社会现实，常常使我们感到困惑难解的，有两个重大而突出的矛盾。第一是社会稳定与官僚腐败的矛盾；第二是现代化建设的要求与相对落后的民族道德水平、文化素质的矛盾。这两个矛盾之间也是相互联系的。

首先是稳定与腐败的矛盾。我们多次讨论改革、发展与稳定的关系。应当说，改革是动力，发展是前提，稳定是保证。最突出的矛盾，还是官僚腐败与社会稳定的矛盾，这是阻碍发展、毁坏改革的致命伤。历史上出现过多次发展的机遇，由于内部或外部的种种原因，都失之交臂，使我们在经济上大大落后了。对于我们这个灾难深重、曲折多难的民族来说，当前获得的加速和平建设、实现经济腾飞的重大机遇，确实不容易，必须牢牢抓住，全力以赴。但这里的基本条件仍然是稳定的政治局势和社会环境。所以，尽可能地保持稳定，是头等大事，是压倒一切的。我们这个人口众多、幅员辽阔、底子薄、区域差别大的国家，确实不能再发生大的社会动乱了，否则，不但多年苦心经营的建设成就会功亏一篑，现代化建设的目标和中华腾飞梦想的实现又不知要推迟多少年，而且到头来遭受苦难的还是普通老百姓和一般知识分子。但是，社会生活中普遍存在的贪污腐败、以权谋私、分配不公、治安紊乱的状况，又不能不令人愤懑和担忧。对此，百姓私下的怨言，街头巷尾的非议，比比皆是。这就积累或潜伏了各种不安定的因素。这种状况如果长此以往，不加根治，没有一个根本性的转变，使问题日积月累，便可能愈演愈烈，最后导致社会的大动荡。其实，邓小平同志早就告诫过全党："风气如果坏下去，经济搞成功又有什么意义？会在另一方面变质，反过来影响整个经济变质，发展下去会形成贪污、盗窃、贿赂横行的世界。"① 在这种社会环境下，即使经济有所发展，国力有所增强，而已经败坏的风气无法扭转，许多干部被腐蚀，则整个党和国家就会发生改变性质和面貌的问题。这绝不是危言耸听，而且目前已经到了比较危险的境地。我个人认为解决这个问题，只有从上到下采取坚决、严厉、果断的措施：首先是，健全法制，建立和完善社会主义制度下的民主监督制度，使任何级别、任何层次的干部都受到人民群众的监督。共产党的领导和社会主义制度下的干部，应当切实按照马克思的巴黎公社工作人员的原则，成为人民的公仆，确实做到为人民服务，而不是混同于旧社会的官吏，只是要求"为官清廉"；假如以权谋私、贪污渎职，应当随时受到撤职和处分。同时，必须使人民群众真正当家做主，使他们敢于发表意见，敢于执行自己的权力，并且积极参与所在的企业、机关、学校以至整个国家的管理。只有在这种制度和氛围下，才能根本转变官僚腐败的风气，使全国上下同心协力地推进现代化，实现中华腾飞的千年梦想。其次，就是要防微杜渐，加强精神文明建设，在日常的生活、工作中教育干部树立理想，遵守纪律，联系群众，定期召开民主会议，上下沟通，增强透明度。"流水不腐，户枢不蠹"，正是这个道理。在反腐败的斗争中强调抓大案、要案，当然是对的，但任何大案、要案都有一个从小到大、从量变到质变的过程。不能孤立地解决大案、要案的问题，而要在抓大案、要案的同时，顺势注意和解决小案、次案的问题，不能使小案、次案的作案者感到"安然无恙"。应当通过大案、要案的清查、解决，切实地总结经验教训，建立、健全法制，堵塞各种漏洞，加强民主监督，树立干部新风，把问题解决在萌芽阶段，尽量防止或减少大案、要案的再次发生。否则，就容易处于抓不胜抓的被动地位，一批大案、要案解决了，还会出现更多的大案、要案。

总之，只有从根本上切实解决了官僚腐败的问题，切实转变了党风和社会风气，才能持久地形成稳定有利的社会环境，我们的改革、发展和现代化建设才有可靠的保证。

第二个突出的矛盾，是现代化建设与民族文化素质的矛盾。就是说，我国社会主义现代化的宏伟目标与人的道德文化素质的普遍低水准之间存在着尖锐的矛盾。在跨向 21 世纪之际，这是中国经济起飞的一个很大的

---

① 《邓小平文选》第三卷，人民出版社 1993 年版，第 154 页。

难题。

"中国的现代化"是多方面、多层次的现代化，它不仅要求在物质技术层面上实现现代化，而且要求在民族精神、文化建设层面上推进现代化。

"精神文明建设"，绝不仅仅是一般的改变一下作风，多办几所学校的问题，而是包含与物质文明建设相对应的极为丰富的层面。我认为，其中最基本的内涵至少包含两个方面的任务：一是培养和振兴一种自强不息的民族精神，塑造一种既弘扬民族文化传统又适应现代要求，既体现时代本质又具有民族气派和特色的民族魂；二是切实提高整个民族的文化素质和文化水平。

我们的基本路线的"一个中心"，就是要牢牢抓住经济建设，这是确定无疑的。因为经济是基础，经济搞不上去，一切其他方面，包括文化建设在内，都会成为空谈。但是，民族精神、文化建设又是经济建设的精神动力、精神支柱。现代化的经济建设需要大批现代化的人去开创、去支持。这种人，特别是其中的骨干力量，应当具备这样的条件：高度的民族自尊心和自强不息的精神；较高的人文素养；各种专门的现代科学知识和技术。

中国社会要实现现代化，从最深层、最本质的方面看，也就是实现中国人的现代化。这是一个复杂的辩证过程，社会的现代化与人的现代化是相互促进、相辅相成的过程。从哲学的角度看，有中国特色的社会主义市场经济的深层基础，是富于民族精神的新型主体性的人。

然而，与现代化建设的要求相对照，当前我国的民族文化素质相差甚远，与经济发展的速度相比较，民族文化素质从总体上来看更有下降的趋势。我们不论从哪个层面去考察，比如，从学科水平的层面、从管理工作的层面、从教育质量的层面，或者从社会风气的层面，都可以看到一个总的趋势：人们的文化素养不是在提高，而是在下降。

在市场经济大潮中，人文学科受到冲击，遭受冷遇，是一种明显的倾向。所谓人文学科，包括哲学、历史学、考古学、语言学、文学艺术、文化学、宗教学等学科。其中的基础学科，人们通常称之为文、史、哲。社会上重理轻文、轻视人文学科的风气，日趋严重。一些人急功近利地主张文科无用论，批评人文学科"脱离经济建设主战场"。多年以来，以第一志愿报考哲学系的学生少而又少，一些学校的哲学系便改名为行政管理系。许多高等学校的人文学科面临着经费短缺、生源不足、师资队伍不稳、教学质量下降等问题。某些具有悠久历史和传统优势的重点大学，真正融会中西、博古通今的学者也在日益减少。然而，人文学科直接关系到一个民族或社会的价值导向和文化素养，关系到一个民族的民族精神的塑造。一所大学，不是靠楼房、人数，而是靠学术、大师来支撑的。一个人文科学水平很低、文化素养很差的民族，是不可能真正富强起来的。目前社会上出现的一系列问题，如官僚腐败、道德沦丧、拜金主义、享乐主义、缺乏民主意识、经营管理水平低下，等等，都与整个民族的文化水平、文化素养的状况密切相关。

当今世界一些国家、民族的现代化，都有一定的民族精神和人文科学的水平作为动力和支柱。18、19 世纪西方国家的经济起飞，多以新教伦理作为一种重要的精神支柱。20 世纪东方几个国家的现代化，儒家的人伦文化和整体观成了重要的精神支柱之一。德国成为强大的现代化国家，有其民族引以为豪的三大精神支柱，这就是：从康德到黑格尔的古典哲学，以歌德为代表的古典文学，以莫扎特、贝多芬为代表的古典音乐。日本的现代化建设发展很快，它一方面充分吸收了西方文化的成果，同时也保持了自己的传统文化特色。中国要实现现代化和经济起飞，中华民族要屹立于世界先进民族之林，同样必须形成一种使新的时代本质与民族优秀文化传统相结合的民族精神，以作为 10 多亿人口的内在凝聚力量和奋发有为的精神支柱。这是精神文明建设最重要也最艰巨的任务。这也是当代中国哲学和整个人文科学所肩负的历史使命。

应当看到，当前整个民族的精神水平和文化素质的下降，是潜伏着深刻危机的。俗话说：十年树木，百年树人。经济建设的某些成就可以在较短时间内见效，而一代人的精神品质、人文素质的提高，却需要长期的艰苦培育。一座城市的房屋在地震中被摧毁，可以在 8 年、10 年内重新建起，一代人的精神品质如果陷于崩溃，一个民族的文化素质如果急剧下降，则绝不是短期内可以弥补和挽回的。就一个大学来说，盖几座高楼，并不是很难的事，而要培养一批学贯中西、博古通今的学者、大师，却是相当难的。但标志一个大学的学术水平，支持一个大学的教学和人才培养的，并不是几栋高楼，而是一大批富于真才实学的学者。所以，与某些经济方面的问题相比较，文化方面的问题和危机，可能是更深层次的危机。

红学家周汝昌先生曾于 1989 年在《群言》杂志上发表过一篇重要文

章:《谁管中华民族文化的基本建设？》。他指出："目前国民素质与社会文化的低落，使许多人都有危机感。""我们对文化建设的轻视和忽视，已经造成了严重后果。不能也不容继续这样的局面了，否则中华民族将沦于极为危险的境地，民将不民，国将不国。""这样的一个大问题，从国家政府机构来说，由谁来关怀？谁来筹策？谁来贯彻实施？谁来审查监督？用什么方式来计核实际成就与过失，并通报显示国内外？"由此他建议："最高层领导要聘请第一流的学术文化人士，联合组织设立一个比教育部、文化部都高得多的统筹和率领中华民族文化建设大计的委员会（或其他类似的名目）。"周先生提出这种十分恳切而中肯的呼吁和建议，已经 8 年了，看来并没有引起领导方面应有的重视和回应。

我完全支持周汝昌先生的意见和呼吁：应当考虑成立一个全国性的文化建设委员会（或类似名称的机构），统一规划和指导文化建设事业的发展。这个委员会的主要成员，不应当是行政官员，而确实是人文学科方面第一流的专家、学者，并且是高度重视文化建设事业的人士。同时我还想提出以下补充意见：

（1）希望最高领导层和各级领导干部，都充分认识到加强文化建设、提高民族文化素质的迫切性和深远意义。把它提高到应有的位置和议事日程上来。

（2）努力融合西方文化与传统文化的优秀成果，引导科学主义与人文主义的相互生成，努力塑造一种时代本质与民族特色相统一的民族精神和民族品格。

（3）高度重视人文学科的教育和发展，坚决贯彻"双百"方针，努力创造民主、自由的学术氛围，认真倡导勤奋、严谨、求实、创新的学风，并且采取措施，下大力气培养一批新的融合中西、博古通今的权威、学者。

（4）把提高与普及结合起来，着眼于提高整个民族的人文素养、文化品格。有计划地整理和出版传统文化的典籍，翻译、出版西方文化名著，做好宣传、讲解、评论工作，并考虑出版"人文素养丛书"，分为不同层次，推荐阅读书目，在全国人民中培养多读书、读好书的新风尚，振奋民族精神。

（5）把文化建设与教育制度的改革结合起来，当前应当克服和打破从小学到中学到大学一贯死记硬背教材、讲义、应付考试的严重弊病，引导青年学生攻读原著，独立思考，勇于探讨，逐步登堂入室，进入人文学术的新境界。这是我们提高民族文化水平和素质，实现中华腾飞的希望所在。

（写于 1997 年）

四　对国际社会主义事业的反思与总结

——读《社会主义由西方到东方的演进》

最近读了张光明的新著《社会主义由西方到东方的演进》（云南人民出版社 2005 年版。以下简称《演进》）。该书发人深省，现就我的认识，略述书中的若干理论亮点。

"社会主义"是当代中国人最熟悉、最常用的词语；半个世纪以前，我们就宣布进入"社会主义社会"了。然而，半个世纪以来，历经磨难，代价深重，至今人们还不免带有几分疑惑不解的神情。正如黑格尔所说："熟知并非真知。"自从马克思、恩格斯创立科学社会主义的学说，到现在一个半世纪了，从西方到东方，从理论到现实，经历了极其复杂的演变。怎样理解马克思学说的真实内涵，怎样考察这一学说的扑朔迷离的演进过程，怎样把握复杂演进中的基本线索，从中进行理论的反思，无疑是一个极具现实意义而又难度极大的课题。国内外学者从各种不同的侧面作过探索，落笔成文，著述林立。我的视域有限，仅就国内学界而言，因属政治敏感范围，能够独立研究、掌握丰富材料、敢于突破险区、发别人之未发者，实不多见。《演进》一书分"马克思的社会主义"、"苏俄的社会主义"和"中国的社会主义"三篇，以高屋建瓴的气势提要钩玄的笔力，把 100 多年的社会主义演进史，阐述得十分清晰，而且披沙拣金，汲取国内外研究成果的合理成分，又力排众议，拂去各种遮掩历史真相的浮尘。总之，深入分析，以理服人，语言简练，格调清新，读来令人愉悦。当今新一辈学者中有如此真的理论勇气和扎实的学术功夫实在难能可贵。

1. 把握历史唯物主义的精义

《演进》的一个鲜明特点，是坚持和重新阐发历史唯物主义。在作者看来，唯有历史唯物主义，才是马克思社会主义学说的理论基础，它既是研究一般社会历史，也是研究社会主义演进过程的正确而有效的方法。然而，当今有一些号称马克思主义者的人，却认为马克思最伟大的东西只是他的理想，而历史唯物主义则站不住脚，并不足道。作者直言不讳地说，他们可以是社会主义者、伦理主义者，或别的什么，唯独不能是马克思主义者。另有一些人，当考察资本主义的发展时，还承认社会历史的必然性，而一旦转向社会主义，便只看到一连串正确或错误的学说、理论、政策等的主观活动，似乎社会主义的前进或倒退，都只决定于某些伟人的理论、政策的是非，并可为此而争论不休，却并不追究背后起决定作用的东西。针对这些倾向，作者为此书规定的主要任务，除了忠实地考察各种思想的原貌、指明思想演变的逻辑线索之外，便是"展示这些演变背后的深层物质原因"。

从人的物质实践活动出发，作者层次分明地阐述了历史唯物主义的一系列基本范畴和原理。不过，反复引证并发挥最多的，莫过于《〈政治经济学批判〉序言》中的一句名言："无论哪一个社会形态，在它所能容纳的全部生产力发挥出来以前，是绝不会灭亡的；而新的更高的生产关系，在它的物质存在条件在旧社会的胎胞里成熟以前，是决不会出现的。"作者把这句名言引申到社会主义与资本主义的关系上："资本主义内部的生产力愈发达，社会主义的到来便愈有保证；反过来说，如果资本主义社会还能够在自己所容许的范围内发展生产力，社会主义就不可能真正替代资本主义。"这确实是唯物史观的实质和精髓所在，也是《演进》分析、阐述问题的一根红线。无论是评说马克思学说的贡献和失误，分析东方社会主义革命的曲折和命运，还是透视当代资本主义与社会主义的关系，以及展望前途和方向，都可以从这里找到方法和根据。

2. 陈述马克思学说的原貌

为了说明社会主义的演进，鉴于马克思学说屡遭后继者们的掩盖和混淆，作者攻读了大量"原典"，力图弄清马克思学说的原貌。历来国际共运内讲述社会主义的含义，多半采取"无产阶级专政＋公有制＋按劳分配"的公式。作者陈述原典中的本意，撮其要者大致是：社会主义必须通过的无产阶级革命，乃是群众直接参加和推动、自己解放自己的革命；无产阶级的政党是靠政见一致而结合，内部不同观点可以展开争论的活动家团体；在资本主义与"无阶级社会"之间的无产阶级专政，应当是巴黎公社那样的组织，实现工人阶级的直接民主制，以"防止国家和国家机关由社会公仆变为社会主人"；未来的社会主义社会，是在生产资料的共同占有下保障每个成员直接参加管理和使用的权利，不存在商品生产，并根据大工业社会化生产的发展趋势，和便于共同体对社会总劳动的自觉调节，实行"计划经济"。作者认为，马克思对未来社会的设想，就其实质可以归结为一句话："自由人联合体的社会"。原典中最集中的表述便是《共产党宣言》中的那段名言："代替那存在着阶级和阶级对立的资产阶级旧社会的，将是这样一个联合体，在那里，每个人的自由发展是一切人的自由发展的条件。"恩格斯曾经说："再也找不出更合适的话来表达马克思学说的基本思想了。"作者特意指出，这并不是可以推向遥远未来的模糊理想，而是在废除资本主义制度后就应着手实行的任务。指出这一点很重要，不管我们的基础、条件怎样差，离这个目标的完全实现还有多远，我们总得向这个方向努力。如果像"斯大林模式"的推行者那样，背道而驰，并愈演愈烈，到头来只会葬送社会主义事业。由于后来东方社会主义的长期演变，人们对马克思的本来思想逐渐陌生起来，在人们中广泛流行的观念真有些大异其趣了。

3. 关于所谓"跨越'卡夫丁峡谷'"

与通常把俄国民粹派笼统地看作小资产阶级派别不同，笔者视民粹派为俄国社会主义运动的第一阶段，并且作了认真的剖析，指出其思想特点是：认为俄国不同于西方，可凭借农村公社越过资本主义，直接进入社会主义。这种"跳跃"或"跨越"的思想既非马克思的"独创"，也非民粹派的"专利"，而是落后民族在近代世界史上的一种特有心理，由来已久，且形式多样。如此说来，东方其他国家出现类似的"跳跃"论，或曰"受民粹派影响"，就不足为奇了。

近20年来，国内学术界掀起了一阵"跨越'卡夫丁峡谷'"的讨论热，不少人津津乐道，有连篇累牍的著述发表，试图为东方的历史"跳跃"找到"经典"的依据。作者认为，这种联想是人为的、急功近利的。"它不仅把20世纪东方的历史'跳跃'和19世纪70年代民粹派主张的'跳跃'混为一谈，而且对马克思的意见也作了断章取义的曲解和任意发挥。"作者引证和分析了1875年恩格斯与民粹派特卡乔夫争论中的观点，并着重分析了人们常引以为据的马克思在1877年和1881年的两封信件，认为他们的思想受到车尔尼雪夫斯基的影响，与民粹派的主张有某些相近之处，但绝不能由此断言，马克思晚年已突破原先的理论，把重心转向"东方社会主义革命"了，也决不能认为他晚年放弃了历史唯物主义，回归到早年的"哲学人道主义"了。马克思只不过是在考虑俄国农村公社能否与西方现代社会先进成果相结合，走出一条历史捷径。与车尔尼雪夫斯基、民粹派不同，马克思所想的结合，是要以西欧革命的胜利为前提的，希望由民粹派率先发起俄国革命，引燃导火索，燃起欧洲革命的遍地烈火。因此，马克思、恩格斯只是基于当时政治形势的判断，就俄国问题作了某种策略改变，而并没有改变西欧无产阶级国际革命的战略。而且，他们当时的判断既高估了俄国民粹派的活动能量，也高估了西欧工人阶级的革命潜力，很难得到事实的有力支持，历史上也从未实现过。恩格斯后来目睹俄国资本主义的更大发展和农村公社的进一步瓦解，便改变了原来的设想，认为在俄国避免资本主义的历史时机已彻底丧失。因此，不能把往后20世纪的东方社会主义实践与他们的设想硬拉在一起。作者的见解是比较独到的，对澄清学界的某些混淆和浮躁之风颇有启发。

4. 展示列宁主义的特点

普列汉诺夫曾被称为"俄国马克思主义之父"，曾对列宁有过重大影响，列宁也曾高度评价他。后因普列汉诺夫政治上倾向于孟什维克，尤其诘难十月革命，又被列宁视为背叛了社会主义。他的思想长期被贬低。作者看重普列汉诺夫，发掘了他关于唯物史观的思想遗产，指出他是马克思主义第一代继承人中最杰出的理论家之一，他和劳动解放社曾经开创俄国社会主义史上的一个全新阶段。他深信俄国只有先通过资本主义才能在未来实现社会主义，任何为落后俄国设计历史跳跃的主张都是错误的，这是由于他坚持一元论的唯物史观和维护社会主义的高标准。他认为资本主义的发展会为社会主义革命打下基础，主张工人阶级在有充分准备的条件下进行社会主义革命。这就决定了他在前半期反对民粹派，而在后半期与列宁为敌。其实他的政治立场前后并没有根本改变。作者认为，与其说他作了"背叛"，不如说列宁超越和改变了他的规划。时至今日，普列汉诺夫的理论仍可被看作历史道路的另一种选择而重新唤起人们研究的兴趣。那么，什么是列宁主义？斯大林所下的定义曾经长期支配着人们的头脑，现在看来，该定义是相当褊狭而空泛的，也早已引起批评和争议。作者揭示列宁主义富于特色的核心主张有三个方面：（1）革命理论"灌输"说，即具有社会主义意识的知识分子必须对工人阶级作理论"灌输"。（2）建党学说，即建立作为工人阶级"先锋队"的高度集中的革命家组织。（3）革命转变论，即无产阶级取得资产阶级民主革命的领导权，以便下一步顺利进行社会主义革命。这些主张高度突出了党在革命中的决定性意义，特别强调了思想、理论等主观条件的原动作用，从而极大地改变了马克思以来的一些重大观念。列宁主义在社会主义的西方发源地和东方革命之间，筑起了一座桥梁，使社会主义在落后俄国重新谋求跳跃的道路。作者对两种观点提出异议：一是苏联式正统观点，认为俄国本已走上资本主义道路，否认列宁的新战略为跳跃战略，这显然违背历史事实；二是国内外部分学者的观点，认为列宁回到了民粹主义。其实，列宁新规划的出现，主要原因不在于民粹主义的影响，而在于特定的历史政治环境。十月革命之所以获胜，上述列宁主义的三种主张所创造的"主观条件"起了关键作用；另一方面的"客观条件"则依赖于"世界革命理论"的心理支撑。托洛茨基的"不断革命"论把革命的最后获胜完全寄托于世界革命，列宁思想的不同点则在于肯定了革命的阶段性，但也寄希望于整个欧洲的革命。列宁的《帝国主义是资本主义的最高阶段》，从世界性结构上理解帝国主义，认为社会主义世界革命已经临近。这对当时的革命形势显然有错误的估计。列宁和布哈林关于帝国主义的理论的主要价值，不是在经济学方面，而是在于它契合了俄国革命斗争的需要，使革命者确立起夺取政权、然后扩大革命的信心。作者的这些分析，尽管有些问题可以讨论，但确实是一种独立的研究，使人们对列宁主义的认识走向深入。

5. 揭露"斯大林模式"的实质

社会主义由西方向东方的演进，实质上是两种思路、模式的分歧与演变。这是《演进》全书的基本线索。关于"斯大林模式"，国内外有着各种不同的评价，作者主张从社会主义"演变历史进程的角度"去检验。按照马克思的设想，社会主义应由社会共同占有生产资料，并相应地实行工人群众直接管理的民主制。马克思主义的第一代继承者们在主张实行国有化的同时，都十分强调民主，以保证国家不致脱离社会的控制而成为凌驾其上的异己力量。列宁虽然在1903年提出实行党内的严格集中制，但并未看作未来社会的必然形式。布尔什维克掌权后把这种集中制不断强化，而且扩大到整个国家政治生活。这起初虽属现实斗争需要，却与社会主义的理想相背离。列宁始终保持清醒的认识，并没有忽视民主。他在晚年陷入极大的困惑，高度担心由一小批身居高位的"老年近卫军"操纵党和国家政策、脱离人民群众的危险。

斯大林模式正是把这种危险变为现实。斯大林与《联共（布）党史》首先断章取义地把列宁曲解成"一国社会主义"论的开创者。作者依据列宁著述的原文和列宁前后思想的逻辑分析，对此作了完全可信的澄清。斯大林混淆了两种"胜利"，即夺取政权的政治胜利和社会主义全面变革的最终胜利，借列宁的权威来支持他自己的"一国社会主义"的主张，并以此战胜托洛茨基的"不断革命"论，接着又以"斯大林模式"战胜了以经济学研究为基础、包含真知灼见的"布哈林模式"，使苏俄社会乃至当时的整个"社会主义阵营"长期受"斯大林模式"支配。

斯大林模式的实质何在？作者指出，它是一种"总体主义"的模式，其总体特征就在于，"它是一个由少数领导者阶层高居社会之上，代替工人阶级去实行管理的社会，而不是马克思所预言的那种由工人阶级自己去实行民主管理的社会"。这种模式以中央高度集权的形式贯彻在各个领域。以斯大林为首的一小批革命家，掌握国家和社会的管理大权，代表无产阶级行使权力，无产阶级却无法监督他们。这种模式的致命缺陷是：缺乏活力，窒息生机，压抑人民群众的积极性，阻碍生产力的持续发展，从根本上导致了苏联的最后解体。

6. 展望中国社会主义的方向

"五四"运动之后，中国的先进知识分子，只经过短期的争论、徘徊，便在西学东渐的众多思潮和社会主义的众多派别中，很快选择了马克思列宁主义。社会主义在这里一开始便离开西欧"原型"，发生了适应性的改变。毛泽东思想直接来源于列宁主义。中国社会主义思想的创新，是在列宁主义体系内结合中国特殊条件所作的策略调整。

按照列宁"革命转变"论的观点，中国共产党人也设想中国革命分两步走，并曾主张新中国成立后有一个新民主主义时期，即一个较长的允许资本主义发展的阶段。这本是依据我国落后物质条件而又符合革命需要的部署。然而，毛泽东在20世纪50年代初便用"一化三改"的"过渡时期总路线"代替了"新民主主义"，并依靠政权发动群众运动在短短几年内便完成了"社会主义改造"，飞跃走进了"社会主义"。以后进一步实行"穷过渡"，贯彻"以阶级斗争为纲"，直至提出"无

产阶级专政下继续革命”的理论，导致十年内乱的大灾难。总之，从
50年代中期一直到党的十一届三中全会期间，尽管中国领导者有过摆
脱苏联控制和影响的举动，中苏两党之间也发生过若干分歧和论战，但
在中央高度集权体制下的理论观念、社会组织等基本方面，都与苏联模
式没有实质性区别。我完全同意作者的这种看法，在自己以前发表的文
章中也曾谈到，中国人，特别是中国的最高领导者，曾先后通过两层棱
镜去理解和把握马克思主义：先是通过列宁主义去理解马克思主义，随
后又通过斯大林主义去理解列宁主义。如果说前一种理解还基本正确地
指导了民主革命胜利的话，那么后一种理解则使马克思主义严重扭曲和
变形，造成了社会主义事业的重大损失。正如作者所说：“在这种中央
集权模式的社会主义中，是无法充分吸取人类先进的物质成果和精神成
果，切实保障人民的基本权利，解决走向‘自由人联合体’的根本问
题的。”所以出路就在于从根本上走出这种模式。

　　改革开放使我国进入了一个全新的时代。作为指导思想的邓小平理
论的基本特点，便是“解放思想、实事求是”。作者认为，这一理论的
真正意义在于，它是“针对先前错误思想的反向运动”，并且，“直截
了当地把国家的现代化放在首位”。当前，改革开放和市场经济都以空
前的规模在向前发展，尽管时下国内外有着各种截然不同的评价，但它
终究是世界社会主义长期演进的结果；尽管改革开放中还存在各种亟待
解决的问题，政治体制的改革还严重滞后，但作者认为，改革的潮流不
可阻挡，市场经济已经造成了客观进步的趋势。作者反对把民主限制在
权力控制之下的主张，也反对自由主义的倾向，而认为马克思的学说仍
是争取社会民主的不可缺少的理论资源。应当逐步实现马克思主张的由
人民大众真正行使权力，保证他们不仅在政治上而且在经济和社会意义
上都享有完全民主自决权的自由个人的联合体。这就是作者所展望的中
国社会主义的前进方向。

　　《演进》一书的最显著的特点，是它的科学精神和求实态度。我甚至
建议，此书经过一定的修改、加工之后，作为科学社会主义或马克思主义
政治学说史可供使用的教材，让广大师生将它与那些统编、钦定的教材，
在科学性与启发性上进行自由的比较与选择。

　　最后应当提到，作者强调唯物史观的整体性，批评了“因素”论的
理解。笔者认为，唯物史观既是综合的，又是分析的，是综合与分析的统

一。当然，书中仍存在一些有待深入解决的难题，如生产力水平与人的能动性的关系，社会主义与人的自由、人道主义的关系，确实值得深入研究，也希望作者在这些方面继续努力。

（写于 2005 年）

五　卢卡奇晚年关于社会主义民主的郑重探索

——读卢卡奇著《民主化的进程》

卢卡奇是匈牙利著名思想家和革命活动家，在 20 世纪 60 年代后期进入晚年的理论上的总体反思和建构，在 1971 年去世前的垂暮之年里，他抱病奋笔疾书，写下了三本没有最后完成的著作：《审美特性》、《社会存在本体论》、《民主化的进程》。三者看来相互联系，试图从不同侧面推动马克思主义的革新和社会主义的民主。《民主化的进程》（以下简称《进程》）是对东欧一些国家的社会主义体制改革经验教训的初步总结，是对社会主义民主问题的认真探索。可是，虽然它篇幅不长，却至今尚无中译本问世，笔者在 1992 年尝试着从英译本译成中文，令人遗憾的是至今未能付梓出版。我们不能因为其中包含一定历史条件的局限性或包含对斯大林思想的尖锐批判，便忽视其中对民主问题探索的合理因素。

（一）民主问题上的唯物史观

对于民主问题，《进程》从历史的叙述中寻求逻辑的结论。卢卡奇首先提到，历史上的政治思想家，从亚里士多德开始，虽已涉及民主形式的多样性，但都不能认识民主制度与社会经济结构的关系。马克思才是从社会生活基本事实出发的第一人。卢卡奇以古代雅典的城都民主制和近代西方资产阶级民主制两种形式为典型，说明民主制的类型和兴衰，都奠基于当时的社会经济结构之内。与希腊古代城邦制以土地公有制为基础截然不同，近代资产阶级民主制则奠基于生产资料的私有制。在 20 世纪的资本主义工业社会中，劳动的社会化达到了很高的水平，但私人占有关系也达到了高峰，人与人之间的关系，以利己主义为主导，正如马克思所说："个人自由不是把别人看作自己自由的实现，而是看作自己自由的限制。"可见资产阶级所标榜的自由、平等的理想目标，是不可能真正实现的，只不过成为以利己主义原则进行利益调整的工具。因此，在卢卡奇看来，"当社会主义世界出现某种制度危机时，应当寻求一条摆脱斯大林主义绝境的道路"，但也不能把资本主义的民主制度作为"现实的选择"①。可见卢卡奇并不主张照搬西方政治制度的模式。而且他在晚年已经改变了早期所写《历史与阶级意识》中的某些唯心史观的成分，而对民主问题作了唯物史观的分析。应当看到，卢卡奇从来没有坚持唯心史观，晚年的变化更为显著。

（二）落后国家革命的"非经典性"提出的问题

与第二国际的考茨基、普列汉诺夫等人责难俄国十月革命是"早产"或"错误"的言论截然不同，卢卡奇认为，俄国十月革命的壮举是无可非难的，因为当时面临的两个最突出的问题是：帝国主义战争造成的灾难和农民的痛苦命运，俄国社会不能由资本主义的制度和道路来解决这样的问题，只有充分利用因战争而造成的革命形势，取得无产阶级革命的胜利去解决。然而，发生于经济、文化比较落后的俄国的十月革命，终究不是马克思、恩格斯原来设想的西方一系列先进资本主义国家同时发生的革命，而是一种"非经典性"的革命，在革命胜利之后，首先面临的经济落后的问题是无法回避的，在国内战争状态结束之后，尤为突出。同时，发展经济，必须调动广大群众的积极性，而群众在长期封建专制政体的压迫下，却缺乏自觉参与的民主意识，这就迫切需要发展民主。因此，卢卡奇提出，革命的"非经典性"带来的两个迫切问题便是：经济问题和民主问题，二者不可分离。俄国在击退资本主义国家的武装干涉和平定国内叛乱之后，列宁和布尔什维克党及时将战时共产主义政策转变为新经济政策。采取各种措施发展国民经济和反对官僚政治，便成了列宁晚年思考的中心，形成他最后焦虑的"怎么办？"的问题。卢卡奇认为，列宁弥留之际通过口述发表的"遗嘱"，是"已知的最有悲剧性色彩的历史性文献"，其中对民主问题倾注着极大的关切，民主建政的构想已初见端倪。卢卡奇

---

① 卢卡奇：《民主化的进程》，英译本，纽约：纽约州立大学出版社 1991 年版，第 188 页。

指出：“任何熟悉列宁生命最后时期的著述和书信的人，都知道他在国家和社会生活的各个领域对官僚化作了持续而顽强的斗争。”① 然而，列宁的后继者们却中断了列宁的路线与探索，没有人再为此奉献自己的才华与精力，反而实行了“策略至上”的错误原则。斯大林用一国能否建成社会主义的问题代替了俄国革命的“非经典性”问题，使“非经典性”问题逐渐淡漠和消失了。似乎公有制和无产阶级专政便提供了对一切复杂问题的本质性回答。这与后来僵化社会主义模式的形成密切相关。这个问题直到苏共第 20 次代表大会时，仍未得到解决，因为赫鲁晓夫虽然在会上频繁而激动地批评了斯大林的错误，但他仍然只考虑社会主义的经济前提，而政治民主的前提则在他的视野之外。在卢卡奇看来，这就在实际上还局限在斯大林主义的范围之内。依据我国社会和革命的性质、特点，毛泽东曾设想在民主革命彻底胜利之后，建立无产阶级领导的几个阶级联合的新民主主义国家制度，在多种经济成分并存的条件下发展国民经济，但后来不久便改变了这种政策和主张，也经历了重大的曲折。所有这些国际国内的经验教训，至今不是仍值得我们从理论上进行认真的反思和总结吗？

（三）　斯大林错误的方法论根源

斯大林问题是 20 世纪的重大历史现象。卢卡奇对待斯大林问题的认识和态度，有过某种变化的过程，但卢卡奇与斯大林之间历来存在着原则分歧。随着 50 年代中期苏联和国际上揭露和批判了个人崇拜之后，卢卡奇作了更为深沉的反思，在他晚年的著述和自传材料中多有涉及，《进程》结合社会主义民主问题，更有某些独到的见解。卢卡奇并不像某些“西方马克思主义”者或西方学者那样，全盘否定斯大林，而是肯定了斯大林的历史功绩。比如，在斯大林领导下，苏联建立了工业基础，曾经成为世界上的工业强国，因而在反法西斯战争及其以后的一段时间内，成功地发挥了和平维护者的作用。

但是，斯大林不但没有在苏联建立社会主义民主的政治基础，而且错误地夸大阶级斗争，借口社会主义社会阶级斗争日益尖锐，以便战胜或消灭权力争夺的对手。斯大林作为列宁的后继者，却从列宁的哲学思想后

---

① 卢卡奇：《民主化的进程》，英译本，纽约：纽约州立大学出版社 1991 年版，第 101 页。

退，在方法论上把策略的需要置于首位，奉行"策略至上"的原则。在卢卡奇看来，斯大林也受西方实证主义思潮的影响，把经济学理解为一种专门的实证主义科学，要求孤立地集中发展重工业，完全忽视人民群众的物质生活，忽视政治上的民主建设。这样，在斯大林执政的时期，群众的自我能动性被窒息了。这不但发生在重大政治问题上，而且表现在普通的日常生活中。卢卡奇提到，斯大林错误的哲学根源在于对辩证法的理解。列宁在《哲学笔记》中所深化了的辩证法的丰富内容，在斯大林主持编写的《联共（布）党史》的第 4 章第 2 节中只是罗列了辩证法的几个特征，和它的某些应用性，实际上把辩证法简单化了。斯大林还把马克思主义说成"概括起来的各国工人运动的经验"①。其实列宁历来是把马克思主义看作整个人类思想文化的成果，特别是概括了西方思想文化发展的成果。如果使马克思主义离开了它的西方思想文化遗产和思想先辈，就可能使它脱离整个人类文明的大道，脱离源远流长的人道主义传统。斯大林试图排除哲学史上的辩证法思想，特别是作为马克思主义哲学来源的黑格尔的辩证法思想（比如，通过日丹诺夫把黑格尔哲学说成"对法国革命的反动"）。这就势必把马克思主义哲学简单化和庸俗化。可见卢卡奇对斯大林错误的批评，既不是激于义愤的一味谴责，也不是就事论事的肤浅之作，而是揭示错误的症结所在，结合社会主义民主问题，试图从哲学上探寻错误的方法论根源，以便人们深入总结理论思维的经验教训，避免类似现象的重复发生，从而有利于国际社会主义事业的发展。

（四）社会主义民主化的根据和途径

在卢卡奇看来，由于僵化社会主义模式的形成和斯大林主义的错误，社会主义国家也出现过"危机"。这种危机就是由斯大林主义占支配地位的各种理论、制度、策略的总和造成的。苏共 20 大对这种危机作过表述，并且为了克服这种危机而开始了改革的理论与实践。但是，苏共 20 大却把这种危机的原因主要归之于"个人迷信"。对此就有人提出过异议，比如，意共前总书记陶里亚蒂便曾反对把斯大林的个人性格特征看成社会主义"危机"的主要原因，要求对斯大林时期的问题作

----

① 《斯大林选集》上卷，人民出版社 1979 年版，第 199 页。

社会历史的分析。

从理论上说，卢卡奇主要从两个方面提出了社会主义民主的根据。第一，人类历史的发展，是决定论与目的论的辩证统一。他在《社会存在的本体论》中对这方面有过详尽的阐述。他把社会发展看作客观的自然、社会环境与人类实践活动相互作用的结果。人类为了自身目的，总要自觉地利用自然、社会环境。落后国家在革命胜利后要走向社会主义道路，首先当然要大力发展经济，逐步赶上先进国家的水平。但是，经济的发展与人的目的性、主动性是相互促进的，因而同时必须有民主制度的发展。这种经济发展与民主建政的相互关系问题，马克思、恩格斯在创立科学社会主义理论时，还不可能提供理论的充分解决。随后，包括列宁在内，也没有谁从理论上给予系统的阐述。而这个问题，在卢卡奇看来，具有重大的本体论意义。第二，人类历史的发展，就是从"必然王国"向"自由王国"的发展。"自由王国"固然只能在"必然王国"的基础上达到，但"自由王国"的概念，比一般的上层建筑及其社会功能包含着更多的东西。卢卡奇认为，列宁是人的自我规定性的倡导者。在战争期间，列宁容忍过官僚政治，因为那时有许多更紧迫的问题必须解决。但列宁看到了混淆集中化计划与社会主义特征的危险性。所以在国内战争结束之后，政治方面的一个重要目标，就是克服党和国家机关内的官僚制度和作风，要求返回到社会的正常生活。列宁在生命的最后时日里，更是十分关注如何解决官僚化的问题，为此他作了持续而顽强的斗争。在十月革命前所写的《国家与革命》中，对于社会主义的发展前途，列宁主要关注"国家的消亡"，还没有涉及自由王国的问题。但在十月革命后，面向社会主义的未来，他十分关注民主的发展。他经常引证拿破仑的一句话，"只有参与它，才能指导它"。社会主义民主的目的，就是要达到群众从日常生活到社会重大问题的积极参与。

卢卡奇把本体论理解为一个发展过程，所谓社会存在本体论，就是指人类社会历史的发展过程。在人的历史主义的视野之内，社会主义只是这种过程中的一个阶段。历史又是人类自我教育的过程，社会主义就是这个过程的一个部分或一个方面。社会主义民主就是人的自我教育的形式或手段，它可以扩展到人类实践尚未涉及的领域。卢卡奇指出：《共产党宣言》从基本的方面区分了资本主义与共产主义：资本主义是过去统治现在；共产主义是现在统治过去。资本主义社会把一切实践归之于当下的物质利益，而共产主义社会则可能提出关于未来生活的构想。马克思在《哥达纲领批判》中指出，在资本主义社会作为"谋生手段"的劳动，将在共产主义社会成为人们生活的"第一需要"。这是对纯经济眼界的一种超越。经济的高度发展当然是一种前提，但马克思进一步关注的，不是让经济控制人，而是由人的需要控制经济，使生产过程向着人的价值方面调节，尊重人性的要求。因此，马克思要求逐步改变劳动分工的奴役性的特征，使之在提高劳动生产率的同时，提高人的能力，缩减社会必要劳动时间，增加自由劳动时间。

卢卡奇批评了斯大林和拉萨尔关于社会主义的单纯经济主义的定义。马克思曾经批判过拉萨尔的社会主义条件下劳动者可以占有"不折不扣的劳动所得"的庸俗化观点。斯大林则简单地宣称社会主义条件下剩余劳动不存在。斯大林认为，在以公有制为基础的社会主义社会，取消了商品交换，也就消灭了剩余劳动，因而消灭了剥削剩余劳动的可能。卢卡奇则认为，按照马克思的观点，劳动生产率提高了，社会必要劳动时间就会减少，剩余劳动时间就会增加，即使在社会主义条件下，如果这种时间被无偿地占有，就仍然可能存在剥削。为了人类特有的自身再生产，把这种剩余劳动时间运用于人的个性发展和自我创造，正是社会主义民主的任务。自由王国作为人类自身目的，是人类积极力量的展开。

卢卡奇把人类社会民主制度和形式的发展，看作一个否定之否定的过程：古希腊城邦制民主——资产阶级式民主——社会主义的民主，这三种基本制度和形式之间，有着扬弃和在更高基础上复兴、发展的关系。对于社会主义民主的发展，他乐于使用"民主化"的术语，意在强调民主不是固定、静止的东西。"民主化"要求不断扩展公民对生产管理和政府工作的参与，并且不断地从经济领域扩展到政治、文化和其他社会生活领域。国际范围的社会主义民主，大致经历的阶段是：马克思、列宁的设想和主张——斯大林主义的扭曲——社会主义体制改革中的民主化。对于社会主义民主化的实现，他提出的要求和措施是：真正回到马克思和列宁的方法，在民主化的过程中推动马克思主义的革新，运用创新的马克思主义深入分析当代资本主义和社会主义的新的特征；勇于选择自我批评、自我校正的道路，从历史的错误和经验教训中解放自身，恢复马克思主义的生机与活力。卢卡奇指出：马克思主义的复兴将来源于"自我批评"和

"自我克服"，而"社会主义民主的觉醒将给予这种复兴运动以精神的动力"①。

卢卡奇的见解和主张，包含着历史与他个人的局限性，我们可以不同意他的某些观点，但却不能忽视他的郑重思考和探索。

（写于 2004 年）

---

① 卢卡奇：《民主化的进程》（英译本），纽约州立大学出版社 1991 年版，第 162 页。

第 四 章

关于人道主义与人

一 关于人道主义研究和教育的几个问题
—— 与黄枬森先生商榷

我们正处在经济体制和社会变革的重大转轨过程中，从计划经济向市场经济的转变，必然引起人们价值观念和道德思想的激烈变动。面对市场经济，如何加强社会主义的道德教育，怎样看待人道主义的意义和地位，是一个值得重视和研究的迫切问题。黄枬森教授的文章《略谈人道主义道德教育在社会主义道德教育中的地位》（以下简称《略谈》），① 对此作了初步的理论探讨，读来颇有启发。应当看到，从过去长时期内把人道主义视作单纯的批判对象，到今天肯定社会主义的人道主义，并试图纳入社会主义道德教育的主要内容，是经历了曲折而艰辛的过程的，这是人们从国际国内社会主义实践正反两方面的经验中取得的收获，也是国内理论界通过反复讨论获得的成果。

但是，对于《略谈》中的若干观点和提法，笔者仍有疑问，现就如下三个问题略述己见，求教于黄枬森先生和国内学术界。

（一）把人道主义区分为历史观和伦理原则的问题

《略谈》为了说明人道主义道德教育是社会主义道德教育的主要内容之一，首先回顾和概括了 20 世纪 80 年代初国内理论界关于异化和人道主义的争论，把那场争论的积极成果概括为三条，原话如下："一、在人道主义学说史上第一次区分了西方启蒙思想家的人道主义的两个组成部分，

---

① 见《马克思主义与现实》1993 年第 2 期。

一是人道主义历史观,二是人道主义伦理原则,人道主义作为历史观是唯心史观,马克思和恩格斯正是批判了人道主义历史观,从社会经济生活中而不是从抽象的人性中去寻求人类社会发展的规律,才创立唯物史观的,但他们并没有抛弃作为伦理原则的人道主义。二、否定了过去对人道主义不加分析地全盘否定的态度,认为人道主义伦理原则可以经过马克思主义的改造而成为马克思主义的道德因素,成为社会主义人道主义。三、否定了那种把人道主义与马克思主义混为一谈,以人道主义历史观取代唯物史观的观点。这样,人道主义伦理原则就在马克思主义理论体系中找到了自己的位置。"显然,历史观和伦理原则的区分,是《略谈》所概括的积极成果的基础,也是《略谈》全文立论的根据。这里想就这种"区分"略述个人的看法。

众所周知,把人道主义区分为世界观、历史观和伦理原则的观点,来自胡乔木先生于1984年1月发表的《关于人道主义和异化问题》一文。当时这篇文章的确具有一定的"权威"性,但也有不少人不敢苟同。

人道主义作为一种社会思潮,是自14世纪以后西方启蒙思想家大力倡导而兴盛起来的,但是,按照唯物史观的理解,关于人道主义的一系列基本观念,如自由、平等、人的价值等,都根源于和适应于商品经济。正如马克思所说:"交换价值的交换是一切平等和自由的生产的、现实的基础。"① "主体只有通过等价物才在交换中彼此作为价值相等的人,而且他们只是通过彼此借以为对方而存在的那种对象性的变换,才证明自己是价值相等的人。"② 因此,人道主义的伦理原则并不是西方启蒙学者的独创,而是伴随人类文明和商品交换所形成的观念形态。

在英语中表示人道主义内涵的主要有两个词。一个是 Humanism,基本含义是人文主义,侧重于反对中世纪以来的神权统治,要以"人道"代替"神道",以"人为中心"代替"以神为中心",强调人的地位和尊严,重视人的价值和幸福。我国古代荀子批判"天命"论和"君权神授"的观念,也曾提出人"最为天下贵"和"人定胜天"的思想。另一个是 Humantarianism,基本含义是博爱主义,侧重于反对封建统治秩序和封建等级制度,强调人与人之间不分等级贵贱的相互爱护。这与我国古代孔子

---

① 《马克思恩格斯全集》第46卷上册,1979年版,第197页。
② 同上书,第194页。

的"仁"和墨子的"兼爱"也有相通之处。可见人道主义的核心是尊重人、重视人本身。人道主义虽然是由西方启蒙思想家开始大力倡导和系统论证的，不免带有阶级和历史的局限性。但从尊重神到要求尊重人，从人与人之间的尊卑贵贱秩序到要求人与人之间的自由、平等、博爱，显然是人类思想上的重大飞跃，也凝聚着自人类文明以来和商品交换条件下形成的思想遗产。

　　从人道主义的两种含义来看，不论是人文主义的人道主义，还是博爱主义的人道主义，虽然各有侧重，但基本内容是强调人的地位，重视人的价值，要求人与人之间互相尊重、互相爱护。因此，人道主义是一种人生态度、价值观和伦理原则，它本身并不是一种世界观或历史观。因为它并不直接回答思维与存在的关系问题，并不直接涉及本体论、认识论和方法论问题，也并不直接分析历史的动力和规律问题。从人的角度直接回答这类问题的哲学思潮是有的，比如东方的佛教哲学、西方的存在主义哲学。我们却很难说有一种人道主义哲学。在哲学史上也很难找到人道主义的哲学家和哲学代表作。也许人们能举出德国的费尔巴哈主张人本主义哲学，俄国的车尔尼雪夫斯基写过《哲学中的人本主义原理》。列宁曾经指出："无论是人本主义原则，还是自然主义，都只是关于唯物主义的不确切的、肤浅的表述。"① 可见他们的哲学思想首先在世界观、自然观和认识论上是唯物主义的，而他们所讲的"人本主义"（anthropalogy）主要与人类学相近，与我们所讲的一般人道主义有很大差别。

　　不论是对于人文主义的人道主义，还是对于博爱主义的人道主义，马克思主义创始人都作过赞扬和批判。他们对于形成人道主义思潮的那个时代，对于倡导人道主义的启蒙思想家的代表人物，始终是给予高度赞扬和积极评价的。实际上，他们一开始就把自己看作人道主义全部积极成果的当然继承者，马克思在早期著作中设想过以人为中心的共产主义，这与他的后来立足于现实的人，把共产主义社会看作人的个性才能全面发展的社会的思想是一脉相承的。当然，马克思主义在形成、发展过程中，也开展过对人道主义的各种形式的激烈批判。这种批判主要集中在两个方面：一是批判抽象人性论。马克思主义以前的人道主义，特别是资产阶级人道主义，往往把抽象的先验的人性看作社会历史的决定力量，以抽象人性论作

---

① 《列宁全集》第 55 卷，1990 年版，第 58 页。

为理论基础。马克思主义正是在批判这种抽象人性论的基础上创立并发展了自己的唯物史观和阶级斗争学说。二是批判资产阶级的自由、平等、博爱观。占统治地位的剥削阶级，为了维护自己的统治，常常利用博爱主义的人道主义，以自由、平等、博爱为旗帜，掩盖其阶级本质，麻痹被压迫的人民群众。因此，要开展革命斗争，就必须揭露其虚伪性和欺骗性。在阶级斗争尖锐化的历史时期，这种批判就显得更为明朗而坚决。这两方面的批判无疑都是必要的。但是，我们应当看到，首先，人道主义并不等于人性论，这是两个不同层次的范畴。人性论一般要直接回答人的本性及其历史作用问题，因而涉及世界观和历史观。不同形态或不同历史时期的人道主义，可能以不同性质的人性论作为理论基础。我们在批判地继承人道主义的思想遗产时，不宜把人道主义与人性论简单地等同起来。其次，马克思主义者在揭露、批判资产阶级的自由、平等、博爱观的虚伪性和欺骗性时，绝不能在理论和实践上把自己置于人道主义的对立面。实际上，马克思曾多次提到"无产者的人道主义"，并曾指出巴黎公社"提供合理的环境，使阶级斗争能够以最合理、最人道的方式经历它的几个不同阶段"①。我们在革命和战争的年代，也主张过"革命的人道主义"。实践说明，如果在政策和实践上公开与人道主义相对立，做出违背人类良知和基本道德准则的事来，就必然行之不远，终归招致人民的反对。这在国际国内都是有深刻的历史教训的。此外，我们正处在以革命和战争为主题的时代转向以和平和发展为主题的时代，在国内以阶级斗争为中心的历史时期已经转向以经济建设为中心的历史时期，我们确实应当从更加积极的方面批判地继承人道主义的历史遗产，真正树立社会主义人道主义的价值观和伦理原则。

总之，《略谈》重视和探讨社会主义人道主义的问题，是适应时代、历史发展的要求的，我完全赞成。但是，在批判地继承人道主义的历史遗产时，没有必要先人为主地划分两个组成部分，而应当就其价值观和伦理原则本身进行具体分析和辩证的扬弃，否则就有可能是从过去的全盘否定走向基本否定、个别吸取，而社会主义的人道主义也就难以具有切实而丰富的内容了。

---

① 《马克思恩格斯选集》第 3 卷，人民出版社 2012 年版，第 143 页。

（二）社会主义道德的主导原则问题

《略谈》把社会的人际关系概括为三个方面：个人与个人、个人与社会、个人与国家。由此试图归纳社会主义道德的主要内容，认为正确处理这三类关系的伦理原则分别是人道主义、集体主义和爱国主义，三者的结合，形成社会主义道德的主要内容。这种分类和归纳有一定的道理，也确实在社会主义道德中容纳了人道主义的内容，或者说，找到了人道主义的某种位置，因而是有启发的。

但是，《略谈》在强调人道主义是处理个人与个人关系的主导原则时排除了为他的原则，却是值得商榷的。《略谈》认为处理个人与个人之间关系有三种原则，即人道主义、个人主义和为他主义。其中只有人道主义能成为主导原则，而个人主义和为他主义都是片面的，因为二者都否定自我与他人的平等地位。不过由于我国多种经济成分的存在，个人主义在一定条件下也有一定的积极作用。至于为他主义呢？《略谈》认为，"为他主义是畸形的、矫情的，事实上很难存在"。这样，就在我国社会的个人与个人的关系上，肯定了人道主义的主导地位，承认了个人主义的普遍性和积极作用，而否认了为他思想存在的根据。

诚然，我们应当面向现实，社会主义道德教育不能脱离客观的社会实际和群众的觉悟水平，不能像过去那样说空话、搞空头政治。在当前发展市场经济的条件下，必须承认商品所有者之间的自由、平等地位，肯定公平竞争和等价交换的原则，切实贯彻按劳分配的政策。因此，把人道主义的伦理原则提到处理个人与个人关系的重要位置，是必要的、适宜的。同时，在市场经济中必须承认个人的合法利益，肯定个人主义的积极性。

但是，我们的市场经济终究是社会主义的市场经济，我们的道德教育终究是社会主义的道德教育。共产党的领导、公有制的主导地位、现代化的社会主义建设和共产主义的远大目标都是不可动摇的。在我们的宣传教育和舆论导向上，仍然应当反映我们社会的这种本质特点，不能离开共产党的宗旨、理想目标和革命传统。如果只是一般地讲个人与国家之间的爱国主义、个人与社会之间的集体主义、个人与个人之间的人道主义，那么，这在资本主义社会的政治家和思想家中也是可以承认和接受的。如果把个人与个人之间的为他思想看作"畸形的"、"矫情的"现象，这与我们社会所要求的基本风貌和发展方向是不一致的。我们党历来提倡的全心全意为人民服务的思想，可以说是一种为他主义，它代表了社会主义和共产主义道德的发展方向。

当然，在现实生活中，绝对大公无私的人是没有的。人要生存和发展，就必须维护一定的个人利益，社会应当关心照顾各种合理合法的个人利益，个人之间应当互相承认和尊重对方的个人利益。但是当个人利益与他人利益或多数人利益发生矛盾、冲突时，我们的道德教育应当提倡个人利益服从他人利益的原则。在必要时、甚至应当完全牺牲个人利益以成全他人的利益，这是社会主义道德高尚的标准，也是我们的社会舆论所应大力褒扬的。我们经常感叹当前社会风尚正不压邪，人们的道德水准下降，敢于伸张正义、见义勇为者越来越少。这种社会风尚长此以往，不但使人民的生命、财产缺乏安全感，而且势必严重影响社会主义市场经济的正常秩序和现代化建设的顺利发展。因此对于违法乱纪行为，贪污腐败分子、刑事犯罪分子，需要公安司法部门绳之以法、严厉打击，但人们的舆论方向、道德氛围也很重要。如果我们在道德教育和舆论导向上把为他思想看作"畸形"和"矫情"，又怎能有利于社会风尚的根本好转呢？

也许有人认为，可以把"为他"、"为人民服务"的思想归入集体主义和爱国主义，看作处理个人与社会、个人与国家关系的道德思想。但实际上个人与个人之间的关系，是我们日常生活中最普遍、最大量的关系，而个人与社会、个人与国家的关系，也往往通过个人与个人的关系来实现。因此，"为他"、"为人民服务"的思想主要的、经常的体现在个人与个人的关系上。社会主义的人道主义在处理个人与个人的关系时，也必定包含自由、平等、互相尊重、互相爱护的内容，不能排斥"为他"的方面。当然，完全、彻底为人民服务的思想，或称为利他主义，在社会主义道德体系中有其独特的性质和内涵，是不能完全融入社会主义人道主义的范畴之中的，它仍应是社会主义道德体系中的主导方向，不能被看作"畸形"、"矫情"的现象而加以忽略。

（三）社会主义人道主义的适用范围问题

按照《略谈》的分类和归纳，人道主义是处理个人与个人关系的原则，集体主义是处理个人与集体关系的原则，爱国主义是处理个人与国家关系的原则。这种分法层次分明，各有归属，但却显得比较简单，不足以反映某些双向和交叉的关系。就个人与集体、个人与国家的关系来说，集体主义与爱国主义似乎只能说明一种单向性的原则，而社会主义的人道主义又是渗透在各种关系中的，认为人道主义只适应于处理个人与个人的关系，是值得进一步研究的。

其实，就集体对个人、国家对个人的关系和态度来说，也有一个是否实行社会主义的人道主义的问题。从国际国内社会主义实践的经验教训来看，某些违背社会主义人道主义的言论和做法，某些严重违法乱纪、侵犯人权的行为，恰恰主要是发生在国家机关、政府各部门，或者发生在代表国家和政府的工作人员对待公民的关系、态度上。苏联斯大林时代的肃反扩大化的严重教训不必说了，我国解放后在极"左"路线干扰下的历次政治运动，特别是十年动乱时期所造成的沉痛后果也不必说了。党的十一届三中全会之后，总结历史经验，拨乱反正，健全法制，注意扩大人民的民主权利，整个社会的人道主义的意识和气氛是比过去大大增强了。但是应当看到，我国终究是一个经过长期专制主义统治的国家，亚细亚的生产方式，高度集中的国家政权和体制，加上解放后极"左"路线的严重干扰和影响，使人们长期缺乏自觉的民主意识和法制观念，习惯于皇权式的等级秩序，缺乏人道主义的传统，是一个不可忽视的严峻的历史事实。时至今日，社会上各种违背社会主义人道主义的观念和行为，仍然是令人吃惊的。比如某些部门或干部克扣支援农民的扶贫、救济款，肆意挪用甚至侵吞教育经费，某些司法部门的工作人员徇私枉法，侵犯人权，敲诈勒索，甚至无理绑架，滥用刑罚，等等。这种种现象里，既有公然违背政策、执法犯法的问题，同时也有违反社会主义人道主义的问题。这些问题已经引起广大人民群众的不满，是应该予以高度重视和认真解决的。解决的途径：一方面是健全法制，真正做到有法可依，执法必严，发展社会主义民主，建立切实有效的群众监督制度。另一方面就是提高全民法制观念和民主意识，大力培养社会主义人道主义的道德观念，使人们充分意识到，各种非人道的观念和行为是愚昧落后的，各种违反人类基本的道德准则的做法，是不得人心的。

那么，在我们的社会里，国家和集体对个人实行社会主义的人道主义，主要表现在哪些方面呢？我初步考虑至少有以下三个方面：

第一，在不断发展生产、搞好经济建设的基础上，逐步满足每个人正当的物质生活和精神生活的需要，为全面发展各个人的体力、才能、个性、品格而努力，使之真正成为社会的主人。

第二，普及义务教育，在努力发展文化教育和科学技术的基础上，不断提高人的文化素质和道德涵养，调动人的主动性和创造性，为深入开掘人的价值和潜能创造条件。

第三，关心和帮助弱者，发展社会福利事业，在经济建设中做好扶贫工作，走共同富裕的道路。

总的说来，我认为人道主义本身是一种价值观和伦理原则，是在商品经济基础上形成的人类思想的重要成果和遗产。在我国建立社会主义市场经济的形势下，认真研究和利用这份遗产，建立社会主义人道主义价值观和伦理原则，是一个十分必要而迫切的理论课题。但人道主义本身不是一种世界观和历史观，没有必要将其区分为历史观和伦理原则两个组成部分，然后加以否定和吸取。应当就其价值观和伦理原则的内容本身，作认真辨析、深入发掘和充分利用的工作。

社会主义的人道主义同样是一种价值观和伦理原则，但它更加深远地涉及人的价值、人的解放和人的全面发展的问题，实际上它渗透在社会生活和人际关系的各个方面，而并不限于个人与个人关系的范围，在国家、集体对待个人的关系上，尤有重要的现实意义。我们应当高度重视社会主义人道主义的研究、宣传和教育，但在社会主义道德领域中，却不能用人道主义排斥为他主义，全心全意为人民服务的思想仍然是社会主义道德处理人际关系的主导性原则。

（写于 1993 年）

二　"以人为本"的若干思考

"以人为本"的提出，是改革开放和市场经济获得显著成就，进行深层理论反思的结果，是面临新形势、解决新问题的重大方略。

（一）"以人为本"提出的历史条件

在以革命和战争为主题的时代，特别是在"左"的路线、思潮占主导地位的时期，对于社会问题，只能讲阶级和阶级斗争，不能讲人与人性，人性论一再受到激烈的批判，真有些"谈人色变"，哪能提出"以人为本"？

就是在改革开放之初，刚刚实行市场经济时，计划经济向市场经济转型，发展生产力，增长 GDP，丰富商品与货币，成为人们思考的热点与焦点，人自身的问题未能引起足够的关注。然而，随着"以阶级斗争为纲"转向以经济建设为中心，人们又不得不反思人自身的问题，不得不反思马克思主义理论本身。20 世纪 80 年代初，便有异化和人道主义问题，在理论界掀起波澜，却并未触动原有的理论定势，并被当作"精神污染"加以"清除"。在真理标准问题的讨论中，知识分子略有平缓的"心有余悸"，又蒙上一层新的荫翳。只有在改革开放、市场经济发展到一定阶段，生产力有所提高，GDP 飙升的形势下，诸如两极分化、弱势群体利益，特别是"三农"等全国性的重大问题凸显出来，人们发现在诸多问题中贯穿着一个大写字母的"人"字，这将是中国现代化建设进一步发展中一个最大的瓶颈。在科学发展观和可持续发展的思考中，便出现"以人为本"这个核心观念。

2003 年 10 月，党中央在十六届三中全会上提出："坚持以人为本，树立全面、协调、可持续的发展观，促进经济、社会和人的全面发展。"

（二）"以人为本"思想的若干分析

"以人为本"原则提出后，理论界热烈反响，包含若干分歧与争议，主要在两个方面：一是"以人为本"与"人本主义"、"人道主义"等范畴的关系；二是"以人为本"与马克思主义哲学、唯物史观的关系。

1. "以人为本"与相关概念

我国学术、文化领域有三个常用的概念，与"以人为本"相关或相近，但却不可混同。英语皆可为 hu manism，中文却按不同的含义与侧重而有三个术语：

（1）人道主义。主要是伦理学概念，表现对人的关怀与爱护，关心人的生存与生活的价值。14 世纪至 16 世纪欧洲文艺复兴时期的先进思想家们，为了摆脱神权统治和教会束缚，就提出过人道主义，认为积极快乐的生活优越于宗教的崇拜与忏悔，在反对宗教统治和神学中心论上起过进步作用。到 18 世纪法国大革命时代，启蒙思想家们把自由、平等、博爱作为反对封建主义的政治思想纲领，更是大力倡导人道主义，使之更具理论的形态。

（2）人文主义。主要是文化精神或人文学科方面的概念。人文主义思潮随着欧洲文艺复兴而发端于 14 世纪的意大利，15、16 世纪在各欧洲国家盛行。出现了一大批思想家，他们尊重人与人性，对抗中世纪的教会与神权统治，他们重视人的价值与尊严，要求个性的自由与解放，反对宗教束缚和封建等级制的压迫。他们提倡自然科学与哲学、文学艺术、古代语言等人文学科，以与神学学科相对立，表现了对人的终极关怀的人文主义精神。我国传统思想中也包含丰富的人文主义成分，但一般所讲人文主义，主要指源于西欧文艺复兴时期的那股思潮。

（3）人本主义。英文有时用 anthropologism，主要是哲学概念，更多地涉及本体论与认识论。德国哲学家路德维希·费尔巴哈是人本主义哲学的重要代表人物。他认为人是自然界的一部分，自然界与人理应成为哲学的唯一对象。自然界在时间上是第一性的实体，而人则在地位上是第一性的实体，因为人是自然界的最高存在，人的本质自身就应当是哲学的基本原则。他所理解的人是自然的抽象的人，社会关系完全在他的视野之外，在社会历史观上不能不陷入唯心主义。俄国革命民主主义者车尔尼雪夫斯基著《哲学中的人本主义原理》，继续和发挥了费尔巴哈的观点。在现代西方哲学和社会思潮中，人本主义与科学实证主义同为两大主要脉络，二者互相对立又互相渗透，人本主义甚至更占主导地位。如存在主义、现象学、弗洛伊德主义等，更加侧重于人的非理性成分的探究。

以上三个概念，都是以一个"人"字为核心，蕴含着对人自身的重视与关怀。我们今天所讲的"以人为本"，与这三个概念都有密切的关联，我想应当包含三者中的合理思想的成分。"以人为本"应当体现对人的尊严、价值、理想的充分肯定，应当包含保障人权、维护人生、发展个性的积极主张，把社会现实生活中的人看作理论思考和政策权衡的原本。由于这里是立足于现实社会和社会生产关系中的人，与以上三个概念相比较，便更具有理论的彻底性和理想目标的长远性，并且以历史唯物主义为哲学基础，便更具本质的区别。应当看到，"以人为本"还与我国"民本"思想的传统有一定渊源。战国时代齐国大臣管仲就有过"以人为本"的提法，作为一种治国的策略，主张重视解决人的问题，以便"本理国固"，试图使齐国称霸于列强之中。历代各朝的统治者或思想家，都有重视和主张善待君民关系的。孟子所说"民为贵，社稷次之，君为轻"，和"苛政猛于虎"论，就是一直流传的名言。荀子曾说："君者舟也；庶人者，水也。水则载舟，亦能覆舟。"这个君民如舟水关系的比喻，也曾警戒过历代统治者。清朝乾隆皇帝在颐和园兴建永不沉没的石舫，试图挑战"水则载舟，亦能覆舟"的道理，最后清王朝仍为革命人民所推翻。显然，历史上的"民本"思想有严重的历史局限性，往往居高临下地对待民众，以恩赐的观点施惠于民，安抚百姓，以便维护和巩固皇权统治。今日的"以人为本"，是应当视人民为历史的创造者、社会与国家的主人，而国家干部，不论职位高低，按照马克思的本意，都是人民的公仆。因此，我们虽可吸取"民本"思想的某些合理因素，但二者宗旨和依据根本不同，不可同日而语。

"以人为本"，可以说是一个政治哲学的概念。它既是一个政治、路线的原则，又富于哲学、理论的内涵。这里所说的"人"，从政治的含义说，是指建设社会主义社会的全体成员，首先是最广大的人民群众；从哲学的含义说，又是指具有"类本质"（马克思所说"自由自觉的劳动"）的人，意在发挥人的主体性。之所以提"以人为本"，而不是提"以民为本"，这固然有别于我国自古以来的"民本"思想，还由于"人"比"民"含义更广，包含的范围更大。"民"只是相对于"君"或"官"而言，"人"则是相对于"神"或"物"而言，更富于哲学意蕴。所以，它不仅仅是一个政治范畴，而可说是一个政治哲学的范畴。这里所说的"本"，既是路线、政策，又是哲学、理论的一个出发点和归宿点，是思考各种问题的依归。

2. "以人为本"与唯物史观

唯物史观认为决定历史发展的力量，不是英雄人物的意志、观念，而是人民群众的实践活动，首先是物质生产的实践。生产力与生产关系的矛盾，是社会生活中最基本的矛盾。这里像是以物质资料的生产为本，为何又提出"以人为本"？"以人为本"与唯物史观是否一致？这看来是有关讨论的一个主要疑点。持这种疑点的人以为，"以人为本"是从一般的人出发，而不是从物质生产关系出发，就难以说明社会历史问题，难以避免唯心史观，于是他们或者与"以人为本"的思想格格不入，或者就试图在唯物史观之外寻找"以人为本"的哲学基础。比如，有人把马克思主义哲学分成三个部分：（1）辩证唯物主义，研究自然界；（2）历史唯物主义，研究社会历史；（3）科学人本主义，研究人。这显然把研究社会历史与研究人分开来了。试问离开社会历史、社会生产关系，怎能研究人？而离开现实生活中的人，又怎能研究社会历史？这种研究很难成为"科学的人本主义"，倒是容易退回到历史上的人本主义去。

其实，"以人为本"的根据就在哲学本身，特别是马克思主义哲学本身。哲学本是对宇宙、人生根本问题的探究。人与人所生存的世界，就是哲学的研究对象。那种无人类生存、无意识现象的世界，只是一种幽冥的世界，不会有任何价值和意义。人是什么？这本是西方思想源头的千古之问。古希腊哲学家们，在探究世界本源问题的同时，就早已开始对人的探索。智者派普罗泰戈有一个著名论点："人是万物的尺度"，被黑格尔誉为"一个伟大的命题"。这个命题对古希腊大哲学家苏格拉底、柏拉图等人发生过深刻的影响。实际上西方哲学的历史长河一直没有离开过人的主题，就连极为抽象的符号逻辑，也仍是属于人的思维形式。中国传统哲学有自己民族文化的特色，古代文献《尚书·皋陶谟》中就有"知人则哲"、"安民则惠"的表述，实际把哲学看作"知人"、"安民"的智慧。"天人合一"是中国哲学的基本命题，"究天人之际"、"通古今之变"，可说是中国哲学的主旨。

至于马克思主义哲学，它的核心部分是唯物史观，把生产力与生产关系的矛盾、经济基础与上层建筑的矛盾，看作决定社会发展的基本矛盾，推动历史前进的基本动力。但这种矛盾和动力，决不在人的活动之外，而是在人的活动之中。人的发展是社会发展的结果，又是社会发展的原因。人是历史的客体，又是历史的主体。在上演伟大话剧的社会历史舞台上，人既是剧中人，又是剧作者。在《德意志意识形态》这部唯物史观的奠基之作中，马克思、恩格斯反复强调："我们的出发点是从事实际活动的人"，"是从现实的有生命的个人本身出发。"这里的人，无疑是现实生活中的人，与历史上人本主义者所说的抽象的人是根本不同的。再从马克思主义的理想目标看，马克思在《共产党宣言》和《资本论》中都讲到，目的在于消灭阶级剥削与压迫，建立一种"自由人的联合体"。在《资本论》的手稿中，马克思设想"建立在个人全面发展和他们共同的社会生产能力成为他们的社会财富这一基础上的自由个性"。所以，不论从马克思主义哲学的出发点还是归宿点来看，"以人为本"与历史唯物主义是一致的，并且是以历史唯物主义为基础的。

（三）"以人为本"反对的三种倾向

1. 反对"以神为本"或个人迷信

西方文艺复兴时期波澜壮阔的人文主义思潮，就是以人来对抗神，强调人的主体地位，反对对神的顶礼膜拜。费尔巴哈运用人本主义观点分析神的观念的起源，肯定人创造了神，而不是神创造人。是人按照自己的形象想象出来的神，却反过来统治、束缚着人，这便是宗教的"异化"。费尔巴哈批判了神学中心论和黑格尔的思辨唯心主义，恢复了唯物主义的权威，使哲学从神圣的天国回到现实的人间。

宗教、神学观念，在中国人的头脑中，历来不占主导地位。但两千多年的中央集权统治，又是皇位世袭，便形成了根深蒂固的皇权观念，往往又把帝王或领袖人物神化，推崇个人迷信和个人崇拜，同样严重压抑了人性与个性的伸张。今日坚持"以人为本"，就是要认真总结意识形态领域的经验教训，尽力肃清个人崇拜的种种影响，真正发扬人的主体性，恢复和弘扬人的价值与尊严，从各个方面，让每一个普通人都挺立在天地之间。

2. 反对"以官为本"或"以权为本"

我国改革开放30年来，生产水平快速提高、人民生活显著改善，但由于政治体制改革滞后，许多制度上的缺陷和漏洞，造成了国家机关权力分配机制与市场商品买卖机制相交织，出现了权力与金钱相结合、相交易的严重弊端，使贪污腐败之风蔓延。这种风气又与我国历史上长期形成的官僚制度的深厚影响以及"学而优则仕"、读书为做官的社会习染相互助长，结果使整个社会弥漫着"官本位"的观念，处处以官阶、官位、头衔为重，而不是以学识、才能、贡献为重。许多人热衷于追逐官位、攀附高官，甚至出现买官卖官的丑恶现象。这种风气若愈演愈烈，则势必助长官僚主义和贪污腐败，并严重压抑广大干部和群众的积极性，使自强不息的民族精神逐渐萎缩。真正坚持以人为本，就要从政治体制上使人民群众切实地当家做主，对国家事务能广泛地参政、议政，对各种权力切实地发挥监督、制约的作用。只有充分发扬民主，使人们不是唯官是从、唯上是从，不受头上的权力和外在的力量所左右，而是人人敢于发表意见，独立承担责任，积极有所作为，敢于抵制、批评、揭发不正之风。只有确立和健全充分民主的政治体制，才能形成生动活泼的政治局面，根治贪污腐败，彻底转变官本位的观念，使广大人民群众真正成为国家的主人，使机关工作人员切实成为人民的公仆。这才是马克思创立马克思主义理论的本意，也是坚持以人为本应有的宗旨。

3. 反对"以物为本"或"以钱为本"

西方的文艺复兴运动和资产阶级革命，推翻了神学统治和封建制度，但资本主义商品经济的高度发展，又逐渐形成了"商品拜物教"。马克思在《资本论》中揭露资本的特征时，指出资本主义制度下人们把商品、货币当作神来崇拜，形成拜金主义观念，而在商品、货币的背后，正是人与人之间的关系。如果说神是人脑的产物，是人按照自己的形象想象出来的，却反过来控制、束缚人，这是费尔巴哈所说宗教上的异化，那么商品、货币则是人手、脑并用的产物，是人通过劳动实践产生出来的，却反过来支配、奴役人，这是马克思在《1844 年经济学哲学手稿》中所论劳动的异化。我国社会没有经历西方那样的资本主义发展阶段，但在当今市场经济的大潮中，人们的观念也发生了急剧的变化，以往支配人们头脑的价值观念，不同程度地带有空想或空头政治的色彩，经受不住商品、货币浪潮的冲击，形成了追逐物质利益的拜金主义热，普遍呈现"以物为本"、"以钱为本"的倾向。

其实现代化建设的宏伟目标，是全方位、多层次的。既有物质、经济的层面，更有精神、文化的层面。决不能单纯追求经济指标的增长，而忽视精神、文化的提升。"以经济建设为中心"的方向是正确的，不可动摇。但发展经济的目的，在于全面满足人民群众物质、文化生活的需要。而且一时经济指标的上升，比较容易达到，而民族文化素质的提高，民族精神的培育，是更为艰难的事业，一旦萎缩或衰退，就比较难于恢复和振兴。经济建设，要从全局着眼，从长远考虑，为子孙后代着想，不可急功近利，搞短期行为。

"以人为本"，就是要见物更要见人，要使人大于物，心中树立一个大写字母的"人"，努力创造条件，使人得到自由全面的发展。

只有坚持"以人为本"，才能保证科学发展观的全面贯彻，使我国现代化建设全面可持续地发展。所以，提出和坚持"以人为本"，不仅具有政治、路线、政策上的重大意义，而且在哲学、理论、观念上也是一个长足的进步。当然，这里还有一些理论问题需要深入探讨。真正坚持"以人为本"，也需要长期坚忍不拔的努力。

三 "以人为本"的哲学根据

"以人为本",是一种清新的决策和认识。"坚持以人为本,树立全面、协调、可持续的发展观,促进经济社会和人的全面发展。"① 这不仅是当今中国社会的一种发展战略,而且富于哲学的意蕴和根据。

(一) 哲学的归宿在于人

什么是哲学? 古往今来,有许多种不同的说明和定义。但谁也不能否认,哲学不能离开人。哲学是人所创立的关于宇宙、人生的一种整体性观点或理论体系。长期流行的一种说法是:哲学是世界观,或"关于世界观的学问",按这种说法是:哲学是世界观,或"关于世界观的学问",按这种说法,哲学似乎只把世界作为客体来研究,似乎人在世界之外,在哲学的研究对象之外。诚然,客观的物质世界在人类出现之前早就存在了,它有其自身形成、发展的规律。但是,没有人类出现、不存在意识现象的物质世界,是一种幽冥的世界,是谈不上有什么价值和意义的。哲学所研究的世界,是与人发生关系的世界,或称:"为人的世界"。哲学所要研究的,是世界与人的关系。哲学的定义也许可以这样说:哲学是关于宇宙和人生根本问题的探究。

古希腊人在探究世界本源问题时,也早已开始对人的探索。相传古希腊德尔斐神庙中铭刻的一句箴言是:"认识你自己。"原子论哲学家德谟克里特在设想世界是由原子与虚空构造的同时,也在思索"人应当怎样活着"。智者派的代表人物普罗泰戈拉,提出了一个震古烁今的著名论点:"人是万物的尺度,是存在者存在的尺度,也是不存在者不存在的尺度。"② 黑格尔对此曾高度评价说:"这是一个伟大的命题。"或"一句伟大的话"③。因为这无疑是把人看做衡量一切事物的价值的准绳。这个命题曾对苏格拉底和柏拉图发生深刻的影响。从此,西方哲学的重心便开始从宇宙转向人,从客体转向主体。西方自文艺复兴以来,不但出现了与

---

① 见《中共中央关于完善社会主义市场经济体制若干问题的决定》(2003 年 10 月 21 日)
② 《西方哲学原著选读》上卷,商务印书馆 1981 年版,第 54 页。
③ 黑格尔:《哲学史讲演录》第 2 卷,三联书店 1957 年版,第 27 页。

"神学学科"相对立的"人文学科",而且出现了与神本论相对立的以人为中心的人文主义思潮,这种思潮长盛不衰,它的基本特点是尊重人和人性,以"人道"与"神道"相对抗。西方近现代出现的种种社会思潮中有两种基本思潮,便是人本主义与科学主义,这两种思潮之间,虽有争议、对立的一面,又有相互作用、相互渗透的一面。在科技迅速发展的20世纪,尽管西方呈现科学研究日益兴旺、人文研究日趋冷落的倾向,但二者经过长期的密切沟通,人文研究的独立地位,人文精神的呼声正在逐渐加强。这种情景,甚至在"西方马克思主义"思潮中,也可明显地看到。

西方哲学中有比较系统的本体论、认识论、逻辑学,中国传统哲学中也有这些方面的成分,但不明朗,而重视人伦关系,突出了人生哲学,蕴含着人的生活韵味。这是中西哲学之间的特性及差异问题,而不是哲学的有、无问题。西方有些学者,包括黑格尔在内,据此认为中国没有什么哲学,这是用西方的某些哲学模式来看中国的传统哲学,是有偏见的。每个民族都有自己的哲学,只是思维方式、侧重方面各有不同。但是,哲学的最后归宿都是人,都是人关于宇宙、人生的终极思考,这却是共同的。

（二）现实的人,本是马克思主义哲学的出发点

"以人为本",是否与历史唯物主义的基本观点相一致?这是人们在讨论中提出的一个疑问。历史唯物主义是马克思主义哲学的核心部分,它强调生产力与生产关系、经济基础与上层建筑的矛盾决定着社会历史的发展。生产力与生产关系的矛盾,是社会历史发展的最基本的矛盾。马克思在《关于费尔巴哈的提纲》中指出,人的本质"在其现实性上,它是一切社会关系的总和"。这样说来,生产关系的概念,或者说,生产力与生产关系的概念,是历史唯物主义最基本的概念,怎么又"以人为本"呢?其实,生产关系,就是指现实生产过程中人们之间的关系,生产力中的首要因素,也是生产者、劳动者。生产力,特别是生产关系的概念,是从现实的人的实践活动中概括出来的。很难想象,离开现实活动着的人,能够得出生产关系的概念,能够揭示出生产力与生产关系的矛盾。

当然,我们现在讲"以人为本",并不是要回到哲学史上的"人本主义",如费尔巴哈的人本主义。费尔巴哈抛弃了黑格尔的"绝对观念"或"自我意识"的出发点,要求把人看做感性的现实的人,让德国哲学从天上降到人间。然而，费尔巴哈仍然是孤立地、直观地从生物学角度看待人，因而"除了爱与友情，而且是理想化了的爱与友情以外，他不知道'人与人之间'还有什么其他的'人的关系'"①。费尔巴哈的出发点，是名为现实而实则抽象的人，而马克思则是扬弃了费尔巴哈的"人本主义"，他的出发点在于现实的、从事实际活动的人，因而是处于一定的社会生产关系中的人。正是从这种现实的人出发，才创立了历史唯物主义。

既然这样，长期以来，我们在宣传和研究历史唯物主义时，为什么主要讲生产力与生产关系、经济基础与上层建筑的矛盾，而不讲现实的人这个出发点呢？这里有一个理论的和历史的原因，马克思的《政治经济学批判》序言中有一段大家都很熟悉的话，马克思在讲到一定的生产关系要与生产力发展的一定阶段相适合，政治、法律和意识形态等上层建筑要与作为现实基础的生产关系的总和相适合之后，便指出："社会的物质生产力发展到一定阶段，便同它们一直在其中运动的现存生产关系或财产关系（这只是生产关系的法律用语）发生矛盾。于是这些关系便由生产力的发展形式变成生产力的桎梏。那时社会革命的时代就到来了。随着经济基础的变更，全部庞大的上层建筑也或慢或快地发生变革。"② 这一段话的确比较重要，表达得也比较完整和连贯。正如马克思自己在这段话的前面所说：这是"我所得到的，并且一经得到就用于指导我的研究工作的总的结果。"③ 于是，人们就往往把这一段论述看作历史唯物主义的一个完满的、经典的定义或公式。由于这里并没有谈到现实的人的出发点问题，长期以来，特别是在革命和战争年代或政治激烈动荡时期，人们便逐渐忽视或淡漠了这个方面。

我们知道，《德意志意识形态》是历史唯物主义的一部奠基作。在这里，马克思、恩格斯多方面地论述了历史唯物主义的基本思想。这部著作，与《关于费尔巴哈的提纲》一起，可以看作马克思主义哲学、历史唯物主义的诞生地，或者可以看作一种"原生态"。与《〈政治经济学批判〉序言》那一段论述相比，这里的阐述看似不如那里的集中、明朗，却涉及历史唯物主义的来龙去脉，涉及更广泛的内容。虽然质朴一点，却

---

① 《马克思恩格斯选集》第 1 卷，2012 年版，第 159 页。
② 见《马克思恩格斯选集》第 2 卷，2012 年版，第 2—3 页。
③ 同上书，第 2 页。

显得更为丰富而生动。这里关于"生产关系"的概念，有时表达为"生产关系"，更多地表述为"交往形式"（包含"生产关系"的含义，但似蕴意更广）。在阐述生产力与生产关系、经济基础与上层建筑，以及社会存在与社会意识的关系等基本思想时，马克思、恩格斯多次反复地强调："我们的出发点是从事实际活动的人"，"是从现实的有生命的个人本身出发"。这种出发点，既是与费尔巴哈的抽象的"人"、施蒂纳的"唯一者"相对立，又是创造崭新历史观的理论出发点。总之，历史唯物主义关于生产力与生产关系、经济基础与上层建筑的矛盾推动社会历史发展的思想，与现实的人的出发点是相辅相成、有机统一的。一方面，只有从现实的人出发，才能得出生产关系的概念，揭示生产力与生产关系这个社会最基本的矛盾；另一方面，只有透过社会生产关系，才能最终把握现实的人的本质。所以，现在提出"以人为本"的思想，并不是在历史唯物主义之外提出的一个命题，而正是与历史唯物主义相吻合而统一的。马克思也曾说过，唯物史观就是"关于现实的人及其历史发展的科学"。

那么，长期以来，人们为什么会忽视《德意志意识形态》中的论述呢？看来有几点历史的原因：

1. 《德意志意识形态》写于 1845—1846 年，是马克思比较早期的著作，一般认为不够成熟或不大定型，而《〈政治经济学批判〉序言》则是写于 1859 年，属于马克思理论成熟以后的著作，因而长期把后者中的论述当作经典、完备的定义，而忽视、淡忘了前者。

2. 《政治经济学批判》在 1859 年就出版了，而《德意志意识形态》则是在 1932 年才第一次全文出版。中文本于 1960 年才全文编入《马克思恩格斯全集》第 3 卷出版。列宁在 1924 年 1 月去世，他也没读过《德意志意识形态》。这种出版时间的历史状况，也造成了某些认识上的"先入为主"和历史的局限性。

3. 在以革命和战争为主题的历史时代，人们易于把历史唯物主义与革命和阶级斗争的任务联系起来。民主革命胜利后，又相当长时期地强调阶级斗争和无产阶级专政，激烈批判人道主义和人性论。在人们的观念里，似乎马克思主义与人道主义是根本对立的，"各种思想无不打上阶级的烙印"，似乎除了阶级性以外，再也不可能有什么一般的共同的人性了。因而对"人道"、"人性"、"人"的概念都有所忌讳。改革开放以来，这种状况有所改变，但在 80 年代那场关于异化和人道主义的讨论中，也仍然显露长期思想主线的痕迹，对《德意志意识形态》中的观点，仍然发生异议。

以上说的是马克思哲学理论的出发点。同时我们还可以看到，马克思思想和事业的理想目标，是通过无产阶级的解放来解放全人类，最后建立人的自由全面发展的联合体。如果说，在《〈政治经济学批判〉序言》中，马克思是按社会生产关系划分几种社会形态的话，那么，在《资本论》手稿中，马克思是按人的独立性与个性的发展状况来划分社会形态的：最初的社会形态是"人的依赖关系"，个人完全从属于某种共同体，无独立性可言；第二大形态是"以物的依赖性为基础的人的独立性"，比如在资本主义社会，个人虽可独立出卖劳动力，但仍依赖于商品、货币、资本，实际并无独立性；第三大形态则是："建立在个人全面发展和他们共同的、社会的生产能力成为从属于他们的社会财富这一基础上的自由个性。"① 可见这种形态下的独立性和自由个性的发展，是有一系列先决条件的。在《共产党宣言》中，马克思也指出："每个人的自由发展是一切人的自由发展的条件。"② 所以，现实的人是马克思哲学思想的出发点，而人的自由全面的发展，又是马克思哲学思想的目标和归宿。

（三）马克思的"类"概念和全球性问题

人与人之间，既有其差别性、特殊性的一面，也有其共同性、一般性的一面。

马克思在《1844 年哲学经济学手稿》中提出人的"类本质"的概念，把人看作与动物相区别的"类存在物"。这当然不免带有费尔巴哈的抽象的"类"的思想痕迹，但也确实反映出一切人的共同性的方面。值得注意的是，马克思在完成了唯物史观的创造之后，也仍然使用过"类"的概念，他在《剩余价值理论》中批评法国经济学家西斯蒙第把个人福利与人类发展相对立的观点时指出："人类的能力的发展，虽然在当初与个人的发展归于一致；并且个人的高度发展，也只有由一个以个人为牺牲的历史过程来购买，因为种属的利益，在人类界，是和在动物界、植物界

① 《马克思恩格斯全集》第 30 卷，人民出版社 1995 年版，第 108 页。
② 《马克思恩格斯选集》第 1 卷，人民出版社 2012 年版，第 422 页。

一样，要由个体的利益的牺牲贯彻。"① 尽管从 19 世纪中期至 20 世纪初，由于期待无产阶级革命的到来，马克思主义经典作家较多地注视阶级、民族的各种矛盾，而较少地谈论人类的共同方面。而在 20 世纪的前半个多世纪里，在社会主义事业的曲折历程中，阶级与阶级斗争又被夸大到难以置信的地步，用阶级性完全代替人性，结果造成了人类文化的重大损失和人性的严重扭曲。其实，只要我们扩大视野，从纵的方面看，在人类社会历史的长河中，阶级社会只是相当短暂的一段；从横的方面看，在阶级社会里，社会群体的存在形式，除了阶级以外，也还有民族、种族、职业行会、宗教团体等。各种群体之间的关系是错综复杂的，各个历史时期有不同的突出的方面，并没有什么赤裸裸的阶级和阶级斗争；从马克思的理论体系来看，阶级是要逐渐消灭的，从事阶级斗争和建立无产阶级专政本身并不是目的，只是达到理想目标的一种手段。再说，人的本质，既然"在其现实性上，它是一切社会关系的总和"，就不能单纯归结于阶级关系，就不能把人性简单地等同于阶级性。应当说，纯阶级的人与费尔巴哈的那种纯生物学的人一样，也是一种抽象的人，而不是现实的人。

当今人类社会已进入 21 世纪，社会主义与资本主义需要长期共存和互相交往，不仅在世界范围内，而且在一国之内，都已成为不可避免的事实。世界一体化中的全球性问题更是日益凸显出来。首先是经济生活的交往，虽然不免以西方工业发达国家为主导，打上强国的烙印，但落后国家在与西方各国的经济贸易关系中，也必须遵守世界市场的共同规则和规范，也会反映出某些全人类的共同利益和需要。同时，地球生态环境的恶化，不能不引起各国的共同关注。环境污染，病毒扩散，都是没有国界的。环境保护、疾病预防，核战争带来毁灭人类的威胁，都密切关系到各国人民的共同命运。一场国际范围的"非典"歼灭战，举世震惊，全球联防。生物遗传工程中的转基因克隆技术也不免使人类忧虑。所有这些，都促进了人类共同携手的愿望。人们的思维方式愈来愈趋向于联系、整合。虽然当今世界的阶级矛盾、民族矛盾仍然相当尖锐，但是类与个体的关系，类概念与阶级概念、民族概念的关系，都是值得深入探讨的理论问题。马克思提出的"类"和"类本质"的问题蕴含着哲学的深意。

总之，提出"以人为本"，不仅具有政治、政策上的重大意义，而且

---

① 马克思：《剩余价值学说史》，《资本论》第 4 卷，上海三联书店 2009 年版，第 219 页。

在哲学、理论上也是一个长足的进步，似有"回到马克思"的真意。当然，也提出了深入探讨和充分阐述的任务。

（写于 2004 年）

四 "人化自然"学说与现代科技革命

《1844 年经济学哲学手稿》（以下简称《手稿》）是马克思主义哲学形成中的奠基性著作。《手稿》中"人化自然"的观点与"异化劳动"的分析有着逻辑的内在联系。长期以来，人们对"人化自然"的概念有着不同的理解和评价。深入开掘"人化自然"学说的理论内涵，对于从人与自然关系的角度来丰富马克思主义认识论的理论基础——实践观，具有重要的理论意义；同时，对于回答现代科技革命中主体与客体关系的迫切问题，在我国现代化建设中正确处理人与自然的关系，也有一定的现实意义。

（一）人化自然学说的思想来源

与"异化"的概念同样，"人化自然"的概念也直接来源于德国古典哲学，特别是来自黑格尔和费尔巴哈的某些论述。

黑格尔在分析艺术美的理想时，谈到人为了达到主体与客体的一致，就要通过活动和技能，利用外界事物来满足需要。黑格尔说，这就"把他的心灵的定性纳入自然事物里，把他的意志贯彻到外在世界里"，于是"人把他的环境人化了"[1]，他认为，这才达到人与外界事物的和谐关系。黑格尔的这种"人化环境"的观点显然对马克思是有影响的，但是，黑格尔所讲的"人化"，不过是精神意识外化在自然环境中。马克思说，在黑格尔那里，"人的本质的一切异化都不过是自我意识的异化。自我意识的异化没有被看作人的本质的现实异化的表现"[2]。

费尔巴哈在分析宗教的起源和秘密时也说过："人以多种多样的方式

---

[1] 黑格尔：《美学》（中译本）第 1 卷，人民文学出版社 1962 年版，第 318 页。
[2] 《马克思恩格斯全集》第 42 卷，人民出版社 1979 年版，第 165 页。

人化自然本质，反过来——因为，二者是不可分割的——也以多种多样的方式来对象化、外化他自己的本质。"① 在他看来，由于人惊异自然力量的威严，和对自然力量的无知，就把自然人化为全知全能者和至善至慧者，从而创造出最高的神——上帝。他认为神的产生，是人把自己的本质赋予自然的结果。他这里所说的"人化自然"，不过是人对自然的一种虚幻的想象和感觉。他使神人化，使人自然化，认为神是人的产物，人是自然的产物，却看不到人化自然的积极作用。

总的说来，黑格尔的"人化自然"的观点，虽然看到了人和人的思想的能动性，但他夸大了这种能动性，是一种唯心主义的观点；费尔巴哈的"人化自然本质"的观点，以人和自然为出发点，反对神学和唯心主义，但认为人对自然只是一种静态的直观，因而否定了人化自然的能动性的意义。不论是黑格尔还是费尔巴哈，都没有把人化自然与社会的实践联系起来，而且都把人的本质的异化和对象化混同起来了。

（二）马克思"人化自然"概念的科学含义

马克思在《手稿》中沿用了"人化自然"的术语，但对其内容、观点则进行了改造。他从社会意识转向社会经济的领域，抓住生产劳动这个基本环节，把劳动中的异化和对象化作了区分。他是在层层分析了异化劳动之后，在阐述共产主义的学说时，提出"人化自然"的思想的。这里孕育着马克思主义哲学的实践观点和哲学史上的根本变革。

马克思认为，人在实践活动中必定与客观对象发生关系，但特定的活动有特定的对象。特定的对象如何能成为他的对象呢？这决定于两个条件：第一是客体，即"对象的性质"；第二是与之相适应的"本质力量的性质"，即主体、人的本性、特点。比如，眼睛的对象不同于耳朵的对象，只有音乐才能激起人的音乐感，但是，"对于没有音乐感的耳朵说来，最美的音乐也毫无意义"②。那么，人的各种感觉、意识及其能力又是如何形成的呢？马克思说："不仅五官感觉，而且所谓精神感觉、实践感觉（意志、爱等），一句话，人的感觉，感觉的人性，都只是由于它的对象的存在，由于人化的自然界，才产生出来的。五官感觉的形成是以往

---

① 《费尔巴哈哲学著作选集》下卷，生活·读书·新知三联书店 1962 年版，第 822 页。

② 《马克思恩格斯全集》第 42 卷，人民出版社 1979 年版，第 125—126 页。

全部世界历史的产物。"① 就是说，人的感觉、意识的产生，首先必须依赖于客观存在的、实践改造的对象，但单有对象的存在，还只是产生感觉、意识的可能，只有通过"人化自然"的实践活动，才使这种可能变为现实。显然，这里所说的"人化自然"的观点，既不同于黑格尔的精神、意识的外化，也不是费尔巴哈所主张的人对自然的单纯直观，而是一种能动的、历史的反映论观点。

在这里，马克思也把人化了的自然看作"人的本质的对象化"②。就是说，在经过人变革的自然对象中，凝结着人的本质，看到了人自身。他说："通过实践创造对象世界，即改造无机界，证明了人是有意识的类存在物。"③ 在异化劳动中，劳动的对象化（即生产产品）变成对象的丧失，产生劳动和对象对劳动者的异化，人的本质的对象化也就表现为它的异化。在消除异化劳动以后，人的本质得到复归，人的本质的对象化才得以充分地实现，在人化自然的活动中，就可以创造出适应自然界全部丰富性的感觉、意识，就可以极大地丰富人的认识的内容。

马克思这里所说的"人的本质"是什么呢？循着把生产看作"反映我们本质的镜子"④ 这个线索，从对异化劳动的分析入手，马克思合乎逻辑地说明了人的本质在于人的社会性，在于人与人之间的社会关系。

马克思从分析劳动产品的异化，到分析劳动活动的异化，就是从结果发展到原因，而劳动产品、劳动活动的异化，都说明它们属于劳动者之外的另一个存在。这个存在是谁呢？是神灵、是自然吗？都不是，因为随着自然的日益被征服，神灵奇迹越来越成为多余，劳动者却越来越失去劳动中的快乐和享受。这就说明，只有人本身才能成为统治人的异己力量，因而必然要回到这样一个命题："人同自身的关系只有通过他同他人的关系，才成为对他说来是对象性的、现实的关系。"⑤ "当人同自身相对立的时候，他也同他人相对立。"⑥ 马克思认为人的各种活动和享受都是社会的，而人作为"类存在物"，不同于动物的，也首先在于他与他人的社会

---

① 《马克思恩格斯全集》第 42 卷，人民出版社 1979 年版，第 126 页。
② 同上。
③ 同上书，第 96 页。
④ 同上书，第 37 页。
⑤ 同上书，第 99 页。
⑥ 同上书，第 98 页。

联系。因此，在人的活动和认识中，对象要成为人的对象，马克思说，
"只有当对象对人说来成为社会的对象，人本身对自己说来成为社会的存
在物"的条件下，才是可能的①。这已经逐渐明确地揭示了人的本质的社
会性。

马克思认为，扬弃了异化劳动和私有制的共产主义，是"对人的本
质的真正占有"②，也就是"人向自身、向社会的（即人的）人的复
归"③。这当然是一个否定之否定的过程，

但这是客观的、现实的过程，而绝不是虚幻的、思辨的过程。所谓
"复归"，就是要在更高的基础上恢复生产劳动中被异化了的人们之间的
社会关系，恢复平等和互相协作的关系。马克思说他所主张的共产主义学
说就是"完全的自然主义"，实际上就是指彻底的唯物主义，把唯物主义
贯彻到社会历史领域，揭示人的社会本质；又说是"完全的人本主义"
（这里的 Hu manis mus 译为"人本主义"较"人道主义"更切合马克思
的原意），实际上就是把社会关系看作人的本质的彻底的关于人的学说。
马克思指出，这种共产主义的学说就是"人和自然之间，人和人之间的
矛盾的真正解决"④。后一方面，就是要消除异化劳动和私有制，实现向
人的本质的复归，前一方面，就是通过生产实践，变革自然，实现人化自
然。共产主义解决这两方面的矛盾，就是真正占有和全面发展人的本质，
充分发挥人的本质力量，从而极大地推动人对自然的变革。这里体现了
人、社会与自然的辩证统一。

马克思以人的实践的"类生活"与费尔巴哈的单纯自然的"类"区
别开来，指出："动物只是按照它所属的那个种的尺度和需要来构造，而
人却懂得按照任何一个种的尺度来进行生产，并且懂得处处都把固有的尺
度运用于对象……因此，正是在改造对象世界的过程中，人才真正地证明
自己是类存在物。这种生产是人的能动的类生活。"⑤ 这显然包含着人认
识、利用客观规律来自觉地建造世界的思想。可见，"人化自然"的概念
正孕育着马克思的实践观点，说明马克思的思想已经在发生着与费尔巴哈

---

① 《马克思恩格斯全集》第 42 卷，人民出版社 1979 年版，第 125 页。
② 同上书，第 120 页。
③ 同上。
④ 同上。
⑤ 同上书，第 57 页。

的根本区别。

我们可以将"异化"和"人化自然"的两个概念作一简略的比较。二者都是《手稿》中的重要概念,马克思将德国古典哲学中这两个概念,从宗教或思辨领域的分析转向生产劳动和经济关系的分析,从而赋以崭新的内容和含义。如果说,异化概念侧重于揭示生产中人与人的关系,深入揭露私有制,特别是资本主义条件下劳动者与剥削者之间的对抗性;那么,人化自然的概念则侧重于人与自然的关系的分析,并且展示了异化劳动和私有制消除之后,共产主义条件下人类认识、利用和改造自然的广阔前景。如果说,异化概念是一个历史范畴,揭示了人类整个历史发展的一段时期,即私有制时期的社会关系的本质;那么,人化自然的概念,则是揭示了整个人类社会历史中人、社会与自然的辩证关系,这种关系,随着人类社会历史的发展,还将愈来愈充分地显示出来。《手稿》中沿用的这两个概念和术语,在马克思以后公开发表的著作中,都没有广泛地被使用,但关于"人化自然"的思想内容,却得到了广泛的发挥,日益显示出重要意义。

(三) 人化自然学说的发展

有的同志认为,"人化自然"只是马克思偶尔提及的概念,似乎并不重要。其实,上述"人化自然"的观点,在《手稿》中是从不同角度多处论及的。马克思有时是指人的实践活动的对象,即人化了的或正在人化着的自然,有时是指实践活动本身,即人们变革自然的活动。总的说来,马克思使用这个概念,主要说明实践活动中人与自然的辩证关系,着重阐发人在实践中的能动性、创造性。

到 1845 年,当马克思的哲学体系基本形成,并与费尔巴哈彻底划清界限的时候,他就明确地自称为"实践的唯物主义者"了,"人化自然"的观点也就表述得更为明确。他说:"……实际上,和对实践的唯物主义者,即共产主义者来说,全部问题都在于使现存世界革命化,实际地反对并改变现存的事物。"① 马克思在批评费尔巴哈对世界的单纯直观的观点时指出:"他没有看到,他周围的感性世界绝不是某种开天辟地以来就已存在的、始终如一的东西,而是工业和社会状况的产物,是历史的产物,

---

① 《马克思恩格斯选集》第 1 卷,人民出版社 2012 年版,第 155 页。

是世世代代活动的结果。"① 这就是说，自然界固然在人类出现以前早已存在，但自从人类出现以后，由于人类通过实践活动的改造，自然界就在不断改变原来的自然状态，因而人们周围的自然界，就不能不是人化了的或人化着的自然。人不仅是自然的产物，而且是自然的改造者。

"人化自然"，作为人的实践活动的对象，当然不是整个自然界的全部，而只是其中的一部分。尽管人类有着几百万年实践活动的历史，但人化自然的部分，对于茫茫无限的宇宙来说，终究只是一小部分。人化自然并没有限制人的实践对象和认识对象，未人化的自然也对人们有着强大的吸引力，是人们将要伸展到的实践对象和认识对象，但是人化了的或人化着的自然，不但是既成的实践对象，而且是认识的基本对象。恩格斯说："人的思维的最本质和最切近的基础，正是人所引起的自然界的变化，而不单独是自然界本身。"② 人们正是在人化自然的过程中认识自然的。因此，对人的认识来说。人化自然有着最为现实而深刻的影响，它的意义远远超过未经人化的部分。

在"人化自然"中，主体与客体之间，不但有物质变精神，精神变物质的关系，而且有着相互的物质变换。马克思在《资本论》的手稿中讲到生产与消费的同一性时指出："在生产中，人客体化，在消费中，物主体化"③。就是说在生产方面，人把自己的劳动物化在产品中，在消费方面则又发生物的人化，劳动产品的消费直接引起人的生长发育，并延续后代。但不论在哪种情况下，人又总是处于主导的能动的地位。人化了的自然，凝结着人的劳动，是物化劳动的成果，并改变了物质形态。人的这种改变世界、支配世界的特点和能力，是与其他动物的最后本质的区别，人为了征服自然，满足自己的需要，在实践活动中，可以对自己的形态进行再创造，创造出自然界原来没有的东西。人化自然既是人的本质力量的对象化，又是人的力量的确证。

但是，另一方面，对于人变革自然，改造对象的能动性，又不能过分夸大。首先，人的实践活动必须以自然界的客观存在为前提，离开了客观对象，劳动者什么也不能创造，什么也无从认识。其次，人对世界的变

① 《马克思恩格斯全集》第 3 卷，人民出版社 1965 年版，第 48 页。
② 《马克思恩格斯全集》第 20 卷，人民出版社 1965 年版，第 573 页。
③ 《马克思恩格斯全集》第 46 卷，人民出版社 1965 年版，上册，第 26 页。

革、创造，实质上只是改变自然的物质形态，绝不是无中生有。事实上，在人类出现以前，地球、宇宙本已存在。马克思说："［自然发生］说是对创世说的唯一实际的驳斥。"① 同时，人对自然的变革，必须遵循自然的客观规律，违背客观规律，只会遭受失败，甚至受到自然的惩罚。恩格斯曾经提出警言："我们不要过分陶醉于我们对自然界的胜利。对于每一次这样的胜利，自然界都报复了我们。"②

　　通过实践活动，人的意识对客观世界的反映和对客观世界的反作用，是不可分割的两个方面。与此相联系，人们对列宁在《哲学笔记》中的一句话存在着争议。列宁在摘录了黑格尔有关理论观念与实践观念的一段论述之后，在一个封闭的方框内写道："换句话说：人的意识不仅反映客观世界，并且创造客观世界。"③ 对这句话有几种不同的理解，截然相反的理解是两种：一种认为这是充分表现列宁思想的精粹语言；另一种认为这只是列宁以明白易懂的语言转述黑格尔的思想，或者说只是列宁对黑格尔思想的注解。我们的看法是：这句话是列宁对黑格尔思想的改造，基本上表达了列宁自己的思想，它与《手稿》中人化自然的观点在原则上是一致的。虽然列宁没有读过《手稿》，但列宁的思想，通过《关于费尔巴哈的提纲》、《资本论》等著作，与《手稿》中能动的反映论思想是相通的，其实，列宁说的，就是在实践中，人的意识与客观世界的既反映又变革的关系，也就是物质变精神，精神变物质的关系。

　　我们不同意把列宁这里所写的"创造世界"看作转述黑格尔的唯心主义观点。因为列宁首先说的是意识反映客观世界，这是前提，"创造"是指反映基础上的创造，主要是强调意识对客观世界的能动的反作用。可见"创造客观世界"并不是凭空创造，并不是创造整个世界，而是对客观世界的原有对象进行加工改造，创造出新的东西。因此，苏联哲学家凯德洛夫把它说成是"列宁对黑格尔的明显的唯心主义观点的表述"④，是缺乏充分根据的。黑格尔根本不会主张反映论。

　　同时，我们也认为，列宁的这句话，虽然在内容上表达的是列宁自己的思想，但又是在酝酿过程中的一种表达，还不是十分准确而完备的表

---

① 《马克思恩格斯全集》第 42 卷，人民出版社 1979 年版，第 130 页。
② 恩格斯：《自然辩证法》，第 158 页。
③ 《列宁全集》第 55 卷，人民出版社 1990 年版，第 182 页。
④ 凯德洛夫：《列宁〈哲学笔记〉研究》，人民出版社 1964 年版，第 65 页。

达。因为人的意识并不能直接反映和创造世界，必须通过有目的的实践活动来进行反映和创造，而且说意识创造世界，也比较容易引起误解。大概列宁也感到这句话需要作补充说明，所以紧接着就写了另一句话："这就是说，世界不会满足人，人决心以自己的行动来改变世界。"[①] 把前后两句话结合起来看，就是表达一个完整深刻的哲学思想，它表明了马克思主义认识论是反映论与实践论的统一，并且强调了人在实践中的能动性，这种能动性的最高体现就是创造。

可见，在《手稿》中处于萌芽状态的"人化自然"学说，在《资本论》及其《手稿》中，在列宁的《哲学笔记》中，得到了进一步发展。

（四）　当代科技革命标志着人化自然的新阶段

"人化自然"是一个漫长的历史过程。"人化自然"作为"第二自然"的存在，与人的历史实践具有同样久远的历史。"人化自然"是人类文明发展程度的指示器，是人类本质力量展现的指示器，也是人们争得自由的指示器。

直到近代，特别是在马克思主义哲学中，"人化自然"才成为一个意义重大的哲学概念，哲学学说。在现时代中，人与自然关系中出现了新的显著特征，而20世纪的科学技术革命，则使这些特征表现得更为突出。马克思主义哲学中的人化自然学说，可以说是对当代科技革命的"超前反映"和哲学预见，凝聚着对现代人与自然关系的哲学探索和哲学沉思。

20世纪科学技术革命标志着人化自然发展的新阶段，标志着人类征服自然、把自然力并入生产力，造福于人类的新阶段。在当代科技革命中，人化自然的发展正在日益攻取人类认识史上的那些最坚固堡垒，日益接近于解开20世纪科学史上的"宇宙之谜"（参看恩·海克尔《宇宙之谜》第14页）。这种历史进程突出地表现为以下四个方面的大趋势：

"人化自然"向微观世界发展，逐层深入到物质结构的更深层次。从19世纪末开始的物理学革命到当代的技术革命，人化自然的进程闯过了三重大关，突破了三个微观物质层次。第一个层次是在两个世纪之交，放射性和电子的发现，打破了"原子不可分"，"元素不可变"的传统观念。第二个层次是本世纪中期，随着量子力学的建立和爱因斯坦相对论，质能

---

① 《列宁全集》第55卷，人民出版社1990年版，第183页。

关系公式的提出,人化自然的足迹开始伸向原子核内部的深层。人们开始把原子核分成质子和中子,并逐渐学会人工掌握原子核的裂变和聚变,开始人工合成新元素,开发和利用原子能,揭开了现代技术革命的序幕。第三个层次是近二三十年间,人们利用各种类型的高能粒子加速器和高能探测器,使探索的足迹进一步深入到各种基本粒子内部。

"人化自然"向宏观世界发展,扩展到茫茫宇宙的广阔空间。由于原子能的利用,现代系统论、信息论、控制论的发展,出现了现代新型的空间技术。在 50 年代,第一颗人造卫星上天,至今已有数以百计的人造天体围绕地球飞行。60 年代开始出现载人宇宙火箭,并首次实现登月飞行,开始在另一星球——月亮上留下了人类实践活动的痕迹。到 70 年代,人们还发射了几十个行星际飞行器,飞金星、火星、水星、木星、土星上空。飞天奔月之类探索宇宙的古老神话,今天已经在相当程度上变为现实。

"人化自然"向着生命奥秘进军,向生物遗传工程方向发展。在这方面现代科技革命同样迈出了三大步。第一步,随着分子生物学的发展,在 50 年代发现核酸的分子结构,揭示出 DNA 是遗传信息的物质载体;第二步,在 60 年代进而破译了生物遗传密码,人工合成核糖核酸,趋向于人工合成生物大分子;第三步,从 70 年代起,又开创了生物遗传工程,用人工方法把不同生物的核酸分子提取出来,在细胞体外进行切割、搭配、重新缝合,再放回到生物体中去。也就是说,试图按照人类的意图和设想,把不同生物的遗传特性结合在一起,创造出生物的新类型,满足人类的物质需要。这为发展农业、工业、医学,描绘了诱人的远景。

由于人化自然出现了上述新的发展趋势,从认识论高度来看,在人与自然、主体与客体的关系上出现了如下四个方面的新特点,值得我们在社会主义现代化建设中高度重视。

现代科技革命大大增强了人的体力智力,使人的主体能动性空前提高了。从消极地适应自然,到创造工具,通过劳动实践,能动地改造世界,这是人从自然界中分化出来的开端。但在生产力低下的文明初期,人们改造自然、征服自然的能力是极其有限的,人化自然的范围也是极其狭小的。而到文明高度发展的当代,特别是现代科技革命中,人在与自然关系中,作为主体的地位空前增强了,这就使得人能驾驭巨大的自然力,使它们并入生产力。人化自然已经极为明显地区分为两部分:一部分人化自然的历史成果转化为强大的劳动工具、手段，包括带有智能器官的机器系统，作用于另一部分作为劳动对象的人化自然。正如马克思在《资本论》手稿中所预见的："生产过程从简单的劳动过程向科学过程的转化，也就是向驱使自然力为自己服务并使它为人类的需要服务的过程的转化"。①人工智能、人机系统的出现，意味着人的主体地位的增强，而不意味着出现了"人工主体"，与人的主体地位分庭抗礼。

　　现代科技革命使人与自然、主体与客体相互作用的辩证性、中介性大大增强，人化自然的全面扩展为人走向全面自由发展奠定了基础。普列汉诺夫认为，马克思《资本论》中的一个基本思想就是：当人作用于他身外的自然并改变自然时，也就同时改变他自身的自然。这里包含着马克思的历史理论的全部本质②。"人化自然"像一把双刃利剑，一面改造着自然，一面改造着人自身。在人化自然的过程中，存在着主体与客体的相互作用：主体的本质力量在客体上对象化，而客体和自然变得主体化、人化，人的意识、心理、情感、智力的发展，同人化自然的发展，形成了一种相互依存的同步运动。在现代科技革命中，这种人与自然、主体与客体相互作用的广度、深度，超过了前此以往的任何时代。同时，现代科技革命使这种相互作用愈来愈趋向于借助强大技术手段，作为中介环节。这种中介环节不是别的东西，恰恰是以往历史实践中已经人化了的自然，特别是微型电脑控制下的庞大的自控化机器体系。马克思在《资本论》中，非常欣赏黑格尔关于主体作用于客体的中介性的深刻辩证法："理性何等强大，就何等狡猾。理性的狡猾总是在于它的间接活动，这种间接活动让对象按照它们本身的性质互相影响、互相作用，它自己并不直接参与这个过程，而只是实现自己的目的。"③马克思预见到，自动机是由许多机械的和有智力的器官组成的，人的直接劳动将日益下降到生产过程的一个从属的要素，工人将不再是生产过程的主要当事者，而是站在生产过程的旁边，以生产过程的监督者和调节者的身份同生产过程本身发生关系。正是由于生产力的这种巨大变革，人们将从繁重的体力和智力劳动中解放出来。劳动时间将人为缩短，而自由时间将大为增多。人们按照自己个性发

----

①　《马克思恩格斯全集》第46卷，人民出版社1965年版，下册，第212页。

②　普列汉诺夫：《论一元论历史观之发展》，人民出版社，第107页。

③　马克思：《资本论》第1卷，人民出版社2004年版，第203页。

展的需要，从事科学、文化、艺术、娱乐方面的创造性活动。固定分工造成的狭隘、片面的人，将走向自由和谐的全面发展。马克思所说的"自由王国"，不仅在于人在物质生产领域中自觉地运用客观规律，而且在于作为目的的人的全面发展。现代科技革命使人化自然发展到一个新的阶段，为实现科学社会主义的理想目标，日益提供着有利的条件。

现代科技革命使科学技术在人化自然中作用显著增强，"科学——信息——人才"已经成为当代有决定意义的第三类资源。正如马克思《资本论》中所揭示的，在人类文明初期的第一次产业革命中，作为生活资料的第一类自然资源具有决定意义，如土地肥沃，水中渔产丰富。在人类文明发展较高阶段的第二产业革命中，作为劳动资料的第二类自然资源，如奔腾的瀑布，可航行的河流，可开采的煤层，广阔的油田，丰富的矿产，具有决定意义。而在文明高度发达的第三次产业革命中，有决定意义的既不是第一类自然资源，也不再是第二类自然资源，而是第三类资源；科学——信息——人才。为什么在资源问题上会发生这种"从自然到人"的重心转移呢？问题就在于，现代化的生产已经愈来愈趋向于科学在工艺上的应用，科学日益成为直接生产力，而信息则成为传播科学成果的主要媒介，人才是科学知识和管理技巧的活的载体。现代科技革命的时代，是一个以智取胜、以智谋富的时代。邓小平同志提出的"尊重知识，尊重人才"的口号，是一个富于远见的战略口号。

现代科技革命的发展赋予"人化自然"以为善和作恶的双重可能，保持人与自然的和谐关系成为全球性迫切问题。这就是说，人类所创造的第二自然——人化自然，既有发挥建设性造福于人类的可能，又有产生巨大破坏性、威胁人类健康生存的可能。控制论的奠基人之一维纳曾经断言：新的工业革命是一把双刃剑，它可能被用来造福人类，也可能被用来消灭人类。对后一种说法看来过于悲观，但这个尖锐问题确实值得引起警惕。当今世界上，在人与自然关系方面，出现了举世公认的三大危机：能源危机，生态平衡危机，环境污染危机。因此，在人化自然过程中，必须注意保持人与自然的和谐关系。

（写于 1986 年）

第 三 编

现代中国意识形态若干争议的追溯

第 五 章

关于五四运动与北大传统

一 关于五四运动的几个认识问题

五四运动永远值得纪念。回忆 20 世纪 50 年代我考入北大时，校园内还可看到五四运动的亲身参加者，比如中文系主任杨晦教授，据说他是那时游行队伍中最先闯入曹汝霖住宅的三个学生之一。在一次评述五四运动的讲座中，他把学生们如何激于对丧权辱国行为的义愤，如何组织游行示威，要求惩治腐败渎职官员，得到广大百姓支持的情景，叙说得绘声绘色，我们像是亲临其境了。然而，历经沧桑，时光易逝，到 80 年代至 90 年代以后，北大校园内便再也见不到五四亲身参加者的身影了。就是那些孕育于五四新文化运动的老一辈学者也都纷纷谢世。在北大从教半个多世纪的东方语言文学家季羡林先生，五四运动爆发时，他年方八岁。从时间上说："五四"是离我们愈来愈远了，但从任务上说，五四时期在"民主"与"科学"两面大旗下，启蒙救亡，要求民族振兴，全面实现现代化建设的目标，却又显得愈来愈迫切，反而感到愈来愈近了，这种时间上的反差感对我们来说，实在意味深长，令人感叹不已。下面就三个问题，略述己见，就教于学界同人。

（一）五四运动究竟是一场什么样的运动

历来说五四运动是爱国的学生运动，或说反帝反封建的爱国政治运动。这固然不错。但是五四运动的概念又确有狭义与广义之分。从狭义上说，大约从 1919 年的 5 月 4 日到 6 月初，在外强威胁、内政委蛇、军阀统治、内战频繁的民族危亡关头，特别是在国际巴黎和会上，中国蒙受屈辱的 21 条行将签订之际，北京的青年学生们发起组织游行示威和罢课，提出"外争国权，内惩国贼"、"取消21条"等口号，随后扩展到工人罢工、商人罢市，掀起了一阵爱国救亡的热潮。迫使统治者让步。但是，从更广阔的范围和延续更长的时间上看，即从广义上看，五四运动又是一场反对腐朽落后的旧文化、倡导积极先进的科学文化的新文化运动。从1915年陈独秀主办《青年》杂志（后改名为《新青年》）起，甚至还可以更早地追溯到1912年蔡元培担任教育总长，已经酝酿形成"兼容并包、思想自由"的方针时，一直到1921年中国共产党的成立。从文化振兴和发展的角度看，确是一场新的思想、文化运动。实际上，胡适的《文学改良刍议》、陈独秀的《文学革命论》都发表于1917年的《新青年》杂志。可见，五四爱国运动是在新文化运动发生之后，或者说，是在新文化运动的过程中发生的。陈独秀和《新青年》高举"民主"与"科学"两面旗帜，蔡元培于1917年就任北大校长，提出和贯彻"兼容并包、思想自由"的方针，在北大和整个教育、文化领域开创了一代新风。五四爱国政治运动正是在这个基础上发生的，同时又推动了新文化运动更为广泛、深入的开展。所以，五四运动实际上包含着爱国政治运动和新文化运动的两层含义，后一层含义是更为广阔、更为深远的。

第二，五四运动实质上是一场思想启蒙、思想解放运动。那时的一大批有代表性的思想家们，对统治中国达两千年之久的旧礼教、以儒家为正统的旧伦理，对专制主义的政治、文化制度，发起了自觉的挑战和猛烈的冲击，掀起了思想解放的潮流，有些人特别是胡适，常称之为中国的"文艺复兴运动"。不过，人类历史上的许多次文艺复兴或思想启蒙运动，多半采取尊古、复古的形式。欧洲的文艺复兴运动，就以复兴古希腊罗马的人文精神与科学精神为旗号，要求冲破中世纪的神学统治和文化专制，推动人性和个性的解放。在我国近代的戊戌变法维新运动中，康有为、梁启超就曾提出"以复古为解放"。我国民主革命家孙中山，自幼在海外接受西方教育，而他在宣传三民主义时，也仍然力图归源于儒家文化。然而，自从戊戌变法失败，辛亥革命流产之后，要再从传统文化中找到基点与旗号，来进行思想启蒙与改革，就相当困难了。因此，在西方多种思潮的影响下，以"两刊"（《新青年》、《新潮》）、"一校"（北京大学）为代表的一批知识分子，便一反"常规"，毅然举起反对旧传统、旧礼教的旗号，掀起一场深刻的思想启蒙和思想解放运动，这是五四新文化运动的一个显著特点。这场运动如果不中断，而能更为持久深入地发展下去，现代中国的社会历史便会是另外一番景象。

第三，五四运动是中国走向现代化的重要启动。实现现代化，是我们民族一百多年来的痛定思痛的梦想。但现代化是一个多层次的目标，包含经济、政治和精神、文化的多个层面，说到底，是人的现代化问题，全面实现现代化建设的宏伟目标，必须有现代化的人来支撑和行动。五四运动高举科学与民主的旗帜，它的主题正是呼唤人的现代化，通过人的思想的改变，来改造中国的社会。五四时期许多发生争议的学术、文化问题，如中西文化的冲突与融合问题、中国社会的前途、命运问题，等等，至今仍是理论热点。中国社会从前现代向现代的转型，五四时期是一个重要的启动与开端。

总之，五四运动既是爱国救亡运动、又是思想启蒙与文化革新的运动。也是对中国社会现代化的一次重要启动，它把这几个方面集于一身，是一场有着广泛而深远意义的伟大的民族觉醒的群众性运动。

（二）怎样看待"打倒孔家店"的口号

相传五四时期的一个著名口号是"打倒孔家店"。从反对旧传统、旧礼教的意义上看，这个口号反映了当时的一种思想锋芒。由于孔子是举世公认的中国传统文化的人格代表，选定"孔家店"作为突破口，就有利于一举冲破占统治地位的、以儒家伦理政治秩序为核心的文化格局，这是可以理解的。但如果把"打倒孔家店"看作当时那批代表人物完全否定孔子、完全否定中国传统文化的主张，则并不符合历史事实。有人认为，"五四"以来，就开始了一种激进主义的"左"的传统，认为解放以后严重泛滥的"左"的思潮，甚至认为"文化大革命"的发生，都可追源于"五四"的"左的倾向"。似乎新文化运动成了"文化大革命"那场大灾难的根源。这种看法，值得商榷。其实，只要认真查寻"打倒孔家店"这句口号的出处，便只见胡适在给《吴虞文录》写序时，曾把吴虞戏称为"四川省'打孔家店'的老英雄"，这属于个别提法，而且这里并没有一个"倒"字。在一些主要代表人物的著作里，我们很难找到这句口号。五四时期的一些代表人物确实提倡民主，反对专制，提倡科学，反对迷信；提倡新道德，反对旧道德。他们对于以孔子为代表的儒家思想中不适合现代生活、阻碍社会进步的内容，采取了激烈批判的态度，这是事实，也出于一定的历史、文化背景，由于当时一些保守和复辟的势力，往往以尊孔的面目出现。比如，袁世凯制定的"宪法"中就规定："孔教为国民教育之大本。"走上保皇立场的康有为，在所写《上总理总统书》中，也要求"孔子为大教，编入宪法"。正如陈独秀所说："孔教与帝制，有不可分离之因缘"。因此，当时反对文化专制主义，必然要坚决反对这种把儒学和孔子定于一尊的主张。但是，"五四"的主要代表人物，对中国传统文化是有辨析的，并没有全盘否定之意。比如鲁迅，他对旧礼教、旧文化的批判是相当尖锐的，某些涉及古籍、中医、京剧的言辞，难免有偏颇之处，但他对传统文化某些方面的肯定，又是十分的明确的，《中国小说史略》对古典文学作品，不乏积极评价之辞，如对吴敬梓的《儒林外史》，鲁迅说："多据自所闻见，而笔又足以达之，故能烛幽索隐，物无遁形，凡官师，儒者，名士，山人，间亦有市井细民，皆现身纸上，声态并作，使彼世相，如在目前……"① 又如胡适，曾被看作"全盘西化"论者，似乎是"全盘反传统"的。其实不然，正是在《吴虞文录》序中，胡适指出新思潮的根本意义，只是一种新态度，即"评判的态度"亦即尼采所谓"重新估定一切价值"，这里当然要重新评判、估定儒学、孔教的价值。在《中国思想史纲要》的短文中，他指出："古典中国的理智遗产，共有三个方面：它的人文主义、它的合理主义，以及它的自由精神。"② 他对孔子和朱熹都特别怀有敬意。至于蔡元培、李大钊等人，他们一般深有国学根底，重视人生修养，要求治学与做人的高度统一，正是他们以实际行动弘扬了中国传统文化的优点。当时这股新思潮批判的主要锋芒实际指向三个方面：一是反对把孔子和儒家思想定于一尊而限制、扼杀其他思想派别；二是反对把人伦与政事相混，以儒家人伦秩序维护专制主义的皇权统治；三是反对利用儒家经典来控制人的思想与个性。这里并没有笼统地否定孔子或中国传统文化。

自20世纪90年代以来，海内外出现某种思潮，认为五四运动否定了中国传统文化，提出"超越五四"论，要求"跳出五四的迷圈"。只要尊重历史事实，我们对这种观点就不敢苟同。五四新文化运动之所以富于生命力，就在于它一方面大力倡导西方先进文明的价值与成果，另一方面并

---

① 鲁迅：《中国小说史略》，见《鲁迅全集》第9卷，人民文学出版社1981年版，第221页。

② 胡适：《中国思想史纲要》，见《胡适文集》第10卷，北京大学出版社1998年版，第414页。

没有中断与中国传统文化的联系，因此，它并没有造成什么"文化断裂"或"思想危机"。应当说，正是两千年来中央集权专制主义的文化统治，严重阻碍了中国现代化的历史进程，阻碍了中华民族的振兴，也正是近代中国社会的这种思想、文化危机，呼唤了五四新文化运动。五四新思潮，正是在冲破文化专制主义的阻力、障碍上，发挥了它巨大的历史作用。至于我国解放后出现的"左"的思潮，出现"文化大革命"即"十年动乱"的局面，是另有根源的，看来与国际某种教条主义的体制、某种集权专制的思维模式密切相关，更与中国长期中央集权的文化专制主义相关，这与五四新文化运动没有什么本质联系。"五四"时期的某些代表人物确实具有程度不同的激进情绪，甚至比较极端，这是需要认真反思的，但当时新思潮的主流是大力倡导科学与民主，主张吸取西方先进文明，坚决反对文化专制主义，而后来国内出现的那种"左"的思潮和"文化大革命"，正是与五四新文化运动的基本方向背道而驰的。

（三）怎样认识和弘扬五四运动的基本精神

五四新文化运动的精神内涵是十分丰富而多方面的，人们可以从各个侧面去说明，但它的基本精神或主旋律究竟是什么？历来有不同的看法和表述。一说是民主与科学。这确是五四时期举起的两面旗帜。20世纪中国的社会制度落后与科学技术落后，都要靠科学与民主来解决，二者不可分离，有人比做"鸟之两翼"或"车之两轮"。但只说"民主"与"科学"，似尚未触及五四精神的内层。二说是："爱国、民主、科学、创造、奋斗"。这看来表述比较全面，却更未触及基本的方面，未能揭示主旋律。三说是一个"新"字，或曰"创新"。创新是民族的灵魂，也是实现现代化宏伟目标的迫切要求。但创新得有思想前提。精神不解放，学术不自由，是谈不上创新的。五四新文化运动正是要为民族的创新扫清障碍，准备思想前提。四说是精神独立、思想自由。新文化运动作为思想启蒙运动，当时追求的基本目标，确实是精神独立、思想自由、个性解放。《新青年》倡导科学与民主，反对旧的思想、道德和文化，是要鼓励青年和百姓从愚昧、迷信和盲从的精神状态中解放出来。《新潮》所提倡的新思潮，是一种评判的精神和态度，要求解脱精神的奴役与束缚。陈独秀曾明确提出独立自由的人格、平等自由的人权。胡适曾表明，一个真正的民主国家，是绝不能由一群愚昧、盲从的奴隶们来创造的。鲁迅在《狂人日记》中通过"狂人"之口发出呼声:"从来如此,便对么?"正是代表了一种新的时代的理性,表现了一种新的启蒙精神。蔡元培一到北大任校长时,就明确宣布"循思想自由之原则,采兼容并包之主义",在教育和科学、文化领域开出一种新潮流。后来,陈寅恪在给王国维的纪念碑铭文中特别提到:"独立之精神,自由之思想。"这便把五四新文化运动的基本精神揭示到深处,表现了"五四"乐章的主旋律。

长期以来,我们在宣传和纪念五四运动时,往往偏重其政治意义,偏重其爱国运动的一面,而忽视其思想、文化的意义,忽视其新文化运动基本精神的价值。在解放后的前30年里,曾经把知识分子中的自由主义者、民主个人主义者当做革命对象来看待,只讲"革命救国论",而把五四时期那批知识分子所强调的教育救国论、文化救国论、科学救国论、实业救国论统统加以批判和否定,在意识形态领域的一系列"大批判"中,五四时期所张扬的人性与个性,被当做"资产阶级"的意识形态一再受到激烈的批判和摧残,知识分子的自尊心和积极性受到严重的伤害和压抑。这就使我们的学术、文化乃至整个建设事业遭受难以挽回的损失。这种沉重的经验教训,至今并未得到认真的清理与总结。近30年来,实行改革开放,以经济建设为中心,大力发展市场经济,使社会面貌显著改观,国民经得到恢复和快速发展,人民生活得到显著改善。在提出"以人为本"和科学发展观以后,使人的地位有所提高,出现人性张扬和民族全面振兴的希望。但是存在的问题与障碍仍然很多。最突出的是政治体制改革的滞后,使人民群众并不能真正当家做主,难以行使监督政府,参政、议政的权利,百姓的命运掌握在官员的手里,而不是相反,蔓延甚广、渗透极深的贪污腐败问题,没有从权力的制衡、监督等制度上着手,因而难以遏制和根本解决;市场经济大潮中民族精神的失衡和道德意识的沦丧,伤及民族的本元;现代化建设的宏伟目标与人的文化、道德素质的低落,是相当尖锐的矛盾。因此,五四运动高举的科学与民主的旗帜,五四新文化运动的基本精神,仍有重大的现实意义。现代化的建设,需要大批现代化的人去开创、去支撑,这种人,特别是其中的骨干力量,应当具有高度的民族自尊心和自强不息的精神,较高的道德素养和文化水平,并且具有各种专门的科学知识与技能。当前,我们特别需要深化政治体制改革,使人民真正当家做主,使人的主体性充分发挥出来,扫除各种腐败、萎靡之风,努力培养一种时代本质与文化传统相结合的新型民族精神,才能形成整个民族的凝聚力，显示奋发有为、励精图治的作用。

蔡元培是五四新文化运动的领军人物之一。他曾经指出："一个民族或一个国家要在世界立得住脚，而且要光荣的立住——是要以学术为基础的。"[①] 学术是立国之本，这与孙中山的见解一致，是高瞻远瞩的见解。发展科学，繁荣学术，必须充分发挥知识分子的作用，而大学是发展学术、文化的重镇。蔡元培把大学看作研究高深学问的场所，把学术看作大学的命脉，并且明确提出和坚决贯彻"兼容并包，思想自由"的方针，这种高屋建瓴的主张，正是与五四新文化运动的基本精神一脉相承、互相衔接的。蔡元培在北大所奠定的基本传统，正是五四新文化运动基本精神在教育和学术领域的体现。"兼容并包，思想自由"是一个发扬民主、推崇进步的方针，它不仅适用于大学教育，而且适用于整个学术、文化领域，它在今天和未来，都不会过时，因为它符合人类思想和真理发展的规律，它开创了一条学术繁荣、人才涌现的康庄大道。100 多年的历史实践说明，学术、文化上的"兼容并包，思想自由"，是北大和整个学界兴旺发达的血脉所在。北大和整个学术文化领域的兴衰起伏，与是否认识、是否贯彻这一方针密切相关。试问在学术、文化领域，如果精神不独立，思想不自由，处处设禁区、受限制，能有大批创新型人才和真正学术大繁荣的局面出现么？我们今天纪念五四运动，就应当大力弘扬五四新文化运动的基本精神，在学术、文化领域保证精神独立、学术自由、个性发展，坚决贯彻"兼容并包、思想自由"的方针。只有这样，才能有学术、文化的真正的大繁荣和大发展。

（写于 2008 年）

二 再论北京大学的基本传统

一个历史悠久的民族或大学，都有其历久弥新的优良传统。这种传统是长期积淀并可世代相承的一种精神因素、可贵气质，和挥之不去的力量。由于北京大学的历史地位，它与现代中华民族的兴衰起伏息息相关，

① 高平叔编：《蔡元培教育论集》，湖南教育出版社 1987 年版，第 481 页。

认真研究和确切把握并努力弘扬它的传统，就显得特别重要。

传统相定位

　　然而，传统往往不是单一的东西，而是一种多方面的精神内蕴，可以从多维的视角去体现，北大传统的内容尤其显得丰富而复合。比如，从社会改革的视角，可以肯定北大的乐于担当和敢于为天下先的传统；从时代潮流的视角，可以肯定北大的民主与科学的传统；从学术风范的视角，可以肯定北大的严谨与创新的传统；从北大性质和学术气象的视角，则可以肯定北大的"兼容并包，思想自由"的传统，如此等等。我曾撰写《试论北京大学的基本传统》一文①，主张区分北大的基本传统与其他传统。

　　研究和确认北大的基本传统，应当依据大学的基本性质和北大的特色。大学的基本性质是什么？蔡元培一到北大，便多次强调："大学者，研究高深学问者也。"② 在 1918 年的开学典礼上他说得尤为中肯："大学为纯粹研究学问之机关，不可视为养成资格之所，亦不可视为贩卖知识之所，学者当有研究学问之兴趣，尤当养成学问家之人格。"③ 北大起初是全国唯一的一所国立大学，曾有"最高学府"之称，历来是全国培养高端人才，繁荣学术文化的重镇。对于大学的办学方针，蔡元培早在 1912年任全国教育总长期间，便结合西方经验与中国文化传统，开始酝酿："循思想自由，言论自由之公例，不以一流派之哲学一宗门之教义梏其心……"④任北大校长后，他便明白宣称"循'思想自由'原则，取'兼容并包'主义"．并作说明："无论有何种学派，苟其言之成理，持之有故，尚不达自然淘汰之运命者，虽彼此相反，而悉听其自由发展。"⑤ 蔡元培在北大提出并实施这个方针的作用与贡献，梁漱溟评说得最为精辟："开出一种风气，酿成一大潮流，影响到全国，收果于后世。"⑥ 由于这个方针为学术繁荣和人才涌现开辟了一条康庄大道，并尽显北大特色，曾经铸就北大和西南联大的成就与辉煌。我认为，这正是可以确认的北大的基

　　① 见《北京大学学报（哲学社会科学版）》2004 年第 3 期。

　　② 蔡元培：《就任北京大学校长之演说》，《东方杂志》第 14 卷第 4 号。

　　③ 蔡元培：《北大 1918 年开学式演说词》，《北京大学日刊》1918 年 9 月 21 日。

　　④ 蔡元培：《对新教育之意见》参见张汝伦编选《蔡元培文选》，上海远东出版社 1995 年版，第 131 页。

　　⑤ 蔡元培：《致〈公言报〉函并答林琴南函》，《北京大学日刊》1919 年 3 月 21 日。

　　⑥ 梁漱溟：《纪念蔡元培先生》，《蔡元培纪念集》，浙江教育出版社 1998 年版。

本传统。抓住了这个大的方面，才是把握了北大传统的精髓。正如孟子所说："先立乎其大者，则小者不能夺矣。"我曾经谈到视之为基本传统的四个方面的根据："五四"新文化运动基本精神的学术体现；中西文化教育思想的完美融合；北大兴旺发达的血脉所在；我国现代化宏伟目标的迫切要求。下面再就几个不同看法和疑问申述我的观点。

异义相辨析

（一）有人说，北大的传统就是爱国主义，这值得商榷

不少人总要把北大的爱国主义传统置于首位，似乎不强调这个方面就缺乏正能量似的。由于爱国心切和长期形成的政治敏感性，这种观念可以理解。

是的，北大无疑有着爱国主义的传统，这是众所共知的事实。北大本是"五四"爱国政治运动的发源地和中心。其实，早在1903年，北大前身京师大学堂的师生，为反对沙俄侵略我国东北的行径，就发动过拒俄运动；1918年，北大学生曾发起运动，抗议北洋军阀政府同日本签订出卖领土和主权的军事协定；在1935年的"一二·九"运动等一系列爱国政治运动中，北大师生总是满怀热忱，站在斗争的最前列。整个抗日战争时期，北大师生作为西南联大的成员，以"刚毅艰卓"的精神，一面顽强办学，培育了大批杰出人才；一面从前线到后方投身抗日战线。这种以天下为己任，坚决维护民族独立与尊严，敢于自我牺牲的精神，无疑是值得永久铭记与弘扬的。

但是，北大作为研究高深学问的场所，它的天职，是培育高质量人才，推动学术文化的繁荣。这就需要特殊良好的环境与氛围，需要凝聚大量的时间与精力。战争与社会的激烈动荡，终究是比较短暂和应当尽可能避免的，人类面临的长久境遇与历史主题，仍然是和平与发展。100多年来，特别是近半个多世纪以来，学术与政治的关系，始终是北大人难以解脱的纠结，代价沉重，令人沉思。单纯的爱国主义，无法解开这个纠结。这里不便展开此类讨论。其实，蔡元培提出"兼容并包，思想自由"的方针，正是为了创造最佳的条件和氛围，首先希望在北大培育出一批又一批的科学家、学问家、思想家和哲学家来。这是北大肩负的民族与历史的重托。这种愿望若能逐步而完满地实现，大力发展经济与文化，又何愁国家不能富强，民族不能振兴？令人遗憾的是，这种愿望只实现于相当有限

的时期和范围之内。蔡元培上任北大校长不久，便迎来了"五四"爱国政治运动，"五四"爆发示威游行的前夕，是蔡先生首先得知北洋政府决定在巴黎和约上签字的秘密消息，出于救国的急迫心情，他不得不把消息透露给学生，实际却是点燃了这场运动的火炬。事后他又大力营救遭受殴打和逮捕的学生。随后他便提出"读书不忘救国，救国不忘读书"的主张，并且要求学生"以研究学问为第一责任"，回到课堂认真读书。可见他已感受到教育与政治、学术与政治的复杂关系，并因此而有所困惑。他曾多次提出"辞职"，也常与此类心理因素相关。1920 年 5 月 4 日，蔡元培从切身的经验中再次阐明："现在学生方面最要紧的是专心研究学问。试问现在一切政治社会大问题，没有学问怎么解决？⋯⋯我希望自这周年纪念日起，前程远大的学生，要彻底觉悟⋯⋯专心增进学识，修养道德，锻炼身体⋯⋯预备将来解决中国的——现在不能解决的——大问题。"①

"国家"和"爱国主义"这类概念，因时代与历史的差别而有其特定内容。有人认为，五四运动只是一场爱国政治运动，这种理解未免有些狭隘。通常所说五四运动，实际包含双层含义：从短期的狭义上说，是一场反帝反专制的爱国政治运动，那时学生们提出的"外争国权，内惩国贼"的口号，具有鲜明的爱国色彩；但从更长时期和更深层次的广义上说，又是一场具有文艺复兴性质的新文化运动，它的主旨是倡导科学和民主，反对旧的制度、思想和文化，提倡新的制度、思想和文化。它的基本内涵，如陈寅恪在《清华大学王观堂先生纪念碑铭》中所说，是"独立之精神，自由之思想"。虽也具有"爱国救亡"的思想背景，实质上是一场民族的文化复兴运动。

"五四"新文化运动的主将之一陈独秀曾经指出，"爱国主义"有时容易被统治阶级的国家主义思潮所利用。不论是中国的历代皇帝、北洋军阀首领，或者是法王路易十四，都宣称"朕即国家"。资产阶级推翻封建王朝，取得国家的统治权，打破"朕即国家"的口号之后，却热衷于宣扬国家主义。陈独秀说："国家这一个抽象名词，本来就是一切统治阶级的所有物，谁取得统治权，谁便有权拿国家这一名义做统治全国人民之工具；国家权就是统治权，国家的利益就是统治阶级的利益，如此，则所谓

---

① 蔡元培：《去年五月四日以来的回顾与今后的希望》，高平叔：《蔡元培年谱长编》（中），人民教育出版社 1996 年版，第 299 页。

国家主义也就是'统治阶级主义'。"① 这种国家主义也常打着爱国主义旗号，借口国家利益至上，诱使人民放弃自由权利与幸福。人们的爱国冲动，有时受感情支配，容易陷入"盲动"，不顾历史条件的过分渲染，还容易走向狭隘的民族主义。这里需要理性的分析。陈独秀与李大钊都曾意识到这方面可能存在误区，要求人们警惕。因此，把五四运动简单归结为爱国政治运动，把北大传统简单地归结为爱国主义，是不尽适宜的，也不十分符合历史事实和北大的基本性质。北大主要应从繁荣学术，培育人才上总结自己的基本经验和基本传统。

（二）有人说，北大的基本传统是自由主义，这也值得商榷

有人认为，北大的传统，或者至少北大最初 30 多年的传统，是自由主义的传统。

在我看来，分析和探讨西方自由主义思潮在北大的影响和命运，是有重要意义的。但若说北大的传统就是自由主义则并不恰当。自由主义是一个相当宽泛而不易确定的概念，它涉及经济、政治和文化等各个领域。它本是美国独立运动与法国革命的产物。作为一种社会思潮，其名称的正式使用，大致源于 19 世纪 30 年代的英国。边沁（Jeremy Benthem）、穆勒（Mill，JohnStuart）是早期自由主义的代表人物。亚当·斯密的话："每个人在他自己的劳动中取得的私有财产是一切财产的基础"，被经济上的自由主义者视之为主要依据，他们认为政府的重要职责就在于保证个人私有财产的安全。政治上的自由主义者则主张政府不干预社会经济生活，并保障个人权利。总之，保障个人的权利与自由，实行思想、言论、出版、集会、结社的自由，是其立足点和基本主张。新自由主义者，曾任美国总统的罗斯福，又补充了免于匮乏和免于恐惧的自由。胡适在 1948 年发表《自由主义》一文，最后概括了"自由主义"的四个意义：自由的意义，民主的意义，容忍的意义，和平的渐进的改革的意义。西方的自由主义思潮在北大确有重大影响。北大第一任校长严复最早翻译出版了穆勒的《论自由》（译名改为《群已权界论》）。曾长期在北大任教并曾担任校长的胡适，便是自由主义在北大的重要代表人物。蔡元培提出"兼容并包，

---

① 陈独秀：《孙中山三民主义之民族主义是不是国家主义？》，《新青年》第 4 号，1926 年 5 月 25 日。

思想自由"，显然与自由主义思潮也有一定的联系。但笔者认为二者仍有重大区别：

1. 自由主义只是曾在北大流行的思潮之一；"兼容并包，思想自由"则是长期在北大上下一致、共同实施的办学方针。

五四运动前后，自由主义在国内，特别在北大颇为流行，除胡适外，丁文江、傅斯年、蒋梦麟等人，都曾发表文章，阐述自由主义观点。北大校园内，从教学到生活，自由主义风尚可称弥漫一时，显出北大的某种特点。但同时流行的思潮，尚有进化论、马克思主义、实验主义、无政府主义、虚无主义、文化上的保守派、激进派，等等，自由主义还很难说占据支配或主导地位。

"兼容并包，思想自由"则是以蔡元培为代表的一大批先进知识分子形成共识，并共同实施的办学方针。由于这个方针符合学术发展和人才成长的规律，符合辩证思维的规律，获得全校师生和不同学派学者的一致赞同，校内外没有人提出疑义。这个方针不但在蔡元培、蒋梦麟任校长时期得到坚决贯彻，而且延续到西南联大，以至抗战胜利后胡适任北大校长的时期。即使到全国解放后，由于种种原因，这个方针较长时期受到冷漠甚至践踏，但也并没有人能公开否认它的历史作用和学术价值，实际仍有少数学者，如马寅初、陈寅恪、梁漱溟、熊十力、顾准等人，他们中间有的并不是北大人，却都以他们的学术实践活动在校内或校外坚守和维护这个传统。更多的师生以沉默和静观的形式在抵制非学理性的批判与干扰。这都说明"兼容并包，思想自由"已是长期积淀、深入人心、挥之不去的观念和力量。

2. 自由主义本是西方社会思潮；"兼容并包，思想自由"则是融合中西文化的一个典范。

中国在两千多年文化专制主义和皇权崇拜的条件下，可以出现某些领域反对文化专制，主张思想自由的少数思想家、政治家，或出现某些包含自由观念的言论、著述。但不可能出现自由主义的完整的思想体系或思想家。西方的自由主义社会思潮在 20 世纪初传入中国和北大，比较难以与中国或北大的某些观念相融合，也就难以形成北大的基本传统。

"兼容并包，思想自由"的方针正是在 20 世纪初中西文化的交流与撞击中实现的某种融合。"思想自由"是西方文化长期保持的传统观念；"兼容并包"则基本体现中国传统文化的优秀遗产。严复、蔡元培、蒋梦麟、胡适等一批杰出知识分子，先后或共同主持北大工作，他们都是中西兼通的著名学者兼教育家。蔡元培更是前清的进士、翰林，国学根底深厚，在任北大校长之前，又曾去法国巴黎大学、德国莱比锡大学访问，重点研究哲学、美学、人类学、文明史等。他不仅学识渊博，善于融合中西学问，博采众家之长，而且他眼光远大，胸怀广阔，敢于吸纳各种人才，尽力包容各种不同智慧与意见。经过较长时期酝酿，在担任北大校长后，便水到渠成地明确提出"兼容并包，思想自由"的办学方针。他在阐述这一方针时，一面说"仿世界各大学通例"，一面又多次引用《礼记》、《中庸》里的话："万物并育而不相害，道并行而不相悖。"说明包容各种不同学派、不同观点的理由，体现"大学之所以为大"的道理。可见这是他融合中西文化教育思想的卓越成果。中国人历来是一个讲究包容的民族，人们通常讲"海纳百川，有容乃大"。《周易》里有"厚德载物"的名言。南宋哲学家张载说："民，吾同胞，物，吾与也。"也是讲以平等的态度，对待人民和事物，做到最大限度的包容。历代有成就的学者或思想家，都很重视学术文化上的融合或"会通"，所谓"和而不同"，就是通过差别、对立，达到更好更丰富的和合。所以，正是蔡元培不失时机地把"兼容并包"与"思想自由"紧密地结合起来，珠联璧合地形成一个完整的办学方针，极大地促进了学术、文化的繁荣，从而为北大奠定了极富成果并极负盛名的传统。

3. 自由主义思潮不足以表现北大特色，而"兼容并包，思想自由"则充分体现了北大的学术文化的气象和氛围。

所谓北大传统，就是要鲜明地表现北大的特色。西方自由主义思潮，原是从经济领域切入，又主要表现为政治领域的主张。在北大校园内，随着自由主义主要代表人物的离去，自由主义的影响也就逐渐淡化。"兼容并包，思想自由"则是学术文化和教育领域的基本方针，是"五四"新文化运动基本精神的学术体现。它与北大学术文化的主脉血肉相连，是否肯定并实施这个方针，直接关系着北大学术和育才事业的兴衰成败。它早已从一个办学方针转化成北大校园内的一种学术气象与氛围。它早已熔铸在北大的学术事业上，铭刻在北大的历史著述中，烙在北大人的脑海里。这种最具北大特色的东西，只要深入接触北大，特别是接触北大老一辈学者的事迹，就会触摸得到，感受得到。

（三）有人说，北大的传统就是马克思主义，这仍然值得商榷

有人认为，北大的传统就是马克思主义。2013 年，有人还把早期传播马克思主义的代表人物与解放后的马克思主义哲学教授并列起来，号称"北大马克思主义理论教育百年史上三座丰碑"①。

的确，"五四"新文化运动时期，北大曾经成为马克思主义传播的中心。我国最早研究和传播马克思主义的代表人物陈独秀、李大钊，都曾任教于北大。陈独秀利用《新青年》杂志，李大钊开设"唯物史观研究"、"社会主义史"、"社会主义和社会运动"等课程，积极传播马克思主义，具有重要的开创作用。同时他们还曾成立马克思学说研究会，努力开展马克思主义的研究活动。北大一时成为传播和研究马克思主义的重要阵地。在北大曾经涌现出一批马克思主义者，这也是历史事实。解放后，马克思主义成为指导思想，北大在马克思主义的教学与研究方面有显著成绩和影响。但若认为，北大的传统就是马克思主义，或者把马克思主义看作北大的基本传统，这种观点仍然难于成立。这是因为：

1. "五四"新文化运动时期，马克思主义在北大积极传播时，当时也只是流行的思潮之一。同时流行的，还有与马克思主义相对立或相区别的自由主义、实验主义、无政府主义等多种思潮。蔡元培实施的"兼容并包，思想自由"的方针，正是要让各种思潮和学派自由传播，竞相争鸣，让广大师生独立评判，得以比较、鉴别和选择。当时马克思主义在北大还没有成为占主导地位的思潮或派别。

2. 马克思主义在北大的传播和流行，主要在 20 世纪一二十年代的一段时间内，并未形成一以贯之的传统。陈独秀于 1920 年离开北大，李大钊于 1927 年被反动军阀杀害。随着主要代表人物的离开，在北大这块园地上，并未出现薪火相传的重要代表人物。解放后马克思主义的教学与研究，与其他大学或研究机构相比较，只能说各有特色，并无突出地位，也难于揭示解放前后马克思主义理论家有一脉相承的内在联系。因此，说马克思主义曾经是北大的流行思潮或传统之一尚可，说它就是北大的基本传统，则缺乏足够的根据。

3. "五四"新文化运动时期，北大之所以能成为马克思主义的传播

---

① 李少军：《丰碑》，《北京大学校报》2013 年第 4 期。

中心和重要阵地，北大之所以能开出唯物史观研究等课程，并得以成立马克思主义研究会，固然与当时国内特殊的政治体制、政治形势有关。但直接的原因，还是得力于蔡元培等人首倡的"兼容并包，思想自由"的办学方针。特别值得注意的是，蔡元培本人并不是马克思主义者，他不但允许，而且认真支持和帮助马克思主义的传播与研究活动。这里的因果关系，北大基本传统所显示的胸怀和气度，应当是十分清晰的。

疑问相回应

有人问："北大传统"与"北大精神"是不是一回事？二者的关系如何？笔者认为，如果就北大传统是指学术文化领域的北大精神传统的话，二者实质上是一回事。从学术文化的层面看，"兼容并包，思想自由"，既是北大的基本传统，也是北大的基本精神。在北大担任校长时间最长，长达 17 年之久的蒋梦麟，在 1923 年发表题为"北大之精神"的演讲。他指出北大具有"大度包容的精神"和"思想自由的精神"。这是就学术文化的气象而言，与蔡元培所说完全一致。如果"北大精神"是就政治参与或社会改革的视角而言，它的含义和涉及的方面就会比"北大传统"更为宽泛。曾任北大第一任教务长和解放后第一任校长的马寅初，在 1927 年也发表题为"北大之精神"的演讲。在当时的特殊社会背景下，他对"北大精神"的表述是："为了国家、社会，不顾一己私利，勇敢直前，虽斧钺加身毫无顾忌的精神。"这与笔者所指北大基本传统，显然有视角上的差别，考察的侧重面不同，但并不互相排斥，而可互相补充。

有人问："兼容"与"自由"，哪个更重要？笔者认为，两个方面是相辅相成、相得益彰的一个完整的方针。二者诚如一块钱币的两面，互为前提，难分轩轾。或可说：思想自由是兼容并包的前提，兼容并包是思想自由的保障。仔细追究一下，也许可以这样说：思想自由比较侧重于个人，兼容并包则比较倚重于一种组织或一方领导。个人的天性是向往思想自由的，在不妨害他人自由的条件下，这本是每个公民的权利。在学术文化领域，正如冯友兰先生所说："盖学问之道，各崇所见。当仁不让，理固然也。"但如果某个组织或领导偏重于政治利害，缺乏学术文化的视野，短少宽阔的胸怀和气度，则个人的思想自由就会失去保障。这就更加显示北大基本传统的珍贵，也更加显示蔡元培的精神象征与人格魅力。胡适在《自由主义》一文中谈到"容忍比自由更重要"。他说："因为容忍就是自由的根源，没有容忍，就没有自由可说了。至少在现代，自由的保障全靠一种互相容忍的精神，无论是东风压了西风，还是西风压了东风，都是不容忍，都是摧残自由。"对此不少人都有切肤之痛的体会。如果执政者或领导者总是自以为是，总是以为真理完全掌握在自己手里，从不自以为非，那么，别人的不同观点就很难有什么思想自由了。有人问：只提"包容"与"自由"，是否不全面？缺乏"主导"和"原则"，会不会出现大杂烩或者"和稀泥"，甚至出"乱子"？其实，这是在学术文化领域，思想自由了，精神独立了，能互相包容，形成浓厚的学术文化氛围，能够和谐地开展讨论，为真理而平等地争鸣。这就为学术的繁荣创新，人才的脱颖而出，创造了最为有利的条件。再说，包容与自由，并不是放任与泛滥，不是模糊是非与和稀泥，而是充分估计到"善未易明，理未易察"（宋·吕祖谦）的道理。就是说，真理是不容易弄明白的，应当在"尊德性，道问学"的氛围里，让不同学派和不同观点，通过自由的争鸣与论辩，来活跃思想，启迪智慧，明辨是非，探究真理。如果受到学术以外某些因素的干扰或限制，事先规定一个原则，划定一个框架，设置一个禁区，则显然束缚思想，影响争鸣，抑制创新。按照蔡元培的原意，是要使学术的研究，完全独立于宗教、政治、权威之外，为学者开辟一个纯净、自由的学术天地，所谓"天高任鸟飞，海阔凭鱼跃"，这才是最有利于学术繁荣和人才涌现的宽广世界。这才真正体现大学之所以为大。这才是北大所积淀、应传承的基本传统。

当前，在涉及"传统""精神""价值"之类的思考与讨论时，在思想方法上，总有一种求"稳"、求"全"的倾向，总怕漏掉某些方面，怕犯"以偏概全"或"倾向性"错误，因而总是面面俱到，四平八稳。在涉及北大传统时，总有此类提法："爱国、进步、民主、科学"："民主、改革、科学、进步"；"勤奋、严谨、求实、创新"；"独立、自由、批判、创造"，等等。这里不好说有什么错误，并且显得较全、较稳，但却失掉了北大的特色与锋芒。其实，所谓北大传统，就是北大人历代传承的学术文化上的鲜明气象、独立风格。那些四平八稳的字句，怎么能充分表现这种气象与风格呢？如果面面俱到，就可能对其他大学、单位也适用，又怎能体现北大的基本传统呢？

北大的基本传统，就内存于北大的精神家园之内，就铭刻在北大人的历史记忆之中，无须它求，也无须多求。让那个铸就北大辉煌的最珍贵、最熟悉的学术文化箴言，8 个大字："兼容并包，思想自由"，重新亮堂起来，像一座永恒的精神丰碑，竖立在北大校园内。它是北大的基本传统，也可认它为北大的校训！

（写于 2014 年）

三　李大钊哲学思想若干特点的启示

庆祝北大百年华诞，我们不能不思索北大的传统，追念北大的先辈。

李大钊于 1913 年至 1916 年留学日本期间就积极地接受了马克思主义和社会主义思潮的影响，1917 年冬来到北大，担任图书馆主任，后转为教授。他学识渊博，思想敏锐，朝气蓬勃。俄国十月革命的胜利，更促使他从革命民主主义率先转向马克思主义，于第一次世界大战刚刚结束的 1918 年下半年，连续发表了《法俄革命之比较观》、《庶民的胜利》和《Bolshevism 的胜利》，热情讴歌十月革命和劳工阶级。接着又于 1919 年在《新青年》上发表了《我的马克思主义观》，首次在我国全面地介绍了马克思主义的基本内容。他先后发起成立了"马克思主义研究会"和"北京大学社会主义研究会"。从 1920 年起，他在北大开设了《唯物史观》、《史学要论》、《史学思想史》、《工人的国际运动与社会主义的将来》等马克思主义的课程或讲座。他不仅从正面比较系统地宣传了马克思主义，而且运用马克思主义积极投入社会思想领域的斗争，对各种反社会主义、无政府主义和实用主义等思潮开展了批判，与胡适进行了关于"问题与主义"的论战，在多次的论战中探索和阐述了有关中国民主革命的许多重大问题，成为倡导和实行马克思主义与中国革命实践相结合的先驱。在我国早期的马克思主义者中，李大钊与陈独秀相比，在某些声望与影响上虽有所不及，但他有独特的哲学深度，理论上更为坚定而很少教条主义的痕迹。在党成立之后，他投身革命实践，深入工农和学生群众，多次亲临现场，实际领导和组织了群众性的革命运动，从而遭到反动势力的忌恨。1927 年 4 月，他被军阀逮捕，在严刑折磨下坚贞不屈，大义凛然，最后从容就义，时年不过 38 岁。鲁迅曾将他的著述誉为"先驱者的遗产，革命史上的丰碑"①。

李大钊曾以北大为基本阵地，不遗余力地传播和研究马克思主义，他和陈独秀等人的活动，曾经积极地影响了整整一代人。我国随后涌现的一代著名马克思主义者，如毛泽东、周恩来、邓中夏、高君宇、蔡和森、瞿秋白等，无不受到他的影响。

从李大钊崇高而短促的一生中，从他卓有成效的哲学理论与实践活动中，我们可以看到几个至今发人深思的鲜明特点。

（一）倡导青春精神，为"青春中华之创造"而奋进

中华民族历史悠久，自古对人类文明有过辉煌成果和巨大贡献，但自近代以来，我们的国家在经济、文化上渐趋落后，备受列强欺凌而灾难深重。辛亥革命以后，又屡逢皇朝专制复辟和军阀连年混战，民不聊生，民族危机仍日益加深。针对帝国主义者诬我民族衰落、国内不少人缺乏民族自强心理的状况，李大钊在未完全转变为马克思主义者之前，就独具匠心地提出了"青春中华之创造"的要求与号召，把这看作全国人民，特别是广大青年的历史使命。他认为，依据历史与现实的经验，这一使命的实现，必然经历许多艰难曲折，因而必须百折不挠地为之奋进。尽管对于依靠力量和采取的方式，他经历了一个认识转变的过程，但他创造青春中华之抱负却是矢志不移的，他始终以卧薪尝胆、坚韧不拔的毅力去实现这种理想目标。1916 年 9 月，他在《新青年》上发表了富于新时代气息的雄文《青春》。这篇文章曾被日本的马克思主义学者河上村夫预言为一篇"震动中国民族魂灵"的论文，它曾激励许多青年对"青春中华"的美好憧憬，引导他们走上改造社会、振兴民族之路。文中表现出一种颇具特色的青春哲学，包含着十分精辟而富于启迪的论点。

1. 把握今天，抓住机遇

他把整个宇宙看作无始无终的自然存在和新陈代谢的演化过程。在这个过程中，他特别重视对于时间和今天的把握，因为时间与空间不同，它是一去不复返的。他指出："宇宙大化，刻刻流转，绝不停留。时间这个东西，也不因为贵他爱他稍稍在人间留恋。"又说，"世间最可宝贵的是

---

① 《鲁迅全集》第 4 卷，人民文学出版社 1981 年版，第 425 页。

'今'，最易丧失的也是'今'"①。"无限的'过去'都以'现在'为归宿，无限的未来都以'现在'为渊源。"② 由此他批评了"厌今"、"乐今"而不知"惜今"的倾向，他鼓励人们"惜今"："吾人在世，不可厌'今'而徒回想'过去'，梦想'将来'，以耗误'现在'的努力。又不可以'今'境自足，毫不拿出'现在'的努力，谋'将来'的发展。宜善用'今'，以努力为'将来'之创造。"③ 所以，他特别强调把握奋发图强的机遇，尽现实的最大努力，以实现创造青春中华的理想。

2. 尽其所长，造福人群

以青春的宇宙观为基础，他又倡导青春的人生观。宇宙的青春既然是无尽的，人的青春也是无尽的，应当以"慷慨悲壮、拔山盖世之气魄""永享宇宙无尽之青春"④。他认为，人生的价值就在于尽其所长，有益于社会，造福于人类。人应当"为其所当为，所可为，所能为"。"盖人生之有价值与无价值，有意义与无意义，皆在其人之应其本分而发挥其天能与否，努力与否，精进与否。"⑤ 所以，他总是鼓励国民和青年，贡献自己的才智与力量，努力奋斗，实现人生的最高价值。

3. 珍视青年，寄予厚望

青年是改造社会的中坚、振兴民族的希望。新文化运动的领导人物都很重视青年的责任和作用。由陈独秀创办、李大钊参与编辑的著名刊物，起初命名为《青年》，后又改名为《新青年》。李大钊把人的青年时期看作人生的最好时期，即人生之王，人生之春，人生之华。因此他指出："人先失其青春，则人无元气，国家丧其青年，则其国无生机。"他还一语破的："青年者，国家之魂。"⑥ 不过，李大钊所说的青年与老辈，并不是单从年龄上说的。他说："非由年龄而言，乃由精神而言，非由个人而言，乃由社会而言。有老人而青年者，有青年而老人者。"⑦ 他希望人们都有一种青春的活力，能够"冲决历史之桎梏，涤荡历史之积秽，新造民族之生命，挽回民族之青春"。他在当时的社会条件下特别蔑视权富

① 《李大钊文集》上卷，人民出版社 1984 年版，第 532 页。
② 同上书，第 533 页。
③ 同上书，第 535 页。
④ 同上书，第 196 页。
⑤ 同上书，第 318 页。
⑥ 同上书，第 178 页。
⑦ 同上书，第 182 页。

（即权势与黄金），认为权富与青春不并存，"优于权富则短于青春"①。他希望青年摆脱各种浮世陈俗的束缚，树立自强不息的精神。

总之，为了青春中华之创造，他向人民和青年提出的号召是："本其理性，加以努力，进前而勿顾后，背黑暗而向光明，为世界进文明，为人类造幸福，以青春之我，创建青春之家庭，青春之国家，青春之民族，青春之人类，青春之地球，青春之宇宙，资以乐其无涯之生。"② 这种万古长青的青春之气，正是我国传统哲学中自强不息精神的发挥，它是李大钊日后成为坚定的马克思主义者和共产主义者，并慷慨捐躯的思想基础，也是中国先进青年和北大人精神风貌的底蕴所在。

1981 年，北大学生有感于中国男子排球队在香港顽强拼搏和转败为胜，四千多人聚集游行，高唱国歌，振臂呼喊我们民族在当今时代的最强音："团结起来，振兴中华！"这岂不正是当年李大钊倡导的青春精神在新的历史条件下的发扬么？

当前，我们处于两个世纪之交的历史时刻，在建设有中国特色的社会主义理论的指引下，我们正迎着改革开放的大潮，扬帆远航，实现经济腾飞，中华富强。我们民族的千年梦想，李大钊的"青春中华之创造"的理想，将在我们这一代人，特别是青年一代人的手中逐步实现。100 年来，由于内部或外部的种种原因，我们民族曾多次失去实现现代化和经济起飞的历史机遇，造成了经济上长期落后的局面。痛定思痛，我们应当学习和发扬李大钊倡导的青春精神，牢牢把握当今空前良好的实现经济腾飞的机遇，励精图治，奋发有为，在现代化建设事业中作出应有的贡献。北大肩负着教育青年、培养人才、繁荣学术、提高民族文化水平和素质的崇高使命，面对市场经济和现实生活中某些甚嚣尘上的权富之争、追求名利和物质享受的社会风习，我们应当尽力维护学术、文化圣地的尊严，以崇高理想、青春之气为精神支柱，在精神文明建设中努力塑造富于时代气息的民族魂，自觉抵制并扫除各种腐败、颓废和消沉之风，克服各种困难和动摇，矢志不渝地为经济起飞、文化复兴、政治民主、民族振兴而齐心协力地尽其所长、为所当为。

---

① 《李大钊文集》上卷，人民出版社 1984 年版，第 204 页。
② 同上书，第 205 页。

（二）倡导中、西思想融合，走综合创新之路

鸦片战争以后，由于西学东渐和东、西文化的碰撞与交融，我国学术文化领域发生过东西文化关系问题的长期争论。李大钊专门进行了东西文明的比较研究，对东西文明的各自特点和差异，提出了一系列见解，这都属于学术探讨的范围。但他有一个基本态度，即既不一味地赞美西方文明而一笔抹杀东方文明，又不固守东方文明而排斥西方文明。他说："平情论之，东西文明，互有长短，不宜妄为轩轾于其间。"① 因此，他主张并倡导东西文明之间的互相调和与融合。就哲学上说，他本来就继承了中国传统辩证法的相反相成、和而不同的思想，比较强调矛盾双方的和谐。他指出："宇宙间一切美尚之性品，美满之境遇，罔不由异样殊态相调和、相配称之间荡漾而出者。"② 对于两种文明或文化之间的关系，他作了甚为生动的比喻和说明："东洋文明与西洋文明，实为世界进步之二大机轴，正如车之两轮、鸟之两翼，缺一不可。而此二大精神之自身，又必须时时调和、时时融会，以创造新生命，而演进于无疆。"③ 由此可见，对待不同类型和派别的学术或文化，他与蔡元培持一致的主张，即"圆通广大，兼容并包"，使之互相取长补短，互相融合。李大钊本人的学术研究活动，就是在实行这种融合。比如他早期的青春哲学，实际上是西方哲学的某些合理成分、西方的进化论与中国传统辩证法思想的融合。他对马克思主义的传播和研究，也努力融合了古今中外各种哲学派别中的合理因素；尽管他的这种融合工作还包含着某些缺陷，甚至包含某些唯心主义的杂质，但他是在融合中西的合乎辩证法的方向上前进的。

更重要的是，李大钊的思想和主张，并没有停留在东、西文明的调和、融合上。十月革命后，他进一步认识到，要挽救当前世界面临的危机，单是东方文明或西方文明，或二者之间的调和，都还不能解决问题，而需要实行东、西方文明融合基础上的第三种文明，才能担负时代和历史赋予的重任。这就是说，要在东方封建文明与西方资本主义文明之外创建一种崭新的社会主义文明。这是他在当时讨论东、西文化关系的同辈学者

---

① 《李大钊文集》上卷，人民出版社1984年版，第560页。
② 同上书，第257页。
③ 同上书，第560页。

中高出他人之处，也是他之所以能首先转向马克思主义的一个重要思想因素。

李大钊的主张至今对我们有启发意义。在我国社会主义现代化的建设中，经济、政治与文化，应当是协调发展、互相促进的。就整个国家来说，有中国特色的社会主义文化建设，既要以马克思主义为指导，又要继承中华民族的优秀文化遗产，同时不能离开整个人类文明的成果。因此，如何正确处理马克思主义、中国传统文化与西方文化的关系，就至关重要而又相当复杂，以致也曾发生反复的争议。我们既反对全盘西化，又反对文化本土化的片面性倾向，同时也不可忽视排斥马克思主义指导的错误倾向。应当以马克思主义为指导，在融合中西文化优秀成果的基础上，进行综合创新，使我们所建设的文化既适应时代发展的要求，又富有鲜明的民族特色。只有这种新型的社会主义文化，才能适应并推动有中国特色的社会主义的多种经济的繁荣和民主政治的发展。就从事文化教育的学者或个人来说，特别是在哲学、人文科学领域，也有一个正确处理马克思主义、中国文化和西方文化三者之间的关系问题。马克思主义的指导是十分必要的，但马克思主义主要是作为一种先进的世界观、方法论起指导作用，而不能作为某种固定的教条或框架去限制或代替学术、文化问题的研究；在专业性的学术领域内，应当努力使中、西文化的优秀成果互相参照、互相沟通、互相融合，在这个基础上开展创新性的探索。实际上，100 年来在北大出现的许多蜚声中外的学者、大师们，都有融合中西、博古通今的特点，因而在专业研究领域内显得功底深厚、造诣非凡。当前我们的不少学者也是继承了这一传统特色的。但也应当看到我们存在的问题。在哲学人文科学领域，且不说与理科各系之间，即使在同一系科之内，也常常发生"隔行如隔山"的感叹。比如说，研究中国哲学的往往不懂西方哲学，研究西方哲学的又往往不熟悉中国哲学。特别是近几十年来从事马克思主义哲学的教学与研究的人，有些满足于一般原理或原著的了解，往往既不熟悉中国的传统思想，又不熟悉西方哲学的历史发展与现代成果。这样，在各自的专业领域内，就不免视野狭窄、思路单一，很难触类旁通、游刃有余地进行综合性的比较和创造性的研究，甚至容易陷入贫乏、停滞、僵化的境地。造成这种状况，固然与我们的某些社会历史条件有关，但也与我们的某些教学制度、指导思想有关。要改变这种状况，维护北大的学术传统和学术水平，需要狠下功夫。我认为，至少在哲学、人文科学领域内，今后的教学计划、课程设置、研究生培养以及文科综合试验班等方面，都应当考虑沟通文、史、哲，沟通中西文化，着眼于综合培养，提高比较和创新研究的能力。在研究生论文答辩、师资培养、高级职称评定等方面，应当在知识领域、学术视野和外语水平上从严要求。

当前，我们的马克思主义，特别是马克思主义哲学，迫切需要实现现代化和中国化。这是时代发展和建设有中国特色的社会主义实践的客观要求。马克思主义是一种国际性的开放的理论形态，随着以战争与革命为主题的时代向着以和平与发展为主题的转变，它有一个从经典形态向现代形态的转化问题。同时，马克思主义要进一步在中国的土地上生根，就必须与中国的现代化建设实践经验相结合，与中国的优秀文化传统相结合，使之真正具有中国的民族特色和民族风格，从而有力地指导有中国特色的社会主义实践，并且为广大人民所乐于理解和把握。我们既要立足于本国、本民族，又要放眼世界，面向全球，努力融合中西哲学与文化，勇于突破某些僵化的模式或框架，突破某些"禁区"、"险区"或"难区"，勇于探索和综合创新，这样才能逐步形成无愧于我们时代和民族的马克思主义理论和哲学的新形态。

（三）倡导历史观与人生观的统一，重视人生修养

李大钊不仅是马克思主义在中国最早的传播者，而且最早提出了马克思主义必须与中国革命实际相结合的原则。

马克思主义的鲜明特征是理论与实践相统一。中国古代传统哲学则十分注重道德践履、人生修养。李大钊一生的活动是试图把这两种特点融为一体。他传播、研究马克思主义的重点是唯物史观。他宣传了唯物史观的基本原理，并且运用唯物史观分析、研究了中国革命的一系列问题，参与各种社会思潮的论战，指导实际的革命运动。他是卓越的理论家，又是坚定的革命家，同时他追求道德理想，讲究人生修养，躬身实践，言行一致。他使革命、治学与做人三个方面高度统一起来，达到了一种比较完美的境界。正如陈独秀对他的中肯评论所说："……世人称他为马克思主义先驱，革命家的楷模，是一点也不过誉的。他对马克思主义的研究，比当时的人深刻得多。他对同志的真诚，也非一般人可比。"[1] 他的高尚的品

---

① 王树棣等编：《陈独秀评论选编》（下卷），河南人民出版社 1982 年版，第 371 页。

格和魅力，当时的人们没有不佩服的。就连他的政敌，也只能攻击他的政见，甚至夺去他的生命，但对他的道德人品却无可挑剔。

如果说，李大钊在完全转变为马克思主义者之前，就试图把人生的规律与宇宙的规律统一起来，主张青春的宇宙观与青春的人生观的一致，那么，在成为成熟的马克思主义者之后，他便进一步把人生的规律与历史的规律统一起来，主张唯物史观与革命人生观的一致。

李大钊在当时的学术界，不仅是著名的马克思主义理论家，而且是一位很有影响的史学家，在史学方面他有精湛的研究，造诣颇深。他的唯物史观的坚定立场有着深厚的史学研究的基础，同时他以唯物史观指导史学研究，倡导史学革命，批判旧的史学和各种复古、倒退的历史观，力图创立马克思主义的新史学。1924 年出版的《史学要论》就是他的一部比较成熟的史学概论，贯穿着唯物史观的基本思想，体现了逻辑与历史的统一。

李大钊的理论、教学活动的一个显著特点，是注重人生观、人生修养问题。他认为，一般地说，学问的用处很多，"但是最要紧的用处，是用它来帮助我们人生的修养"①，"我们要研究学问，不是以学问去赚钱，去维持生活的，乃是为人生修养上有所受用"②。在实际教学中，他更特别强调历史观与人生观的统一。他一贯坚持的思想是："欲得一正确的人生观，必先得一正确的历史观。"因为正确的历史观是人生的依据，在奔驰前涌的历史长河中，若不弄清历史的趋向，则有如"荒海穷洋，孤舟泛泊，而失所归依"。所以，他认为正确的历史观和深入的史学研究，是十分有益于人生的。

1. 现代史学的研究告诉我们，历史不是循环、停滞的，不是逆返、退落的，而是作螺旋状的前进运动，说明前途是光明的。这正是唯物史观所要揭示的历史趋势。因此，马克思给了我们一种新的历史观，也就给了我们一种"乐天努进的人生观"。

2. 研究历史的目的，还在于进一步发现历史的法则，而历史的法则可以预示未来的新世界，就可以帮助人们寻找前进的道路。李大钊在《史学要论》中谈到，鼓动人们研究历史学的兴趣，也就是鼓动人们"向

---

① 《李大钊文集》下卷，人民出版社 1984 年版，第 635 页。
② 同上书，第 644 页。

历史中寻找人生，寻找世界，寻找自己的兴趣"①。

3. 史学研究对人生的重大影响，还凸出表现在"史学能陶炼吾人于科学的态度"，而"所谓科学的态度，有二要点：一为尊疑，一为重据，史学家即以此二者为可宝贵的信条"。这种怀疑、批评、求证的工作，就可以培养、训练人们脚踏实地去研究，去寻求真理。所以他说："科学的态度，造成我脚踏实地的人生观。"②

总之，李大钊把人生观看作哲学的一部分，使马克思主义哲学融合了中国传统哲学的某些特点，无疑可以看作他实现马克思主义中国化的一种尝试，至今还是值得我们重视的。

长期以来，国内的哲学教科书体系中，一般都不包括人生观的内容，大都着重讲物质或社会运动的客观规律，不大涉及人本身。国外的一些人道主义的马克思主义派别，虽然强调人的地位和作用，但也并不关注人伦关系和人生修养。然而，现代中国和北大的一些老一辈学者，却比较注重继承中国传统哲学的遗产。比如，蔡元培先生曾经为学生编写修身教科书。冯友兰先生在 30 年代形成的"新理学"体系中，就有专门讲人生哲学、人生境界的部分。张岱年先生在 40 年代所写的"天下五论"的哲学论稿中，就包括《品德论》部分，试图把唯物论、辩证法与人生道德理想综合起来形成一个体系。可见李大钊把历史观与人生观统一起来，把人生观纳入马克思主义哲学体系，是有中国传统哲学的根据的，而且可能更有利于履行马克思的名言："环境正是由人来改变的，而教育者本人一定是受教育的。"因此，在我们实现马克思主义哲学中国化的进程中，李大钊的观点和做法，仍有重要的启发和借鉴意义。至于他把历史唯物论的研究奠定在史学研究的深厚基础上，并且言行一致，讲究治学与做人的高度统一，使专业与道德共同臻于至善的境界，就更值得我们今天的马克思主义理论工作者效法和学习了。

自李大钊在北大开始传播马克思主义以来，已经整整 80 个春秋了。北大始终有着传播、研究马克思主义的光荣传统。马克思主义在中国的一系列辉煌胜利，在北大的校史上都可以找到光彩的印迹，而马克思主义在中国的某些曲折历程也在北大有过深刻的反映。回顾百年沧桑，我们既要

---

① 《李大钊文集》下卷，人民出版社 1984 年版，第 765 页。

② 同上书，第 763 页。

总结成功的经验，肯定重大的成绩，也要吸取沉痛的教训，看到存在的问题。改革开放和市场经济的大潮，既有利于思想解放和马克思主义的创新研究，而功利主义、短期行为又对马克思主义理论队伍不无冲击。同时，知识结构老化、理论观念陈旧、外语水平偏低也是比较普遍的现象，长此以往，很难适应时代发展和实现马克思主义现代化与中国化的要求。

当年，李大钊在北大是迎着许多挑战，把马克思主义传播得很有威信，研究得很有特色的。今天，北大有着十分有利的条件，拥有一支长期形成的队伍，积累了比较丰富的经验，拥有图书资料和国际信息的优势，并且拥有研究传统文化的深厚基础，但我们也面临更多的新的挑战。我们应当学习李大钊等先辈人物，迎着各种挑战，振奋民族精神，改变某些落后局面，重视和选拔新生力量，以建设有中国特色的社会主义和全面实现现代化为目标，在融合中西思想、文化的基础上积极地开展创新性的研究。北大的马克思主义研究，应当发扬长处，形成自己的风格和特色，应当形成自己的学派，在理论、学术的探讨上，切实地展开百家争鸣；在促进马克思主义的现代化和中国化的事业中，应当培养出一批新型的马克思主义理论家，培养出一批像李大钊所说"真正能够在中国放点光彩的"①学者、大师来。

（写于 1998 年）

四　怎样评估胡适的哲学思想？

在 20 世纪的中国学术、文化舞台上，胡适是一位"毁誉参半"或曰"誉满天下，谤亦随之"的人物。在他于 1948 年 12 月离开大陆的 6 年之后，便遭受了一场事出有因、势所必然而持续半年之久的大批判，批判涉及内容之广，发动规模之大，实属空前。在众多的批判专题中，哲学仍居首位，列为重点。这不仅因为哲学是各种思想的理论定向或方法指导，而且由于哲学原是胡适的本职专业。如今离那场批判已经 50 余年，国内政治批判的风浪早已平息，我们不妨平心静气地回顾一下胡适哲学思想所受

① 《李大钊文集》下卷，人民出版社 1984 年版，第 540 页。

批判的方方面面，撇开政治的屏蔽，看看他的哲学思想的原貌、特点和地位。

（一）胡适究竟是不是一位哲学家

胡适在人文学科的许多方面都有开创性的成就与贡献。他自己喜欢说：哲学是他的"职业"（profession），历史是他的"训练"（training），文学是他的"娱乐"（hobby）。他在美国的早年读书计划中便确定"以哲学为中坚"，而以政治、宗教、文学、科学为辅。[①] 留学期间兴趣所致，他由农学转向哲学，又由康奈尔大学转向哥伦比亚大学，师从实验主义哲学家杜威。博士论文以"先秦名学史"为题。1917 年回国后在国内最早开设"西洋哲学史"课程，1919 年出版有开山意义的《中国哲学史大纲》（上册）。如此看来，胡适成为哲学家的来劲甚足。然而自此之后，虽又有若干哲学著述，但独立的理论建树不多，无论与自己"训练"、"娱乐"的方面相较，或与同时代的一些大哲学家相比，都不免逊色。说他是"大学问家"、"大学者"，当无疑问，但对他的哲学造诣，则历来有所质疑，可能评说不一。纵观他的一生，可有以下几个观察的侧面。

1. 从著述成果上看。胡适早年便有中西兼备的哲学功底。他出身"经学"世家，自幼熟读儒家经典，出国后又受过西方哲学的系统训练。博士论文《先秦名学史》曾获英国著名哲学家罗素的青睐与好评；对于《中国哲学史大纲》，蔡元培曾给予高度评价，并说他"旧学邃密"、"新知深沉"。可见他本有融合中西哲学，进行哲学独创的有利条件，但在日后 40 多年的学术生涯中，他却未形成独立的哲学体系，未能写出有理论创新的哲学专著。在 20 世纪的 30 年代至 40 年代，我国有几位职业哲学家出版了各自体现独立体系的哲学专著，如熊十力的《新唯识论》，金岳霖的《论道》、《知识论》，冯友兰的《新理学》等，胡适显然没有形成这类体系和著作。他曾积极引进和宣传实验主义哲学，侧重于方法论上的概括，但本人并无新的理论建树。他的哲学著述，多属"史"的方面，缺乏"论"的探索和创新。这就出现理论成果与其"职业"基础的某种反差。

2. 从研究的时间上看。胡适一生兴趣广泛，博览群书。他虽主张做

---

① 《胡适留学日记》，商务印书馆 1947 年版，第 168 页。

学问要既博大又高深，自己却未将两方面臻于至善，而常有所反省。在早期留学期间他曾说："读书多所涉猎而不专精，泛滥无方而无所专注。"① "吾生平大过，在于求博而不务精。"② 到晚年回顾时，竟至怀疑何者为自己的职业，不过并不懊悔，秉性如此，顺其自然而已。他的学术方向，随需要与爱好而不时转移。对哲学的研讨，主要集中于回国前后的一段时期，比较短促。以后较长时间倾注的兴趣与精力，与其说在哲学上，不如说在文史上，"训练"与"娱乐"反多于"职业"。《中国哲学史大纲》（上册）出版后，久久不见下册，改成"中国思想史"，也难以完成。这种状况，固然与他"无证不信"、"严、谨、和、缓"的治学态度有关，"暴得大名"之后，更为谨慎，不愿轻易出手。但主要还是哲学上未能"专注"，晚期又对比较专门的《水经注》投入过多的时间与精力，游离在"职业"之外。

3. 从探索的思路上看。胡适虽然接受过西方哲学的专门训练，重视哲学思维与逻辑方法的内在联系，并且意识到中国近代缺乏科学与中国传统思想缺乏逻辑密切相关，但是他对西方传统哲学的本体论、认识论、逻辑学一直缺乏足够的兴趣，未能深入堂奥。他对哲学的理解，虽经历了若干变化，而主要路向仍然沿袭中国传统思想，认定对"人生切要的问题""导求一个根本的解决。"这固然迎合了"五四"时期探讨人生问题的热潮，也与西方人本主义潮流、实验主义哲学讲究实效的倾向合拍，却难于融合中西，在哲学理论的深层次上有所创新和推进。

4. 从思想的来源上看。胡适有着深厚的中国传统文化的素养，但他所受哲学的基本训练和思维模式，仍然直接来自西方。他说，"我的思想受两个人的影响最大：一个是赫胥黎，一个是杜威先生。赫胥黎教我怎样怀疑……杜威先生教我怎样思想……"③ 赫胥黎所代表的生物进化论和杜威所代表的实验主义相结合，确实决定了胡适思想的基本格局：哲学上的实验主义者和政治上的改良主义者，使得他只重点滴的积累与改良，否认社会的质变与革命；只重经验与实效，轻视理论与思辨。他重视哲学史上的经验主义和实证主义哲学家，比较轻视理性主义或长于思辨的哲学家。在他看来，黑格尔的辩证法是生物进化论出世以前的玄学方法，实验主义

① 《胡适留学日记》，商务印书馆 1947 年版，第 653 页。
② 胡适：《介绍我自己的思想》，见《胡适论哲学》，安徽教育出版社 2006 年版，第 45 页。
③ 胡适：《四十自述》，《胡适文集》第 1 集，北京大学出版社 1998 年版，第 80 页。

则是生物进化论出世以前的科学方法。他强调怀疑和实证的方法，比较轻视理论分析与辩证思维，这不能不影响他哲学思考的深度。

5. 从禀赋的长处上看。胡适的天赋能力，与其说长于哲学，不如说长于文史。他曾说："我的长处是明白清楚，短处是浅显。"这种特点加上他对科学态度与科学方法的提倡，确实有利于他在新文化运动和文学革命中开一代新风，但对于哲学的沉思与探索，却是一种弱点。

总体来看，胡适是一位富于开创性的人文学科的大学者，但还难以说他是一位卓有贡献的哲学家，或者，与其说他是一位大哲学家，还不如说他是一位有开创性成就的哲学史家。不过，倘若胡适一直集中时间和精力于哲学，那么，20 世纪的中国，可能会多一位颇有成就的职业哲学家，却可能少了一位新文化运动和文学革命中叱咤风云的主将。权衡二者的轻重，大概也是他直到晚年仍自乐于其"率性"之所为的重要原因吧？

（二）　胡适哲学思想备受批判的几个方面

实验主义（Pragmatism）是 19 世纪末在美国出现并占主导地位的思潮，它在 20 世纪兼有西方人本主义和科学实证主义的特征，也适应发达资本主义社会注重功利和实效的需求。实验主义在 20 世纪初的中国与马克思列宁主义同时传播，二者既有相互对立、抵制的方面，也有某些相近或相互影响的方面。胡适一生服膺并宣传实验主义，抵制马列主义，在 20 世纪 50 年代中在大陆受到激烈批判的几个主要方面是：

1. 赋予"人化"的实在论

人生在世，总要面对世界与事物的"实在"。这个"实在"是主观的还是客观的？所谓"唯物论"与"唯心论"就从这里划分。胡适所引詹姆士的一段话首先受到批判："我们所谓'实在'（Reality）含有三大部分：（A）感觉，（B）感觉与感觉之间及镜意象与意象之间的种种关系，（C）旧有的真理。"① 由于他们又说真理是"人造"的，这种"实在论"便被断定为地道的"主观唯心论"。其实这里詹姆士只是回避感觉的来源问题，并未否认其客观来源，而且只是在认识范围内谈论。詹姆士在《实验主义》一书中区别了已被认识的实在与未被认识的实在，前者在感觉、经验的范围之内，后者则在其外。他说："认识这名词只用于对'实

---

① 胡适：《实验主义》，《胡适文集》第 2 集，北京大学出版社 1998 年版，第 225 页。

在'的认识——而所谓实在，乃是指那些不依赖于这感觉而独立存在的事物。"① 这里肯定"实在"本是客观的"自在之物"，一旦进入认识过程，就与人的认识活动不可分离，因而在感觉、经验范围之内。这种进入认识的实在，则由于各人的境遇、偏好不同，便有各种不同的看法和解释，都是人的活动的结果。詹姆士对于人的认识活动之外的实在并无兴趣，也不愿谈论，而着重把握认识之中的感觉，认为这个才是牢靠地把握住实在。他所讲"实在"的三个部分都有人的作用，有时也把这种实在称之为"人化"的，即人所创造的实在。这正是实验主义的人本主义的表现。另有两段话常被当作批判的典型的靶子。詹姆士说："实在好比一块大理石到了我们手里，由我们雕成什么像。"胡适也说："实在是我们自己改造过的实在。这个实在里面含有无数人造的分子。实在是一个很服从的女孩子，她百依百顺的由我们替他涂抹起来，装扮起来。"② 这里所讲的实在，显然是进入认识的实在，是人化了的实在，只有通过人的感性活动去理解。这里与其说是"主观唯心论"，不如说是从人的作用出发的对实在的一种人本主义的理解。

马克思在《1844 年经济学哲学手稿》中谈论人的对象化活动、强调人的本质力量时，也提出过"人化自然"的概念。他说："人的感觉，感觉的人性，都只是由于它的对象的存在，由于人化的自然界，才产生出来的。"③ 然后在《关于费尔巴哈的提纲》中，马克思又指出：对"事物、现实、感性"，应"当做人的感性的活动，当做实践去理解"，"从主体方面去理解"④。这当然不是什么主观唯心论，而正是形成中的实践唯物主义对现实世界的理解。

2. 讲究实效的真理观

实验主义者酷好谈论真理。胡适说："真理并不是天上掉下来的，也不是人胎里带来的。真理原来是人造的，是为了人造的，是人造出来供人用的，是因为他们大有用处所以才给他们'真理'的美名的。"⑤ 这被看作典型的"有用就是真理"的主观唯心论的真理观而大肆批判。其实实

---

① ［美］詹姆士：《实验主义》，商务印书馆 1983 年版，第 165 页。
② 胡适：《实验主义》，《胡适文集》第 2 卷，北京大学出版社 1998 年版，第 226 页。
③ 《马克思恩格斯选集》第 1 卷，人民出版社 1979 年版，第 121 页。
④ 同上书，第 133 页。
⑤ 胡适：《实验主义》，《胡适文集》第 2 集，北京大学出版社 1998 年版，第 223 页。

验主义的真理观包含较多的内涵。

首先，胡适同意传统的看法，把真理看作"观念与实在相符合"。只是他认为这种"符合"不是静态而是动态的。既然实在是变化的，观念也就相应地发生变化。"符合不是临摹实在，乃是应付实在，乃是适应实在。"① 又既然实在是人化了的，那么与之相符合的观念也必定是人化了的，是"从此岸过渡到彼岸，把困难化为容易"②。就是说，要在人与对象世界的相互作用中去把握这种"符合"。杜威曾把传统哲学上的认识论称之为"旁观者的知识论"，因为它只对永恒不变的"实在"作静态的观察。实际上一切知识都离不开经验，而经验是通过人们的积极参与的活动而得来的。所以，观念与实在的符合，就引导人们从一种经验过渡到另一种经验，使人在活动中实现目的，得到心灵的满足。可见这种真理观表现了某种积极认知的进取态度。

其次，实验主义者强调真理的功效性、相对性和实际价值。胡适说："真理不过是对付环境的一种工具。"③ 他甚至说："真理和我手里这张纸，这支粉笔，这块黑板，这把茶壶，是一样的东西；都是我们的工具。"④真理会随着事实的变化而变化，从前的观念失去功效，不适用了，就该由别的真理来代替。这里虽被严厉谴责为否认真理的客观性和相对主义，但胡适是以实际的功效为标准，从观念与实在关系的动态考察中强调真理的具体性和现实性。真理的功效会随着人的活动的改变而改变，这正是胡适的所谓"历史真理论"。他否认了绝对不变的"终极真理"，并且批评了詹姆士的"上帝存在"的假设。在胡适看来，真理固然必须对人类的活动有用，但有用的东西并不都是真理，还要看它的内容能否在人们面前真实地出现，即是否真有"兑现的价值"。上帝的观念固然可以安慰人的心灵，因而对信仰宗教的人有价值，但神灵毕竟并非真实的存在，无法在宇宙"银行"中"兑现"钞票，便不可能成为真理。因此，胡适的真理观虽然在理论上比较粗浅，并且包含了某些相对主义的因素，但它充分肯定了真理的现实性与可变性，否定了有神论和永恒不变的终极真理说，主张在人类创造性的经验活动中开拓认识真理的道

---

① 胡适：《实验主义》，《胡适文集》第 2 集，北京大学出版社 1998 年版，第 223 页。
② 同上书，第 222 页。
③ 同上书，第 223 页。
④ 同上。

路，这显然有其合理成分。

马克思主义与实验主义在真理观上都强调功效和实践的作用，强调真理的具体性和现实性，因而确有相近或相似的方面。有些西方学者如罗素、波普尔等人，认为二者天然一致，如出一辙。其实二者之间是有重大区别的：（1）在实践的概念内涵上，马克思主义着眼于社会生活的本质，首先指社会的生产和阶级斗争，实验主义则主要指一般的科学实验或生活行为；（2）在理性认识与感觉经验的关系上，马克思主义在重视认识的感性基础的同时，十分重视科学抽象和理论指导的意义，实验主义则有忽视理论的经验主义倾向；（3）在真理的相对性与绝对性的关系上，马克思主义明确阐述二者的辩证统一，实验主义则有忽视真理绝对性的相对主义倾向；（4）在真理的阐述上，实验主义有其简易明快的特点，但就理论深度和完整性而言，则远不如马克思主义哲学。因此，我们既反对从胡适等人著作中抓住几句话，断章取义地进行简单粗暴的批判，也不同意因表面特征的某些相似而把两者混为一谈。

总的看来，胡适的实验主义真理观富于人本主义的特色，基于人的积极活动的视角，他所强调的真理的实效性、具体性和相对性，对于严重阻碍中国现代化历史进程的旧传统思想的格局，对于某些僵化的教条和教义，是一种有力的冲击，作为新文化运动的舆论先声和工具，是有进步意义的。

3. 重疑求证的方法论

实验主义哲学家喜欢把一切学术、文化问题归结为方法。胡适认为实验主义的主要含义不在"学说"或"哲理"，而在于"方法"。实验主义即达尔文进化论在哲学上的应用，他名之为"实验室的态度和方法，"并把这种方法归纳为两个方面：一是历史的方法，又称"祖孙的方法"，即任何制度或学说，并非孤立，都有原因和效果，即上有"祖父"，下有"子孙"；二是实验的方法。胡适把杜威实验主义方法的五个步骤概括为10个字："大胆的假设，小心的求证。"他又把实验的方法归纳为注重三件事："（一）从具体的事实与境地下手；（二）一切学说理想，一切知识，都只是特征的摆设，并非天经地义；（三）一切学说与理想都须用实行来试验过；实验是真理的唯一试金石。"①

---

① 胡适：《杜威先生与中国》，《胡适文集》第2集，北京大学出版社1998年版，第280页。

　　50 年代的批判者们难以从这里抓到"唯心主义"或"反动思想"的把柄，就说实验主义的方法是"伪装得最像科学的"①。怎样解除这种"伪装"呢？说这里所讲的"事实"并不是"客观事物"，也不要求"详细占有材料"，并且不着眼于生产和阶级斗争的根本事实，只是主观选择的偶然的细小问题。其实胡适的治学方法，一贯要求详细占有材料，客观地处理现实问题，并且注重"扩张研究材料，不断寻找新的材料和证据"。他主张"勤、谨、和、缓"，就是为了把结论建立在充分的材料和证据上。比如考证《红楼梦》，就是要教人"疑而后信，考而后信，有充分证据而后信"②。又如《水经注》的考证和研究，他用了 5 年时间，才把问题弄清，9 年之后，还犹豫于是否发表。在史学上，他提出"搜集史料重于修史"，"不要使原材料毁灭……这个工作比编志更重要"③。在哲学上，他宁愿从事现实问题的研究，不肯作空虚哲学系统的建构。他高度重视并解释古人所云的"实事求是"，多次提出"尊重事实"。可见，作"主观唯心主义的虚构"的，并不是胡适的出发点，而正是当年批判者们强词夺理的批判。有人又说胡适标榜"大胆的假设"，既是大胆，便不严谨，便是"主观唯心论"的假设。其实胡适所说"假设"有两层含义：第一，假设是极为重要的中间环节，是"承上启下的关键"。它依赖丰富的事实和材料，基于人生经验的积累，因而"如潮水般涌上心头"，随后它要经过评判和验证，才能演绎出结论。他的敢于突破的胆量与他的严于求证的态度紧密结合。第二，一切主义或学理，只应看作待证的假设来研究，不可当作终极的教条去信奉。一切学说的具体内容，由于时势、背景和人物个性等因素，不可能有永恒而普遍的有效性，但经过长期应用而获得验证的科学方法，则具有客观的独立性。所以，他认为特殊学理的应用是有限的，而一般方法的应用是无穷的。实验主义方法的最大目的，就是要使人养成杜威那种"创造的智慧"。但杜威还是试图调和社会的新、旧因素，使失调的方面重新组合。胡适则更强调利用和支配环境，主张突破

---

　　① 艾思奇：《胡适实用主义哲学的反革命性和反科学性》，《胡适思想批判资料案例》，新文艺出版社 1955 年版，第 94 页。

　　② 胡适：《介绍我自己的思想》，《胡适文集》第 5 集，北京大学出版社 1998 年版，第 518 页。

　　③ 胡适：《搜集史料重于修史》，《胡适文集》第 12 集，北京大学出版社 1998 年版，第 176 页。

旧传统，创造新文化。在方法论上，胡适比杜威更加具有积极的能动性，更加要求养成"创造的思想力"。

怀疑是胡适方法论中的重要起点。在生活实践中遇到问题，产生疑问，思想便开始启动，进行考据和探索。他常说："学源于思，思起于疑。"另一句名言是："宁可疑而错，不可信而错。"他的这种积极的怀疑精神，具有防止思想僵化，破除教条迷信，激发人的创造力的作用，在新文化运动中，为反对旧传统，进行新启蒙，张扬科学与民主提供了有力的思想武器。

4. 以史为镜的历史观

由于早年接受传统经史教育的熏陶，加上西方进化论的影响，胡适形成了一种对历史的偏好，治学好从历史的角度考察。历史观是其哲学思想的重要部分，也是他备受激烈批判的方面。批判所加的罪状是：信奉唯心史观，否认历史规律；鼓吹英雄史观，贬低人民群众；崇拜西洋文明，散布民族自卑。

在中西文化的碰撞与较量中，面对旧传统和文化保守主义的观点，作为改造文明的激进派，胡适有言辞偏激的一面，但他并非信奉唯心史观。当时文化保守派提出东方文明是精神的，西方文明是物质的，割裂了两种文明的联系。胡适在反驳这种观点时把文明看作精神与物质的结合。他说："凡文明都是人的心思智力运用自然界的质与力的作品。"① 在他看来，没有一种文明单是精神的或单是物质的。一个国家的物质建设若上不去，就不要自夸精神文明有多高，否则不过是一种低级水平的"自满"。他深信"精神的文明必须建筑在物质的基础之上。"② 对于古人管仲所说"衣食足而后知荣辱，仓廪实而后知礼节"，胡适说："这不是什么舶来的'经济史观'，这是平恕的常识。"③ 可见，他在社会历史观上主要持一种自然主义观点，并不反对唯物史观，只是他不把社会存在与社会意识的关系看作哲学的基本问题，并不主张历史一元论。他承认唯物史观指出了物质文明与经济组织在人类社会进化史上的重要性，但他并不主张单用唯物史观指导史学与哲学的研究。

---

① 胡适：《我们对地西洋近代文明的态度》，《胡适文集》第4集，北京大学出版社1998年版，第3—4页。

② 同上。

③ 同上。

　　胡适曾引用詹姆士的话，把实在比作大理石或女孩，任由我们雕刻或装扮。"五卅"运动后，他又说："群众运动总是不能持久的。……这是世界人类的通病。"① 的确，胡适有些忽视历史的一般规律，夸大个人作用，好举例说明某些历史事件的偶然性，如说某人的一个念头可以引起几十年的血战之类。在他看来，社会历史的进程既然难以预料，便只能从人类生活的"经验"出发，运用"实验"的方法去逐个地解决"问题"，也就是从事一点一滴的改革。这显然与其人本主义、社会改良主义的观点密切相关。在他看来，历史既然是人的积极活动的成果，杰出人物的主导作用，就应首先引起重视。然而，全面地说，胡适并未贬低或轻视人民群众。他服膺实验主义哲学，就是立意撇开少数"哲学家的问题"，集中关注"一般人的问题"；他发动文学革命，提倡白话文运动，就是要使文字与语言相统一，使文学成为普通百姓的武器；他本人更是一个平易近人，善于与广大青年、普通百姓打成一片的学者和知识分子，一贯尊重人民群众的基本权利，并无居高临下、傲视群众的性格，他在1962年去世时，台北市出现万人空巷、30万人为他送葬的场面绝不是偶然的。在中西文化关系上，他说过一些过头的话。1935年在为陈序经的文章所写"编辑后记"中承认自己赞成"全盘西化论"。他后来说明，这是想采取"矫枉必须过正"手法，让中国本位文化的"惰性"的强大拉力，使社会实际走上合适的现代化的路子。为避免误解和文字上的无谓争论，不久他便改称"全力的现代化"或"充分的现代化"，认为这是中国文化的根本出路。应当说，这是符合时代潮流的。在中西文明的对照和撞击中，胡适痛感中国科学、文化的落后和民族心理的某些劣根性，认为只有敢于认错，承认自己"百不如人"，才能"死心塌地"学习西方的先进文明。为了抨击中国文化中的糟粕，他列举了诸如小脚、鸦片、八股文等社会病态现象，把"贫、病、愚、贪、乱"称作中国的"五大仇敌"。简而言之的说法，表现了"恨铁不成钢"的急迫心情，要求以西方文化之长补中国文化之短，振兴中华，再造新的文明。实际上胡适的一生，都在孜孜以求、乐此不疲地"整理国故"，研究文化遗产，披沙沥金地寻觅宝藏。他把"人文主义"、"合理主义"以及"自由精神"看作中国古典思想的最大

---

　　① 胡适：《爱国运动与求学》，《胡适文集》第4集，北京大学出版社1998年版，第628页。

遗产。① 直到他晚年的 1959 年，还在"东西方哲学家会议"上，以"中国哲学里的科学精神与方法"为题，用大量的材料和证据，说明中国文化的优秀传统，驳斥某些西方哲学家贬低东方文化的观点。他总是希望中国社会从历次的挫败中吸取教训，减少阻力，加快步入现代化的进程。他处处坚持历史主义和无证不信的原则，体现怀疑精神与评判眼光的融合，对历史进行主动而全面的反思，以史为镜，古为今用，吸取对当今社会有益的东西。这种观点和方法，曾使中国现代史学界面目一新，在开创新领域，培养新人才上起过重大的推动作用。

（三）　胡适哲学思想的特点与评估

胡适的一生，虽然受到政治的干扰和纠缠，但他始终置学术于首位，保持了学者的本色。对于哲学，他虽未长期职守，在 20 世纪的中国哲学舞台上，像是行色匆匆，却也留下了引人注目的足迹。胡适的角色和特点是明朗的。

1. 推动社会、文化与哲学的转型

20 世纪初，中国社会与文化处于重大转折时期。中国社会面临如何从前现代走向现代化的问题，中国文化面临如何处理中西两种文明的关系问题，中国哲学面临如何从"经学"形态走向现代形态的问题。西学东渐日见昌盛，引入和评介西学，已有梁启超、严复等人最为热心和最见成效。但正如余英时先生所说，直到"五四"前夕，"中学为体，西学为用"的基础格局未变，知识分子中直接了解西方文明与哲学者并不多见。胡适正是在这种迫切需要突破旧格局的"关键性的时刻"② 出现。1917年他来到北京大学，与蔡元培、陈独秀等人相配合，高举"科学"与"民主"的旗帜，掀起学术、文化的"新思潮"，对一切既有的制度和观念采取"评判的态度"，即"重新估定一切价值"，这"才把中国如何现代化的问题从科学和政制（张之洞所谓'西艺'、'西政'）的层面正式提升到文化的层面，因而突破了'中体西用'的思想格局"③。他发起的文学革命和白话文运动，就极有利于把各种新思想直接传播给知识分子和

---

① 胡适：《中国思想史纲要》，《胡适文集》第 10 集，北京大学出版社 1998 年版，第 414 页。

② 余英时：《重寻胡适历程》，广西师范大学出版社 2004 年版，第 170—171 页。

③ 同上。

城市广大读者。他积极主张"充分世界化",就是要加速中国社会向现代化的转型,他提出的新文化运动的纲领是:"研究问题,输入学理,整理国故,再造文明。"这无异于在融合中西文明的基础上使中华文明上升到新形态。他回国后,便以中西兼通的学识基础,锐不可当的求真意识,在中国哲学界崭露头角。中国传统文献中本无"哲学"一名,与西方的"哲学(philosophy)"相应的内容,多以儒家为正统的"经学"形态出现。中文的"哲学"译名可能出现于19世纪末,像从日文转译而来。在康有为、梁启超、严复、王国维等人输入、评介西方哲学的基础上,胡适更加全面地评述了西方多元哲学的潮流,着重倡导了实验主义哲学,并从西方哲学的视角,对中国传统哲学的脉络开始系统整理,以"平等的眼光"和"扼要的手段"(蔡元培评语)突破定于一尊的旧格局,提出一系列新的范式,极大地推动了中国哲学向现代哲学的转型。胡适是迎着新潮的弄潮儿。

2. 倡导科学精神与人文精神的融合

实验主义哲学本来兼有人本主义与科学实证主义的性质。胡适一方面强调科学的程序和实证性,另一方面又处处关注人的现实生活。对于那些离开人的现实生活甚远的抽象的"哲学家的问题",他素无兴趣,不去研究。科学精神与人文精神的融合是胡适哲学思想的基本特点。这种特点反映在他的史学、文学、政治、宗教等各个领域的研究中。在20世纪20年代关于人生观的科学与玄学的论战中,他支持科学人生观的主张,认为科学能够解决宇宙与人生的各种问题,同时他的认识深处又包含浓厚的人文情怀。他从中国传统思想中着力发掘的也是科学与人文的合理因素。他认为孔子思想的核心是"仁",强调"修身以安人",就是要"以仁为己任",把整个人类的和谐发展看作自己的责任。他所理解和所要建立的哲学,不是抽象的范畴体系,而是以人和人的活动为核心的哲学的人学。他在哲学上强调科学的方法,但方法终究是手段,目的还是要解决人的问题。"科学"与"人",始终是胡适哲学中大写的字母。

3. 提供积极乐观的人生哲学

讲究人生哲学,本是中国传统思想的特点,也是胡适经常谈论的话题。胡适比较了中西的人生观,吸取合乎人道、人性者,批判违反人道、人性者,提出了一种积极乐观的人生哲学。这既顺应了时代趋势,又表现了民族特色。他认为哲学就是研究人生切要的问题,他说:"人生离了哲学，是无意义的人生；哲学离了人生，是想入非非的哲学。"①
着眼于个人与社会的关系，胡适首先既反对自私自利的个人主义，也反
对独善其身的个人主义，而提倡"健全的个人主义"，就是一面要努力
把自己这块材料铸造成器，一面要敢说老实话，敢向恶势力作战。这样
才有益于社会。在这里，"为己"是"为人"的前提，"为人"是"为
己"的结果。要达到这种"为己"与"为人"的统一，便要从两方面
努力：一是思想自由，充分发展个性，他说："社会最大的罪恶莫过于
摧折个人的个性，不使他自由发展。"② 二是使个人对社会承担责任。
强调个人自由，并不是为所欲为，总要对社会有益。他始终注重个人的
言行对社会的责任和影响。

他把个人与社会的关系比喻为"小我"与"大我"，由此阐述了"社
会不朽论"。"小我"如水流之点滴，汇聚成滔滔不绝之"大我"。"小
我"之一切语言行事，无论大小、是非、善恶，都汇存于"大我"之中。
小我是要死亡的，大我则是不朽的。但汇入大我的各种小我的言行也是不
朽的。他引用《左传》的有关论述，鼓励人们在"立德"、"立功"、"立
言"上对社会作出"不朽"的贡献。在 1923 年"科学与玄学的论战"
中，胡适坚决维护科学派的立场，以各种科学的论据，提出新的"自然
主义"的人生观。他强调科学对人生观的决定性作用，要求人们尊重和
信仰科学，反对迷信和非人道的人生观，实现现代人生的价值和理想。胡
适以学者的身份和情趣谈论人生的最大快乐："人生的快乐，就是知识的
快乐，做研究的快乐，找真理的快乐，求证据的快乐。""以有限的人生，
去探求无穷的知识，实在是非常快乐的。"③

胡适把个人的自由与对社会的责任统一起来，把个人的幸福与科学的
追求统一起来，提供了一种积极乐观的人生哲学，这是胡适哲学思想中的
一笔重要遗产。

4. 理论的不足与局限

在 20 世纪的西方哲学思潮中，实验主义有拒斥本体论的倾向，有
着重经验、实效而轻视理论、思辨的特点。胡适与杜威一起，用浅显说

---

① 胡适：《哲学与人生》，《胡适文集》第 12 集，北京大学出版社 1998 年版，第 282 页。
② 胡适：《易卜生主义》，《胡适文集》第 2 集，北京大学出版社 1998 年版，第 486 页。
③ 胡适：《一个人生观》，转引自闻寄宁《胡适之的哲学》，生活·读书·新知三联书店
2005 年版，第 173 页。

理的形式，在中国就实验主义思潮作了广泛的宣传，对学术界、教育界和广大知识分子发生过重大影响。这种影响主要表现为一种"实用理性"，它强调经验的实证，但缺乏逻辑的分析；它直白易懂，但缺乏理论深度；它只涉及具体问题，不求解决本质问题。胡适在哲学上不但未能建立完整的理论体系，而且在研究阐述问题时也比较缺乏理论底蕴。他把"哲学家的问题"与现实、人生问题对立起来，始终难以深入哲学大厦，而且一度产生以科学取代哲学，取消哲学和哲学家的想法。[①]这都表现了他的经验主义和科学实证主义的倾向；加上进化论的影响，在社会问题上只主张点滴改良，反对社会的根本变革。在中国社会的性质、特点等问题上，他缺乏总体认识和中肯判断，难以找到解决问题的基本出路，只求东鳞西爪地解决个别问题。这种状况和局限，就使他在现代中国哲学史上难以奠定重要的学术地位，也使他难以得到迫切需求社会变革的广大群众的支持，因而在革命的浪潮中被排斥在外。一个以毕生精力热衷于学术探讨，尊重民族优秀遗产，力图学习先进文明，振兴中华文明的学者，竟不得不脱离他长期生活与工作的故土，并且受到了一场虽事出有因却查无实据的围剿性的批判。这不仅是被批判者，也是批判者们的悲剧性的命运，是中国一代知识分子的悲剧性的命运。当政治的风浪过去，人们用平静的心态来回顾和审视胡适的一生时，他在中国现代学术、文化史上的举足轻重的地位与贡献，便更显得无可争议了，他的开拓创新和雍容大度的特殊风采也会长期活在人们的心间。

（写于 2009 年）

---

① 见胡适《哲学的将来》（提要），《胡适论哲学》，安徽教育出版社 2006 年版，第 42—43 页。

五　马克思主义与中国传统
文化的结合与冲突
——兼评陈立夫回忆录中的
一个观点

1994 年，陈立夫先生在台湾出版了一部回忆录，书名为《成败之鉴》。此书随即又由美国胡佛出版社出版了英译本。

我不是专门研究历史的，不拟从历史上全面评论这本书，这里只想就书中的一个基本论点谈谈我个人的看法。这就是马克思主义与中国传统文化的关系问题。陈立夫先生作出的一个重要论断是：马克思主义不适宜于中国，不适宜于中国的传统文化。这在中国现代史上当然是一个有过反复争议的问题。在五四运动前后，当马克思主义开始传入中国不久，就发生过马克思主义是否适合中国国情的争议。当时传入中国的西方思潮和派别，有杜威的实用主义、罗素的逻辑实证主义、斯宾塞的社会有机论，还有尼采哲学、叔本华哲学，以及无政府主义思潮，等等。但是，所有这些思潮和派别，都没有像马克思主义那样，很快为进步知识分子和广大革命人民所接受，发生持久而深远的影响。几十年来，马克思主义在中国的绝大部分土地上占据了支配地位，显示了不仅是改朝换代，而且是改天换地的力量。"不适宜"论似乎有些销声匿迹了。然而，曾几何时，苏联解体，东欧剧变，中国的社会主义事业也遭受过重大的波折和损失。不少人对马克思主义的信仰和兴趣似乎在逐渐冷漠。于是，马克思主义是否适宜于中国、与中国的传统文化是否兼容的问题，又以比较尖锐的形式出现了，不能不引起人们的认真思考。

当前否认马克思主义与中国文化传统相结合的观点，主要表现为两种倾向。一种倾向是把马克思主义看作单纯的外来文化，认为马克思主义在中国找不到结合点，不可能在中国土地上生根。比如认为马克思主义所主张的阶级斗争与中国文化传统所强调的人际和谐、主张"和为贵"的思想不相容；又如认为马克思主义强调唯物主义的决定论，而忽视人和人类精神的作用，与中国的"礼乐教化"的文化传统格格不入。这种倾向主要来自台湾、香港的一些学者和人士。另一种倾向则是把中国的传统思想文化，特别是其中作为主干的儒家思想文化，看作单纯封建主义的意识形态，认为它与马克思主义这种先进的世界观是不可调和的，马克思主义不可能与孔孟之道相结合。这种倾向主要来自大陆的少数人。两种倾向都各自贬低对方，但都把马克思主义与中国的传统文化截然对立起来了，否认二者结合的可能性。

我个人认为，中国传统文化及其对马克思主义的作用，都具有两重性，应当进行历史的考察，采取分析的态度。

（一）

中国传统文化博大精深、源远流长，经历几千年而绵延不断，确实有值得自豪的丰富遗产。但是，与任何其他民族的传统文化一样，中华文化既包含进步的方面，也包含落后的方面。中国传统文化主要是以农业经济为基础的皇权专制社会逐步形成的文化，它既包含人文价值的精华，也包含专制集权下的糟粕。因此，我们不主张一说到中国传统文化，就津津乐道，一味颂扬，而主张科学地分析和继承，吸取精华，剔除糟粕，这就需要马克思主义作为世界观和方法论的指导。马克思主义产生于西方，但它批判地继承了人类各民族的优秀思想和文化遗产，而且就其本质来说，它绝不是一种固定的教义或僵化的理论，而是一种开放的、发展的体系，它应当具有自我校正、自我更新的能力，它必须不断地吸取各民族的优秀思想文化成果，否则它就会失去生机与活力。

马克思主义与中国文化优秀传统相结合，不仅是必要的，而且是可能的，这首先是由于二者确实具有某些相通或兼容的方面，可以形成实际的结合点。

1. 在社会理想方面，中国古代的先哲们，在社会激烈变动、人们聚讼纷云的时期，曾经抨击"天下无道"，追求"天下有道"，把"道"看作尽善尽美、和谐有序的景象和目标，先秦道家的老庄学说中就保存着对原始社会的怀念，抗议剥削阶级的统治。特别是在儒家经典《礼记》的《礼运》篇里，记载了"大同"社会的理想，即"天下为公"，使"货，恶其弃于地也，不必藏于己；力，恶其不出于身也，不必为。"①。这是一种建立在小农生产基础上的乌托邦式的社会理想，它与建立在高度发展的大生产基础上的共产主义理想是有本质区别的，但着眼于未来的经济、道

_____

① 见《礼记》《礼运》篇"大同"章。

德上的理想态势，又确有相通之处。因此，马克思主义一经传入中国，就为许多进步的知识分子所欣然接受，被看作为民族救亡图存，并实现远大抱负的理论武器。

2. 在社会历史观方面，中国的先哲们有不少人涉及物质生活与精神生活的关系，最明显的如《管子》书云："仓廪实则知礼节，衣食足则知荣辱。"后来汉朝思想家王充又说："让生于有余，争起于不足。谷足食多，礼义之心生；礼丰义重，平安之基立矣。……礼义之行，在谷足也。"（《论衡·治期》）这都试图说明衣食上的丰足是道德觉悟的必需条件，在一定程度上看到了物质生活是精神生活的基础。这种观点虽然与唯物史观的完整理论相距甚远，但也无疑包含唯物史观的某些思想因素。

3. 在人与社会的关系方面，中国传统文化中的人文价值因素十分丰富，也是极富魅力的内涵。其中特别是既坚持人格尊严又强调社会责任感的思想、强调人际关系的和谐、对人深切关怀的观念，以及把"修身、齐家、治国、平天下"四者统一起来，把人的群体性、协作性看作人类生存发展的必要条件的思想，与马克思主义重视人、强调人的社会性的观点也不无相通之处。在当今以和平、发展为主题的时代，这种人文价值的内涵和因素，对马克思主义的向前发展和人类的长远需求，是颇富积极意义的。

4. 在世界观和方法论方面，在中国先哲们的著述中，历来存在无神论、唯物论，特别是辩证思维的传统。《老子》中"有无相生、难易相成"，"福兮祸所伏，祸兮福所倚"的思想，《易传》中"一阴一阳之谓道"、"刚柔相推而生变化"的观点，古代学者明确提出的"物极必反"、"一分为二"以及"合二而一"的名言，都成了中国理论工作者和知识分子十分熟悉并且经常使用的术语。这些术语中蕴含着丰富而深刻的辩证思维，与马克思主义哲学的唯物辩证法是息息相通的。因此，凡具备中国传统哲学素养的学者，在接受和理解马克思主义哲学时，便不会感到陌生，运用起来也是得心应手的。

正由于马克思主义与中国优秀文化传统有许多相通或兼容的方面，在发生近代中西文化碰撞，经历数十年古今中西文化之争的基础上，马克思主义一旦传入中国，就能"独领风骚"地得到迅速而广泛的传播，这决不是偶然的事了。随后马克思主义又逐步与中国的社会实际、革命实际相结合，指导中国革命开辟了一条具有中国特色的民主革命和向社会主义发展的道路，使中国的社会面貌发生了根本性的变化，并逐步形成了毛泽东思想，初步实现了马克思主义的中国化，这就说明马克思主义是适宜中国的；马克思主义与中国优秀文化传统的结合是可能的，并且正在由可能开始变为现实。

（二）

然而，马克思主义在中国的运用和发展，却绝不是一帆风顺的，而是经历了极大的艰难和曲折。大致可以划分为四个时期：

1. 五四运动前后。这是马克思主义在中国胜利传播的时期。这个时期传播马克思主义的主要代表人物是陈独秀、李大钊、瞿秋白等人。他们着重传播了马克思主义的唯物史观，但由于还比较缺乏系统的哲学理论准备和中国传统文化的深厚基础，因而对马克思主义与中国优秀文化传统的结合还缺乏必要的认识和自觉。传播工作主要还处于翻译和初步评价的阶段。

2. 1921—1949 年。这是马克思主义在中国获得显著成效的时期。虽然也有教条主义的多次干扰，经历低潮和曲折，但总的来看，马克思主义是与中国社会实际、革命实践逐渐结合的。这个时期在中国应用和发展马克思主义的主要代表人物是毛泽东，形成了比较完整的毛泽东思想，应用和发展马克思主义的主要内容，是关于革命的战略、策略思想，认识论、辩证法，以及军事辩证法思想。毛泽东发表了《实践论》、《矛盾论》、《论持久战》、《新民主主义论》等著作，开创了一条结合中国社会实际的民主革命的道路。这个时期是应用和发展马克思主义的中介环节，是俄国十月革命的经验和列宁主义的基本思想。正如毛泽东所说："十月革命一声炮响，给我们送来了马克思列宁主义"，"走俄国人的路，这就是结论"[1]。由于俄国的社会和文化具有东方的特点，中国与俄国有不少类似或相近的方面。应当说这个时期以列宁主义的基本思想为指导，结合中国的具体实践而创造性地运用，是符合马克思主义的发展方向的。

3. 1949—1978 年。基本上可以称社会主义时期，也是马克思主义在中国逐渐教条化的时期。这个时期，毛泽东虽然试图探索中国的社会主义道路，并且与苏联经验、斯大林思想在若干方面保持或发生一些分歧，但

---

① 《毛泽东选集》第 4 卷，人民出版社 1991 年版，第 1471 页。

总的来看，主要还是受斯大林模式的严重束缚和影响，逐渐地受极"左"路线的支配和干扰，建立了高度集中的经济、政治体制，使马克思主义教条化、僵化。在各个领域贯彻以阶级斗争为纲的方针，开展一系列的政治运动和意识形态领域的大批判，直至"十年动乱"，对社会主义的经济、文化事业造成了重大损失。这个时期主要是透过"斯大林模式"来理解和运用马克思主义、列宁主义的，而"斯大林模式"实质上偏离了马克思主义，与中国的优秀文化传统也是相违背的。

4. 1978 年至今。自中国共产党第十一届三中全会以来，以邓小平为代表的马克思主义者，提出和逐步形成了建设有中国特色的社会主义理论。这个时期是重新实现马克思主义中国化的时期。经过对马克思主义的拨乱反正、正本清源以后，确立了以经济建设为中心的方针，实行改革开放，逐步建立社会主义的市场经济的体制，重新探索和开创在中国建设社会主义的新道路，为马克思主义与中国的特殊国情、与中国优秀文化传统的紧密结合展现了广阔的前景。但 10 多年来的实践说明，我们取得了重大的进展，却又只是这种结合的长远道路的开端。当前面临的一系列新的矛盾，比如政治体制改革必须配合经济体制改革的问题，文化建设如何适应经济建设发展需要的问题，现代化建设的艰巨任务与人的素质普遍低下的尖锐矛盾，市场经济的快速发展与人们道德水平急剧滑坡的重大反差，等等。这些问题能否较好地解决，将决定马克思主义能否进一步实现中国化、能否继续在中国占领阵地的历史命运。

（三）

回顾历史，应当认真地总结经验教训。几十年来，马克思主义在中国之所以发生某些曲折和偏离，自然有历史的、制度的、个人的种种原因，但就思想文化根源来说，我认为有两个方面是主要的，一是来自内部，即中国思想文化传统中遗留的皇权专制主义因素；二是来自外部，即苏联和斯大林模式的严重影响。

中国由于长期处于皇权制主义社会中，资本主义从未得到比较充分的发展，思想文化领域历来缺乏科学和民主的传统。两千多年来居于支配地位的高度集权主义的观念和影响，并未经过彻底的清理。辛亥革命推翻了满清王朝，改变了某些制度和习俗，却并没有根本改变人们头脑中的观念。"五四"时期的新文化运动，曾经倡导科学与民主的启蒙任务，但随后由于民族危机和国内战争等纷扰，历来缺乏顺利实现的氛围和环境。恩格斯说过："传统是一种巨大的阻力，是历史的惰性力。"一旦条件合适，皇权专制主义的观念和力量，就会复活、滋长，甚至泛滥起来，加上人们容易陶醉于某些已有的成就，对思想领域的反专制主义的任务缺乏应有的自觉，就更有利于旧文化的糟粕以改头换面的形式出现，这就导致马克思主义在中国出现某些"变形"或"失真"的状况。这是实现马克思主义中国化过程中的某种负效果，是值得人们高度警惕和重视的。比如：

1. 官僚等级观念和君主权威崇拜的思想，常常阻碍民主化的进程，压抑人的个性的发展，并且容易导致对马克思主义的偏狭理解和学术文化事业的停滞。在这种观念和思想的支配、影响下，学术界和知识分子争取学术自由和政治民主的环境是相当艰难的。学术和文化领域的"百花齐放、百家争鸣"的方针，本来是一个符合马克思主义的本质和辩证法，有利于推动马克思主义和科学、文化事业繁荣、发展的正确方针，但常常受到干扰和冲击，难以认真贯彻。学术文化上是非正误的判断，常常要以是否适合当前政治或政策的某种利益为转移，并且往往要由官方或某个领导人物来作最后的裁定。这就在社会科学研究的各个领域无形中设置了不少"禁区"、"险区"和"难区"，使人们难以涉足和突破。这也是哲学和社会科学的学术领域很难形成不同学派和展开充分自由的学术探讨的基本原因。

2. 中国文化中的经学方法传统，严重束缚人们的思想，容易导致马克思主义的教条化和僵化。中国自汉武帝"罢黜百家、独尊儒术"之后，在漫长的两千多年的专制社会里，大都以孔子为代表的儒家学说作为官方意识形态，在哲学与文化领域逐渐形成了一种与皇权专制主义相适应的经学方法。学术研究只是要求注经解经，培养了一种唯经唯圣的观念，不允许离经叛道。这种传统的习惯和方法，虽经"五四"新文化运动的猛烈冲击，却并没有根除，在新的历史环境下，又得以重新复活与滋长，不少人又以注经解经的态度和方式对待马克思主义。

在民主革命时期，马克思主义并没有取得支配地位，它曾以理论和逻辑的力量吸引过千百万人。那时的某些教条主义者也曾以经学的方法对待马克思主义，在中国生搬硬套经典作家的某些言论或第三国际的决议，对中国的革命事业造成过严重危害。但那时的教条主义，终究还比较容易识破，只在局部范围起作用。马克思主义在全国范围成为居支配地位的指导思想之后，许多理论工作者逐渐地习惯于宣传和注解现成的结论，不敢面向现实，满足于人云亦云的格局。进入 80 年代以后，经过若干历史问题的清理和总结，特别是经过实践是检验真理的标准的讨论之后，整个学术探讨的局面和氛围有所变化，但哲学与经济等各个领域的改观是很不平衡的，把学术问题、理论探讨政治化的倾向还有待进一步解决。

3. 中国传统哲学的直觉、笼统的思维方式，影响对马克思主义理论的深入分析和创新探索。

中国传统哲学既有富于辩证思维的一面，但也往往缺乏概念的明晰性，缺乏理论的分析和论证；哲学思想往往与伦理、政治思想紧密结合而缺乏独立的认识论、方法论和自然观。这种缺陷不但长期影响我国自然科学的发展，也严重影响哲学上的整体创新。

长期以来，我国理论界对马克思主义的理解和宣传，往往停留在"三个来源和三个组成部分"上，停留在传统的结构、观念和范畴上，不少马克思主义的理论工作者采取了一种封闭式的研究方式，不掌握新资料，不了解国外的研究状况，对中国的传统哲学和西方现代哲学不熟悉，很少结合在科学的发展和实践中提出的重大问题，进行创造性、开拓性的分析和研究。我们的一些马克思主义哲学的教科书和教材的内容，几十年来很少有总体上的更新，而且呈现退化的趋势。马克思主义哲学研究的这种停滞、萎缩的状况，主要在于现实的原因，但也很难说与中国传统思维的某些缺陷没有联系。

造成马克思主义研究某种困境的外部原因，过去主要来自苏联斯大林模式的影响。本来列宁的思想在十月革命后经过重大的转变，集中地表现为从"战时共产主义"向"新经济政策"的转变。这实际上是俄国向社会主义过渡的政策、途径、方法的根本变化。列宁在俄国实行新经济政策之后，特别是在他逝世前发表的一系列重要著述中，实际上探索和开创了落后国家向社会主义发展的新道路，这包括经济建设、政治建设和文化建设的一种总体构想。但在列宁逝世之后，斯大林却忽视了列宁思想的转变和发展，随后便中断了新经济政策在俄国的实行，而固守并夸大"战时共产主义"时期的经验和政策，逐步形成了"斯大林模式"。斯大林模式的基本特点是：建立高度集中的经济体制和政治体制，宣扬个人崇拜，实行文化专制，夸大阶级斗争的尖锐性。无可否认的是，从 50 年代初到 70 年代末，我国的体制和路线受斯大林模式的影响是很深的。极"左"路线的干扰，就与这种模式有密切的联系。受斯大林模式影响而形成的许多观点，实质上离开了马克思主义的基本思想和实质，也是与中华民族的民族性格、优秀文化传统相抵触的。

我们只以曾经流行一时的"斗争哲学"为例。斯大林片面地对待马克思主义辩证法的对立统一学说。他在叙述辩证法的基本特征时，只讲斗争，不讲统一，在政治上他更夸大社会主义社会阶级斗争的尖锐性。在这种思想的支配下，在苏联理论界的著述中不时出现"斗争哲学"的概念。我国正式提出"斗争哲学"的口号，是在1959年。这种概念的强调，是与哲学政治化、阶级斗争扩大化、推行极"左"路线密切相关的。然而，"斗争哲学"的说法，在马克思主义哲学中是找不到根据的。马克思曾经指出："两个相互矛盾方面的共存、斗争以及融合成一个新范畴，就是辩证运动。"① 恩格斯曾经把对立统一学说表述为"对立的相互渗透规律"，而且他还特意批评了片面地标榜"斗争"的观点，明确指出："在自然界中，决不允许单单把片面的'斗争'写在旗帜上。"② "斗争哲学"的概念是不是来自列宁呢？其实，列宁在他的《哲学笔记》中是全面阐述对立统一学说的。在他看来，是对立面的既对立又统一，才推动事物的发展。而且，早在1909年，当俄国的波格丹诺夫等人在一个教学大纲里提出"无产阶级斗争的哲学"口号时，列宁便指出："在国际社会民主党里，这一类宣传课程的教学大纲有几十个、几百个……但是你们在任何地方都找不到'无产阶级斗争的哲学'。有马克思和恩格斯的哲学唯物主义，但是在任何地方都没有'无产阶级斗争的哲学'。"③ 特别值得注意的是，在十月革命后，列宁还专门提出，通过解决矛盾，正确处理各种关系，要善于把这些对立的概念和谐地结合起来。④

应当看到，"斗争哲学"的片面标榜，既不符合马克思主义哲学的全貌，也与中国传统哲学的特点极不相容。中国传统哲学的辩证思维比较强调对立面的交参与和谐，虽然它比较忽视对立面的斗争性，不免有其缺陷，但以儒家思想为主导的普遍和谐的观念，以修身、养性的自我身心内外和谐为基础，要求达到人与人、人与自然以及自然本身的和谐，则是和

---

① 《马克思恩格斯选集》第1卷，人民出版社2012年版，第225页。
② 《马克思恩格斯选集》第3卷，人民出版社，第982页。
③ 《列宁全集》第45卷，人民出版社1990年版，第257页。
④ 《列宁全集》第40卷，人民出版社1986年版，第208页。

当今"和平与发展"的时代主旋律相吻合的。我国北宋哲学家张载对事物的对立统一关系作过如下的概括："两不在则一不可见，一不可见则两亡用息。"他并且用四句话表述了辩证法的规律："有象斯有对，对必反其为；有反斯有仇，仇必和而解。"① 这里所说的"和"，并不是无差别的"同"，而是包含差别、矛盾和斗争的，但事物发展的趋势和归宿则是矛盾的解决，达到和谐的结合，而绝不是一味斗争、一斗到底，永无和谐之日。我们应当努力发掘中国传统哲学讲究和谐的精神遗产，发扬中华民族爱好和平的性格，作出适应时代需要和现实生活的诠释，为中国现代化的物质文明和精神文明的建设，为人类解放和永久和平的长远利益作出无愧于时代和民族的理论贡献。

　　总之，马克思主义在中国的传播和运用中所发生的种种曲折，不是由于马克思主义与中国的社会实际、与中国优秀的文化传统基本上的不兼容，而是由于马克思主义受到内在或外在因素的干扰而发生的。

　　从文化学的视角来看，某种外来文化的传播和输入，从来不可能是全面移植，而必须与本民族的文化相融合，才可能在本民族的土地上生根，才能根深叶茂地开花结果。马克思主义的中国化，一方面使马克思主义面对中国的文化背景，经过检验、过滤和选择，不仅要更新和丰富原有的内容与范畴，而且要从中国的民族文化中提取素材，吸取营养，重新塑造自己的结构和形式，真正实现向中国形态的转化；另一方面又使中国的传统文化面向西方的先进文化体系，推陈出新，综合创造，找到从传统型向现代型转化的途径。这就是马克思主义与中国优秀文化传统相结合的意义所在。

（写于 1996 年）

---

① （宋）张载：《正蒙，太和》。

第 六 章

关于意识形态领域的争议

一 一场难得的"哲学争鸣"
——1957年"中国哲学史座谈会"的回顾与反思

大学是繁荣学术、振兴文化的重镇。校园内有过深远影响的学术活动，特别值得回眸与纪念。1957年年初，由北京大学哲学系主持，召开了一次全国性的别开生面、震动视听的"中国哲学史座谈会"。面向深蕴民族精神遗产的哲学家园，首先在北大掀起了学术争鸣的波澜。北大本有"兼容并包，思想自由"的传统。中国哲学历来是哲学系的基本阵地，胡适的那本开山之作《中国哲学史大纲》（上卷），就是1919年在北大问世的。冯友兰的奠基之作《中国哲学史》（上、下卷）出版于20世纪30年代初，也与他在北大的教学活动密切相关。1952年全国高校院系调整后，几个大学的哲学系合并于北大，国内中国哲学史方面的资深学者便大都云集于此，教学力量强劲，学术资源丰富。

（一）简要的回顾

在新中国成立初期的几年里，全国范围内经历了土地改革、镇压反革命、"三反"与"五反"、肃清反革命分子等政治运动，在文教领域，又特别经历了知识分子的思想改造运动，对武训和《武训传》的批判，对胡适、胡风思想的政治批判等。知识分子的头脑里一直绷着政治斗争的弦，专门的学术探讨和争鸣，似乎提不上日程，但是，到1956年，国际国内的形势发生了某种转机。苏共二十大反对教条主义和个人迷信，显然对我国产生了重大影响。中共八大提出，国内的主要矛盾已经不再是工人阶级和资产阶级的矛盾，而是人民对于经济文化迅速发展的需要同当前经济文化不能满足人民需要的状况之间的矛盾。周恩来总理做了《关于知识分子问题》的报告，首次提出我国知识分子绝大多数已是劳动人民知识分子。接着，中宣部部长陆定一又向科学文艺界和高级知识分子作了"百花齐放，百家争鸣"的报告。这些都像一阵春风拂面吹来。著名社会学家费孝通不由得发表《知识分子的早春天气》，吐露了老一辈知识分子乍寒乍暖的复杂心情。哲学家郑昕在《开放唯心主义》一文中，表述了知识分子的某种"思想解放"，以及学术与政治相矛盾的心理。然而，当时又处于"学习苏联"的格局下，主流意识形态以来自苏联的著作和经验为依归。《联共（布）党史》被视为革命经验的"最高综合"，作为"马列主义基础"课程的标准教材。《联共（布）党史》中的一条主线，便是强调阶级斗争、路线斗争和意识形态的斗争。1947 年 6 月，苏共中央组织了关于亚历山大洛夫著《西欧哲学史》的讨论会，主持意识形态工作的日丹诺夫作了长篇总结性发言，他严厉指责《西欧哲学史》是"犯了许多非常严重错误的"，是"替学院派伪客观主义效劳"，"脱离了哲学的阶级性和党性原则"，等等。并且他给哲学史下了一个定义："科学的哲学史，是科学的唯物主义世界观及其规律的胚胎、发生与发展的历史。唯物主义既然是从唯心主义派别斗争中生长和发展起来的，那么，哲学史也就是唯物主义与唯心主义斗争并战胜唯心主义的历史。"① 这篇讲话被翻译、出版，广为流传，那时哲学系师生几乎人手一册，奉之为圭臬。可是，结合中国哲学史的教学与研究，却面临困境，出现了认识上的众多问题与分歧，迫切需要展开学术讨论。

为了贯彻"百家争鸣"的方针，在中央有关部门推动下，国内学术界召开了两个重要讨论会：一是 1956 年 8 月在青岛的生物遗传学讨论会，会上全部摘掉了强加给摩尔根学派的各种政治帽子，在自然科学界开创了"百家争鸣"的局面；二是北京的中国哲学史座谈会。后者原拟召集一千人的大规模讨论，由北大哲学系中国哲学史教研室酝酿、准备，最后落实到会一百多人。全国各高等院校、研究机构和宣传部门的知名学者，诸如冯友兰、张岱年、朱谦之、任继愈、石峻、朱启贤、张恒寿、金岳霖、贺

---

① ［俄］日丹诺夫：《在关于亚历山大洛夫著"西欧哲学史"一书讨论会上的发言》，人民出版社 1954 年版，第 4—5 页。

麟、洪谦、郑昕、朱光潜、任华、周辅成、汪子嵩、张世英、王太庆、陈修斋、唐钺、温公颐、胡绳、艾思奇、潘梓年、关锋等人参加了会议；与会者包括中国哲学、西方哲学和马克思主义哲学三方面的专家、教授，并有少数高年级学生；硕学鸿儒齐聚一堂，也不乏初露头角的中青年人。1957 年 1 月下旬，围绕中国哲学史与日丹诺夫的定义，展开了为期 5 天的热烈讨论。尽管这是在原则上肯定日丹诺夫定义的前提下进行的，但在一定程度上，又是对日丹诺夫观点的质疑与商榷；是实事求是的科学态度对某种教条主义、简单化倾向的异议与抗争。会上提问题，有回应；谈见解，多争议；既批评，也辩驳。思想气氛比较活跃，学术观点有所伸张。在一定限度内，基本上做到了各抒己见，平等讨论。在新中国成立以来的头 30 年里，这是一次颇为难得的哲学盛会，是一次有限但却珍贵的学术争鸣，是特定历史时期的一次颇有特色的学术活动，是北京大学哲学系乃至全国哲学界的一次富有历史意义的事件。

（二）争鸣的焦点

日丹诺夫关于哲学史的"定义"，有一定的"经典"依据。不能说完全没有道理；而从旧社会过来的知识分子，在经历了思想改造运动和多次政治批判之后，更会掂量那个不可越过的"限度"，因而一般都在原则上表示同意和支持这个"定义"，但提出疑问最多的也是他们，因为当做一种准则或公式，运用于中国哲学史，就会满腹疑团，难以理解。这正是会议召开的缘由和争议的焦点。

讨论是从中国哲学史的对象、范围问题开始的。问题首先由长期从事中国哲学史研究的冯友兰先生和当时的青年教师朱伯昆先生提出。按照日丹诺夫"定义"，对哲学史上的人物与思想，必须划分唯物、唯心，并作对应的阶级与政治分析，就是说唯物主义代表革命和进步，唯心主义代表反动和保守。但中国历史上的哲学家，多半包含复杂的成分和历程，或纵横交错，或前后转变，不宜一概定性唯物或唯心，且在古近代社会，都属地主阶级，不过大与中小之别，难显阶级与政治的分野。就中国哲学史料而言，多属社会政治、伦理、教育方面，若按西方哲学史惯例，偏重于自然观、认识论，则研究范围太窄，有"削足适履"之虞。若按实际材料侧重于社会历史领域，则在马克思主义以前不可能有完整而明确的唯物主义思想，又难以显示唯物与唯心的斗争。翻译家、西方哲学专家王太庆先生说，简单搬用西方范畴，让人感到"异国气息"。中国哲学史专家任继愈先生委婉提出，日丹诺夫"定义"有三处"不够全面"：一是限于唯物、唯心的斗争，偏重自然观、认识论，就会在社会历史观上留下空白，让中国哲学史失去许多有价值的内容；二是忽视辩证法与形而上学的对立，而中国哲学史上的辩证法却相当丰富；三是未给唯心主义流派以应有的历史地位，不能反映哲学史的全貌。许多学者认为，揭示中国哲学自身发展的进程和规律，才是中国哲学史研究的宽广之道。

会议讨论的重心集中在两个方面：如何对待唯心主义？怎样继承哲学遗产？其中引人注目，讨论最为热烈的两个问题是：唯心主义有没有好东西？哲学命题的"抽象意义"可否继承？

1. 如何对待唯心主义？唯心主义有没有好东西

许多学者引用大量材料，说明唯物主义与唯心主义并不是单纯的斗争，而是既相互对立、排斥，又相互渗透、促进。著名美学家朱光潜先生别开生面地分析了一些人物的"思想两栖"现象：他们实际跨越两个基本的哲学派别，类似蛤蟆，水陆两栖。孔子的《论语》中，有些话可说是唯物的，另一些话又可说是唯心的；王充和范缜的哲学系统是战斗的唯物主义，但也有宿命论思想的出现，如此等等。有些学者谈到，人类认识在对立面交错影响下，呈现盛衰起伏的曲折进程。冯友兰先生所言宋明道学的事例最为明显：起初周敦颐、张载的唯物主义以"气"为本，后程（颐弟兄）朱（熹）在"理"、"气"关系上，认为"理"在"气"先，转向唯心主义，最后王夫之（船山）撇开程朱，继承张载，建立唯物主义的完整体系。冯先生说："程朱从张载底基础上转向唯心主义，与张载对立起来，王夫之又从程朱底基础上转向唯物主义，与程朱对立起来。"[①]这里王夫之并不是简单地"撇开"，或简单地"回复"，他是经过程朱而又撇开程朱，经过程朱而又继承张载。若无程朱的"理在事先"的唯心主义，王夫之也难以提出"理在事中"的唯物主义。可见唯物主义与唯心主义并不是截然对立的。至于唯物主义者与唯心主义者的关系，西方哲学专家贺麟先生指出，他们在哲学上虽有原则分歧，但常常并不是革命与反动的关系，有时是密切的亲友关系，有时是"青出于蓝而胜于蓝"的

---

① 冯友兰：《关于中国哲学史研究的两个问题》，《中国哲学史问题讨论专辑》，科学出版社 1957 年版，第 11 页。

师生关系。正是估计到种种复杂而交错的关系，多数学者认为，深入而全面地研究这些关系，避免简单而僵化的"对垒"，才能再现哲学史上生动而丰富的内容。

会上另一派学者对上述观点持批评态度。他们在原则上一味强调唯物主义与唯心主义"只能是斗争的关系"，坚持"划清界限"，"不能从党性原则后退"。或者说这是"你死我活"、"我立你倒"的关系，因为每一方"都是要从根本上摧垮对方"。① 它们之间是"红"、"白"关系，而不能是"青"、"蓝"关系。在难以否认二者的统一性时，有人也只笼统地承认二者都以宇宙为对象，受同一社会条件的制约和有大体一致的侧重研究的方面，而否认二者之间的相互渗透与吸收。会上的讨论，虽然受整个政治格局和日丹诺夫"定义"的制约，总会有某些重政治轻学术，强调理论"原则"而忽视历史事实的倾向，也有若干调和、缓冲的说法，但真正支持唯物主义与唯心主义一味斗争的论点者，实际只占少数。

唯心主义究竟有没有好东西？由贺麟先生首先提出。这涉及争议的关键。如果唯心主义只是错的、坏的，那么一味斗争、一概批倒，似乎就可以了。贺先生在1953年就说过，唯心主义有好有坏，好的唯心主义都曾起过进步作用。1955年，在批判胡适思想时，他又敢于顶风提出：唯心主义本身就有好东西。这次会上他举出两个例证：唯心主义哲学家朱熹把太极说成"理"，"理"有动有静，发现"理"的能动性，是朱熹的一大贡献；唯心主义哲学家王阳明所说"良知"，既是认识的最高真理，又是本体上的最实在者，而"致良知"也是做人、求知的方法。这里包含本体论、认识论和方法论三者统一的完整体系的合理因素。西方哲学专家陈修斋先生认为，不能说唯物主义等于正确，唯心主义等于错误。在一定条件下，唯心主义可以包含正确的因素或方面，唯物主义也可能有错误的成分，而且唯物主义与唯心主义是可以互相转化的。可是，有的学者虽然表示不能用简单的公式"代替对哲学史的复杂内容的具体分析"，但却又认为"唯物主义的哲学观点是正确的，而唯心主义的哲学观点是错误的，这种区别是绝对的"②。因此，他们认为，承认唯心主义有好东西，就会

---

① 关锋：《关于继承哲学遗产的一个问题》，《中国哲学史问题讨论专辑》，科学出版社1957年版，第207页。

② 胡绳：《关于哲学史的研究》，《中国哲学史问题讨论专辑》，科学出版社1957年版，第512、513页。

混淆唯物与唯心的界限，"离开唯物主义立场而倒向唯心主义的立场，那就只会是有害无益"①。有的学者可以承认唯心主义体系或著作中包含合理因素，如黑格尔体系中所含辩证法的"合理内核"，但认为这并非唯心主义本身所有，而且与唯心主义体系相矛盾。陈修斋先生则认为，唯心主义中有价值的东西不一定与其体系相冲突，比如欧洲中世纪的唯名论者，在共相与个体的关系上表现唯物主义倾向，但他们仍是一批经院哲学家，肯定个体事物的实在性，并不与上帝创造世界的观点相冲突；黑格尔的唯心辩证法，是概念的辩证法，与自身体系并不冲突，而正是相交融的。更重要的是，唯心主义也是人类认识这棵大树上的一条枝干，有它生存的根据和脉络，就自有它的合理之处。贺麟先生说得很明确："哲学史上的哲学思想，哪怕是片面的、错误的、唯心的，只要它有资格被记载在哲学史里面，它就是对人类文化的一种贡献，它就有被保存、被研究、被批判的价值。"② 实际上，有的唯心主义注重精神的能动性，则可能包含辩证法因素，有的对唯物主义进行批评，则可能包含借鉴或促进的因素。

那么，究竟如何对待唯心主义？主张唯心主义就是错误的人，便认为只能批判、斗争，甚至要求"用唯物主义原理去代替、改变、翻转或驱逐唯心主义因素"。哲学史的研究者们则强调学理的分析。贺麟先生提出，不要"当头棒喝"，而要"和风细雨"，前者只能压服，后者方可克服。中国哲学专家朱谦之先生提醒大家，日丹诺夫的观点，与列宁后来对待唯心主义的态度似有不同。他要求重视列宁在《哲学笔记》中的一系列论述。西方哲学专家、维也纳学派成员洪谦先生谈到，有的唯心主义著作的动人之处，在于其周密细致的思想体系和逻辑分析。《柏拉图对话集》、黑格尔的《小逻辑》等，就对大学生比较有吸引力。有的学者还提出深入研究唯心主义的建议：有计划地翻译、出版有关著作；开设研讨唯心主义的课程；培养精通唯心主义的专家等。这些建议，在会上、会后都曾引起重视，后因政治运动和"文化大革命"的发生而中断，这些建议在 30 多年以后，才逐渐得到采纳和实现。

2. 怎样继承哲学遗产？哲学命题的抽象（或一般）意义可否继承？

---

① 胡绳：《关于哲学史的研究》，《中国哲学史问题讨论专辑》，科学出版社 1957 年版，第 512、513 页。

② 贺麟：《关于哲学史研究中两个争论问题的意见》，《中国哲学史问题讨论专辑》，科学出版社 1957 年版，第 193 页。

按照日丹诺夫的观点，只讲唯物、唯心斗争，划分进步与反动，则中国哲学遗产中可继承的东西很少。冯友兰先生有虑于此，便率先发表《中国哲学遗产的继承问题》一文，设法委婉地提出一种继承的方法：区分某些哲学命题的"具体意义"与"抽象意义"。如《论语》中所说："学而时习之，不亦说乎。"其具体意义是学习诗、书、礼、乐等古代传统内容，对现在没多大用处，不需继承；但其抽象意义，则是说学过的东西，都要经常温习和实习，这是很快乐的事，现在仍然正确、有用，可以继承。又如王阳明的"良知说"，具体意义讲究的道德，含等级观念；而其抽象意义则给传统权威以有力冲击，有进步作用，可以继承。

冯先生的这种看法，除个别学生明确支持、个别学者从侧面有所称许以外，会上大多数人表示异议，持批评态度。批评的要点大致有：一是割裂了命题的抽象意义和具体意义，或形式方面和内容方面。有人还把冯先生的观点追溯于他的"新理学"体系中"理在事先"的客观唯心主义。二是夸大了思想的抽象或形式的方面，忽视了哲学遗产继承的特殊内容，势必忽视哲学思想的阶级性，抹杀唯物主义与唯心主义的斗争。三是找错了遗产继承的准则，应当继承科学性、民主性内容，有益于人民与社会主义的东西，而不是继承某些抽象意义。四是采用了"最省力"的办法，把哲学遗产的继承简单化了，试图现成地拿来，却没有对认识过程进行科学分析，找出规律性，总结理论思维的经验教训，而这才是主要而艰巨的工作。

面对诸如此类的批评，冯先生再作发言，并写"补充意见"。为避免麻烦，他将"抽象意义"与"具体意义"改称"一般意义"与"特殊意义"，并承认自己的文章中有不够全面和恰当的地方。

在我看来，冯先生的观点受到众多批评的原因是多方面的。第一，他只是在逻辑思维上区分哲学命题的抽象意义和具体意义，并没有割裂客观存在的抽象和具体或形式和内容。这与他早年《新理学》中所论存在的"理在事先"是有区别的。其实他主张继承的，是一种普遍性的思想内涵，是"具体的共相"。正如贺麟先生所说："可以继承的一定是本质的东西。本质是最具体的也是最抽象、最一般的东西。"[①] 不过，冯先生对

① 贺麟：《关于哲学史上唯心主义的评价问题》，《中国哲学史问题讨论专辑》，科学出版社 1957 年版，第 200 页。

此没有讲得很清楚，容易引起误解。他在"补充意见"中也谈到自己表述上的缺点："这两个意义好像平排放着。"第二，他立意撇开某些命题的具体意义，提炼可继承的抽象意义，而具体意义多与社会情况相连接，这便使人敏感，容易被指责为"忽视阶级性"、"抹杀唯物主义与唯心主义的斗争"。这种指责，在以后的岁月里愈演愈烈，导致政治性的大批判。其实冯先生并没有否认哲学的阶级性。在他看来，若只承认特殊性、阶级性，而完全否认各种哲学思想、派别之间的一般性、共通性，就会堵塞马克思主义对中国哲学优秀遗产继承的可能性。他试图肯定和发掘"哲学思想中有为一切阶级服务的成分"，某些道德价值的超越性。这正是他在当时不同凡俗的高明之处。那种把一切社会性都归之于阶级性的观点，实际是一种庸俗的社会学观点，它给我们国家和民族带来的灾难和损失难道还少么？第三，冯先生头篇文章的题目是"中国哲学遗产的继承问题"，但他实际所论，并不是问题的整体，并未涉及继承的目标、准则、任务等，而只是涉及继承某些命题的一种方法。题目与内容的反差，招来了不少"超负荷"的批评。如主要继承唯物主义和民主性、科学性内容的准则，他自以为理所当然，没有论及，便受到了批评。后来人们把他的观点笼统地称之为"抽象继承法"，其实并不确切符合他的原意。第四，说他的继承方法是"现成地拿来"，也有一定道理。他作自我检查时说："好像有一个现成的抽象的东西，我们可以随时取来，不加改造就可以继承。"① 不过，这只是给人的印象，实际上他认为揭示一个命题的普遍内涵或"抽象意义"，是要经历一番提炼功夫的，并不省力。更何况他只是讲继承的一个方面或一种方法呢？

冯先生的观点，在以后的 20 年里，一直成为批判的靶子，大量的批判文章不断袭来。在这个过程中，冯先生作了若干反省和自我批评，但直到 1981 年所写的《三松堂自序》中，他仍然说："其基本的主张，我现在认为还是可以成立的。"

（三）约略的反思

半个世纪的沧桑岁月已经流逝。当年活跃在哲学领域和座谈会上的

---

① 冯友兰：《关于中国哲学遗产继承问题的补充意见》，《中国哲学史问题讨论专辑》，科学出版社 1957 年版，第 284 页。

那批老一辈学者，大都已经作古，但会上讨论的问题至今并未终结。笔者那时只是一个北大二年级的学生，无缘参加那次会议，但会议的声音却曾在耳边震响。幸有《哲学研究》编辑部编纂与会文章和发言，由科学出版社于1957年出版《中国哲学史问题讨论专辑》。如今翻阅这本专辑，会上的议论风生、学者的音容神采，又跃然纸上。掩卷有以下粗略反思。

1. 学术繁荣需要充分的学术争鸣

座谈会得以召开，并出现难得的争鸣盛况，是由于恰逢政治斗争的间隙：由批判胡风而引发的全国肃反运动已基本结束，秋气肃杀的反右派斗争尚未到来。北大"兼容并包，思想自由"的传统是一种挥之不去的力量，"百花齐放，百家争鸣"的方针带来了某种希望。在这种相对宽松的学术氛围下，学者们跃跃欲试，竞相发表见解。虽然还有不少顾虑和限制，还受到日丹诺夫"定义"的原则约束，但会上的讨论基本上还是学术性的、平心静气的。对唯心主义既要批判，也可以为之辩护。冯友兰先生敢于提出"抽象意义"的继承，贺麟先生敢于提出"唯心主义有好东西"，甚至率直表示："我对好的唯心主义是有感情的。"他们可以为自己的观点辩解，或进行反批评。这就在一定程度上做到了各抒己见，学术争鸣。这就活跃了思想，启迪了智慧，推动了教学与科研。在当时的学术界和文化教育领域，会上提出的问题和论点，以及展开争鸣的盛况，都使人耳目一新，催人独立思考。这种初步的争鸣，已经孕育着学术繁荣的契机，是一种良好的突破与开端，若能进一步发展，前景是辉煌可观的。可惜好景不长，到1957年夏季，形势便急剧变化。反右派斗争以后的20多年里，政治斗争代替了学术探讨，"双百"方针形同虚设，北大传统横遭践踏，学术争鸣完全中断，结果是"万马齐喑"，文化荒凉，学术萧疏。这种局面的突破和转变，又已20多年。随着经济建设的复兴与发展，学术、文化出现兴旺、发达的转机。但时至今日，学术的振兴尚待来日，学术的繁荣并未出现，究其原因，大致有三：一是学术不再当做政治的工具，但学术与政治的界限并未理清，学术问题有时仍受政治的干预，学术探讨仍然存在"禁区"和"险区"，坚持独立研究的学派难以形成，充分的学术争鸣难以展开，因而真正学术繁荣的景象难以出现。二是商业大潮冲击了学术事业，急功近利冲淡了学问志趣。学术争鸣的环境虽有改善，学术争鸣的热忱却在消退：人们常有"经济热火，学术冷漠"的印象。

三是当前的某些学术讨论往往重形式，轻实质，排场大，收效微。问题在于缺乏深层次的学术追求。座谈会上那批融合中西、热衷学术的饱学之士不复再生，也是重要原因。这种局面如何改变，值得深思。

2. 学术争鸣需要潜心的学术研究

座谈会上一批多年从事哲学史研究的学者，是学术争鸣的中坚。他们擅长于融合中西、贯通古今，提出独到见解。比如张岱年先生关于中国唯物主义哲学特点的分析；贺麟先生关于古代艺术或哲学经典的超阶级、跨时代价值的分析；朱光潜先生关于有些思想家"思想两栖性"的分析；朱谦之先生关于18世纪中国"自然主义的唯物主义"对欧洲影响的分析（后写成专著），等等，至今值得深入探讨。他们不仅兼通中西哲学，对马克思主义哲学也研究有素。受到思想撞击最多的冯友兰与贺麟先生，或虚心听取，适当修正；或委婉答辩，坚持己见，都显得胸有成竹，从容不迫。相比之下，会上有些专门的"理论"工作者，他们似乎是专门来批评"资产阶级教授"和"资产阶级观点"的，往往以批评者的姿态出现，但多半是坚守日丹诺夫的定义，对被批评的观点却做不出多少实际的分析，拿不出多少确凿的材料和证据，因而缺乏说服力。问题在于他们并不熟悉哲学史，对哲学史上较深层次的问题缺乏研究，因而多属空泛地谈论一般原则。

如果缺乏严谨治学的功夫，停留于某些现成的结论与公式，或者一味从数量上追求学术的"成果"，只会流于浅薄或浮躁，甚至走向腐败。这是今日学界值得重视的流弊。老一辈学者的遗风仍然值得我们学习和发扬。

3. 学术创新需要彻底的思想解放

日丹诺夫的定义是对恩格斯和列宁的某些论述的发挥。在《费尔巴哈与德国古典哲学的终结》中，恩格斯是从世界本原问题上划分哲学的两大阵营的。其实中文的"唯物主义"与"唯心主义"的名称是从日文转译而来。若按英语的 materialism 与 idealism 二词来说，结合恩格斯划分的本意，似译为"物质本原论"、"精神本原论"更为合适。当然，"唯物"、"唯心"的译法已约定俗成，无法改变了。但应当看到，带有"唯"（唯独、唯一）字的翻译，已附加绝对化的成分，并不贴合原词的含义。世界上并不存在唯独信奉物质或唯独信奉精神的哲学家。在《唯物主义和经验批判主义》中，列宁又强调了认识论上唯物主义与唯心主义两条路线的斗争和哲学的党性原则，但到写《哲学笔记》时，这方面的思想已经比较淡化，而把唯心主义看做人类认识圆圈运动中的一个环节，分析了它的认识论根源。在列宁看来，唯物主义如果缺乏自身运动的辩证法因素，或者在一般与个别的关系上陷于混乱，就有可能走向唯心主义，而唯心主义如果比较客观而灵活，具有辩证法的契机或因素，那么，客观（尤其是绝对）唯心主义转弯抹角地（而且还是翻筋斗式地）紧密地接近了唯物主义。① 列宁甚至指出："聪明的唯心主义比愚蠢的唯物主义更接近于聪明的唯物主义。"② 并且说：在黑格尔的《逻辑学》"这部最唯心的著作中，唯心主义最少，唯物主义最多。矛盾，然而是事实！"③ 可见在对于唯心主义的认识和态度上，列宁的思想发生了某种转变和升华，变得更为灵活，更富于辩证的性质，把对唯心主义的科学分析和斗争艺术提到一个新的更高的水平；然而，斯大林和日丹诺夫都不重视《哲学笔记》，拘泥于《唯物主义和经验批判主义》中的某些观点，并把它推广到整个哲学史的范围，既僵化了自己，也束缚了别人。《联共（布）党史》中的某些条条框框，日丹诺夫的哲学史定义，严重束缚中国人的头脑达数十年。这种类似的束缚，现在是不是完全摆脱了呢？

马克思主义的指导所提供的，主要是一种方向和方法，而不是某些现成的结论，更不是某些流行的条条和框框；哲学是人类精神的反思。黑格尔说："精神的世界就是自由的世界。"④ 学术要繁荣，哲学要创新，就必须彻底摆脱某些条条框框的束缚，不论是传统的，还是外来的或时尚的，都必须彻底摆脱。

半个多世纪以来，在我们这个历史悠久、人口众多的大国里，出现了有卓越贡献和国际影响的大哲学家么？形成了有独立见解和特殊风格的哲学流派么？这方面的缺憾，与哲学争鸣的环境、潜心研究的风气和思想解放的空间是否密切相关呢？这是值得人们深思的。

（写于 2007 年）

---

① 《列宁全集》第 55 卷，人民出版社 1990 年版，第 237 页。
② 同上书，第 235 页。
③ 同上书，第 203 页。
④ ［德］黑格尔：《黑格尔》，商务印书馆 1980 年版，第 35 页。

二　学术繁荣的途径何在

——对1957年"中国哲学史
座谈会"的几点认识

在新中国成立后的头 30 年里，1956 年，是个极不寻常的平静的年头，是阶级斗争、政治运动的一个短暂的间隙。趁着"双百"方针正式颁布的"春风"，尝试"双百"方针的具体实施，中央宣传部和教育部门会同科教基层组织，发起召开了两个别开生面、颇具影响的学术会议。

一个是遗传学会议，1956 年 8 月 10 日至 25 日，谈家桢、戴松恩等130 多名生物学家聚集青岛，围绕摩尔根学说与米丘林学说在遗传学上的分歧与争议，举行了 14 次专题讨论，会上因反对李森科观点而多年受到围攻、批判的胡先骕发言达 8 次之多。这是新中国成立后国内两个尖锐对立的学派第一次自由发表学术见解，平起平坐地展开讨论。在此之前，自然科学领域也出现乱贴阶级标签、乱扣政治帽子的现象。生物学界强制推行苏联李森科主张的"社会主义"的米丘林学说，批判和打击西方"资产阶级"的摩尔根学说。我在北大哲学系读一年级时，曾选修"普通生物学"一科，课堂上便一味推崇米丘林学说，把摩尔根学说当作"资产阶级唯心论"抛弃。青岛会议突破了这种"一边倒"的局面，在自然科学领域迈开了学术争鸣的第一步。这对人文、社科领域也有强烈震动。

另一个便是中国哲学史座谈会。经过 1956 年下半年的酝酿、准备，1957 年 1 月下旬，以冯友兰、贺麟为典型代表的 100 多名国内著名哲学专家、学者，聚集北大哲学系，主要就日丹诺夫关于哲学史的定义，围绕中国哲学史教学与研究中提出的疑问和观点，展开了为期 5 天的热烈讨论。这个会议的规模与争议的强度，虽略逊于青岛会议，也未形成鲜明的学派，但会上争议的问题，却关系到当代中国哲学的进程，并且富于反教条主义的色彩，显示出学术争鸣的力量，因而其意义和影响之深远，不应低估。

一　关于座谈会的性质：是不是哲学的争鸣

座谈会已经过去半个多世纪，如今的中青年人几无知晓者；"古稀"

之年的知识分子中当年略有所闻者，也已无可诉说；只有亲身参与会议且多已寿登耄耋的学者，尚能保持记忆或依稀可辨。如何评估座谈会的性质与作用？并无定论。我们从存档的当年中国哲学史教研室的一份总结材料上看到，即在座谈会之后，便有不同的反映。一般认为，座谈会是成功的，是哲学争鸣的一个良好的开端；有人认为，会上说理不充分，虽未扣帽子，也有强词夺理之处；有人甚至认为，哲学讨论会实际变成了对某些观点的批判会。时至今日，在作回顾和反思时仍有不同看法，一般置于历史过程中，认为在当时政治格局下，能开展一次较为平等自由的讨论，就是一次重大的进步，算是一次良好的哲学争鸣，虽然还受到诸多限制。但也有学者认为，哲学的某些既定原则，日丹诺夫的哲学史定义，已经把人们的思想框住了，对某些老一辈学者的观点，会议作了有准备的批评，因而谈不上自由、平等的哲学争鸣，仍然是批评、改造"资产阶级知识分子"的一种形式。还有人认为，会上讨论的问题，在特殊的历史条件下出现，如今已失去理论和现实意义，当时那些大学者津津乐道的问题，现已难以引起人们的兴趣。究竟应怎样评估座谈会？它在我国当代学术史上能否留下可资借鉴的一页？

我个人认为，从实际的进展和成效上看，这次座谈会是在哲学、社会科学领域实施"百家争鸣"的一次重要尝试。它既是一次学术上的争鸣，而这种争鸣又受到诸多限制；可以说，它是在特殊机遇下的一次相当有限的学术争鸣。这种矛盾的双重性特点，可从两方面作出说明。

首先，从知识分子方面看。与会者主要是两部分人，一部分是哲学史方面的教授、学者，另一部分则是从事马列主义理论教学或研究的教师、学者。前者多半是从旧社会的大学过来的教授；后者多半来自老解放区，或经过一定训练而从事理论工作的。前者是有兴趣参与争鸣的主体，后者则大都是有意"把关"和从事理论批评的。两部分人怀着不同的愿望和准备参与会议。其实，从旧社会过来的老一辈学者，也有他们自身矛盾的心理。他们一般经受过"五四"新文化运动的洗礼，又大都接受过西方民主、法治和教育的训练，与普通百姓和一般知识分子比较，他们更加重视思想和言论的自由，这本是他们治学做人的基本要求。他们迫切希望新社会里有更多的民主与自由，从而更积极愉快地投入新中国的建设。这也是他们坚决留在大陆或急于从海外归来的缘由。不料在新中国成立后的头几年里，便遭遇了一连串激烈的政治运动和意识形态的大批判，不少人首当其冲，受到不同程度的冲击或意想不到的牵连，在各种场合进行自审、自批、自辱性的检查。在多次政治运动中，以思想、言论定罪的事例，也屡见不鲜。所以，当毛泽东在提出"双百"方针时说："讲学术，这种学术可以讲，那种学术也可以讲，不要用一种学术压倒一切。"陆定一在关于"双百"方针的报告中说："在人民内部，不但有宣传唯物主义的自由，也有宣传唯心主义的自由。"这些话，使他们产生由衷的共鸣，并有精神解放的感觉。但是，刚刚过去的批判胡适、胡风的运动，尚未完全结束的肃反运动，意识形态领域的各种政治批判，仍不免使他们惊魂未定，心有余悸。对于"双百"方针能否认真实现，许多人仍是半信半疑、瞻前顾后的。他们虽然欢迎并拥护"双百"方针，但到了实际争鸣的场合，又可能采取谨慎与观望的态度。在座谈会上，贺麟敢于提出：唯心主义本身就有好东西，公然表明他对于好的唯心主义的感情；冯友兰敢于提出对日丹诺夫定义的质疑，敢于提出哲学命题的抽象意义的可继承性，正是代表了一部分学术造诣深、学术良知明的学者。他们的发言，活跃了学术气氛，为不同观点的争鸣创造了条件。但他们终究是与会者的少数，大多数人虽然发了言，表明了观点，但并不都是畅所欲言、袒露心声的，有明哲保身、但求无过者，也有顺从大势、应声主流者。当然，一些"宁'左'勿右"，专事批评者，又是另一种类型了。与会者这种比较复杂的心态，显然制约着会议的学术态势：会有一定的鸣放和争议，但不可能有完全充分的"百家争鸣"。

　　更主要的，还应从执政党方面看。执政党的领导者特别重视意识形态领域的"专政"。其对象首先是"资产阶级知识分子"，特别是从旧社会过来的那个知识分子群体。要求彻底批判他们的"资产阶级思想"，以求达到"舆论一律"。但所谓"资产阶级思想"，并无确切定义，涉指十分宽泛。诸如个人主义，自由主义，成名成家，专业技术至上，为学术而学术，为艺术而艺术，等等，都可囊括在内，并且常与帝国主义、封建主义、官僚资本主义联系起来批判，与"过渡时期"的阶级斗争联系起来批判，这就易于上纲上线，把思想、认识问题与政治、立场问题相混淆。这种批判严重挫伤了知识分子的积极性。到1956年，在反帝、反封建的政治运动告一段落，对资产阶级思想又从政治、学术的多个层面作了一系列批判之后，按照"过渡时期的总路线"，生产资料所有制的改造也宣告基本完成，而国家工业化建设、各门科学技术尽快发展的任务凸显出来，这都迫切需要大批知识分子的积极参与和支持。眼见知识分子的积极性受到严重压抑和限制，执政者便准备从各方面创造条件，以便重新获得他们的信任，重新调动他们的积极性，加之国际上批判斯大林错误和反对教条主义思潮的影响，因而便有全国知识分子会议的召开和"双百"方针的提出。知识分子被宣布摘掉"资产阶级"的帽子，划为工人阶级的一部分，并以"向自然开战"、"向科学进军"的口号，鼓励知识分子的爱国和学术热忱。总之，试图从多年实际执行的"利用、批判、斗争"，恢复到原来提出的"团结、批评、改造"的政策。

那么，这种与头几年相比的显著变化，是否意味着执政党路线、政策的基本转变呢？看来并不是。不论是周恩来关于知识分子问题的报告，或者陆定一关于"双百"方针的报告，对政治运动和"大批判"中的缺点，知识分子受到的伤害与打击，都未作任何反思与检查，却反而继续肯定所有政治运动的正确性，继续肯定"大批判"的必要性，继续批评各个领域的知识分子不愿接受党的领导的倾向，完全回避了文学艺术和社会科学领域迫切需要解决的问题，回避了知识分子的实际苦闷和焦虑。这就不禁使人发生疑问，知识分子的绝大多数"已经是工人阶级的一部分"的说法，是否在执政党的领导集团中达成了共识？能否在实践中落实？"双百"方针能否真正实施？这种疑虑不是完全没有根据的。从前后发展的历史过程来看，1956年知识分子问题和"双百"方针的提出，是在连续政治运动的一个间隙时期，执政党鉴于国际国内形势的要求，对知识分子政策所作的某种调整。这种调整，是一个短暂的进步，但并不是执政党的基本路线和政策的转变。这也就是为什么知识分子的"早春"气候转瞬即逝，1957年夏季以后的形势发生急剧变化。

那么，这种政策上的调整，特别是"双百"方针的颁布，是否就已经是"待机聚歼"、"引蛇出洞"的策略呢？能否说中国哲学史座谈会不是一次哲学争鸣，而是对某些知识分子的哲学观点的一场批判呢？也还不是。执政党适时调整某些政策，当时团结知识分子，发展科学，繁荣文艺的意愿还是无可怀疑的。这里还看不出另外的"阳谋"或"阴谋"。

中国哲学史座谈会确实具有哲学争鸣的性质，而与以往多次进行的"大批判"有着实质上的区别：（1）与"大批判"由一方压倒另一方，粗暴地进行批判不同，座谈会基本上是互相平等、平心静气地讨论问题；（2）与"大批判"任意上纲、上线，乱扣帽子不同，座谈会基本上是学术性的共同讨论，未出现扣帽子、打棍子的现象；（3）与"大批判"剥夺被批判者反驳和申辩的权利不同，座谈会开展思想交锋，但允许被批评者据理反驳与申辩；（4）与"大批判"使被批判者受审、受辱并在事后受到政治歧视不同，座谈会保持了学者的人格尊严，做到自由发言，言者无罪，闻者足戒，以学术探讨为重。因此，座谈会是新中国成立后前30年里一次难得的哲学争鸣，尽管这种争鸣还受到某些限制，它仍然是中国当代哲学史上和北大校史上一次富于历史意义的学术活动。我们不能脱离历史条件而苛求于当时的这次哲学争鸣。

（二）关于座谈会的核心：如何认识与对待唯心主义

新中国成立以后，意识形态的大批判，总是把哲学上的唯物主义与唯心主义，和政治上的无产阶级与资产阶级绑在一起。批判《武训传》，便指向了"唯心史观"；胡风的思想被称为"资产阶级唯心主义"；对俞平伯《红楼梦研究》的批判，说是"反对在古典文学领域毒害青年30余年的胡适派资产阶级唯心主义的斗争"①。《红楼梦研究》的批判成了对资产阶级唯心主义发动攻击的一个突破口。要求"从哲学、历史学、教育学、语言学等方面彻底地批判胡适的资产阶级唯心论的影响"②。

为什么如此重视对唯心主义的批判呢？就因为把唯心主义看作各种资产阶级思想的理论形态。执政党指出："在学术问题上的资产阶级唯心论思想是社会生活中形形色色的资产阶级思想的理论化、系统化、集中化了的表现。"③ 这样，唯心主义就被视为精神深处的仇敌，必须从理论上、哲学上严加批判，在学者和知识分子中，一旦被指责犯有唯心主义，便顿感精神压力，并有失颜面。可是，到1956年，陆定一明确宣称："在人民内部，不但有宣传唯物主义的自由，也有宣传唯心主义的自由。"由疾恶如仇、严加批判，到允许自由发表和宣传，这个弯子转得相当大，有些人

---

① 毛泽东：《关于〈红楼梦〉研究问题的信》（1954年10月16日），《建国以来毛泽东文稿》第4册，中央文献出版社1990年版，第574页。

② 毛泽东：《对陆定一关于展开〈红楼梦〉研究问题的批判的报告的批语》（1954年10月27日），中央文献出版社1990年版，第588页。

③ 《建国以来重要文献选编》第6册，中央文献出版社1993年版，第66页。

一时还难以理解，但在哲学界的老一辈学者看来，世界观和精神世界的问题，是不得强迫和压制的，允许发表和宣传，倒是较为顺理成章，理应如此的。时任哲学系主任的康德专家郑昕，历来著述不多，为响应"双百"方针，却立即写了《开放唯心主义》一文，发表于《人民日报》，后收录《中国哲学史问题讨论专辑》，列为首篇，像是座谈会的一篇开场白。"开放"二字，正是针对过去的禁止、封闭状态而言。如何认识与对待唯心主义，确是整个座谈会的主题和争议的焦点。

日丹诺夫，是斯大林时代苏共主持意识形态工作的首领。他在亚历山大洛夫《西欧哲学史》讨论会上的报告曾经是苏联哲学界必须遵守的信条。其中主要论点是对哲学史下的定义。其特点就是把唯心主义看作唯物主义的绝对对立面，把全部哲学史归结为唯物主义与唯心主义斗争，并最后战胜唯心主义的历史。这是一个把哲学史简单化、片面化的定义。但由于它与"以阶级斗争为纲"的要义相吻合，又由于新中国成立初期向苏联"一边倒"，强调学习苏联，我国哲学史的教学与研究便把这个定义奉为圭臬。但实际运用这个定义时，就会遇到众多难以解决的问题。冯友兰、朱伯崑的文章与发言，正是首先反映中国哲学教学与研究中的问题，向日丹诺夫定义提出质疑。

唯物主义与唯心主义难道只有对立与斗争的关系么？冯友兰以宋明道学为例。初期周敦颐、张载的唯物主义以"气"为本；后来程（颢，颐）朱（熹）认为"理在气先"，转向了唯心主义；最后王夫之撇开程朱，继承张载，才建立了唯物主义的完整体系。程朱若不提出"理在事先"的命题，王夫之也难以阐述"理在事中"的观点。可见唯物主义与唯心主义之间，并不是单纯的相互排斥与对立，或如会上有人所说"你死我活"、"你倒我立"的关系，而是既对立又统一的。

唯心主义就是单纯的错误么？陈修斋用西方哲学的史实说明，唯物主义并不等于正确，唯心主义也不等于错误。唯心主义夸大了精神的作用，是错误的，但它强调并揭示了精神的作用，便有合理之处。若没有德国的古典唯心主义哲学，也不会有辩证唯物主义的产生。兼通中西哲学的贺麟，把他的观点表达得更为鲜明："唯心主义本身就有好东西。"比如宋代唯心主义者朱熹，把"太极"说成"理"，而"理"有静的一面，也有动的一面。发现"理"的能动性，正是朱熹的一种贡献，贺麟说："哲学史上的哲学思想，哪怕是片面的、错误的、唯心的，只要它有资格被记载在哲学史里面，它就是对人类文化的一种贡献，它就有被保存、被研究、被批判的价值。"①

至于唯物主义者与唯心主义者之间，更不单纯是敌对的关系。贺麟说："他们有时甚至可以说是师生、朋友的关系，也可以说是今日之我与昨日之我的斗争。""有时是'青出于蓝而胜于蓝'的关系。"② 费尔巴哈与马克思都曾是黑格尔的学生，当西方哲学界把黑格尔当成"死狗"时，马克思却特别强调自己是黑格尔的学生，郑昕、洪谦等人讲到，现代西方的一些唯心主义哲学家，本人都是脑力劳动者，一般都有很强的自尊心和学术根底。他们的本体论、认识论体系，在总体、方向上虽然是错误的，但也有逻辑严密、分析细致的长处。有的大学生对柏拉图、黑格尔的著作感兴趣，喜欢读，原因也在这里。

唯物主义与唯心主义就直接反映进步与反动的关系么？许多学者用史实说明，贴政治标签，作简单对应，会扭曲历史。张恒寿说到，先秦道家老子与庄子，提倡"天道自然"，不信上帝与鬼神，应是古代唯物论者与无神论者，政治上却常反映没落贵族的情绪。孟子的某些政治言论，有利于新兴进步势力，却相信天命和神权政治。汉代董仲舒讲天人感应，信奉神学，却在当时突出的土地问题上提出"限民名田以赡不足"的具体主张，同情"衣牛马之衣而食犬彘之食"的贫民，并愤恨"众其牛羊多其奴婢"的豪民。唯物主义者王充，无情攻击神学迷信，却又说"有死生寿夭之命，亦有贵贱贫富之命"，以宿命论维护汉朝统治者利益。可见哲学派别与政治派别之间有着复杂交错关系，哲学上的理论是非并不等于政治上的进步与反动，因为阶级利益与哲学世界观之间并没有直接联系。中国哲学史的教学与研究，必须依据丰富的史料，作出深入切实的分析，决不能凭着现成的定义或公式，削足适履地作生硬划分、简单对应。

因此，如何对待唯心主义和唯心主义者？不能采取简单批判和粗暴打击的态度，而应当采取全面分析、深入批判、认真借鉴的态度。不能用疾风骤雨的方式，不能用会上有人主张的"驱逐"或"消灭"的方式，而只能用和风细雨的方式，只能用讨论、争鸣的方式，因为这是人的世界观

---

① 贺麟：《关于哲学史研究中两个争论问题的意见》，《中国哲学史讨论专辑》，科学出版社 1957 年版，第 193 页。

② 同上。

和认识方面的问题。胡绳的发言中有一句话说得好："一定要懂得唯心主义，人们才能成为完全科学地自觉的唯物主义者。"①

关于"唯物主义"与"唯心主义"，还有一个译名引起误解的问题。两个术语都从日文转译过来。用上一个"唯"字，便有"唯一"、"唯独"之意。就以英语的 Materi1ism 和 Idealism 而言，这里并不包含"唯"的字义，不过是指两种主义或主张：一个重视、强调物质，一个重视、强调精神。我们划分唯物主义与唯心主义两大哲学基本派别，主要依据恩格斯的《费尔巴哈与德国古典哲学的终结》，在那里恩格斯揭示西方哲学史的发展脉络，把思维与存在（即精神与物质）的关系，看作哲学的基本问题，并由此划分了哲学本体论上的两个基本派别或阵营，一个以物质世界为本原，一个以精神世界为本原。若按恩格斯的本意，二者可分别称为"物质本原论"、"精神本原论"。这里也没有"唯一"、"唯独"的含义。哲学史上唯独看重物质或者唯独看重精神的哲学家，是很难找到的；实际生活中唯独看重物质或者唯独看重精神的人，更不存在。否则，他也无法生存下去。应当说，看重物质，认为世界和人的认识起源于物质的观点，更接近于科学，更接近于整个宇宙和人的认识发生过程。但人之所以区别于物，又在于人有精神，有自觉的意识。在某种意义上，精神比物质更复杂，更具无穷的奥秘，深入探究人的精神的形成、作用与规律，本是哲学和心理学的重大任务，是不应忽视或轻视的。"唯物主义"与"唯心主义"两词的翻译并不贴切，但近百年来，已经广泛使用和流行，约定俗成，无法再作改动。

从哲学史上看，西方哲学的两个高峰时期是古希腊哲学和近代德国古典哲学，其代表性的人物和著作，大都属于唯心主义，而他（它）们突出的历史作用与贡献，却毋庸置疑。中国哲学的两个高峰可说是古代先秦时期和近代宋明理学。先秦时期的"唯物"与"唯心"的情况比较复杂，难于明确划分；宋明理学中的程朱、陆王，则都属唯心主义，而其重大影响与地位，也是无法否认的。无论古今与中外，"唯心主义"的体系与著作，由于注重精神的阐发，往往逻辑更为严密，分析更为细致，因而在哲理上有时更能引人入胜。

---

① 胡绳：《关于哲学史的研究》，《中国哲学史问题讨论专辑》，科学出版社 1957 年版，第 511 页。

"开放唯心主义"，允许唯心主义参与争鸣，有利于克服教条主义，促进思想解放和学术繁荣，也有利于学生全面了解哲学史，增强独立思考和分辨是非、探究问题的能力。座谈会上不少学者提出建议：在大学开设评介唯心主义的课程，有计划地翻译、出版有关著作，培养精通唯心主义的专家，等等。但在新中国成立后的头 30 年里，由于"左"的路线的干扰，这些建议都被搁置脑后，甚至受到批判，难以实现。改革开放以来，虽逐渐有所采纳和实现，也仍因某些思想障碍而出现困难。

近 30 余年来，唯物主义与唯心主义的区分与争议，已逐渐地淡化。由于哲学是探究宇宙、人生的根本问题，涉及方面很广，形成的派别很多。除唯物主义与唯心主义之外，尚有辩证法与形而上学、理性主义与经验主义、人本主义与科学主义，等等。在各个专门领域，还会形成各具特色和主张的众多学派。学派林立，竞相争鸣，是好事，是学术繁荣的良性环境。总结以往的经验，吸取沉痛的教训，努力培育严谨治学、自由探讨的学术氛围，推动各种学派的形成，各抒己见，共同探讨，互相争辩，不断开创"兼容并包、思想自由"的学术新风。只有这样，才有可能出现真正的学术、文化的大繁荣和大发展。

（三）关于座谈会的倾向：如何反对教条主义

座谈会的讨论，始终反对教条主义，这是座谈会的一个基本倾向。

1956 年苏共 20 大之后，国际上反教条主义的思潮影响到国内。"双百"方针的提出，体现了反教条主义的趋势，而教条主义又正是实施"双百"方针的主要障碍。

教条主义的基本特征，是固守某些现成的结论与抽象的原则，搬用刻板的公式与僵化的概念，脱离客观实际与现实生活，抹杀文学创作与理论创造的特殊性。这种教条主义已不是偶然现象或个别问题，而是形成一种势力与风气，渗透在各个方面，控制着意识形态，严重束缚人们的独立思考与创新研究。正如贺麟所说："教条主义者气焰太盛，使人不敢'放'、不敢'鸣'。"[1] 文艺界对教条主义的危害比较敏感。还在"双百"方针提出之前，已经展开有关文学创作典型、"社会主义的现实主义"创作方法等问题的讨论，反对内容贫乏的公式化、概念化倾向，批评"庸俗社

---

① 　贺麟：《必须集中反对教条主义》，《人民日报》1957 年 4 月 24 日。

会学"观点和"赶任务"、"写政策"的创作动因，等等，都具有反教条主义的色彩。在哲学领域，由于强调学习苏联，《联共（布）党史》的第4章第2节（"论辩证唯物主义和历史唯物主义"）便成了马列主义哲学的基本教材；日丹诺夫关于哲学史的定义，成了哲学史教学与研究的经典准则。在新中国成立初期，按照这个定义，给历史上的哲学家划哲学属性（唯物与唯心）、贴政治标签（进步或反动）的现象，相当普遍。但是，熟悉中西哲学史的老一辈学者，深感日丹诺夫的定义与哲学史的丰富史实多有抵牾之处，若生硬地运用，不仅会遇到困难和问题，而且会使中国哲学史简单化和贫乏化。

在座谈会之前，冯友兰、朱伯崑等人发表文章，对日丹诺夫定义的质疑，多以曲折的形式提出。若直接提出，便有"反马列主义"之嫌，大都不愿"冒天下之大不韪"。冯友兰只是从一个侧面，从唯物主义与唯心主义斗争的范围和方法上提出问题的。日丹诺夫定义的实质内容有两条是不能直接否定的：哲学史是唯物主义在与唯心主义斗争中发展的历史；唯物主义代表革命或进步阶级的利益，唯心主义代表反动或落后阶级的利益。学者们大都是在原则上肯定这两条的前提下提出若干疑问，不同程度地向教条主义发动某些冲击，在某些场合，确实带有"抽象肯定，具体否定"的成分，这就是不得已而采取的曲折形式。

教条主义的束缚之一：在马克思主义出现之前，所有的社会政治思想和历史观都是唯心主义的，因而哲学史上唯物主义与唯心主义的斗争便只能存在于自然观和认识论的范围之内。这首先是对中国哲学史对象、范围的一个极大的限制。座谈会的讨论从这个问题入手不是偶然的。中国哲学史恰恰是在政治、伦理和社会历史观方面材料丰富，而在自然观和认识论方面比较薄弱。这实际上是要用西方哲学的框架来框定中国哲学史的对象和范围，使之变得很狭窄。其实中国的社会政治和伦理思想史上也有不少唯物主义成分。冯友兰举出实例：比如先秦诸子中韩非与管子，就曾以人口的增加或水的清浊来解释历史，试图从社会物质生活条件中寻求社会变动的原因。又如宋明道学中"天理"（客观化的封建道德原则）与"人欲"之争，是"天理"统治"人欲"，还是以人的欲望、情感为重？也表现了唯物论与唯心论的分歧。张岱年指出，王充达到了"礼义之行在于谷足"的结论。中国哲学关于义利问醇的争论，可以说是伦理学上唯物主义与唯心主义的对立。另外，朱伯崑谈到，中国古代有的哲学家肯定世界的物质基础是"气"，同时认为"气"是不断发展，甚至是不断更新的。虽然不可能形成辩证唯物主义观点，但也是以辩证的观点来对待世界的物质性问题。所以，对待中国哲学史，不能削足适履地套用在一种简单的公式里，而必须实事求是地具体分析。

教条主义束缚之二：唯物主义代表进步阶级利益，唯心主义代表反动或没落阶级利益。朱伯崑谈到，中国封建社会里的哲学家，绝大多数都与封建地主阶级相联系，只不过是代表大地主与代表中、小地主之间的区别。怎样进行阶级分析呢？不但需作具体分析，而且需作理论的重新思考。张恒寿还谈到魏晋南朝的范缜，是以《神灭论》而著称的战斗唯物主义者，但他的社会理想却是"小人甘其陇亩，君子保其恬素"，"下有余以奉其上，上无为以待其下"，并未表示对农民的同情。

关于划分阶级属性，这里值得思考和研究的问题是：在阶级社会里，除了人的阶级性以外，是否还存在共同的人性？伦理思想除了阶级性以外，是否存在人类共同的伦理原则？冯友兰提出哲学命题的某些抽象意义可以继承，实际上是以肯定人类的某些共同人性或共同的伦理原则为前提的。用阶级性完全否定人性，是新中国成立后教条主义最严重的表现之一，实质上是庸俗社会学的观点。

教条主义的束缚之三：唯物主义与唯心主义之间，只有对立与斗争。日丹诺夫的定义实际就持这种观点。但是，矛盾双方若不在一定条件下统一，又怎能相互对立与斗争呢？冯友兰指出，我国古代公孙龙的"白马非马"的命题，之所以是诡辩，其错误就在于只见到一般与个别之间的差别与矛盾，而没有见到其间的统一，并且过分夸大对立，认为"天下皆独而正"，即认为事物之间没有任何联系，因而得出"白马非马"的诡辩。就古希腊哲学而言，人们常把亚里士多德置于一方，苏格拉底、柏拉图为另一方，"两军对垒"，似乎只有对立，没有其他关系。苏格拉底用归纳法寻求事物的本质，柏拉图继承了这一工作。但柏拉图后来把一般与个别分离开来，认为理念先于事物，即"理在事先"，亚里士多德则主张"理在事中"，他否定了柏拉图的客观唯心主义，但不是简单的否定，而是经过柏拉图才达到自己的主张的。

教条主义的束缚之四：日丹诺夫关于哲学史的定义，是唯一正确的定义，不能再有其他的定义。这个定义不能说毫无根据，但在哲学史的教学与研究中，照搬这个定义，就会形成僵化的教条。座谈会上反教条主义的倾向，或者说，教条主义与反教条主义的较量，是围绕这个定义而进行的。一方面，有一部分人，特别是研究中西哲学史的学者，对日丹诺夫的定义提出了若干批评与质疑；另一部分人则是坚决支持和维护这个定义的。但即使是批评与质疑者，也仍然在大原则下肯定和支持了这个定义。这是在当时的形势与格局下，不能不这样。这也是当时反教条主义倾向的局限性。

除了若干具体的批评与质疑以外，有的学者也对定义作了某些总的批评。任继愈提到了这个定义的三个缺陷：（1）仅仅说到唯物主义战胜唯心主义的历史，使人偏重于自然观与认识论，而在社会历史观方面留下空白，会使中国哲学史失去其富于价值的丰富内容。（2）只看到唯物主义与唯心主义的斗争，而忽视辩证法与形而上学的斗争。中国哲学的特点，正是唯物主义与辩证法的某种联系。（3）没有给唯心主义哲学流派以应有的历史地位。朱启贤认为，唯物主义与唯心主义的斗争，不能规定中国哲学史，能规定其内容、范围的，只是"出现在中国文化史上的具有哲学性质的学问，这种学问的全体，这种学问自身。①

在批评教条主义时，一些学者探讨和阐述了中国哲学的若干特点。张岱年的概括是：形式方面采取论纲式的体裁，没有详尽的论证，但言简意深，意蕴丰富；内容方面肯定了"体用一原"、"天人合一"。宇宙观上"体用一原"，即本体与现象的统一；人生观上"天人合一"，即自然与人类的统一。唯物主义者与唯心主义者所讲"天人合一"的含义不同，但都不将人类与自然对立起来。他认为，汉晋以后的唯物主义，尤其是宋与明清时期的唯物主义，已不单是素朴唯物主义，而可以称之为"封建时代的进步学者的唯物主义"。朱谦之则将中国哲学的特殊形式称之为"自然主义或自然主义的唯物主义"。儒家偏于人本主义，道家偏于自然主义，二者均可包括在"自然主义的唯物主义"内，它表现鲜明的自发辩证法因素和素朴的唯物主义。这决定于中国特殊的时间、地点与条件。就时间说，中国建国于数千年前，有悠久的历史，在世界上是哲学先进国。中国哲学先于18世纪的法国唯物主义和德国的观念论辩证法，曾给它们以影响，并在东方影响到日本、朝鲜等国。这是优点。但因形成时间太

---

① 朱启贤：《关于中国哲学史的对象和范围问题》，《中国哲学史问题讨论专辑》，科学出版社1957年版，第94页。

久，积压下的历史势力也太大，不论儒家还是道家的唯物论继承者，虽对前一代有所创新，但往往不能摆脱经典注释的传统陈规。就地理说，中国哲学踞守大陆内部，与海外交流甚少，有闭关自守倾向，但从对立中铸就了"中庸"思想，包含鲜明的辩证法。就经济条件说，曾长期处于优越地位，使唯物主义哲学发达，但由于长期的封建社会经济，形成了中国社会的停滞性和哲学的不彻底性。这种独到的阐发，至今还给人启发。

（四）关于座谈会的余音：大学课堂能否争鸣

"双百"方针提出后，便有人提出这个问题。《光明日报》一度成为主要的争议阵地。有人持否定态度，理由是：学校是传授知识之地，若无定论，会使学生无所适从；教学应按国家规范的教学大纲进行，个人观点不宜在课堂上讲述。还有人认为，课堂上若实行争鸣，应规定范围：高年级可以，低年级则不可；专业课可以，基础课则不可。但大多数人是持肯定态度的。大学校园正是"百家争鸣"的首选基地，大学课堂应当允许介绍与教材、大纲观点不同的主张；可以讨论尚无定论的问题；除了讲权威和教学组织的观点以外，可以讲学术界和教师个人的各种不同见解。

座谈会就是在北京大学举行的。会上"争鸣"的问题也首先是从教学实践中提出的。诚如蔡元培所说："大学者，研究高深学问者也。""'囊括大典，网罗众家'之学府也。"他所倡导的"兼容并包，思想自由"，是北京大学的基本传统，是学术繁荣、人才涌现的康庄大道，首先应在教学领域得到体现，这是没有疑义的。如果在课堂上只讲"定论"或一家之言，使学生只听到一种声音，在孤陋寡闻的条件下，便把一种观点奉为金科玉律，这是做学问所最忌讳的事情。所以。为了遏制教条主义的滋长和蔓延，促进学术的繁荣与发展，为了教学内容的更新和创新人才的培养，就必须努力创造良好的学术氛围，使大学校园和大学课堂成为学术争鸣，在学术文化上"兼容并包、思想自由"的圣地。这也是我们回顾座谈会不可遗忘的一种启示和教益。

富于生命而尚未展开的东西终将展开，哲学终将迎来充分争鸣而繁荣昌盛的春天。

（写于 2011 年）

三 冯友兰关于辩证法思想的反思

冯友兰先生在中国哲学史、特别是当代中国哲学史上占有重要地位。他对中国哲学的贡献是十分显著的。首先，在中国哲学史的研究方面，他提供了一种学科的范型，就研究对象、基本范畴、主要派别、传统精神、发展脉络等一系列问题作出了全面而可靠的分析，为这门学科奠定了基础。而且，他从不满足，始终坚持不懈地进行创造性地探索，从《中国哲学史》到《中国哲学简史》，再到《中国哲学史新编》，不断地有所丰富、有所前进，最后力图运用马克思主义的观点、方法，重新清理和总结中国古典哲学遗产，并为马克思主义哲学的中国化寻求结合点。其次，在中国哲学的理论创造方面，他提供了一个完整的理论体系，即"新理学"的体系。应当承认，我们的民族并不是以擅长完整的理论思维而著称于世的，特别是近、现代以来，能够继往开来、推陈出新地创立完整哲学体系的理论家实在是太少了。冯先生的"新理学"体系，尽管还存在这样那样的问题和不足，但它却不仅在理论结构上相当完整，而且贯通古今、融会中西，具有鲜明的民族文化传统的特色，这在理论思维的继承创新上就显得十分可贵了。

然而，这位在当代对中国哲学贡献极多的哲学家，正如宗璞女士所说，又是"20世纪的学者中受到见诸文字的批判最多的"。在人文、社会科学领域，越是有才华和贡献的学者，往往越容易受到批判和打击，这是一个尖锐的矛盾，也是曾经发生在中国土地上的一种特殊现象。这种现象的发生，有种种社会历史的原因，也包含许多值得认真吸取的经验和教训。其中原因之一，在于人们对马克思主义的理解和把握，存在着重大差别和分歧。

大致可以这样说，在五四运动之后的民主革命时期，中国人在很大程度上是通过列宁主义，按照列宁主义的角度去理解和把握马克思主义的。"十月革命一声炮响，给我们送来了马克思列宁主义。""走俄国人的路——这就是结论。"由于俄国社会与中国社会有不少相似或相近的方面，列宁主义和十月革命的经验对中国的革命是有重大实际影响的。毛泽东思想正是把列宁主义运用于中国、与中国革命的具体实践相结合的产物，它曾经开创了中国民主革命的新道路，使中国革命取得了伟大的胜利。从列宁主义的角度理解和把握马克思主义，在原则上是正确的。

在中国进入社会主义时期之后，令人遗憾的是，在一定的历史时期之内，占主导地位的思想在很大程度上是通过苏联的经验，按照斯大林思想的角度去理解和把握马克思主义的。比如，我们曾经过早过急地实现公有化，搞高度集中的计划经济，特别是夸大阶级斗争，强调以阶级斗争为纲，发动一系列的政治运动和大批判，直至"十年动乱"的发生，这就使马克思主义遭到扭曲和变形，并且离开了中国的具体国情和民族特点。在这种特定的历史条件和社会环境下，中国的知识分子曾经遭受重大的磨难。为了减少或避免世界观、意识形态上的分歧和冲突，求得学术和生活环境的安宁，不少老一辈的知识分子一度表现缄默。有些颇负盛名的学者、专家甚至在专业志向上作了让步和调整。冯友兰先生在解放后与广大知识分子一样；是真心实意地接受马克思主义的指导的。沈从文先生从一位作家转变为一位文史资料研究家，冯友兰先生则从一位哲学家转变为一位哲学史家。然而，他们又都保持着自己的特殊个性，正如沈从文先生作为作家的气质、品质没有改变那样，冯友兰先生作为哲学家的"为天地立心，为生民立命"的著述宗旨也没有改变，他在从事中国哲学史的教学、研究和写作的同时，总要进行当代人类精神生活的反思，就学术探讨和现实生活的某些重大问题发表自己的见解。冯先生虽然力图运用马克思主义，但他所理解的马克思主义，与当时占主导地位的马克思主义仍然难免发生分歧，因而屡遭批判。我在北大哲学系学习期间，就发生过两次对他的思想的批判，一次是关于思想遗产的继承问题，一次是关于高等教育的培养目标问题。

1957 年 7 月，冯先生发表了题为《关于中国哲学遗产的继承问题》的文章，提出区分某些哲学命题的抽象意义和具体意义，认为具体意义不可继承，而抽象意义则是可以继承的。这种观点能否成立，当然需要通过学术讨论来辩明。但冯先生提出这一见解是有一定的历史背景的。当时在文艺和理论领域已经开展过一系列的批判，比如，对电影《武训传》的批判，在知识分子思想改造中对"民主个人主义"思潮的批判，在肃反运动中对"胡风反革命集团"的批判，对《红楼梦》研究中俞平伯思想的批判，还有对胡适思想、梁漱溟思想的批判，等等。这种种批判都不同程度地存在混淆政治与学术思想、乱扣帽子的倾向。同时，在哲学史的研究方面，当时起支配作用的原则，是苏联日丹诺夫关于哲学史就是"唯物论和唯心论斗争，并战胜唯心论的历史"的定义，不加分析地贯彻这种定义，中国传统思想中丰富的哲学遗产就会受到漠视和否定。现在回顾和反思这段历史，我们不难看出，冯先生提出的见解，实际上是针对某种否定历史遗产的文化虚无主义，针对理论领域和哲学史研究中的教条主义、简单化倾向的，是试图通过比较曲折的形式来保护中国历史上的思想文化遗产。

在1958年"教育革命"的高潮中，冯先生又发表了《树立一对立面》的文章，当时提出的教育方针是："教育为无产阶级政治服务，教育与生产劳动相结合"，而关于高等教育的培养目标则流行着"培养有社会主义觉悟的有文化的劳动者"的口号。冯先生则坚持综合大学各个专业应当主要培养理论方面的人才。应当说，这是冯先生对教育问题上极左倾向的某种抵制和批评。他敢于树立对立面，正表明了他对人民教育事业和继承中华传统文化的社会责任感。

冯先生的两篇文章都试图从理论上讲清道理、辨明是非。而许多批判他的观点的文章，却包含着上纲上线、简单否定的成分。这说明"百花齐放、百家争鸣"的方针并没有认真贯彻，人们对于"双百方针"的哲学基础——辩证法思想的理解也存在着原则分歧。

在冯友兰先生的诸多著述中，直接谈论辩证法的内容和篇幅并不多。但是，他融合中西哲学史，却认真清理和把握了贯穿于辩证法中的一个核心问题，就是共相与殊相、一般与个别的关系问题。他的《新理学》实际上是抓住和围绕这个问题展开的。同时，紧密结合中国哲学传统，他根据亲身的生活经历和学术实战，深刻地思考了辩证法的若干理论内容。在《中国哲学史新编》第7册的"总结"中，他要求"从中国哲学的传统看世界哲学的未来"。由此论及如何理解客观辩证法的问题，着重谈到辩证法的对立统一学说。

冯先生说："照马克思主义的辩证法思想，矛盾斗争是绝对的、无条件的；'统一'是相对的、有条件的。这是把矛盾斗争放在第一位。中国古典哲学没有这样说，而是把统一放在第一位。理论上的这点差别，在实践上有重大意义。"这里所说的"马克思主义的辩证法思想"，看来主要是依据列宁在《哲学笔记》中一篇短文《谈谈辩证法问题》里的一段话："对立面的统一（一致、同一、均势）是有条件的、暂时的、易逝的、相对的。相互排斥的对立面的斗争是绝对的，正如发展、运动是绝对的一样。"① 如何理解列宁的这一段话，是我国理论界长期进行过讨论而比较令人困惑的一个问题，但从全文的基本思想来看，列宁既讲到"发展是对立面的'斗争'"；也讲到"发展是对立面的统一（统一物之分为两个互相排斥的对立面以及它们之间的相互关系）"。至于中国古典哲学的观点，冯先生引证了张载关于辩证法思想的概括："有象斯有对，对必反其为；有反斯有仇，仇必和而解。"冯先生认为，这里的前三句，马克思主义辩证法也是同意的，而第四句就不同了。他说："照我的推测，它可能会说：'仇必仇到底。'""仇必仇到底"，其实也就是过去习惯于说的"斗争哲学"。我觉得这里冯先生对马克思主义辩证法的分析，多少有些误解，而这是过去占主导地位的流行观念造成的，责任不在冯先生本人。问题在于过去较长期流行的观念并不符合马克思主义辩证法的本意。

在极"左"路线占支配地位的时期，辩证法的某些内容往往被扭曲、被片面地夸大而加以绝对化。比如，在理论上只许讲"一分为二"，不许讲"合二而一"，否则就被视为"阶级调和论"或"折中主义"；只承认一分为二，不承认一分为三、一分为多，因而在文化学术领域便只承认无产阶级一家与资产阶级一家，取消了"百家"存在的权利，使"双百方针"有名无实；在对立双方的关系上，只讲对立、斗争，不讲统一、结合，所谓"树欲静而风不止"，鼓吹"斗争哲学，"要求一斗到底，似乎天下事都是"一方战胜另一方"、"一方吃掉另一方"。推行这种观点，只能使辩证法走向反面，并且一度造成国家、民族的重大灾难和文化、学术的严重荒漠。

其实，片面夸大斗争性的"斗争哲学"，是违背马克思主义哲学的基本传统的，在马克思主义经典作家的著述中是找不到充分根据的。马克思在论及辩证法的对立统一学说时，曾把它表述为"两极相逢"，并且指出："两个相互矛盾方面的共存、斗争以及融合成一个新范畴，就是辩证运动的实质。"② 恩格斯曾经把对立统一学说表述为"对立的相互渗透的规律"③，而且他还着重批评过片面地标榜"斗争"的观点，明确地指出：

---

① 《列宁全集》第 55 卷，人民出版社 1990 年版，第 306 页。

② 同上。

③ 《马克思恩格斯全集》第 4 卷，人民出版社 1965 年版，第 146 页。

即使在自然界中，也"决不允许单标榜片面的'斗争'"。而"想把历史的发展和错综性的全部多种多样的内容都总括在贫乏而片面的公式'生存斗争'中，这是十足的童稚之见"①。列宁在他的《哲学笔记》中既强调了对立统一学说的辩证法的核心，又全面地阐述了对立统一学说的基本内容。他明确地指出："要认识在'自己运动'中、自生的发展中和蓬勃生活中的世界一切过程，就要把这些过程当做对立面的统一来认识。"②显然，在他看来，是对立面的既对立又统一，才推动事物发展的。值得我们注意的是，早在1909年，当俄国的波格丹诺夫等人在一个教学大纲里提到"无产阶级斗争的哲学"口号时，列宁便指出："在国际社会民主党里，这一类宣传课程的教学大纲有几十个、几百个……但是你们在任何地方都找不到'无产阶级斗争的哲学'。有马克思和恩格斯的哲学唯物主义，但是在任何地方都没有'无产阶级斗争的哲学'。"③尤其需要我们重视的是，在俄国十月革命后，在国内战争结束，将要实行新经济政策的历史时刻，面对各种比较复杂的内部矛盾，列宁要求通过协商、调整，正确处理各种关系，因而特别提出，要善于"把对立面和谐地结合起来"。列宁把这当作重要的领导艺术来看待，他说："可以把这些对立的概念不和谐地结合起来，也可以把它们和谐地结合起来。"④可见，过去流行一时的"斗争哲学"的观点和口号，与马克思主义哲学的基本观点是不兼容的。

那么，"斗争哲学"的观念主要来自哪里呢？可以说主要来自苏联一定历史时期的理论界，主要来自斯大林的哲学思想。斯大林在理论上对待马克思主义的辩证法是有片面性的。他在《联共（布）党史》中叙述辩证法的基本特征时，便只讲对立，不讲统一；在实践上他过分夸大过渡时期阶级斗争的尖锐性和严重性，搞阶级斗争扩大化，以至提出阶级斗争"日益尖锐化"的观点，这正是"斗争哲学"的缘由。"斗争哲学"的口号在我国正式出现，是在1959年。这种口号是与哲学政治化、阶级斗争扩大化、推行极"左"路线密切相关的。在"十年动乱"期间，这一口号更受到一伙阴谋家的利用，被他们肆意标榜和渲染，用作篡党夺权的工

---

① 《马克思恩格斯全集》第20卷，人民出版社1971年版，第401页。
② 同上书，第652页。
③ 《列宁全集》第45卷，人民出版社1990年版，第257页。
④ 《列宁全集》第40卷，人民出版社1986年版，第208页。

具。鼓吹"斗争哲学",对广大知识分子和干部、群众所造成的严重伤害,对经济建设和文化建设所造成的巨大损失,是众所周知的。

"仇必仇到底"或"斗争哲学"的观点,既与马克思主义哲学的基本传统不一致,也与一贯重和谐的中国传统的文化、哲学思想不相容。冯先生充分认识到后一个方面,提出了一些重要的见解。我体会主要有以下几点:(1)"仇必和而解"与"仇必仇到底"的思想,在理论上是有重大差别的,重视这种差别,在实践上是有重大意义的。"和而解"是宇宙和社会的普遍趋势。(2)在阶级社会里,统治阶级与被统治阶级的斗争也不能使二者同归于尽,斗争的结果也只能是"胜负"、"屈伸"的问题,占优势者并不能完全消灭它的对立面,结果仍然会"仇必和而解"。社会仍然是从一个统一体转变为另一个统一体,"仇必仇到底",势必转向,"仇必和而解"。新执政的阶级或政党,作为新的统治者,应当更加重视新的统一体,使之更加巩固和发展,而不是破坏这种统一体。如果说在民族战争和国内阶级斗争十分激烈的年代,在一定范围内比较强调斗争性有其客观根据的话,那么在取得和巩固政权后的和平建设时期,就应当更加重视对立面的统一与和谐,在思想政治路线上应当实现相应的转移。(3)中国古典哲学和张载著述中所讲的"和",是包含差别、矛盾和斗争的。"和"并不就是"同"。"同"不能容纳"异",而"和"则必须有"异"。"和"不是像"同"那样只容许有一种声音、一种味道或一种色彩,而是有各种声音、不同味道、多样色彩的配合。(4)"仇必和而解"是客观辩证法的主导趋势。不管人们的主观意愿如何,现代社会和国际社会是向着这个方向发展的。它代表了哲学的前景与未来。

冯友兰先生的这些见解凝聚着他对中国古典哲学的阐发和对马克思主义哲学的思考,也蕴含着他对半个世纪以来的学术实践和社会生活的洞察,至今仍值得我们重视和研究。

当今时代的主题已经由战争与革命转变为和平与发展,国内以经济建设为中心、加速实现现代化的任务已经十分明确而迫切。我们在国际国内都需要一种和谐而稳定的社会环境。就历史发展的总的趋势来说,科技革命在走向新的更大的综合,人类社会在走向新的更大的整合。马克思主义的长远的理想目标,是要实现全人类的彻底解放,实现人的自由全面的发展,这种目标与人类社会历史的发展趋势是一致的。马克思主义的辩证法应当更多地着眼于矛盾的解决和达到各种对立面的和谐结合,促进人与自然、人与社会的关系和谐发展。也正是在这个意义上，富于人文精神、人文价值因素的中国传统文化和哲学，可能对人类历史作出更多的贡献。

马克思主义哲学要在中国保持它的生机与活力，面临着现代化和中国化的迫切的双重任务。它要在中国的土地上进一步生根、开花和结果，就必须适应现代化建设的要求，必须与中国的民族文化传统相结合。任何严重脱离现代化建设实践和民族文化历史遗产的理论，都只会成为僵化的教条而失去它的生命力。

我们的时代和我们的民族都迫切需要哲学和理论思维的巨匠，迫切地需要更多新型的冯友兰式的哲学家和理论家涌现。中国的知识分子需要一种长期稳定和自由探讨的学术环境。符合辩证法的"双百方针"应当坚决认真地贯彻。马克思主义作为一种科学的理论体系应当是充分开放和不断发展的，它应当不怕批评，而且应当在当代的各种诘难和挑战中，在不断的自我审视、自我批评中获得发展。

这就是我们从冯友兰先生的学术生涯和他关于辩证法的反思中得到的一些启示，也是我们纪念冯友兰先生诞辰 100 周年应当认真汲取的某些经验和教训。

（写于 1996 年）

四　顾准对辩证法体系的质疑

顾准是当代中国杰出的理论家。他去世后 20 年方能问世的《顾准文集》，是学术史上的一份重要遗产，顾准的理论视野相当广阔，涉及经济、政治、历史、文化、哲学等领域。《顾准文集》的头两篇《试论社会主义制度下的商品生产和价值规律》、《希腊城邦制度》，因事关当今的经济发展与政治体制，自然成为人们密切关注的重点。

也许是由于专业思考的敏感性，《顾准文集》的最后一篇《辩证法与神话》，却更强烈地吸引着我。这篇笔记性的论述文章，以其特有的"切问"与"近思"，历史地评述马克思、恩格斯的哲学著作，锐利地剖析当代流行的辩证法思潮，表现了作者理论探究的勇气和深度。

马克思主义辩证法的革命的批判的本质，曾经使既定的统治者们感到恐惧和烦恼，东方的马克思主义者在开创富于民族特色的革命道路时，强调运用辩证法这个锐利武器是可以理解的。然而，当马克思主义在某些国家成为占统治地位的意识形态，辩证法被颁布为普遍有效的规律和方法之后，特别是辩证法的批判功能被片面地使用之后，便逐渐地失去活力，形成束缚思想的某种保守而僵化的格局。顾准试图探索这里的问题和原因所在。他并不是一位专职的哲学教授，理论的视角和观点，都可以讨论和商榷，使用的概念和术语，不一定规范和准确，但他独立思考，议论风生，濯去旧见，焕发新意，其理论功力的穿透性，却不是当前一般的哲学教授所能达到的。

（一）马哲史内部的差别和转化问题

马克思主义哲学史本身是不是直线式发展？这在国际国内理论界显然有不同看法。国内马哲史教材和多卷本著作，对经典作家之间和经典著作之间，一般都叙述为"发展再发展"、"贡献加贡献"的进程，似乎看不出什么差别和转变。

顾准则认为马哲史的发展是曲折的包含转变的过程。他着重研读和涉及了马克思、恩格斯的哲学著作。他读书很仔细，至少从以下三个方面看到马、恩思想内部的差别，这种差别不是可以忽略不计，而是有研究价值的。

1. 马克思早期著作中对待黑格尔哲学的某些变化

当然，马克思对待黑格尔哲学一直持批判和改造、吸收的态度，但是，顾准认为，在《神圣家族》中，马克思着重批判了黑格尔的"逻辑泛神论"（即黑格尔逻辑学＝辩证法＝世界模式论）。这种逻辑泛神论主要包含三个方面的内容：第一，把逻辑学的范畴体系看作整个世界的秩序和规律；第二，逻辑学三个部分的三个根本特点，即"存在论"部分的量变和质变，"本质论"部分的对立统一，"概念论"部分的否定之否定，便是世界秩序和规律的根本特点；第三，对真理持整体性和一元性的观点。

顾准认为，马克思从青年黑格尔派的唯心主义转向费尔巴哈和培根的唯物主义时，不能不反对黑格尔的思辨哲学，即狄慈根所说的"神学"。起初在《神圣家族》中，马克思也是反对黑格尔的唯理主义的。不过，在顾准看来，马克思作为革命的理想主义者，则又不能不是唯理主义者。

因此，在《神圣家族》中马克思着重批判了"逻辑泛神论"的上述第一条，即黑格尔把他的逻辑学看作物质世界和精神世界的秩序和规律。对于上述的第二条和第三条，马克思则有所保留。而且随后写《1844年经济学哲学手稿》、《关于费尔巴哈的提纲》、《德意志意识形态》时，在唯理主义方面，马克思实际上"从否定黑格尔又回到了黑格尔"①。马克思前后著作中的这种差别并未引起人们的注视。这与著作出版的历史状况相关。《手稿》直到20世纪30年代才被发掘出来，列宁未曾见到（笔者按，估计恩格斯生前能见到原手稿，但也从未提及）。《德意志意识形态》，马克思生前并未发表（1932年才在苏联首次全文发表）。《关于费尔巴哈的提纲》也直到1888年恩格斯出版《费尔巴哈论》时，才作为附录发表。在顾准看来，马克思原来对黑格尔逻辑泛神论的批判，随后由于着重吸取黑格尔的辩证法而逐渐有所冲淡。顾准甚至认为，恩格斯在《费尔巴哈论》中因强调黑格尔辩证法的积极意义，已经掩盖了黑格尔逻辑泛神论的性质。

2.《反杜林论》与《费尔巴哈论》在批判黑格尔逻辑泛神论上的差别

在19世纪的八九十年代，黑格尔所称的"经验科学"或孔德所称的"实证科学"正在快速发展，"神学式的唯理主义愈来愈不行时"②。有鉴于此，恩格斯在写作《反杜林论》与《费尔巴哈论》时，都注视着马克思的辩证法对黑格尔辩证法的改造。

在顾准看来，马克思主要吸取黑格尔的唯理主义成分。比如黑格尔主张"人是世界的主体，神性寓于人性之中，这个世界是一元地被决定的，真理是不可分的"，等等。"这对于革命的理想主义都是不可少的"③。但是，马克思要对这些观点加以改造，就要把他们从黑格尔的思辨中拉到实践中来进行和完成，顾准指出："马克思在黑格尔哲学中发现了'异化'的秘密，他认为不可能在哲学中解决异化，要在经济学中解决异化。这就是《资本论》的哲学前提。价值，商品拜物教，剩余价值，剥夺者被剥夺，这就是在经济学中解决哲学上提出来的异化的道路。"④

---

① 《顾准文集》，贵州人民出版社1994年版，第411页。
② 同上。
③ 同上书，第412页。
④ 同上。

那么，对于黑格尔的唯理主义，或者说对于黑格尔的概念辩证法体系，马克思究竟是怎样进行改造的呢？以往的一些研究者，多半停留在"颠倒过来"的说法，很少作进一步的揭示。顾准认为，对于上述黑格尔的那三条，马克思所作的改造是：①在黑格尔那里，神性寓于人性之中，并表现于人的精神之中。人认识真理，即认识至善，真与善是一元论的，而不是如恩格斯所反对的康德的真善二元论。在马克思这里，真与善的一致，即理论与实践的一致，而且是真正革命的理论与实践相统一。②在黑格尔那里，实践是精神的活动，在培根那里，基本上指生产的实践，马克思则主要指革命的实践。马克思说："人应该在实践中，证明自己思维的真理性，即自己思维的现实性和力量，自己思维的此岸性。"① 这里是指社会主义和共产主义的真理性。顾准认为，这里用上了"自己思维的此岸性。"意味着要消灭异化，在地上实现理想的天国。③黑格尔只求在思辨实践上达到真与善的一致，那么，便只需在他的《法哲学》中论证普鲁士王国的秩序合乎法国大革命的原则，就达到目的了。在马克思这里，不但普鲁士王国并未达到真与善的一致，而且迄今为止的历史都不足以体现"真善一致"。要真正达到真善一致的人类世界，要肯定人的思维的至上性，说我们差不多还处在人类历史的开端。顾准认为，恩格斯在《反杜林论》中的有关论述，其中对杜林与黑格尔的世界模式论的批判，强调对黑格尔概念辩证法的改造，等等，若与《费尔巴哈论》中的历史性阐述相比较，可以看到某种差别。顾准甚至说："两者实在不是一个调子。"②

3. 马克思与恩格斯在辩证法定义上的差别

马克思究竟怎样定义辩证法？他本人并未作出正面阐述，但在《资本论》第2版的"跋"中，却引用了一个俄国人所写的评论；马克思否认经济生活的抽象规律，"根据他的意见，恰恰相反，每个历史时期都有它自己的规律"③。马克思否认人口规律在一切时期一切地方都是相同的。反过来，他认为，每个发展阶段都有它自己特有的人口规律——由于生产力的发展程度不同，社会关系和支配这种社会关系的规律也不同。马克思

---

① 《马克思恩格斯选集》第 1 卷，人民出版社 2012 年版，第 134 页。
② 《顾准文集》，贵州人民出版社 1994 年版，第 413 页。
③ 《马克思恩格斯全集》第 49 卷，人民出版社 2001 年版，第 21 页。

把这里所叙述的方法肯定为自己的"辩证法的方法"。顾准认为,这可以看作马克思关于辩证法的某种定义,这种定义与恩格斯在《反杜林论》第1篇第12、13章对辩证法所作的定义是大异其趣的。恩格斯是把矛盾、量变与质变,以及否定之否定看作自然、社会和人类思维中普遍存在的规律。恩格斯得出关于辩证法的定义是:"辩证法不过是关于自然界、人类社会和思维的运动和发展的普遍规律的科学。"① 在《自然辩证法》中,恩格斯还多次谈到这类定义,比如他说:"辩证法被看作关于一切运动的最普遍的规律的科学。"② 这就是说,辩证法的规律无论对自然界中和人类历史中的运动,还是对思维的运动,都必定是同样适用的。在马克思的著作中,我们确实难以看到关于辩证法的这类论述或定义。这说明马克思与恩格斯对辩证法的认识与视角有所不同。马克思往往把辩证法看作开启方法的智慧;恩格斯则把辩证法看作总括自然、社会和人类思维的一般规律和特征。顾准看到的这种差别,显然是许多马克思主义哲学和辩证法的研究者所忽视的。

(二) 形而上学的历史作用问题

长期以来,在我们的哲学宣传和研究中,往往把唯物主义与唯心主义、辩证法与形而上学、"一分而二"与"合二而一"等不同派别或倾向根本对立起来,把一方看作正确、进步或革命的,把另一方则看作错误、落后或反动的。不仅在意识形态的批判中,要使一方完全压倒另一方,就是在平时的宣传和教材中也持这种观点。这种二元绝对对立的观点,是服务于"以阶级斗争为纲"的,使哲学沦为政治斗争的工具,形成某种哲学上的偏见,至今并未完全克服。就辩证法与形而上学的对立而言,把"形而上学"与"辩证法"作明确对立的,首先是黑格尔。在方法上,二者确有相互对立的一面,但黑格尔并未完全否定形而上学的地位与作用,同时他还在别的含义上使用"形而上学"的术语。从哲学与科学史上看,辩证法与形而上学,或综合与分析,本是发展过程中的不同侧面与方法。恩格斯也曾指出:"在希腊人那里——正是因为他们还没有进步到对自然界进行解剖、分析——自然界还被当做整体从总体上来进行观察,自然现

---

① 《马克思恩格斯选集》第3卷,人民出版社2012年版,第520、876、395、396页。
② 同上书,第876页。

象的总的联系还没有在细节上得到证明，这种联系在希腊人那里是直接观察的结果。——如果说，在细节上形而上学比希腊人要正确些，那么总的说来希腊人就比形而上学要正确些。"① 在《反杜林论》的"引论"中，恩格斯便指出："真正的自然科学只是从 15 世纪下半叶才开始，从这时起它就获得了日益迅速的进展。把自然界分解为各个部分，把自然界的各种过程和自然对象分成一定的门类，对有机体的内部按其多种多样的解剖形态进行研究，这是最近 400 年来认识自然界方面获得巨大进展的基本条件。"② 所以，顾准认为，对于自然的研究，采取分门别类的，逐项的单独深入的钻研，"在世界科学史中是必不可缺的阶段"③。而且，在顾准看来，自从达尔文提出进化论，或者从 19 世纪自然科学的"三个决定性的发现"（如恩格斯在《费尔巴哈论》中所说）以来，自然科学也早已超出形而上学的阶段（或范围）。因为当今自然科学的各个部门和领域，从联系方面看，"哪一门都不是局限地考察一个小局部，哪一门都联系其他学科才能有所进展，哪一门的新成就都在不断改变人们对于宇宙的总看法（即所谓世界观）"。从运动方面看，"自然科学早已从发生发展，亦即从自然史方面去研究自然了"④。顾准在这里提醒人们，自然科学自身超出形而上学阶段，与黑格尔没有什么关系，并不是由于黑格尔辩证法的作用。黑格尔的辩证法恰恰是不承认自然界有任何时间上的发展，他只把历史的发展归之于精神。

　　肯定形而上学的历史地位与作用，顾准是要求人们不要把辩证法与形而上学绝对对立起来，防止过分夸大辩证法的功能，防止忽视形而上学在特定阶段和范围的不可或缺的作用。

　　为总结理论思维的经验教训，顾准提到中外科学史上的事实与实例。西方达尔文进化论的产生，是以众多植物和动物的分类研究和积累为前提的。我国明代李时珍的《本草纲目》，远未达到分类学的精密程度，不可能产生进化论。但《本草纲目》的出现，也为我国中医、中药的研究进一步发展创造了有利条件。顾准认为，中国传统思想中缺乏形式逻辑的发展，缺乏形而上学的分门别类的研究，就势必缺乏精密的自然科学。这看

---

① 《马克思恩格斯选集》第 3 卷，人民出版社 2012 年版，第 520 页。
② 同上书，第 876 页。
③ 《顾准文集》，贵州人民出版社 1994 年版，第 416 页。
④ 同上书，第 417 页。

来是我国近代科学落后的一个重要原因。

从历史到现实的反思，顾准写下了一段发人深省的话："中国人正因为没有这个笨劲，所以，中国有天才，而没有科学上系统的步步前进，不停滞，不倒退的前进。中国人善于综合，都是根据不足的综合。——中国人是天生的辩证法家，可是辩证法把中国人坑害苦了。"① 深谙中国历史和思想史，特别是亲身经历 20 世纪 50—70 年代的人，大概会对这段话有更为深切的体会和理解。

（三）辩证法的概括性和功能性问题

遵循列宁的观点，我国理论界历来把辩证法看作马克思主义中具有决定意义的东西，辩证法成了马克思主义哲学的核心内容。上世纪 50 年代在工农兵群众中掀起"学哲学，用哲学"的热潮，主要就是学、用辩证法。从 1958 年开始的"大跃进"运动中，所谓"把哲学从课堂上、书本里解放出来，变为群众手里锐利的武器"。就是要让群众把辩证法的基本特征（普遍联系和不断运动）和一般规律（三大规律等）当作分析、解决一切问题的灵丹妙计。"一分为二"与"斗争哲学"成了最为时尚而激进的语言。这种让哲学直接解决实际问题，并把哲学政治化的潮流，不但使哲学教条化和僵化，而且导致了简单化和庸俗化，不是促进而是阻碍了生产、经济、科学、教育的发展。

顾准依据科学史和社会现实的深入考察，对于僵化辩证法的体系，夸大辩证法的功能和把哲学实用化、庸俗化的倾向，提出了尖锐的批评和质疑：

1. 恩格斯在《费尔巴哈论》中揭露了黑格尔逻辑学的体系与方法的矛盾。顾准认为，这种矛盾在一切唯理主义者那里都难以避免。英国哲学家罗素也曾看到，自古希腊的柏拉图、亚里士多德以来，便有一派哲学家，把概念看得高于个别事物，以为共性可以超越以致淹没个性，这种唯理主义势必导致先验主义，也会导致体系与方法的矛盾，在社会实践领域，也有以主观理解的"社会化的人类"或"共产主义理想"去取消个性的企图，在生产力水平很低的条件下，以快速的"公有化"取消私有财产的企图，结果只会带来损失和灾难。我国

---

① 《顾准文集》，贵州人民出版社 1994 年版，第 416 页。

1958 年以后所实行的"大跃进"和"人民公社化"运动就有过沉痛的教训。

2. 恩格斯在《反杜林论》中尖锐地批评了杜林的先验主义。什么是"先验"？顾准认为，"先验就是超越于经验，就是不可以用经验来验证的意思"①。黑格尔和杜林的哲学体系都是不可以用经验来验证的。那么，通常所说辩证法的三个规律，对立统一、即质量互变、否定之否定的规律，能否用经验来验证呢？按照恩格斯的观点，由于唯物辩证法是客观世界的辩证规律在人脑中的反映，便可以由经验来验证。顾准认为，从客观世界得出的规律，只能是或然性的，而不能是必然的规律。哲学家的能耐再大，观察再怎么广泛，也难以超出或然性，不可能得出绝对普遍的规律。这是先从哲学上看。再从科学上看，物理学上的许多现象，如光波、声波、电波、燃点、熔点、温度、压力，等等，其定义都有归于数量化的趋势，但这不等于质量互变规律。另两个规律也是如此。总之，在顾准看来，对立统一、把质量互变、否定之否定等看作整个世界的普遍规律，是从经验上和逻辑上都无法论证的。恩格斯批判黑格尔作为世界模式论的逻辑学三部分是先验主义的，顾准说："然而一转身，他又把这种世界模式论的精华撷取过来，称之为辩证法，称之为客观世界的客观规律，后来又称之为自然辩证法。"② 这里似有自相矛盾之处。

3. 自然界本身极其浩瀚广阔，丰富多彩，人们的研究成果，科学家的创造发明，对于揭示大自然的奥秘，如居里夫人所说，不过是增添"人类知识宝库中的一粒沙子"③。在顾准看来，"能为这个世界增添一粒沙子已经不容易了，怎么能构造一个哲学体系来指导这个世界呢？黑格尔试图用他的《逻辑学》和《哲学全书》来推行世界模式论本来就是梦呓，杜林跟着效法，更是梦呓"④。恩格斯在《费尔巴哈论》中本已宣告"自然哲学"的终结，并且指出："任何使它复活的企图不仅是多余的，而且是倒退。"⑤ 这可看做恩格斯经过认真研究后的某种宣言。

问题便在于后人。顾准提到，苏联的德波林，把恩格斯本不想发表的

---

① 《顾准文集》，贵州人民出版社 1994 年版，第 421 页。

② 同上书，第 422 页。

③ 同上书，第 419 页。

④ 同上书，第 420 页。

⑤ 《马克思恩格斯选集》第 4 卷，人民出版社 2012 年版，第 253 页。

草稿《自然辩证法》硬挖出来，并大肆鼓吹，试图抬出恩格斯，建立哲学的权威，以便用哲学来指导科学和一切，结果酿成自身遭受批判的悲剧。随后斯大林主持出版《联共（布）党史》，专门写了《辩证唯物主义与历史唯物主义》一节，被宣布为指导一切的哲学教义，这便成了喜剧。中国也曾酝酿未能上演的喜剧。

4. 要用一种既定的辩证法规律或哲学体系来指导一切科学研究和实际工作，显然不会成功。一来，因为这种规律本身不能由经验证明，很难被人们确认为普遍规律；二来，因为各门科学，各个领域都有自身的特殊规律。只有研究、理解和运用了各自的特殊规律，才能推动事业成功和科学进步。那种超出经验的一般规律往往无济于事，辩证法不是被宣布为科学研究的方法论么？顾准认为，现代各门科学研究的方法论，是一种"实验逻辑"，各门科学实际运用的，都是适合于自身的特殊方法。新的科学发现，同时就是一种新的方法论的创造。在这里，辩证法实际上没什么用处。20 世纪的伟大物理学家爱因斯坦创造相对论，他视野广阔，贡献巨大，却否认得力于辩证法。英国哲学家罗素所主张的新实在论，逻辑实证主义以及控制论，是电子计算机的哲学基础，曾经受到苏联和我国主导思潮的批判，被指责为与辩证法相违背，但后来苏联和我国都采用了电子计算机科学。以辩证法为指导的国家，不能成为这类科学的发明和创新者的故乡，西方的科学家不以辩证法为指导，却长期处于创造和领先的地位。这不能不令人深思。

顾准认为，每一门科学都有特殊的方法。凡是在科学上有所发现和创造的人，都有自己的世界观和方法论，都会热衷于自己的专业和成就，戴上自己创造的有色眼镜，就难免以偏概全，但这并不可怕。顾准说："人类就是在这种不断的偏（偏来偏去，颠颠拐拐）中蹒跚行进的。"① 这种个人的"偏"，可以靠许多人的讨论、合作与交流来补正，共同促进科学的发展。这里有一个极为重要的条件，就是新闻、言论、出版的自由，就是学术上不同观点与派别的自由讨论和争鸣。这正是克服思想片面性的一种解毒剂。既然在世界观和方法论上科学家和思想家都有自己的眼镜，黑格尔有，马克思、恩格斯也有，从人类历史上看，他们的眼镜，"不过是无数眼镜中的一种，是百花中的一花"。这本是合理的事实，好的眼镜可

---

① 《顾准文集》，贵州人民出版社 1994 年版，第 419 页。

以供人借鉴、参考。顾准说："可怕的是，有一种钦定的眼镜，限定一切人全得戴上，否则……"① 这就是把一镜、一花、一种理性钦定为绝对真理，用来指导一切科学和实际工作，这就不免阻碍科学的发展，以致窒息和扼杀真理。

所以，顾准主张尊重学者、科学家各自的世界观与方法论；倡导学术，文化上的多元主义和多种学派；坚决贯彻学术、文化上的兼容并包，思想自由的方针。只有这样，才能真正实现学术、文化上的大繁荣和大发展。这大致就是顾准反思辩证法，总结理论思维经验教训的一些要领。至今读来，仍有耳目一新之感，无异于对付僵化教条的一副清醒剂，应当引起人们的高度重视。

五　对"合二而一"论批判的回顾与反思

1964 年 5 月到 1965 年 5 月，国内哲学界发生过一场"一分为二"与"合二而一"的大论战，实际上是对"合二而一"论的大批判。这次批判的主要对象，不是从旧社会、旧大学过来的"资产阶级教授"、"学术权威"，而是中共党内的一名高级干部，长期从事马克思主义理论教学与研究的专家杨献珍。这次论战的内容，并不是什么高深复杂的哲学理论问题，而只是唯物辩证法对立统一学说的不同表述之争，只是对矛盾不同侧面的诠释上的分歧。由于这场批判与党内某种派别斗争相纠结，并被某些阴谋家所利用，因而在政治层面上纲更高，处理更重，株连更广，出现新的因言获罪、因文受诬的严重后果。

（一）问题发生的历史背景

从 1958 年到 1961 年，全国经历了严重的经济困难和粮食紧缺时期。但当困难刚刚有所克服、元气尚未恢复时，整个社会又被重新拖入"以阶级斗争为纲"的泥潭。发动意识形态领域的斗争，尤为突出。自 1963年开始，文艺界就开始了大规模的批判运动，在小说、电影、戏剧方面，批判了《刘志丹》、《红日》、《红河激浪》、《早春二月》、《舞台姐妹》、《李慧娘》等；在文艺理论方面，批判了"有鬼无害论"、"时代精神汇合

---

① 《顾准文集》，贵州人民出版社 1994 年版，第 420 页。

论"、"写中间人物论"、"现实主义深化论"等。

此外，遭到批判的尚有史学领域翦伯赞的"历史主义的研究方法"、"让步政策"论，伦理学领域吴晗的道德继承观，经济学领域孙冶方的价值规律观，政治学领域冯定的人生观、价值观等。

在哲学理论问题上，马列主义学院（中共中央党校前身）内杨献珍与艾恩奇曾多次发生分歧。1953 年，党中央公布了党在过渡时期的总路线，在如何理解过渡时期的经济基础和上层建筑的问题上，艾、杨发生过争论。杨献珍认为，我国在过渡时期明明包含着多种经济成分，那么它的经济基础就不能只是单一的社会主义所有制经济，它应当包含五种经济成分。这种观点后来称之为"综合基础论"。杨献珍在他的讲稿中作了详尽的阐述。艾思奇则认为杨献珍的观点违背了党在过渡时期的总路线和总政策，正在改造和变动的非社会主义的经济成分不能成为经济基础。这种观点后来称之为"单一基础论"。艾思奇受命于 1955 年写了批评杨献珍观点的文章，1964 年 11 月 1 日发表于《人民日报》。1958 年，公布了党的社会主义建设的总路线：鼓足干劲，力争上游，多、快、好、省地建设社会主义。马列主义学院的哲学教研室内，对于如何理解恩格斯的《路德维希·费尔巴哈和德国古典哲学的终结》中的一段话，有关思维与存在的同一性问题，杨献珍与艾思奇再次发生分歧。杨献珍认为"思维与存在的同一性"是一个唯心主义的命题。应当把这种唯心主义的"同一性"与辩证法的"同一性"，即"矛盾的同一性"区别开来。他写过一篇文章：《略论两种范畴的"同一性"》（此文并未发表）。艾思奇则认为"思维与存在的同一性"，既可以是唯心主义的命题，也可以是唯物主义的命题，恩格斯是肯定了思维与存在的同一性的。杨献珍是从实事求是，反对"大跃进"中的主观唯心主义的角度立论，艾思奇则是结合"大跃进"，从反对"右倾机会主义"的角度批评杨献珍的。

以上事件正是杨献珍的"合二而一论"受到批判和定罪的若干背景和原因。

（二）分歧、批判和迫害的始末

杨献珍长期热诚于研究和宣传马列主义、毛泽东思想。他本来发表文章不多，而专心致志于教学，勤恳、认真地讲解唯物论与辩证法。

总结并吸取哲学史上辩证法的合理因素，马克思列宁主义哲学把对立统一学说确定为唯物辩证法的核心与实质。马克思在《哲学的贫困》中指出："两个矛盾方面的共存、斗争以及融合成一个新范畴，就是辩证运动的实质。"① 列宁在《哲学笔记》中说："可以把辩证法简要地确定为关于对立面的统一的学说。这就会抓住辩证法的核心，可是这需要说明和发挥。"② 对立统一学说本来就包含对立（斗争）与统一（同一），或者"分"与"合"这两个方面，缺少一个方面，就不能成为对立统一学说，或矛盾学说。这在中外哲学史上，都是一致的。但在对立统一学说的表述上，不同民族或在不同条件、场合下，侧重的方面是有差别的。一般地说，西方哲学史上比较侧重于对立、斗争，中国哲学史上比较侧重于统一、和合。

　　经历过长期战争和阶级斗争的毛泽东，加上他的某些个性因素，是比较习惯于讲"斗"和"分"的。他从中国古人那里借用了"一分为二"的说法，来表述对立统一规律的核心。我国宋朝哲学家邵雍、朱熹、张载都有类似"一分为二"的表述。朱熹提得最为明确："此只是一分为二，节节如此，以至于无穷，皆是一生两尔。"③ 毛泽东最早明确使用这个概念，是在 1957 年。那年 11 月 18 日，他在莫斯科召开的共产党和工人党代表会议上说："一分为二，这是个普遍的现象，这就是辩证法。"④ 此后，他在各种场合用具体事例说明"一分为二"，这与他强调阶级斗争也是密切联系的。1963 年 11 月，毛泽东在批阅周扬的报告稿《哲学社会科学工作者的战斗任务》时，特意写下了一段："世界上无论什么事物，总是'一分为二'。学说也是这样，总是要分化的。有革命的、科学的学说，就一定会在其内部的发展过程中产生它的对立物，产生反革命的、反科学的学说，因为现在社会有阶级的分裂，一万年以后的社会也会有先进集团和落后集团的不同，总是要不断产生对立物的。""你们看，统一的事物，一分为二，变为相互斗争的两部分了。"⑤ 总之，"一分为二"，是毛泽东对辩证法核心的对立同一学说的通俗的、习惯的表述。

---

① 《马克思恩格斯集》第 4 卷，人民出版社 1958 年版，第 146 页。
② 《列宁全集》第 55 卷，人民出版社 1990 年版，第 192 页。
③ 《朱子语类》，卷六十七。
④ 《毛泽东选集》第 5 卷，人民出版社 1977 年版，第 498 页。
⑤ 《建国以来毛泽东文稿》第 10 册，中央文献出版社 1992 年版，第 401—402 页。

1. 发生分歧的缘由

杨献珍结合教学也在寻求对立统一学说的通俗表达。但他着重从另一个侧面，即两个对立面的统一来思考。他看到列宁的《哲学笔记》摘录了古希腊人"任何事物都是由对立面构成的"言论，认为这也是对光辉辩证法思想的恰当表述。于是他想中国古代思想家在这方面也会有所反映，便认真翻阅中国哲学史料。1961 年他在西安翻阅《蓝田县志》时，看到宋朝人晁公武说，吕大临所著《老子注》一书，阐发了老子的"合有无谓之元"的思想。后来又看到宋朝思想家张载有"不有两，则无一"这样的话。"一"代表一种事物，"二"代表两个对立面，意即统一的事物是由两个对立面构成的。1963 年，他更高兴地看到明朝人方以智的《东西均》一书，其中有"合二而一"的说法。这里的"合"字，他理解为"构成"的意思。总之，他认为，"'合有无谓之元'，'不有两，则无一'，'合二而一'，同'任何事物都是由两个对立面构成的'，都是中国和外国的古代思想家关于对立统一思想的不同的表达法"①。

杨献珍当然知道毛泽东经常把对立统一学说表述为"一分为二"，但他认为"合二而一"与"一分为二"并不是对立的，这两种说法都是表达对立统一思想的。所以，在课堂上，一方面，他热诚宣传和详尽解释毛泽东的辩证法思想"一分为二"的观点；另一方面，他也在逐渐运用中国古代哲学的资料，谈到"合二而一"的思想。1963 年 11 月，他在给学员印发的学习资料中第一次使用了"合二而一"的概念："对立统一，一分为二，合二而一，是一个意思。"② 1964 年 4 月 3 日，在给中央党校新疆班学员讲课时，他再次讲到"合二而一"。在题为"要学会掌握对立统一规律去做工作，在实际工作中尊重辩证法"的讲稿中，他写道："对立物的统一，意即任何事物都是由对立面构成的，或矛盾构成的，不是铁板一块。'一分为二'，'合二而一'，'二本于一'。"③

杨献珍并没有发表谈论"合二而一"的文章。事有凑巧，哲学教员艾恒武、林青山受到杨献珍讲课的启发，有些体会，于 1964 后 4 月合写了《"一分为二"与"合二而一"》一文，交哲学教研室辩证唯物主义组

---

① 杨献珍：《关于"合二而一"问题的申诉》，《我的哲学罪案》，人民出版社 1981 年版，第 305 页。

② 艾恒武：《关于"合二而一"的论战》，湖北人民出版社 1981 年版，第 35—36 页。

③ 杨献珍：《我的哲学罪案》，人民出版社 1981 年版，第 199 页。

组长黎明，征求意见。黎明提出修改意见后推荐给《光明日报》。5 月中旬，《光明日报》印出清样，并回信说："准备发表，文章写得清楚，对主席的哲学思想是有体会的。不过有人也说，已经有对立统一，再用'合二而一'来表达对立统一规律，是标新立异。"后把文章清样送杨献珍看，问他文中观点是否站得住。杨说："站得住，中国哲学史上早就有人用'合二而一'表达对立统一规律了，他不知道，就是说标新立异。"①

这篇文章经过一番周折，后来发表于 1964 年 5 月 29 日的《光明日报》，从而引出了一场关于"合二而一"的讨论和大批判。

这篇文章的基本观点是："合二而一"与"一分为二"都表达了辩证法的最基本的规律——对立统一规律。事物本来是"合二而一"的，正因为如此，我们认识事物的方法，就要"一分为二"。我们的一系列方针、政策，都是对"合二而一"的事物进行"一分为二"的分析，而我们的各项工作，就是要找到条件，把对立的方面统一起来、结合起来。这样，"在对立面中把握统一，又在统一中把握对立面，这就是唯物辩证法的最根本的观点和方法。学会这个方法，对实际工作有重大的意义"②。

在艾、林文章发表后的第 7 天，即 1964 年 6 月 5 日，《光明日报》发表署名项晴的文章:《"合二而一"不是辩证法》。后来才知道，这是由关锋为首的"反修哲学小组"的成员撰写，经过康生审阅的。文章针对艾、林的观点，认为只有"一分为二"才真正表达了对立统一规律，"合二而一"正是与对立统一思想相违背的。文章认为，首先，"一分为二"的前提是一，承认一中有二，即承认事物的内在矛盾;"合二而一"的前提是二，二不存在于一中，即不承认事物的内在矛盾。其次，艾、林认为客观事物"合二而一"，认识事物的方法则"一分为二"，这就离开了主观是客观的反映的唯物主义原则。再则，事物存在内在矛盾，总是"一分为二"的。因而斗争就成为主要内容，只有通过斗争才能促进事物转化和发展。"合二而一"则不仅不能推动事物发展，而且由于否定了矛盾和斗争，便陷入矛盾调和，必然阻碍事物的转化和发展。

项晴的文章一发表，康生就通过江青转送毛泽东看。1964 年 6 月 8 日，毛泽东把文章又转了回来。从此，舆论界便判定"一分为二"是辩

---

① 艾恒武:《关于"合二而一"的论战》，湖北人民出版社 1981 年版，第 35—36 页。

② 艾恒武、林青山:《"一分为二"与"合二而一"》，《光明日报》1964 年 5 月 29 日。

证法，"合二而一"是矛盾调和论，是修正主义的。这样，"一分为二"与"合二而一"，本来是对辩证法的不同理解与提法，是学术、理论上的分歧，本可以通过学术讨论，辨明是非，提高认识。可是康生等人一开始就把它政治化，看做马克思主义与修正主义的分歧，看做一场政治斗争。

2. 由"讨论"转向批判

就"一分为二"与"合二而一"的歧义，许多人纷纷发表见解，一个月之内，各重要报刊便有数十篇文章出现。对"合二而一"的观点，既有批评、反对的，也有赞成、支持的，也有部分支持，部分质疑的。然而康生等人却是根本无意于明辨是非，探求真理，而只是玩弄诡计，为了整倒别人。他们绝不满足批评艾恒武、林青山的文章，而是要引出"合二而一"论的提出者和艾、林文章的"幕后指使者"。但是杨献珍当时只是对"合二而一"论的观点即兴而谈，却并未发表这方面的文章，而且他也无意于参加这场突然兴起的"讨论"。在双方观点都有若干文章发表之后，康生等人便开始组织力量，逐级点名批判，在 1964 年 7 月 17 日的《人民日报》上发表了王中、郭佩衡的文章《就"合二而一"问题和杨献珍同志商榷》，第一次向社会公开点名批判杨献珍。文章从两个方面曲解了杨献珍的观点：一是客观事物的规律和本性是什么？杨献珍用"合二而一"代替"一分为二"来回答；二是学习辩证法的目的是什么？杨献珍的回答：就是要学会把两个对立的思想联系在一起的本事。经过这样断章取义的曲解，便把杨献珍的观点完全说成是调和无产阶级思想与资产阶级思想、马克思主义与非马克思主义、正确与错误的矛盾调和论。达到两个效果：一是把杨献珍的名字与"合二而一"论直接联系起来，使社会上都知道杨献珍是"合二而一"论的炮制者；二是把"合二而一"论说成修正主义的矛盾调和论，因而杨献珍便是修正主义者。虽然文中还没有直接扣政治帽子，但从此政治性的批判、围剿便开始了。实际上往后的许多批判文章，都基本上是按此文的逻辑思路进行推论、定性的。8 月 14 日，关锋等人以"撒仁兴"为笔名，在《光明日报》发表文章：《"合二而一"是阶级调和的哲学基础》，给"合二而一"扣上 5 顶大帽子：一是"排斥矛盾斗争的哲学"；二是"彻头彻尾的形而上学"；三是"腐败的资产阶级的世界观"；四是"阶级调和论的理论基础"；五是"当前国际国内尖锐复杂的阶级斗争的反映"。这就实际上给杨献珍及其"合二而一"论从政治上作了修正主义的完全定性。

3. 由批判进至围剿和迫害

《红旗》杂志 1964 年第 16 期发表总结性的文章：《哲学战线的新论战——关于杨献珍同志的"合二而一"论的讨论报道》，署名经过反复推敲和更换，最后确定为："本刊报道员"。文中赫然出现如此词句和段落："目前我国哲学战线上，正在开展着一场新的激烈论战，这就是'一分为二'和'合二而一'的论战。""这是当前国际国内尖锐复杂的阶级斗争在意识形态上的一种反映。""杨献珍同志在这个时候大肆宣扬'合二而一'论，正是有意识地适应现代修正主义的需要，帮助现代修正主义者宣传阶级和平、阶级合作，宣传矛盾调和论。同时，也是有意识地适应国内资产阶级和封建残余势力的需要，给他们提供所谓'理论'武器，对抗社会主义教育运动。"这就是说，杨献珍的修正主义完全是自觉的。

《红旗》上的这篇文章，无异于政治围剿的动员令，把批判"合二而一"的政治斗争推向新的高潮。全国各地纷纷"响应"，口诛笔伐，批判以杨献珍为首的"合二而一"论者。中央党校校内更是上下动员，停课批判。大会、小会连着批，纪律严明，夜以继日。对杨献珍，批判由背靠背改成了面对面，对其他成员的批判，除艾恒武、林青山、黎明之外，又扩大到黄静华、王哲民、王介山、龚士其、韩树英等人。最后据说有"100 多人挨批受审"①。

批判、围剿者企图逼出"幕后策动者"、发表"合二而一"文章的"指使者"。

1964 年 8 月 17 日至 19 日，中央党校连续 3 天召开全校大会。由一名副校长用两天半时间介绍杨献珍自 50 年代到 1964 年的种种"罪行"。8 月 24 日下午又召开校内各单位派的代表，有《红旗》、《人民日报》、《光明日报》等有关人员参加的"座谈会"，实际上是对《"一分为二"与"合二而一"》一文作者和相关人员进行逼供，组织了一系列发言和追问，要他们交代杨献珍怎样授意他们写文章。他们都如实地回答："没有授意"。任凭怎样追逼，会议开到第二天下午，都没有使康生等人获得满意结果。他们采取其他软攻、诱导方式，也仍然被顶回。最后他们炮制出《红旗》杂志 1964 年第 16 期上的那篇文章。明明是一场火力猛烈的逼供，文章的副标题却美其名曰"关于杨献珍同志的'合二而一'论的讨

---

① 见杨世运《一代哲人觉浮录——杨献珍传》，南京出版社 1992 年版，第 296 页。

论"；明明是逼供未成的思想定罪，却说成是什么"讨论报道"。

　　对"合二而一"论的批判，自 1964 年 6 月 5 日项晴的《"合二而一"不是辩证法》开始，到 1965 年 5 月 20 日发表艾思奇的《不许用矛盾调和论和阶级调和论来偷换革命辩证法》，才算告一段落。各报刊发表批判文章约 380 多篇，大都是扣帽子、打棍子，无限上纲的，完全剥夺了被批判者申辩、反驳的权利。但在最初讨论阶段，也有不少被蒙蔽上钩的，发表了一些支持"合二而一"的文章。如《光明日报》上发表尹明的《关于"一分为二"和"合二而一"》、柯阳的《关于"一分为二"的对话》、叶承禹的《关于对立统一规律的几点体会》、高忆的《"一分为二"与"合二而一"是客观事物的普遍规律》、小雪的《"一分为二"与"合二而一"辩证的统一》等，都是基本赞成"合二而一"论的文章。据一个统计资料，《光明日报》在最初的 4 个月内，共收到来稿 701 篇，其中赞同"合二而一"论观点的有 210 篇。大致可分 5 类看法："合二而一"表达了辩证法的最基本的规律——对立统一规律；（2）"合二而一"经过改造之后，可以看作矛盾同一性的一个侧面，即相互依存、相互联系的一面；（3）从事物运动发展的过程来看，既是"一分为二"，也是"合二而一"，它们是同一过程的两个方面；（4）"一分为二"是分析，"合二而一"是综合；（5）对立统一规律通俗地说，就是"一分为二"——"合二而一"，"一分为二"要"合二而一"来补充，等等。敢于发表这些见解，本是学术讨论中的正常现象。但这些文章的作者，后来大都受到了政治上的批判、打击或处理。

（三）应当思考的几个问题

1. 学术与政治

　　半个多世纪以来，意识形态领域的斗争，经常混淆学术与政治，或者说，把学术问题政治化，这是一直严重困扰知识分子，并影响学术发展的一大障碍。

　　学术与政治的关系，是一个比较复杂的问题。在阶级社会里，要使学术完全摆脱政治，是不大可能的。因为学者在社会中生活，总难免受特定的阶级或社会集团的立场、观点的支配，社会科学领域的问题尤其如此。但学术与政治，又是有严格区别的。学术追求的是客观真理，政治追求是特定阶级或社会集团的利益，学术的准则是长远的，政治的准则是短暂的。因此，要实现学术的繁荣和发展，首先就要保证学术研究的独立与自由，保持学者人格的尊严与独立。即使在社会科学领域，原则上也应如此。学术问题与政治问题应当分开，学术、学者应当与政治、党派利益保持一定的距离。蔡元培先生阐述学术、文化领域的兼容并包、思想自由的方针时，要求学术的研究不受任何宗教、政党的干预。如果使学术受政治的支配，沦为政治的奴仆，学者的探讨失去自由，人们的独立思考陷于停顿，那么学术的生命也就窒息和完结了。几十年来，我们最基本的教训，就是用政治压制思想与学术，把意识形态的某些陈旧规章强加于最需要独立、自由的学术领域，造成了精神的萎缩和学术、文化的萧条。改革、开放以来，我们在这方面有较大的改善，因而民族复兴之路有望，但如果不从根本上认识和转变，那么我们要走上民族复兴的康庄大道，还有相当大的距离。

杨献珍提出的"合二而一"，是如何更全面地认识和表述辩证法的对立统一学说的问题，是应当通过学术讨论和研究来解决的问题。康生之流挟嫌报复，把它弄成政治问题，对杨献珍等人妄加种种罪名，造成一大冤案，株连了许多无辜者。阴谋家的利用、欺骗是一回事，我们许多人自上而下地受到利用和欺骗，也应当从中总结经验、教训。

2. 政治家与学者

政治与学术的关系，必然涉及政治家与学者的关系。马克思主义的创始者同时是无产阶级的革命领袖。马克思、恩格斯既是革命家、政治家又是理论家、思想家。但这是由时代、历史的条件决定的，是在无产阶级革命取得胜利和掌握政权之前的历史条件形成的。在革命取得胜利和掌握政权之后，政治家与思想家，领导者与学者，是有区别、有分工的。政治家不能包办代替思想家的活动。领导者不能在学术研究方面凌驾于学者之上。不能认为，马克思主义理论只有领袖个人或者少数政治家才能发展、创新，才能提出什么理论，而思想家、学者便只能作宣传、注解。这样，一旦有思想家、学者提出某些不同的观点和见解，就会被视为"异类"、"异端"。再"以阶级斗争为纲"，就会被视为"资产阶级观点"、"修正主义思想"，而坚持独立见解的人，就会被看作"阶级异己分子"、"修正主义者"，甚至"阶级敌人"。其实执政的政治家们除集体制定路线、方针、政策外，主要应当在建设民主、独立、富强的国家方面出成绩，为人民大众办好事、办实事，并且在学术文化领域坚决贯彻兼容并包、思想自由的方针，支持广大学者和知识分子的独创性研究，推动学术、文化的繁荣和发展。如果政治家对许多学术、理论问题并无研究，就不必硬以思想家、理论家自居，对有分歧、待研究的问题妄下判断和结论，而应虚心倾听各种不同的声音，开拓自由思维的空间，尽力营造独立研究、形成学派、自由争辩的氛围，让学者、思想家贡献智慧，创造成果，出思想、出理论。这才是学术繁荣、民族兴旺的康庄大道。但是，我国解放以后，在意识形态领域"以阶级斗争为纲，用大批判开路"，学术、文化问题便失去了自由探讨和自由争辩的环境。在各类"大批判"中使用"舆论一律"的原则，压制了相反和不同的意见，剥夺了被批判者申诉或反驳的权利。在 1957 年 3 月举行的中国共产党全国宣传工作会议上，毛泽东的讲话就对"百家争鸣"作了特殊的解释："我们提倡百家争鸣，在各个学术部门可以有许多派、许多家，可是就世界观来说，在现代基本上只有两家，就是无产阶级一家，资产阶级一家，或者是无产阶级的世界观，或者是资产阶级的世界观。"于是世界观的问题，就成了"一个立场问题或者态度问题"①。这样说来，所谓"百家争鸣"中的"百家"，就变成了"两家"。执政者、政治家首领的思想、观点，当然是无产阶级这一家，凡反对或异议者的思想、观点，就成了资产阶级那一家。只有批判与被批判两家，只有一家独唱，哪有什么"百家"和"争鸣"呢？所以，在新中国成立后头 30 年里，所谓"双百"方针，是个形同虚设的东西。杨献珍只是在大力宣传、解说"一分为二"之余，补充了一下"合二而一"的表述，就被看作唱反调，搞阶级调和论。加上康生之流的利用，就更认为杨献珍等人大逆不道，要实行政治讨伐和围剿了。

然而，马克思对待精神领域的问题，他的态度却是截然不同的。在早年批判普鲁士政府的书报检查制度时，他曾尖锐地指出："你们赞美大自然令人赏心悦目的千姿百态和无穷无尽的丰富宝藏，你们并不要求玫瑰花散发出和紫罗兰一样的芳香，但你们为什么却要求世界上最丰富的东西——精神只能有一种存在方式呢？""精神的最主要形式是欢乐、光明，但你们却要使阴暗成为精神的唯一合法的表现；精神只准穿着黑色的衣服，可是花丛中却没有一枝黑色的花朵。"② 我们当今的政治家们难道不

---

① 《建国以来毛泽东文稿》第 6 册，中央文献出版社 1992 年版，第 384 页。
② 《马克思恩格斯全集》第 1 卷，人民出版社 1995 年版，第 111 页。

应当认真地读一读《马恩全集》第 1 卷的这篇文章么？

　　3. 警惕阴谋家与小人的手段

　　杨献珍在发掘中国古代哲学资源，阐述"合二而一"的观点时，决没有忽视或否认"一分为二"。可是，康生之流坚持批倒杨献珍时，却是只许人们讲"分"、讲"斗"，不许人们讲"合"、讲"和"。其实这正是他们违反辩证法的片面性。他们手中的武器或理论根据是所谓"斗争哲学"。的确，毛泽东在 1959 年的庐山会议上，曾借用国民党将领邓宝珊的话，肯定了"斗争哲学"的说法；1964 年在北戴河的一次座谈会上又提到这种说法。应当看到，毛泽东在承认"斗争哲学"时，都是与他强调阶级斗争相联系的。列宁在《哲学笔记》中所说"对立面的统一（一致、同一、均势）是有条件的、暂时的、易逝的、相对的。相互排斥的对立面的斗争是绝对的……"① 也成了批判者们的重要根据。但他们略去了列宁紧接着所说的话："在（客观）辩证法中，相对和绝对的差别也是相对的，对于客观辩证法说来，相对中有绝对。"② 他们似乎并不了解，列宁曾经明确地否认"斗争哲学"。列宁在批判波格丹诺夫等人于 1909 年提出的"斗争哲学"时指出："你们在任何地方都找不到'无产阶级斗争的哲学'。有马克思和恩格斯的哲学唯物主义，但是在任何地方都没有'无产阶级斗争的哲学'。"③ 而且我们看到，批判杨献珍的人，对于马克思主义经典作家不利于他们的言论，不是没有读到，就是充耳不闻。恩格斯曾经阐述自然领域生物界的矛盾发展呈现多种形式，既有通过生存斗争、弱肉强食而使一方战胜另一方的形式，也有通过遗传与适应对立而不断进化，更有各种差异经过中间阶段而融合、各种对立经过中间环节而互相过渡的情形。于是他指出："自然界中死的物体的相互作用包含着和谐和冲突；活的物体的相互作用既包含有意识的和无意识的合作，也包含有意识的和无意识的斗争。因此，在自然界中决不允许单标榜片面的斗争。"④ 特别应当提醒的是，列宁不但批评过"斗争哲学"，而且通过十月革命后 3 年多的生动实践，他于 1920 年底谈到经济政策上的平均制与重点制的问题时，强调要把二者结合起来，他指出："我们多少学过一些马克思主

---

　　① 《列宁全集》第 55 卷，人民出版社 1990 年版，第 306 页。

　　② 同上书，第 306—307 页。

　　③ 同上书，第 257 页。

　　④ 《马克思恩格斯全集》第 20 卷，人民出版社 1971 年版，第 652 页。

义，懂得在什么时候用什么方法可以（而且应当）把对立面统一起来，而更重要的是，3 年半来，我们在我们的革命实践中，已经不止一次地把对立面统一了起来。"① 这里，列宁要求自觉地"把对立面统一（结合）起来"，看作政策实践中的一种工作艺术，凝练着辩证思维的成果。"合二而一"论的批判者们，在经典作家的这些论述面前，难道能够站住脚么？

批判者们的一个通常的诡辩手法，便是断章取义，片面引申，无限上纲。比如，他们抓住杨献珍等人讲到"对立的两个方面是不可分割地联系在一起的"，就在这里大做文章、大肆攻击。1964 年第 16 期《红旗》报道员的文章就说什么"事物的内部矛盾不见了，事物内部对立面的斗争不见了。……这样就从根本上否定了马克思列宁主义的唯物辩证法"。随后便有成百篇的批判文章，按照这个基调挥舞棍棒，大张挞伐。说"不可分离的联系"，就是否认"分离"，否认"斗争"，否认"转化"。其实，杨献珍等人的讲课或文章是讲事物发展的最根本规律，讲"联系""统一"，也是以"对立"、"斗争"为前提的。实际上在对立统一学说中，"一"和"二"，"合"与"分"，"联系"与"斗争"，都是互为前提的。就一对矛盾来说，对立双方的联系本来就不可分离。分离了，又怎能斗争，怎能转化呢？所以，我们既要在统一中把握对立，又要在对立中把握统一。又比如，在"文化大革命"期间，康生授意"中央党校革命大批判写作组"，发表《哲学斗争与阶级斗争》一文，硬说提出"合二而一"是要把"帝国主义与殖民主义合在一块"、"无产阶级与资产阶级合在一块"、"革命与反革命合在一块"，由此给杨献珍等人加上"反对无产阶级专政下继续革命，妄图复辟资本主义"的罪名。用中国的古语"合二而一"来表达对立面的统一，无非是更生动、更通俗地说明客观事物矛盾双方的联系。一下就被上纲到反动的政治调和论。这里没有任何理论的色彩，没有丝毫学术讨论的成分。哲学沦为政治的仆役，它的生机与光彩就丧失殆尽。

在这场批判"合二而一"、阴谋迫害杨献珍的事件中，总结经验，我们也可增强一些识别力。有的人为了篡夺权力，总要施展阴谋，打击别人。他们在政治生活中往往以"左"的面貌出现，"左"得出奇，利用权

---

① 《列宁全集》第 40 卷，人民出版社 1986 年版，第 207 页。

力，滥施淫威，陷害忠良，蓄意迫害那些正直的、敢讲真话的人。几十年来，这样的事件和人物，我们见得不少，康生之流是上层阴谋家的典型。在"左"风极盛的气候条件下，也逐渐形成了一批政治上的投机者，他们并不做学问，却惯于探听风声，见风转舵，钻营投机。他们特意表现得很"左"，惯于给别人扣帽子、打棍子、抓辫子，以便邀功请赏，踩着别人肩膀往上爬。应当看到，学术领域、理论队伍中的这些蛀虫，人数不多，却兴风作浪，危害不浅。当然，他们也是一些变色龙，在不同的形势、气候下，他们会变换色彩和手法。总之，对于这种心术不正的小人，善良的人们需要保持警惕呵！

六　对异化与人道主义批判的回顾与反思

1984 年，国内大陆学界出现一场关于异化和人道主义的"大批判"，发生在中共十一届三中全会拨乱反正之后，本已有所恢复、初显振兴的学术、文化事业，再次陷入沉寂。

（一）讨论发生的由来和背景

人性问题，自古有之，源远流长，并聚讼纷纭。我国古代性善、性恶之争，学界皆知。人、人性、人情，是文学艺术的天然主题，是文艺经典流传千古、销魂动魄之魅力所在。至于人道主义，原是西方资产阶级反封建、反神学统治的一面旗帜，是对人的地位、价值的尊重与维护，是人类历史进步的一份天经地义的精神遗产。

可是，在新中国成立后的头 30 年里，在我们这个人口最多的国家，人性和人道主义，却成了言谈的忌讳，被视为反马克思主义的"地主、资产阶级的意识形态"或"修正主义思潮"的表现，在新中国成立后头 30 年曾"以阶级斗争为纲"的年代里，人们经常绷紧阶级斗争的弦，人的性格、情感与心理逐渐受到异样的扭曲，人与人之间逐渐冷漠与疏离，人的积极性、主动性受到严重压抑。同时，在这种社会环境里，伸张人性、倡导人道主义的主张，总会有人提出。不过，这种主张一经提出，立即就会受到批判。强调阶级论，否定人性论，已成占统治地位的思维定势。在头 30 年，对人性论的比较集中的批判，就有过 3 次。第一次是1957 年。生产资料所有制的社会主义改造在 1956 年基本完成后，国内大规模的阶级斗争本已基本结束。党中央和毛泽东也曾提出学术、文化领域的"百花齐放、百家争鸣"的方针。1957 年春，巴人（王任叔，作家、文艺批评家）在天津《新港》杂志发表《论人情》；同年 5 月，钱谷融（教授，文艺评论家）在上海《文艺月报》发表《论"文学是人学"》。一南一北，就文学创作发出人的呼声，引起强烈反响。两篇文章都强调文学作品要着重刻画人，描写人的感情，切中时弊地批评了文艺理论中机械的阶级论、教条主义和某种庸俗社会学观点。钱谷融指出文艺作品的"人情味太少"，巴人更是激动地发出呼唤："魂兮归来，我们文艺作品中的人情呵！"① 文章的立论与分析，尽管都还不尽完善和深入，却是作家和读者迫切心情的反映。不论是支持或反驳的意见，都属正常现象。然而，随着 1957 年夏季的政治风云突变，以巴人为代表的人性论观点立即遭到了激烈的批判，自由讨论突然变成政治讨伐。由于集中进行反右派的政治斗争，当时还顾不上理论的批判。第二次是 1960 年。配合国际上反对"现代修正主义"，国内反对"右倾机会主义"斗争的需要，再次掀起全国范围批判人性论的高潮，巴人被升级为"反动的现代修正主义者"，说他用"人情文艺"对抗无产阶级文艺，宣扬"阶级斗争熄灭论"，谴责其矛头"指向无产阶级专政"。② 这场批判涉及人性论和人道主义，并且连带批判了"共鸣说"（不同阶级的文艺作品可以产生感情上的"共鸣"）、"共同美"（人的美感有普遍性的一面）、"第三种文艺"（介于革命文艺与反动文艺之间的文艺），等等。第三次是在 1964 年后，通过批判《早春二月》、《北国江南》等电影，再次掀起一场对人性论的批判。

当"文革"的动乱结束，春风送暖，冰雪融化，草木复生之际，人性也在逐渐觉醒。经过实践是检验真理标准的讨论，中共十一届三中全会的召开，否定了个人崇拜和迷信，通过了《建国以来若干历史问题的决议》，对以往过"左"的路线、政策，特别是 10 年"文革"中的严重错误，作了特定的总结与清理，但在许多方面，特别是理论思维的经验教训，并未来得及作深入分析和全面反思，深层次的关于人的思考与探讨，有待进行。《中国青年》杂志于 1980 年 5 月发表了署名潘晓的文章：《人生的路呵，怎么会越走越窄？》。由此在全国掀起了关于人生观，即人生

---

① 巴人：《论人情》，《新港》1957 年第 1 期。
② 周扬：《文艺战线上的一场大辩论》，《人民日报》1958 年 2 月 28 日。

意义和人生价值的讨论，并且启发和触动了关于人性论和人道主义的更为持久、深入的哲学大讨论。

（二）学术是非的分歧与讨论

自发的讨论从 20 世纪 70 年代末开始，与反思"文革"教训，冲破人性论的"禁区"密切相关。1978 年初，著名美学家朱光潜率先在《社会科学战线》上发表《文艺复兴至 19 世纪西方资产阶级文学家、文艺家有关人道主义、人性论的言论概述》，又在《文艺研究》1979 年第 3 期发表《关于人性、人道主义、人情味和共同美问题》。著名西方哲学学者汝信在《哲学研究》1978 年第 8 期发表《青年黑格尔关于劳动和异化的思想》。以上文章虽多涉西方思想史内容，作者也仍受某些既定观念的束缚，但对于长期禁锢的当时国内学界，确有重新启蒙的作用，颇能引发人们的兴趣。由于实行改革开放和号召解放思想，在反思以往"左"的教训的同时，国内学术界从 70 年代末开始，逐渐介绍和评论国外"西方马克思主义"和东欧"新马克思主义"思潮，逐渐出现有关"异化"问题的文章和学术报告。除汝信文章外，1980 年前尚有以下几篇：高尔太《异化辨义》（《国内哲学动态》1978 年第 8 期）、《异化现象近观》（《社会科学动态》[湖北]，1979 年）、《异化及其历史考察》（1979 年作，后收录《人是马克思主义的出发点——人性、人道主义问题论集》，人民出版社 1981 年版），墨哲兰《巴黎手稿中的异化范畴》（《国内哲学动态》1979 年第 8 期）。

全国范围直接的讨论大致始于 1980 年。年初便有两篇关于人道主义相互对立观点的文章，分别在上海和北京出现：黄万盛、尹继佐《试论革命人道主义在马克思主义中的地位》（《复旦学报》1980 年第 1 期）、邢贲思《怎样识别人道主义》（《百科知识》1980 年第 1 期）。黄、尹的文章认为，由于长期批判人性论、人道主义，便对革命人道主义也采取了简单化、片面化的做法。其实马克思主义与人道主义有着共同的出发点。"革命的人道主义是共产主义世界观的组成部分。"邢贲思则认为，人道主义概念的出现是在资本主义等价交换关系形成之后，"人道主义所说的人是抽象的人"，"它为资产阶级的利益披上一件全人类的外衣"。因此，"马克思主义和人道主义是两种根本不同的思想体系"。

随后便有两篇发生较大影响的文章：汝信的《人道主义就是修正主

义吗？——对人道主义的再认识》（1980 年 8 月 15 日《人民日报》）王若水的《谈谈异化问题》（《新闻战线》1980 年第 8 期）。汝信通过回顾"文革"期间用最革命的辞藻装饰起来的野蛮暴行，指出以往对人道主义的讨伐，"并没为马克思主义增添光辉，反而使它的真实精神遭到了歪曲，在实践上则导致了十分有害的恶果，竟然使违反基本人道准则的不法行为得以打着革命的旗号而通行无阻"。简单地说，人道主义"就是主张要把人当做人来看待，人本身就是人的最高目的，人的价值就在他的自身"。马克思主义虽然不能融化于人道主义，也不能归结为人道主义，但"马克思主义应该包含人道主义的原则于自身之中，如果缺少了这个内容，那么它就可能走向反面，变成目中无人的冷冰冰的僵死教条，甚至可能成为统治人的一种新的异化的形式"。王若水则着重结合社会主义实践，阐述异化理论的新的现实意义。社会主义社会有没有异化？他径直回答："我们应承认，实践证明还是有异化。思想、政治、经济上都存在异化。"比如，"个人迷信，现代迷信，是思想上的异化"；拥有特权，搞特殊化，社会公仆成了社会的主人等，是政治上的异化；经济上也可能出现异化，"当然这种异化同资本主义的异化是不同的，主要不是由剥削造成的，而是由于不认识客观经济规律造成的。此外还有官僚主义的问题，体制的问题"。至于异化的克服和防止，王若水又在 1980 年 9 月 25 日《文汇报》上发表《文艺与人的异化问题》，指出："提倡解放思想，实事求是，就可克服思想上的异化；发扬民主，健全法制，包括废除终身制这样一些措施，就是为了克服和防止政治上的异化；对经济进行调整和改革，也是为了克服经济上的异化。"

汝信和王若水的文章在学术界引起广泛而热烈的讨论。赞成者、反对者、持中者皆有。赞成者如张尚仁、张奎良、李鹏程、薛德震、丁学良、黄克剑、高尔太等人；反对者如周原冰、陆梅林、王复三等人；持中者如王锐生、祝大征等人。争论的主要问题是：人是不是马克思主义的出发点？马克思主义是不是包含人道主义？社会主义社会是不是存在异化？

王若水又于 1980 年 10 月的一次文艺理论讨论会上作了《关于人道主义》的发言，并发表《人是马克思主义的出发点》的文章。他指出，过去的哲学教材或读物，在谈到人时，往往只是强调人的主观能动作用，而很少接触到人的价值、人的异化和人的解放等问题。他从西方近代哲学的发展和马克思主义哲学的形成过程，说明人是马克思主义哲学的出发点，

"正是对现实的人及其生活条件的分析,马克思才形成自己的思想体系"①。

总的说来,从1979年到1983年之间,关于人道主义和异化问题的讨论在全国范围全面展开,遍及哲学、美学、文学、经济学等领域,有《人民日报》、《光明日报》、《文汇报》、《哲学研究》、《国内哲学动态》、《学术月刊》、《北京大学学报》等近200种报刊参与了这场讨论,发表文章400多篇,出版了20多种文集。最具影响的人民出版社便先后出版了《人是马克思主义的出发点》(1981年)、《关于人的学说的哲学探讨》(1982年)、《人性、人道主义问题讨论集》(1983年)等几本文集,就学术讨论来说,可谓盛况空前。这是基于对"左"的路线和"十年浩劫"的理论反思,代表了广大知识分子、干部和普通百姓尊重人的地位、价值的呼声,反映了一个人口最多的国家建设现代文明、进行现代化建设的迫切要求。

作家戴厚英在1980年创作了小说《人啊,人!》,她说:"我要在小说中宣扬的正是我以前所批判过的某些东西;我想在小说中倾吐的,正是我以前要努力克制和改造的'人情味'。"正如小说的封面语所说:"十年浩劫一场噩梦,精神畸变创伤难愈。挣脱桎梏走出误区,热情呼唤人道主义。"②

作为讨论一方、挑战传统观念的代表人物王若水,针对对方观点发表了《为人道主义辩护》一文(1983年1月17日《文汇报》),集中反映了他的有代表性的观点。文章开头是:"一个怪影在中国知识界徘徊——人道主义的怪影。"文章结尾说:"一个怪影在中国大地徘徊……'你是谁?''我是人。'"③

那么,这次讨论的显著特点是什么呢?

1. 以往的"讨论"和批判,多半是按自上而下有组织地部署而展开的,这次是自下由专业知识分子自发兴起,引起众多学者的积极参与,受到学界的广泛关注。

2. 以往的"讨论"或批判,往往把学术问题政治化,用政治压倒学

---

① 见《人是马克思主义的出发点——人性、人道主义问题论集》,人民出版社1981年版,第15页。

② 戴厚英:《人啊,人!》,太白文艺出版社1994年版。

③ 王若水:《为人道主义辩护》,《文汇报》1983年1月17日。

术，使学术成为政治的婢女，这次学术的氛围甚浓，基本的倾向是辨明是非，探究真理。

3. 以往的批判，多从政治上无限上纲，由一方完全压倒另一方，这次基本上是自由、平等和平心静气的学术讨论，基本上没有出现扣帽子、打棍子、抓辫子的现象。

4. 以往的"讨论"或批判，多半是就一本著作、一部电影、一个论题，或针对一个人物，进行批判，这次涉及的论域甚广，参与挑战传统观念的代表人物包含多种成分，既有老一辈学者，如朱光潜、钱谷融等，也有年轻后辈，如丁学良、李鹏程、戴厚英等；既有文化、科研部门的领导骨干，如王若水、张尚仁等，还有在政治上经受过重大磨难者，如高尔太等。这场讨论持续约 4 年时间，若深入开展下去，本来极其有利于总结理论思维的经验教训，进行深层次的拨乱反正；极其有利于优良学风建设，调动广大知识分子和人民群众的积极性，促进学术、文化的繁荣；也极其有利于推动现代文明和全面现代化的建设。有似春风吹拂大地，本来是一场有利于万木复苏、人性复兴的正常的学术争鸣。然而，令人遗憾，也令人难以预料的是，这场学术性的讨论又中途夭折了，按照某种惯性的倾向，又回到老路，转变为一场政治性的大批判。

（三）学术讨论向政治批判的转折

1. 转折发生的缘由

转折起始于 1983 年 3 月的一次报告会。

为纪念马克思逝世 100 周年，中共中央宣传部、中共中央党校、中国社会科学院和教育部，在中央党校礼堂联合召开了报告会。报告人是中宣部著名的前中宣部副部长，此时仍担任中宣部顾问的周扬。中央党校校长王震、中央书记处书记兼中宣部部长邓力群也出席了报告会。报告受到与会者的热烈欢迎，讲完时获得经久不息的掌声，王震和邓力群都来与周扬握手。王震对周扬说："讲得很好！"并好奇地问："我还有一个问题想向你请教，你说的'yihua'这两个字是怎么写的？"他指的是"异化"二字。

周扬报告的题目是："关于马克思主义几个问题的探讨"。报告的起草者是由周扬亲自物色的 3 人：王元化（文艺理论家，曾任上海市委宣传部部长）、王若水（哲学家，时任《人民日报》副总编辑）、顾骧（中宣部文艺局干部）。报告共分 4 部分：①马克思主义是发展的学说；②要重视认识论问题；③马克思主义与文化批判；④马克思主义与人道主义的关系。在第三部分，他试图为文化领域的"批判"正名。他认为学术、文化的发展，本是包含"扬弃"在内的否定之否定的过程。马克思主义的批判，是以实事求是的科学精神，"不接受未经考察过的前提"，"把一切放在实践的法庭上去衡量、去再估价。"但是，过去把批判的名声搞坏了。特别是在 10 年"文革"中，所谓"大批判"已经变质为恫吓诬陷的手段，"是开国后历次思想批判运动的消极因素的发展和恶性膨胀"。学术、文化领域的思想认识问题，不能用行政命令去解决，只有"通过摆事实、讲道理，用颠扑不破的真理和强大的说服力"去解决。在第四部分，他显然有分析地吸取了几年来国内学术界的研讨成果，表明了自己在人道主义和异化问题上的观点。尤为难能可贵的是，作为以往文化工作的领导者之一，他就新中国成立后至"文革"前的"17 年"，对人性、人道主义的态度，作了诚恳的自我反省和自我批评："在一个很长的时间内，我们一直把人道主义一概当作修正主义批判，认为人道主义与马克思主义绝对不相容。这种批判有很大片面性，有些甚至是错误的。我过去发表的有关这方面的文章和讲话，有些观点是不正确或者不完全正确的。……过去对人性论、人道主义的错误批判，在理论上和实践上，都带来了严重后果。这个教训必须记取。"①

周扬的报告表现了一种马克思主义的自我审视、自我批评的态度，一种虚心体察、深入探究的精神。这对于过去长期被教条主义、个人迷信所笼罩的文化、学术界来说，像是吹来一阵和畅的春风。因此，报告受到热烈欢迎不是偶然的。可是，正当报告人和绝大多数与会者感受到探究和坦诚的喜悦时，已经潜伏着强大的异议，长期占统治地位的意识形态又把讨论引回原来的轨道，学术的争鸣再一次转变为政治的批判。春风未及吹遍大地，"一场始料不及的新的寒流就在近处不远"②。

对周扬的报告，有人持异议，本是正常的事。时为中共中央政治局委员的胡乔木，本来没有参加报告会，但很快阅读了这份报告。原定 3 月 7

---

① 周扬：《关于马克思主义的几个理论问题的探讨》，人民出版社 1988 年版，第 17 页。

② 崔卫平：《为什么没有春风吹拂大地——80 年代关于人道主义与异化问题的论战》，《炎黄春秋》2008 年第 2 期。

日至 9 日的会议，便宣布延期。10 日和 11 日实际停会两天，为的是酝酿和准备针对周扬观点的发言。12 日继续开会，组织了 4 个人发言。他们是：黄楠森（北京大学哲学系教授）、王锐生（中国社会科学院哲学研究所研究员）、靳辉明（中国人民大学教授）、唐达成（《文艺报》编辑）。会上没有点周扬的名，也没有直接批判周扬的报告，但发言内容是有意反驳周扬观点的。《人民日报》于 4 月 6 日和 29 日，分别发表了黄楠森的《关于人的理论的若干问题》、王锐生的《唯物史观的基本原理是万古长青的》。

　　报告会上突然展露的分歧，虽然基本上还是学术、理论性质的分歧，但已经酝酿和准备着问题性质的转变。

　　2. 报告会上的分歧

　　周扬报告的主要观点：

　　（1）关于人。他说："人是我们建设社会主义物质文明和精神文明的目的，也是我们一切工作的目的，阶级斗争、人民民主专政本身也不是目的，过去许多同志把这一点忘了。马克思从他成为共产主义者的第一天起，就是以全人类的解放为己任的。"

　　（2）关于马克思主义与人道主义的关系。他说："我不赞成把马克思主义纳入人道主义的体系之中，不赞成把马克思主义全部归结为人道主义；但是，我们应该承认，马克思主义是包含着人道主义的。当然，这是马克思主义的人道主义。""在马克思主义中，人占有重要地位。马克思主义是关心人、重视人的……""几个世纪以来，先进的人们崇尚的人的全面发展的理想，只有到了马克思主义这里，才有实现的可能。"因为"马克思主义找到了实现人的全面发展理想的现实依据和方法，即改变旧的社会关系，取消私有制，建立社会主义、共产主义。而以往人道主义幻想在人奴役人的社会里，靠'理性力量'、'泛爱'、'美育'等唯心主义说教，实现人的全面发展，那只能是一句空话。在这个意义上，不妨说，马克思主义确实是现实的人道主义"。

　　（3）关于"异化"。周扬认为，马克思关于人的全面发展的理想，实际上就是异化的彻底消除的理想。他说："'异化'，是一个辩证的概念，不是唯心的概念，唯心主义者可以用它，唯物主义者也可以用它。"异化现象不仅存在于资本主义社会，也会存在于社会主义社会。"承认社会主义的人道主义和反对异化，是一件事情的两个方面。"关于社会主义社会存在经济、政治、思想等领域的异化现象，他基本上同意并采纳了王若水的观点。就是说，承认异化，不致影响人们对社会主义的正确认识，因而不会对社会主义失去信心。他说："社会主义的异化，同资本主义的异化是根本不同的。""我们也是完全能够经过社会主义制度本身来克服异化的。"他认为，通过解放思想和进行经济、政治体制的改革，就是为了克服经济上和政治上的异化，这里显示体制改革的深远意义。

黄楠森的主要观点：

（1）关于人。他认为"人"是一个实物名词，可以指个人，也可以指人群或人类。现在讨论中的"人"，主要指个人。资产阶级人道主义的立脚点都在个人。马克思主义的立脚点则是集体、群众，马克思主义不是不讲人，而是"很少脱离集体和群众单独讲个人问题"。

（2）关于人道主义。他说："人道主义是资产阶级意识形态，尽管它在反对封建主义的斗争中起过积极的进步的作用，但作为一种历史观，它是唯心主义的，随着历史的发展，人道主义日益暴露出它的局限性和虚伪性。"因此，决不能把共产主义与人道主义"笼统地混为一谈"。他指出马克思主义与人道主义的4点区别：①人道主义眼中的人是孤立的抽象的个人，而马克思主义眼中的人则是处于一定社会关系总和中的个人。②人道主义把历史发展看成个人的发展过程。历史是个人的历史。马克思主义当然不否认历史是个人的历史，但是首先不是个人，而是由各个在一定关系内的个人组成的集体、阶级、人群的历史，是生产发展的历史，经济发展的历史，政治活动的历史，阶级斗争的历史，总之，人类社会的历史。③人道主义的历史观，把人的异化扩展为一种历史观，是违反历史事实的。④用人道主义来解释现今的社会现象和指导我们的实际活动，也是软弱无力的。人道主义不能代替马克思主义，成为我们的主要思想教育内容。

（3）关于"异化"。他说："从广义说，异化有疏远化、外化、分化、对象化、客观化等意思，实即一分为二。""但从狭义说，异化不仅指分化，而是分化出一个异己的力量，与自己对抗的力量。"至于社会主义社会中的异化现象，他认为有三个层次："第一，它就是矛盾，作为矛盾的同义语的异化当然无处不在、无时不在的"；"第二，它就是对抗性的矛盾，由于认识上和实践上的错误。本来不一定对抗性的东西，出现对抗性的异化"；"第三，它就是阶级矛盾，在社会主义社会中，是旧制度的残余，在一定条件下可能扩大和激化，但从总的趋势来讲，将日趋缓和以至消灭"。所以，他说："我不反对用异化概念来表现社会主义社会中的某些现象，但不应滥用，尤其不应不管具体含义随意使用，这只能引起思想混乱。"①

王锐生的发言和文章，则是从提问的角度表明对周扬观点的异议：（1）"解决我们面前的种种困难和问题，应当以什么作为指导思想？靠异化、人道主义的理论，还是靠马克思主义的科学理论作指导？"（2）"我们从批判林彪、江青反革命集团中总结出的最主要的经验教训是不是人道主义？"（3）"怎样才能帮助群众在应用人道、人的价值等概念时，作具体的历史的理解，防止把它们抽象化？"（4）"可否从哲学上把我们在经济建设中因缺乏经验，没有认识社会主义建设的规律而干了'蠢事'的现象，统统概括为'经济领域的异化'？"

报告会是以有组织而未点名的批判结束的。会议的气氛前后发生异样的变化。参加和关注会议的人都明白，领导上层出现了原则分歧，周扬的报告出了问题。事件的迹象预示着即将近来一场风暴。

3. 政治批判的发动

1983 年 10 月，中共十二届二中全会召开，原定的议题是整党，现在出现另一议题："思想战线不能搞精神污染"。中央领导人在会议上的讲话稿是由胡乔木主持起草的。② 由 "不能搞精神污染" 很快就演变为 "清除精神污染"；由号召落实为行动，10 月下旬，全国一下子就普遍铺开。各种新闻媒体、出版部门，对文章、图书、言论、节目纷纷进行检查、清理，大学文科教材、学术成品也不例外。《人民日报》以头版头条的篇幅报道和号召 "清除精神污染"。那时 "精神污染" 一词的使用频率极高，有的报社排字房里这 4 个字的铅字都不够用了。然而，究竟什么是 "精神污染"，实际清除了什么，却不甚明了，甚至是非混淆，本末倒置。比如，把勤劳致富当做 "道路问题" 批判；把服装的款式新颖当做不正当的 "奇装异服" 批判；把跳迪斯科舞当做 "资产阶级生活方式" 批判。理论界关于人道主义、异化问题的不同观点，更是首当其冲，被当做意识形态领域的头号批判对象。不过，这些一面倒的批判文章，普遍缺乏学术

① 黄楠森：《关于人的理论的若干部题》，《人民日报》1983 年 4 月 6 日。

② 见顾骧《晚年周扬》，文汇出版社 2003 年版，第 97 页。

性，说理的成分很少。奇怪的是，官场上的贪污腐败、权钱交易，社会上藏污纳垢的丑恶现象，以及理论界的僵化、停滞和弄虚作假的种种劣迹，却提不上议事日程或无人清理。

毕竟时代和社会历史条件不同了。这种"清除精神污染"的倾向和做法，在广大知识分子和干部、群众中引起了不满，受到抵制，许多部门和单位宣布"不搞清污"。12 月 14 日，胡耀邦同志召集人民日报社、新华社、广播电视部领导人谈话，提出可能存在"清除精神污染扩大化"的问题，并且直接讲了 8 条，澄清是非。其中第 8 条是："主要努力方向是从正面提出加强两个文明建设。加强社会主义精神文明建设，这方面的工作是大量的，非常广泛的。"

这样，一场相当规模的"不叫运动的运动"，实际只推行了 28 天，就较快地被制止了。

但是，这场运动带来的思想控制和组织处理的后果，仍然十分严峻。10 月 28 日，中央有关部门在人民日报社的领导人员中宣布"同意胡绩伟（社长）的辞职要求，免去王若水的副总编辑职务"。全国各地各部门因主张、支持甚至只是同情人道主义和异化论者，受到类似处理或批判者甚多，大学教师则直接影响到职称评定，甚至在政治上受到歧视。1983 年，高尔太的《论美》一书被禁止重印，他因讲了人道主义而被停止讲课，停止指导研究生，处境又一次陷入困难。

1983 年 11 月 6 日，北京各报纸发表了周扬 5 日对新华社记者的谈话。周扬表示拥护中共十一届二中全会的精神，检讨了自己在纪念马克思逝世 100 周年研讨会上所作的报告，是"轻率地、不慎重地发表了那样一篇有缺点、错误的文章。这是一个深刻的教训"①。这种检讨看来带有很多违心的成分。这显然是在强大的压力下作出的，在其他适宜说话的场合，他从未对自己有关人道主义和异化的观点认过错。当然，对于他的这次公开检讨，有各种不同的反映，就文化界来说，较多的是表示"遗憾"和"失望"。但事实上，周扬并没有在理论思想上向上层权力屈服。

4. 胡乔木的讲话和学术讨论的中止

1984 年 1 月 3 日，胡乔木在中共中央党校礼堂，即周扬作报告的同

---

① 参见顾骧《晚年周扬》，文汇出版社 2003 年版，第 102 页。

一个地点，作了长篇讲话：《关于人道主义和异化问题》。这篇讲话经过充分准备，动用了多所大学、科研机构和宣传部门的人力，集中了一批哲学和理论方面的"秀才"，为讲话起草。据说"历时三月，四易其稿"。先是在中央党校的《理论月刊》1984年第2期上发表，《人民日报》及全国各大报刊转载。人民出版社又出单行本，并有多种文字的版本，印数多达两千万册。这份"不是文件的文件"，充分利用舆论工具，大造宣传声势，据以开展批判，可谓显赫一时。

讲话仍以阶级斗争的观点和居高临下的态势，来看待这场讨论："宣传人道主义世界观、历史观和社会主义异化论的思潮，不是一般的学术理论问题，而是关系到是否坚持马克思主义的基本原理和能否正确认识社会主义实践的有重大现实政治意义的学术理论问题"，并且他习惯于从政治方面上纲："在这个问题上的带有根本性质的错误观点，不仅会引起思想理论的混乱，而且会产生消极的政治后果"[①]，"牵涉到离开马克思主义的方向，诱发对于社会主义的不信任情绪"[②]。

鉴于人与人道主义在国内外的强大呼声，讲话不便于像过去那样简单、直接地否定人性论和人道主义，而是在概念、术语的含义上做文章，采取了一点迂回战术。

讲话的基本观点大致是：

首先，把人道主义区分为两方面的含义："一个是作为世界观和历史观；一个是作为伦理原则和道德规范。这两方面有联系，又有区别"[③]。讲话认为，作为世界观和历史观的人道主义，同马克思主义的历史唯物主义是根本对立的；作为伦理原则和道德规范的人道主义，则可予以容忍。而当下的讨论，大都没有注意二者的区别，并且出现一种思潮，要用作为世界观和历史观的人道主义来"补充"马克思主义，甚至要把马克思主义归结为或部分归结为人道主义。因此，讲话从理论上得出结论：作为观察问题和指导行动的思想武器，是马克思主义的历史唯物主义还是人道主义的历史唯心主义？这是争论的核心与实质。凡是宣传人道主义的主张，"是要使我们的历史观从唯物主义倒回到唯心主义，从而使我们的社会主

---

① 胡乔木：《关于人道主义和异化问题》，见《关于人道主义和异化问题论文集》，人民出版社1984年版，第57、59页。

② 同上。

③ 同上。

义学说从科学倒回到空想"①。可以宣传和实行的"社会主义的人道主义",是"立足在社会主义的经济基础之上,同社会主义的政治制度相适应,属于社会主义的伦理道德这种意识形态;作为一项伦理原则,它是以马克思主义世界观和历史观为基础的"②。

其次,关于异化概念,讲话区别两种情况:"一种是把异化作为基本范畴和基本规律,作为理论和方法,一种是把异化作为表述特定的历史时期中某些特定现象(包括某些规律性现象)的概念。马克思主义拒绝前一种异化概念,而只在后一种意义上使用过这一概念,并且把它严格限制在阶级对抗的社会,特别是资本主义社会。"③

第三,讲话否认社会主义社会在思想、政治、经济等领域存在异化问题。"从异化的抽象公式出发,把社会主义社会中的种种消极现象统统纳入异化公式之中,势必把这些都看成是规律性的和对抗性的,是由社会主义社会中主体自己的主动造成的。这绝不可能帮助我们解释和克服社会主义社会中存在的任何消极现象。只能对这些问题的解决以至对社会主义制度本身带来破坏性的影响。"

胡乔木讲话发表后,国内学术界便不再出现这方面的争议。讲话并且成为"大批判"的思想武器,以此讲话内容为准则,对人道主义和异化论者进行"一边倒"的强力批判。但是,通篇讲话中令人疑惑的地方甚多,鉴于其最高权威性,无法进行反驳与质疑。只有零星文章提出异议,通过艰难曲折的途径,才得以发表。如王若水的《我对人道主义的看法》,未能在国内发表,却流传到当时的香港某杂志,后收录他在 1986 年出版的《为人道主义辩护》一书,高尔太的《人道主义争论备忘录》,几经辗转,才发表于《四川师范大学学报》1986 年第 4 期。

在关于人道主义和异化的讨论和批判中,北京大学哲学系部分教师筹划、汇集了 20 余篇文章,出版了《马克思主义与人》文集。及时配合了关于人道主义和异化思潮的批判。1984 年 4 月,又专门召集了一次讨论会,到会者有校内外理论工作者约 100 人,1985 年编辑出版了《人道主义和异化问题研究》文集。其中主导文章支持胡乔木把人道主义区分为

---

① 胡乔木:《关于人道主义和异化问题》,见《关于人道主义和异化问题论文集》,人民出版社 1984 年版。

② 同上。

③ 同上。

世界观、历史观和道德、伦理原则两个方面，认为这是"对人道主义思想史的概括，是近几年来关于人道主义争论的一个总结"。并说胡乔木的这个论断"是有充分根据的"。因此，他们推崇为重要的"理论贡献"。他们认为人道主义的合理成分只能体现在伦理原则上，而不能体现在历史观上。他们试图划清马克思主义与人道主义的界限，把国际国内的人道主义思潮一概当做唯心史观来批判，并认为讲人道主义就是以人的立场来掩盖资产阶级立场。

这次对人道主义和异化论的大批判，使学术文化领域再次出现沉闷的局面。在随后的几年里，虽然有过指导思想的反复和转机，比如1984年，胡耀邦在一些会议上指出："'以阶级斗争为纲'、以'大批判开路'的教训，一定要吸取。""只要不违反法律，我们就不采用大批判的办法，大批判的办法历来不成功。"① 令人遗憾的是，这种声音未能占据主导地位。1987年1月胡耀邦下台，随后便有方励之、刘宾雁、王若望等人被开除出党。1987年8月，王若水被劝告退党，并最终在党内除名。周扬被迫作"检查"之后不久，便因病住院，1989年去世。

（四）留下的问题和教训

一场全国范围的理论争议，虽然用批判的方式平息下去了。但理论争议的重大分歧依然存在，依然留在人们的心里。从总体上看，理论的基本分歧是：

1. 究竟什么是马克思主义的出发点？

王若水有一篇文章：《人是马克思主义的出发点》，认为马克思正是从现实的、社会的、实践的人出发，才能创立唯物史观。透过马克思思想的形成过程，他揭示了从事实际活动的人才是马克思主义哲学的出发点。许多学者从人的价值、人的解放，以及人在唯物史观中的地位等视角支持了王若水的观点。

胡乔木针对王若水的提法尖锐地指出："这是一个典型的混淆马克思主义同资产阶级人道主义、历史唯物主义同历史唯心主义界限的命题。"② 他主要依据马克思在《关于费尔巴哈的提纲》中的论点："人的本质并不

① 见顾骧《晚年周扬》，文汇出版社2003年版，第116、119页。
② 见《关于人道主义和异化问题论文集》，人民出版社1984年版，第9页。

是单个人所固有的抽象物。在其现实性上，它是一切社会关系的总和。"认为人类社会，人们的社会关系（首先是生产关系），是马克思主义的"新出发点"。这就是说，在 1845 年以前，马克思曾经以人为出发点，而从 1845 年起，马克思有了新的出发点，才形成了科学的、成熟的马克思主义。这实际是依照或参考了法国结构主义的马克思主义者阿尔都塞的说法。阿尔都塞在 20 世纪 60 年代出版《保卫马克思》一书，书中以 1845 年为界，认为马克思思想发生"认识论上的断裂"，此前属"意识形态"阶段，此后方成"科学"形态。

　　争议双方都各自引证马克思的话，来维护自己的观点，似乎都能自圆其说。在争议中，王若水的论证略有变动。先是认为"不能把从现实的人出发同从社会关系出发对立起来"。马克思就曾说过："应当避免重新把'社会'当作抽象的东西同个人对立起来。个人是社会的存在物。"不过，这话仍然出自马克思的早期著作《1844 年经济学哲学手稿》。后来，王若水在 1988 年所写《论人的本质和社会关系》一文中，又提出他的新发现：以往人们常说"人的本质是社会关系的总和"。这种理解有问题。人固然处于一定的社会关系之中，但社会关系与人或人的本质并不能画等号。他以易卜生的《玩偶之家》中的娜拉为例，"对娜拉来说，家庭关系恰恰否定了她的人的本质，使她觉得自己不是真正的人"。[①] 可见，并不是任何社会关系都是人的本质的实现。而且，正相反，"异化了的社会关系不但不是人的本质的实现，反而使人的本质失去现实性，使人不成其为人"[②]。马克思批判资本主义，正是要求改变、推翻使人的本质发生异化的资本主义的现存"社会关系"。在王若水看来，按照马克思的思路，人的自由解放不能局限在主体本身，而必须在改变社会关系中实现。

　　两个不同的出发点：一个是从现实的人出发，要求维护人的权利和利益，实现人的发展和解放，就必须要求改变现存的某些社会关系，实行各项体制的改革；一个是从现有社会关系出发，要求维护各种既定的社会关系和体制，而忽视人的权力和人的解放。这场争论的背后，实际上是不是隐含着改革与保守两种势力的较量，或者民主与专制两条思路的对立呢？

　　起点与终点、出发点与归宿点往往是一致的。主张马克思主义的出发

---

① 王若水：《论人的本质和社会关系》，《新启蒙》第 2 辑，湖南教育出版社 1988 年版。

② 同上。

点是现实的人，马克思主义的归宿和目标就必然是人的自由发展和彻底解放。主张出发点是现存的社会关系，就可能忽视人的动力和目标，而往往把由社会关系决定的阶级斗争和阶级专政当作目标，把人的自由和解放推向无法达到的"彼岸"。人是目的还是手段？争议双方似乎都承认人是目的，但看来只有从人出发，才能真正尊重人的权利、人的价值，从而把人看作目的。如果不从人出发，而把阶级斗争和阶级专政看作始终存在的最高利益和目的，就势必把人看作应当付出代价和牺牲的手段。新中国成立后"以阶级斗争为纲"，"用大批判开路"，直到"十年浩劫"发生的种种历史事实，还不能说明问题么？

2. 马克思主义究竟能否包含人道主义？

马克思主义与人道主义的关系问题，是这场争议的中心。周扬的报告专有一部分涉及这个方面。他认为马克思主义是包含人道主义的，并且认为，"只有用马克思主义的人道主义，才能真正克服资产阶级人道主义"①。胡乔木则根本否定这种观点。他所使用的武器，便是将人道主义划分为两个方面：一是作为"世界观和历史观的人道主义"，"是唯心主义的"，"不能对人类社会作出科学的解释"，因而"马克思主义和人道主义，历史唯物主义和历史唯心主义，根本不能互相混合、互相纳入、互相包括或互相归结。完全归结不能，部分归结也不能。"② 二是"作为伦理原则和道德规范的人道主义"，虽有合理因素可以继承，可以改造为"社会主义的人道主义"，也"立足在社会主义经济基础之上，同社会主义的政治制度相适应"③。推崇胡乔木这种划分的人，将它奉为理论上的"重大突破"、"重要贡献"。但这种划分也令人疑惑，持异议者甚多，大致有三种看法：

（1）人类社会历史的动力究竟是什么？应当是人还是物？胡乔木一派认为生产力的发展，生产力与生产关系的矛盾，或阶级社会中的阶级斗争，是历史发展的动力。与之相对立的观点，则认为人类社会进步的动力，是人的实践。马克思说："哲学家们只是用不同的方式解释世界，而问题在于改变世界。"人正是在不断改变世界的同时也不断改变自己，创

---

① 周扬：《关于马克思主义的几个理论问题的探讨》，《人民日报》1983年3月16日。
② 见《关于人道主义和异化问题论文集》，人民出版社1984年版，第30、32页。
③ 同上。

造历史。人固然要历史地受到社会关系的制约，但又在实践中改造着制约自己的社会关系。人类就是在这种改变社会关系、解放自身的自由自觉的活动中创造历史，推动社会向前发展的。马克思主义的哲学，是唯物论与实践观的统一。这种唯物论是尊重人，把人置于优先地位的能动的唯物论。那种把生产力推崇到历史主体地位的观点，则使历史成了"不以人的意志力转移的客观规律"，成了无主体的"历史必然性"，人只能乖乖地接受这种"必然性"的统治。这样的"历史唯物主义"岂不容易导向历史的宿命论么？

（2）人道主义的核心是什么？王若水提出："人道主义本质上是一种价值观念"，而"价值观是世界观的一个方面。"因为人"并不仅仅客观地解释世界本身是怎样的，他还要站在人的立场（包括阶级的立场）问这个世界好不好，对这个世界作出价值判断"。人要改变世界，就不能满足于对世界的"解释"，还要对世界作出"评价"，才会产生改变世界的愿望和行动。王若水认为，人道主义的任务不是对人类社会历史作出解释，而是作出评价。当胡乔木说人道主义的一个方面是世界观和历史观时，价值观念被排斥掉了；当他说人道主义的另一个方面是伦理道德时，价值观念又缩小了。由于作为人道主义核心的价值观落在胡乔木的视野之外，所以他认为历史上的人道主义没有多少可继承的东西，否认马克思主义能包含人道主义。然而，他一方面坚决否认马克思主义的人道主义，另一方面又不得不承认社会主义的人道主义，二者有什么本质区别呢？岂不自相矛盾么？

（3）人道主义本身是不是哲学本体论、历史观范畴？"人道主义"一词，主要有两种含义：人文主义的人道主义（Humanism）、博爱主义的人道主义（Human Tarinism）。虽然各有侧重，但基本内容是强调人的地位，重视人的价值，要求人与人之间互相尊重、互相爱护。因此，人道主义主要是一种价值观和伦理原则，它本身并不是一种世界观或历史观，因为它并不直接回答思维与存在的关系问题，并不直接涉及本体论、认识论和方法论问题，也不直接分析历史的动力和规律问题。此外，人道主义与人本主义、人性论是不同层次的范畴。人本主义属哲学本体论、历史观范畴；人性论也一般要回答人的本性及其历史作用问题，因而也涉及世界观和历史观。不同形态或不同历史时期的人道主义，可能以不同性质的人性论作为基础。所以，不应笼统地把人道主义划入唯心史观，从而把人道主义与马克思主义根本对立起来；更"没有必要先入为主地把人道主义划分为两个方面，而应当就其价值观和伦理原则本身进行具体分析和辩证的扬弃，否则就可能是从过去对人道主义的全盘否定走向基本否定，表面吸收，而社会主义的人道主义也就难以具有切实而丰富的内容"①。

3. 究竟怎样认识和对待异化的现实？

"异化"是这场讨论和批判中尤为敏感的概念和问题。最引人注目的两篇文章是：王若水的《谈谈异化问题》、高尔太的《异化现象近观》。这是他们阅读马克思的《1844年经济学哲学手稿》，长期思索理论与现实问题的成果。王若水以清晰的逻辑和语言表达了异化概念的含义，揭示了社会主义社会在思想、政治、经济等领域存在异化的现实。高尔太从更广更深的层面揭示和阐述了异化问题。最为敏感也最令人警觉的是他对政治领域"权力异化"的分析。他认为，当领导集团借"强化国家机器对人民进行压服时，权威就会丧失，权力也会发生异化"。"人民作为主人委托给自己的代表的权力，反过来却变成了压迫和奴役自己的异己的力量。'主人'变成了'公仆'，'公仆'变成了'主人'。消除异化的手段，变成了异化现象的直接原因。这种颠倒是权力异化的典型形态，是对于马克思主义和社会主义的明显的反动。"② 同时，运用马克思在《资本论》中关于"商品拜物教"的分析，他提出了"权力拜物教"或"政治拜物教"的问题："商品拜物教和货币拜物教在这里变成了权力拜物教。权力的世界越是增加价值，人的世界也就越是失掉价值。无数人死于非命，只当做'交学费'，就是这种情况的最一般的表现。"③ 由于权力的异化，人民的地位便急剧下降，不但不能"当家作主"，反而沦为被剥削和被操纵的工具。由此，高尔太还进一步阐述了民主的问题。发扬民主就是解放生产力，因为只有充分调动广大人民的主动性、创造性，才能推动生产迅速发展。他认为民主不只是手段，不仅仅是发展生产力的方法，而且是发展生产力的目标。这一点，对于社会主义社会，具有更加根本的意义。"因为社会主义事业本身就是无产阶级和全体劳动人民共同的事业，在其中人

---

① 张翼星：《关于人道主义研究和教育的几个问题——与黄楠森先生商榷》，《马克思主义与现实》1993年第3期。

② 高尔太：《异化现象近观》，见《人是马克思主义的出发点》，人民出版社1981年版，第80、88页。

③ 同上。

的个性发展表现为社会运动的基础和目的，在其中'每个人自由发展为一切人自由发展的条件。'"①

周扬的报告显然注意了学术界的研究成果，也肯定了社会主义社会异化现象的存在，并且立足于经济、政治体制的改革去克服异化。否认社会主义社会存在异化的文章，多半回避社会的现实状况，而只抽象地强调异化产生于私有制和资本主义制义，社会主义制度不可能产生异化。他们维护社会主义制度、维护执政者利益的心理是可以理解的。但是，从现实上说，当今的社会，还存在官僚集权制度和等级观念的严重影响，还存在着相当比重的私有制成分，还存在官僚体制的种种弊端，还存在形形色色、普遍蔓延的贪污腐败现象。这难道不是产生"异化"的肥沃土壤吗？从理论上说，作为否定或转化的特殊形式的"异化"，在这般条件下，难道可能避免么？

胡乔木的讲话反对用"异化"的概念来对待今天社会中的问题。他首先把各个领域的严重劣迹淡化为"消极现象"；认为产生这些"消极现象"，有复杂的多方面的原因，若"简单化为一个社会主义的异化，似乎有很深刻的内容，实际上思想极为贫乏"。更有甚者，"可以把社会上的一切消极现象都归罪于社会主义制度或者社会主义社会的领导力量，把反对的目标集中于党和政府的领导，因而不可避免地会在社会上散布对社会主义、共产主义和党的领导的不信任情绪和悲观心理"。看来，他思虑最多的，并不在于是否存在异化和异化的如何克服，而正在于"领导力量"的威望和维护。至于"政治异化"和"权力异化"，他并未从理论或现实的层面作出回应，却来与"文化大革命"的"理论根据"相比附："把社会的公仆变为社会的老爷说成是一种带规律性的现象，它不是同'无产阶级专政下的继续革命'、'党内走资本主义道路的当权派'、'资产阶级就在共产党内'一类的提法过于近似了吗？"② 殊不知这种极"左"路线和理论的鼓吹者康生和"四人帮"之流，只不过是要篡夺党和国家的领导权，使广大人民沦为专制统治下的顺民；而实事求是地分析当下社会的异化现象者，则是希望通过体制改革，使人民群众享受民主权利，真正当

---

① 高尔太：《异化现象近观》，见《人是马克思主义的出发点》，人民出版社1981年版，第96页。

② 《邓小平文选》第3卷，人民出版社1993年版，第237、228页。

家作主，实现人的价值。这里的理论是非问题，不是靠自以为真理在握的人，用强制性的大批判来解决的，而是靠平等的讨论和自由的争鸣，并让历史的发展来作公正的裁决。学术的讨论和争鸣，可以因意识形态主管者的权威性论断和强求一律而暂时中止，历史实践的公正裁决呢？会以领导者个人的意志为转移么？在裁决之前，人民大众遭受的苦难和付出的巨大代价，像新中国成立头 30 年的情形那样，应当由谁来承担呢？

　　长期以来，理论、学术问题的分歧和争议，往往要被政治化，要用意识形态领域的阶级斗争去统率，结果就成了一方压倒另一方的"大批判"。批判的一方总是以"无产阶级"、"马克思主义"、"真理"自居，在强力威势面前，使被批判者毫无反驳、申辩的余地。30 多年的意识形态领域的斗争，教训累累，损失深重，却从来不总结、不反省，有人试图总结了，却被压下去。大批判的错误，一次又一次地重演，而且愈陷愈深，愈演愈烈。经过实践是检验真理的唯一标准的讨论，又通过了《建国以来若干历史问题的决议》，人们以为学术文化领域会大为宽松了，可以"百花齐放"和"百家争鸣"了。谁知"清除精神污染"又清到人道主义与异化问题的讨论上。这只能说明，那条"以阶级斗争为纲"、"用大批判开路"的路线和倾向，这种渗透深处的"左"的思潮，象巨型车轮的惯性力，实在太顽强了。其实，邓小平也曾经指出："从 1957 年开始，我们的主要错误是'左'，'文化大革命'是极'左'。由于根子深，时间长，'左'已经形成了一种习惯势力。"①

　　马克思主义本来是一门富于创造性的学问，而且应当是无产阶级和人民群众的理论武器。可是由于我们自己的某种文化传统，又受东方邻国某种"正宗"的影响，在我们这个国度里，对马克思主义的"创造"和"发挥"权，只能属于领导者，特别是最高领导者个人。马克思主义所指导的各个文化研究领域，也总要由领导者个人来"掌舵"、"领航"、"纠偏"。这几乎成了一种传统、一种模式、一种习惯。以往意识形态领域的大批判，一般都由最高领导者个人先下判断，作定论，自上而下地发动。这次略有不同，是自下兴起讨论，然后自上发动批判；这次作总结下判断的，不是最高领导者，而是意识形态的主管人。这使我想起，1947 年 6 月，在苏共中央组织的《西欧哲学史》讨论会上，主管意识形态工作的

---

① 《邓小平文选》第 3 卷，人民出版社 1993 年版，第 237、228 页。

日丹诺夫，作了长篇总结性的发言，严厉批评《西欧哲学史》所犯的
"严重错误"，并且作出一个"定论"："哲学史也就是唯物主义与唯心主
义斗争并战胜唯心主义的历史"。这个论断曾经长期支配一些国家的哲学
史的研究与教学，后来人们才逐渐醒悟要突破这个教条主义的框架。胡乔
木关于人道主义的"二分法"，虽然也在一段时间起着支配作用，但随即
便有人提出质疑与反驳。

马克思主义的丰富与发展，主要依据革命与建设的实践，依靠广大群
众的创造。领导者个人起着重大作用，但个人的学识水平和思维能力总是
有限的。在学术和真理面前，应当人人平等，领导者个人应当与普通学
者、知识分子一起，平等地参与讨论，互相切磋、争鸣，共同探究真理。
真理愈辩愈明，真理是在不同观点的互相比较、互相批评和商讨中形成和
发展的。如果不以学术、真理为重，而以政治、权势为重，不顾学术繁
荣、真理发展的规律，而一味强调意识形态的"舆论一律"，那就很容易
走到政治凌驾于学术之上，个人干预、控制学术讨论的老路上去。这说
明，两千年来的皇权专制主义、半个多世纪的"左"的路线的影响，是
根深蒂固的。有些人走这条老路，是那么习惯、那么顺当。所以，人道主
义和异化问题的讨论，又以领导者个人的干预、以发动"大批判"而告
终，又是一次重大的反复和遗憾。究其原因，既有某些个人的因素，更有
既定体制的故障，我们寄希望于执政领导者认识上的转变，更寄希望于体
制上的根本改革。

我们的民族本来是富于反省传统的。一个不善于总结经验教训的政
党，很难说是一个成熟的政党，一个不勇于反省的民族，很难真正地兴旺
发达。及时地总结经验、教训，把犯过的错误变成精神财富，不要总是重
蹈覆辙，不要总在弯路上跌跌撞撞，不要总让广大百姓和知识分子付出高
昂的学费和沉重的代价。诚如老革命家兼毛泽东思想专家李锐所说，1981
年通过第二个《历史决议》之后，还只是"研究晚年毛泽东的开始，毛
泽东晚年的阴影仍笼罩着我们，彻底揭掉这层阴影，是我们的历史任
务"[1]。

这里只是试图简要回顾和反省这段历史中的某些曲折，促使人们以史
为鉴，促使人们反省的自觉性，认真总结执政者的经验教训，总结理论思

---

[1] 李锐：《李锐谈毛泽东》，香港：时代国际出版有限公司 2008 年版，第 226 页。

维的经验教训，尊重学术，尊重人才，建立和健全民主体制，使人民真正当家作主，充分调动人的积极性与创造性，建设一个真正民主、繁荣、富强的国家。这就是我们迫切的愿望。

七 富于探索和创新精神的新著
——任恢忠著《物质·意识·场》一书代序

在当前我国哲学界特别是马克思主义哲学领域比较沉寂的气氛中，我们读到任恢忠先生的《物质·意识·场》一书，像是迎面吹来一阵清风，使人有清新、愉悦之感。力去陈言，刻意求新，是这本书研究哲学重大问题的显著特点。

对某些自然科学的内容，我不大懂，不能妄加评论，但在通读全书之后，却基本上可以理解作者的主要观点和思路，并且可以作出这样的判断：作者在坚持马克思主义哲学基本原理的前提下，对某些多年流行的范畴格式和理论框架，作了反传统观念的探索和突破性的尝试，而且其理论是有根据的，即持之有故，言之成理。这对于一个哲学理论的业余爱好者来说，确实难能可贵。作者的富于创新精神的勇气和毅力首先值得我们专业的哲学工作者学习。

远在马克思主义诞生之前，辩证法大师黑格尔曾在柏林大学的"开讲辞"中充满激情地说道："追求真理的勇气，相信精神的力量，乃是哲学研究的第一条件。"[1] 又说："精神的伟大和力量是不可低估和小视的。那隐蔽着的宇宙本质自身并没有力量足以抗拒求知的勇气，对于坚毅的求知者，它只能揭开它的秘密，将它的财富和奥妙公开给他，让他享受。"我们的理论界和哲学界应当积极支持和鼓励这种坚毅的求知者，应当相信追求真理的精神是伟大的。

全书的重要探索，比较集中在辩证法思想方面。在马克思主义哲学史上，关于辩证法的内容和实质，是引起歧义最多、争论最为纷繁复杂的一个方面。从本世纪 20 年代开始，在国际范围内，传统马克思主义与西方马克思主义，围绕辩证法问题，就有过一场激烈的争论，这种争论持续了

---

① 黑格尔：《小逻辑》，商务印书馆 1980 年版，第 36 页。

半个多世纪，至今仍未完结。从恩格斯到列宁以后的被认为正统马克思主义的辩证唯物主义或唯物辩证法，是以自然本体论和唯物主义反映论为基础的辩证法。恩格斯曾经把辩证法区分为客观辩证法和作为客观辩证法自觉反映的主观辩证法，即思维、认识的辩证法。匈牙利思想家卢卡奇在《历史与阶级意识》中所开创的"西方马克思主义"思潮，特别是其中的人本主义派别，则多半依据马克思的早期著作，强调从实践的观点、异化和人化自然的观点理解辩证法，只把辩证法看作社会历史领域变革现实的方法，否认自然辩证法或纯客观辩证法的存在。西方马克思主义者一般都把辩证法的理论视角转向了社会历史和人的领域，以至心理世界。这种转向，对于东、西方马克思主义之间的争议，虽未取得显著的成果和确定的结论，而且看来对我国理论界的影响也并不是很大，但西方马克思主义者的许多探索性的见解，仍然包含着某些重要的启发和借鉴意义。

就国内哲学界的情况来看，几十年来，特别是近十几年来开展得比较充分的关于辩证法的学术探讨和争议，主要表现在以下3个方面：①关于唯物辩证法的研究对象、基本规律和理论体系；②如何容纳、吸取现代科学的某些新的成就和概念，如："老三论"、"新三论"的成就和概念；③开展应用哲学或特殊辩证法的研究，如自然辩证法、军事辩证法、社会主义社会辩证法、人学辩证法以及辩证逻辑，等等。但总的看来，这些探讨和争议基本上仍局限于传统的理论态势和框架之内，缺少比较重要的突破。

《物质·意识·场》一书的意义，就在于它既坚持了唯物辩证法的基本原理，又对传统的观念和格局作了某些创新和突破的尝试。我个人认为，有以下几点是值得重视的：

第一，运用辩证法，对世界从以往平面的考察转向立体的考察。对于物质和意识、运动和场、时间和空间、系统和层次等系列基本范畴，作者不停留在平面的哲学考察上，而是从纵向横向等立体视角，看到整个世界的一个网络性的结构。客观的世界和事物本来是多方面、多角度的普遍联系和不断运动的，而我们却往往只从单一的平面上去考察。这样，虽然口头上强调全面性，实际上却往往只是片面的。归根结底是二维的。黑格尔在《逻辑学》中曾经说过："从来造成困难的总是思维，因为思维把一个对象的实际上联结在一起的各个环节彼此分隔开来考察。"列宁在《哲学笔记》中就这点作了重要的发挥，他指出："思维对运动的描述，总是粗糙化、僵化。不仅思维是这样，而且感觉也是这样；不仅对运动是这样，而且对任何概念也都是这样。"①《物质·意识·场》一书是在试图克服这种粗糙化和僵化的缺陷，并尝试着更加接近于客观实际的辩证思维。作者认为唯物辩证法的规律不是一条、两条，也不只是三条，而是一个体系。在肯定对立统一是这一体系中核心规律的同时，亦把自然界和辩证法的规律又分为三种类型：纵向上有限的必然性规律；横向上多样的或然性规律，中介面上无限的零类规律。这就形成了一种规律的体系，使世界以一种立体的形象栩栩如生地展现在人们的面前。

第二，把矛盾看作一个多层次的系统，使矛盾思维与系统思维有机地结合起来。矛盾形态的辩证思维坚持矛盾的普遍性和特殊性的统一，强调矛盾是事物发展的动力；系统形态的辩证思维依据现代系统论，强调事物的系统性和整体功能。二者究竟是什么关系？这是近些年来有关辩证法讨论的重要问题之一。一般都承认，系统思维与矛盾思维是并不互相排斥的。一方面，矛盾思维并不否认任何事物都是由多种要素构成的。在强调对立统一学说是辩证法核心的《辩证法的要素》一文中，列宁同时也指出："这个事物对其他事物的多种多样的关系的全部总和"、"事物（现象等等）是对立面的总和与统一"。②

另一方面，系统思维在强调事物的全方位立体网络的同时，也承认立体网络中两个基本方面的矛盾是系统的核心。问题主要在于，作为现代形态的辩证思维，系统思维是否高于矛盾思维？能否代替矛盾思维？一种观点认为，矛盾形态的辩证思维是辩证法的最高、最基本的形态，它本身包含系统形态的辩证思维，它只是应当吸收现代系统论中的合理因素，更加展开和丰富自己的内容。另一种观点则认为系统形态的辩证思维包含矛盾形态的辩证思维，它克服了矛盾思维的单一性、平面性的缺陷，它把辩证思维推进到当代的更高阶段。作者没有明确地就这种分歧发表见解，但看来作者是基本持前一种观点的。书中吸取当代科学的"老三论"和"新三论"的成果，引进系统与层次相统一的范畴，目的在于更好地把握和透视物质世界各个方面的表现形态和辩证关系。作者把宇宙中的一切事物都看作一系列有层次的系统结构，而层次系列的关联性的根本特征却是对

①　《列宁全集》第 2 卷，人民出版社 1990 年版，第 219、190 页。

②　同上。

立统一，即所有层次系列中的基本关系都是一分为二或合二为一的，如纵
向上的排斥与吸引、自立与互相依赖、一与多；横向上的并存与联系、独
立与平等、统一与斗争，等等。因此，作者指出："一切系统虽然纷繁杂
陈，但归根结底都是对立统一的有机体，而不是什么复合体。"（《物质·
意识·场》，第77页）。

显然，作者没有把矛盾思维与系统思维对立起来，也没有在二者的理
论层次上分高低，而是力图使二者达到融合。他认为矛盾规律是整个辩证
法学说的基础，也是解析系统规律的钥匙，而系统规律的发现和确立，又
进一步丰富了辩证法的内容，也进一步证明了辩证法和矛盾学说的正确性
与科学性。作者提出了矛盾系统的思想，分析了矛盾的系统性和层次性，
并且初步设想了矛盾系统运动的规律，即整个优化律、结构质变律、中介
转化律，试图推进辩证法的理论内容。

第三，着重探讨和运用了辩证法的中介范畴。我认为这是这本书最重
要的理论特色和富于理论意义的成果。

应当说，"中介"是辩证法的一个基本范畴。辩证法学家黑格尔是非
常重视中介这个范畴的，他的《逻辑学》处处涉及中介问题。在黑格尔
那里，"中介"就是一种间接性或关系，一种桥梁或过渡。他认为，世界
上的任何事物没有不同时包含着直接性与间接性的。他的逻辑范畴三段式
中的第二个范畴、《逻辑学》第二部分"本质论"中的范畴，都具有中介
性的特点。列宁在《哲学笔记》中不但明确肯定了黑格尔的中介范畴，
而且在界说辩证法的研究对象、划清辩证法与诡辩论的界限时，都深刻地
运用了中介性的思想。列宁说："辩证法是一种学说，它研究对立面怎样
才能够同一，是怎样（怎样成为）同一的——在什么条件下它们是同一
的、是相互转化而同一的。"[1] 这里所说的"条件"，也就是某种中介。没
有一定的条件或中介，对立面是不能成为同一和相互转化的。这也正如恩
格斯所说："一切差异都在中间阶段融合，一切对立的东西都经过中间环
节而互相过渡。"[2] 接着列宁又进一步提出了一个重要论断："概念的全面
的、普遍的灵活性，达到了对立面同一的灵活性，——这就是问题的实质
所在。主观地运用的这种灵活性＝折中主义与诡辩。客观地运用的灵活

---

① 《列宁全集》第2卷，人民出版社1990年版，第90、91页。
② 恩格斯：《自然辩证法》，人民出版社1995年版，第190页。

性，即反映物质过程的全面性及其统一性的灵活性，就是辩证法，就是世界的永恒发展的正确反映。"① 这里所说对概念灵活性的"主观的应用"，实际上就是指不讲条件，抹杀或否定中介的作用，把对立面任意混合或直接等同起来，这就会导致折中主义和诡辩论，而客观地应用对立面同一的灵活性，正是要讲条件，重视中介的作用。这便是唯物辩证法与折中主义、诡辩论的原则界限。

在当代马克思主义哲学思潮中，匈牙利著名哲学家卢卡奇特别注意论述了"中介"范畴。他的《历史与阶级意识》一书，把总体性思想看作辩证法的实质，但他认为总体是不能没有中介的，总体必须通过一系列中介环节才能被理解与把握。他指出资产阶级思想家的方法论恰恰就是缺乏中介，因而就不能不陷入纯直接性的泥坑，把资本主义社会看作一种永恒的自然规律，不能把当前历史性的事件把握为世界历史的一部分；无产阶级的思想家则要借助于中介范畴的方法论应用，透过直接性去认识资本主义社会的内在本质而提高自己的无产阶级意识。令人遗憾的是，卢卡奇这方面的见解并未引起人们足够的重视。

在我们的辩证法的宣传和研究中，长期以来对辩证法的中介范畴是有所忽视的。这不能不说是一个严重的缺憾。当然，这与在一定历史时期内唯心主义横行、形而上学猖獗的状况有联系。在思想方法上，我们只习惯于讲"一分为二"，而不习惯于同时承认"一分为三"，"一分为多"，忽视客观现实生活的复杂性、多样性和多重性。在建设实践中，我们曾经不顾各种现实条件而好大喜功、盲目冒进，并且习惯于"一窝蜂"和"一刀切"，在政治思想和意识形态领域，我们曾经推行极端两极化的思维，习惯于信奉"不是东风压倒西风，就是西风压倒东风"，不是无产阶级一家，就是资产阶级一家……这就往往把复杂的现实生活简单化，往往忽视了各种均衡、过渡的形态，忽视了大量的中间力量和中间类型。其实，否认或忽视中介，搞简单两极化的思维方式，就是"非此即彼"的形而上学，就是概念灵活性的"主观地应用"，而不是真正的辩证法，对此我们过去不大自觉，理论上没有是非。因此，在哲学理论上重视研究和运用唯物辩证法的中介范畴，是有重大理论意义和现实意义的。

《物质·意识·场》一书的重要特点，从辩证法的角度看，就是它特

---

① 《列宁全集》第 2 卷，人民出版社 1990 年版，第 90、91 页。

别着力于中介范畴的探讨和运用，使概念和范畴有重大突破，应当承认这一特点贯穿于全书之中。

按照作者自己的说法，"世界上，一切系统都是由软硬要素并通过中介环节而组成的。"① 比如，就整个世界来说，"物质"是硬要素，"意识"是软要素，"场"是中介环节。分别就物质来说，则有"实物质"、"虚物质"和"零物质"；就意识来说，则有"显意识"、"虚意识"和"无意识"。就运动的基本形态来说，有"扩展运动"、"发展运动"、"零点运动"；就运动的存在形式来说，则可区分为"实空间"、"虚空间"、"零空间"和"实时间"、"虚时间"、"零时间"。最后，就思维方法来说，在辩证法与形而上学之间，作者还提出了"零点思维方法"作为中介范畴。

在这里，作者尽力强调并广泛发挥了恩格斯关于"零"的含义的论述。恩格斯曾经指出："零是任何一个确定的量的否定，所以不是没有内容的。"②

正由于零没有确定的量，它就有容纳各种量的可能性；零没有确定的方向，它就有向各种方向发展的可能性。因此，零最有利于充当各种对立面之间相互过渡的中介或桥梁。作者在各种中介环节、中间范畴上冠以"零"字，是有一定根据的，也够有意思的。当然，许多具体的论述和界说能否成立，需要经过充分的学术讨论和实践检验来辨明。

总的说来，作者关于"中介"的论述和发挥，比较突出的优点和意义是：

1. 作者把"中介"和"零"的概念运用于整个世界的最基本的方面和哲学的最基本的范畴上，诸如物质、意识、物质运动、时间、空间以及思维方法，等等，对于传统的理论框架和思维定势注入了某种新的活力，使得一些人们原本熟悉的哲学概念显得更加灵活和更具有弹性。尽管许多具体的论点和分析，还有待于进一步研究和校正，但它具有开创性、启发性意义，它活跃了人们的思想，启迪了人们的智慧。这对于马克思主义哲学的理论建设和学术探讨具有不可忽视的积极的促进作用。

2. 作者从多方面寻求"中介"的尝试，对"中介"范畴的深入探

---

① 任恢忠：《物质·意识·场》，学林出版社 1999 年版，第 38 页。
② 恩格斯：《自然辩证法》，人民出版社 1972 年版，第 238 页。

讨，是对当代马克思主义辩证法史上某些传统观念的冲击，也是对某种薄弱环节的重视和弥补。这对于总结理论思维的经验教训，澄清某些理论是非，从而更加准确理解和运用马克思主义辩证法，更加完善马克思主义辩证法理论体系，是十分有意义的，十分有益的。

（写于 1997 年）

八　倡导智慧与自由的哲学
　　　　——读许全兴著《马克思主义
　　　　哲学自我革命》

　　这不是一本政治宣传性的读物，而是一本功底扎实、富于现实感的理论著作，是作者积累数十年教学与研究经验的一个全面总结，也是作者对马克思主义哲学命运与前途的一种深沉思考。书中对有关马克思主义哲学的一系列重大问题，作了中肯的分析与探索，材料丰富，又颇具论辩性，是马克思主义领域多年比较少见的厚重之作。

　　全书近 40 万字，共分 3 篇。上篇着重阐述马克思主义哲学自我反思的必要性，对"被教条化"的原因作了多方面的分析；中篇着重阐述马克思主义哲学的中国化问题，对中国哲学的基本精神提出独到的见解；下篇着重阐述当代马克思主义哲学的若干重要范畴，有关马克思主义哲学创新和自由的高扬，颇能发人深思。

（一）分析马克思主义哲学"被教条化"的原因

　　马克思主义自诞生以来，走过 160 余年的历程。作者不是直线地看待这个发展历程，而是看到高潮之后有低潮、发展之中含危机的曲折性。他把整个历程概括为"两次高潮，两次低潮"。1848 年欧洲革命和 1871 年巴黎公社革命后，19 世纪末 20 世纪初，出现过以伯恩斯坦为代表的"修正主义"思潮；俄国革命和中国新民主主义革命取得胜利后，马克思主义在国内占据主导地位，都曾出现严重的教条主义与个人迷信。我国改革开放 30 余年来，经过拨乱反正，马克思主义进入新阶段，依然显示强大的生命力，但就世界范围而言，今日社会主义运动和马克思主义却仍处于低潮和危机之中。

作者意味深长地指出："成功的经验要总结，失败的教训更要总结。"马克思主义是创新的理论，是教条主义的敌人。然而，教条主义却又成了当代马克思主义的一个致命伤。这种马克思主义的被教条化是怎样发生的？怎样从中吸取沉痛的教训？作者作了多方面的分析。就社会原因说，教条主义同专制性体制、个人崇拜、盲从、迷信密切相关。在高度集权下，出现一种倾向："不是用真理的光辉去吸引人，说服人，而是企图用行政的手段，强迫人们接受马克思主义，结果群众不仅不接受，反而引起反感"，马克思主义也变成僵化的教条。就思想原因说，理论变为教条，同思想上骄傲自满、绝对化有关。夸大思想上的某些绝对性因素，导致绝对主义、独断论。就认识论的原因说，已有的概念、原理具有两重性，既是获得新知的出发点，又可能成为获得新知的障碍。马克思主义已有的某些概念、原理，往往被当做衡量、鉴别是非的唯一标准，成为排斥和批判其他观点、见解的根据。就历史文化原因说，教条主义的学风、文风，与封建社会注经解经的文化传统有关。马克思主义占据统治地位后，经学传统并未消失，而且与之相结合，在理论界形成注经、解经、党八股的风气，失去独立的研究与见解，了无新意。这样，马克思主义及其哲学便被教条化，窒息了原有的生命力，陷入严重的危机。作者的这种分析是比较全面而细致的，值得认真思考和借鉴。

正是针对教条主义的严重格局和弊端，作者提出"马克思主义哲学的自我革命"，即自我反思、自我革新。马克思主义哲学本质上是批判的革命的，这不能只对他人，首先应对自身，即自我批判，自我否定。按照辩证法，否定是事物发展的环节，即辩证的自我否定。由此作者对马克思主义哲学，从方法、对象、内容、体系、功能等方面，提出进行自我革命的一系列见解和建议，都是相当中肯的。此外，还专有一题："马克思主义哲学家的自我革命。"作者认为，由于哲学基础理论的高度抽象和思辨，哲学理论的发展，既不能单由人民群众，也不能单由领导者个人来实现，主要应由哲学家来实现。"有什么样的哲学家，就有什么样的哲学。哲学的革命实质上是哲学家的革命。"当代中国马克思主义哲学家应对自我革命有强烈的使命感和责任感。针对哲学家的现状，作者提出的要求是：①确立独立自主的人格，解放思想，清除"奴化"意识，冲破教条主义，积极参与建构具有时代精神的哲学新形态；②密切关注和研究现实，在对现实的反思中把握时代问题与时代精神；③拓宽知识面，将古今中外知识、实践经验和个人感悟融为一体，善于总结和概括各门科学的最新成果；④加强对中国传统哲学的学习与研究，提炼和继承中国哲学的基本精神。

（二）把握中国哲学的基本精神

作者认为，我国现行的马克思主义哲学体系，整体上仍带有舶来品的洋哲学味。马克思主义哲学自我革命的重要内容，是使马克思主义哲学进一步中国化，"建立具有中国内容、中国气派、中国作风的当代形态"。这包含两方面内容，一是与中国革命和建设的具体实践相结合；二是与中国传统哲学相结合，继承和发展中国传统哲学的优秀成果。"中国化的马克思主义哲学应是中国传统哲学的总结与概括，是中华民族智慧的结晶，是中国传统哲学在当代的发展。"

作者对"马克思主义中国化"命题提出的背景作了全面的历史的考察。他认为，长期以来，我国理论界对马克思主义中国化的内涵的理解有所偏颇：只注重马克思主义理论与中国现实相结合，而忽视与中国历史文化相结合。即只注重实践层面（政治层面）的中国化，忽视了文化层面（学术层面）的中国化。不重视对中国历史文化的学习与研究，也是当今中国马克思主义者的明显缺陷。

作者全面探讨了马克思主义哲学中国化的成就，并分别论述了毛泽东哲学思想的主要特点，和当代中国哲学家李达、艾思奇、冯定、杨献珍、张申府、张岱年、冯契等人的思想贡献；并概括叙述了改革开放以来在实践论、生产力论、认识理论、辩证法理论、人学理论方面的重要成就。

作者对马克思主义哲学与中国传统哲学的相互关系作了历史考察和理论分析，初步探讨了二者结合的原则与形式。他认为首要而基本的，是与中国传统哲学基本精神的结合。然而，这种基本精神究竟是什么？历来见仁见智，众说纷纭。作者叙述了有代表性的诸种说法，提出界定中国哲学精神的几条原则：应是中国哲学中积极的、进步的成分，中国哲学的精华；应是中国哲学中具有普遍的、永久价值的珍贵品；应是含义丰富、多种因素的有机统一；应是活的、不断发展着的，不同时代有不同的特点和重点。总之，中国哲学精神是中华民族的灵魂和精神支柱，是推动中国社会发展的精神动力。由此作者揭示了中国哲学精神的 5 个方面：刚健有为，自强不息；经世致用，实事求是；阴阳互补，辩证思维；民贵君轻，以人为本；大同理想，止于至善。这里既吸取了以往学者的研究成果，又反映了作者的多年思考，是概括和提炼比较周到者。

作者针对我国学术界倡导"和合"、称赞"仇必和而解"，把"和"与"和谐"看做中国传统哲学精髓的观点提出异议。他认为这种弥漫中国学界的"和合"思潮值得关注和深思。"和"固然是中国哲学的重要范畴，其中包含辩证法思想、合理的价值追求与审美情趣，在建构和谐社会的今天，理应加以发掘和阐释，但它能否看做中国传统哲学的精髓，却是值得讨论的。正是由于有相当多学者把"和"、"和合"、"中庸"或"天人合一"视为中国哲学的精髓，作者心存疑义，有所保留，因而对中国哲学精神发生兴趣，开展多年研究，才得出以上见解。

作者特别提出，在与中国传统哲学相结合，吸取优秀遗产时，要警惕传统文化消极因素的渗入。他说："毛泽东在把马克思主义中国化的过程中是否有中国传统文化、哲学中消极因素的渗入，则是一个值得我们研究的问题，也是一个不容回避的问题。""毛泽东的晚年思想中渗进了某种封建主义的和小生产者的消极思想，影响了他对社会主义的理解。这是他晚年所犯错误的一个重要原因。"作者认为，中国传统思想中的平均主义、专制主义、个人崇拜等成分，对我们造成过严重危害，"文革"中更是吃尽了封建主义遗毒的苦头，在社会主义现代化进程中，仍有深入清理、批判的任务。中国传统哲学中也存在明显缺陷：比如重整体而轻个人，否认个人独立自主的人格；注重对立方面的相互依存与转化，却包含调和对立，维持现状，反对质变的成分；重思考和直觉，却轻分析与逻辑，等等，都是值得警惕和改造的。

（三）倡导"爱智慧"、"爱自由"的哲学

从本性上说，哲学是爱智慧的学问。亚里士多德又曾说：哲学"是唯一的一门自由的学问"。哲学既崇尚智慧，又崇尚自由。作者肯定，哲学是关于世界观的学问，但在马克思主义哲学看来，"世界观所要回答的，不仅有世界是什么和人类如何认识世界的问题，更重要的有世界应是什么和人类如何改造世界，以满足人的需要，不断扩大人的自由的问题"。"改造世界不仅是指改造客观世界，还包括改造主观世界，提高人的自身素质，朝着自由而全面的方向发展"。就世界观、方法论而言，哲

学是智慧之学，就人生观、价值观而言，哲学又是自由之学。

从目标上说，马克思主义哲学是要解放无产阶级、解放全人类，建立"自由人的联合体"，更是自由之学。自由精神是马克思主义哲学的基本精神。长期以来，人们对此有所忽视。自由问题，甚至成为哲学的禁区或敏感问题。这是导致社会主义事业严重挫折的一个重要根源。

从创新上说，一个民族、社会的创新力，是与它的自由度分不开的。没有个性自由，何来重大创新？但是，"不尊重个性的习惯势力，至今仍在社会生活的各个领域中严重存在，极大地妨碍了中华民族创新力的发展"。为了马克思主义哲学的自我革命与创新，我们应当倡导和实现精神的自由。

总之，智慧与自由，是贯穿全书的主线，是论辩乐章的主旋律。无论是反对教条主义，注重哲学的自我反思，还是主张建构具有时代精神和民族特色的哲学新形态，都体现了对智慧与自由的追求。

书中涉及国内哲学界诸多争议的问题，比如"回到马克思"的说法、马克思与恩格斯哲学思想的关系、"异化"与人道主义的地位、"人学"与马克思主义哲学的关系，等等，作者逐一作了认真分析，发表了独立见解。笔者虽不完全同意他的某些见解，但十分赞赏他的勤勉治学、自由探讨的学风。

（写于 2010 年）

附 录

在马哲史的研究中开拓新境界

——访张翼星教授

《哲学功态》编辑部

　　记者：您长期在北大哲学系马哲史教研室工作，近些年来出版了多种论著和译著，请谈谈您的专业主攻方向好吗？

　　张：我的主攻方向，可以说是一个重心两个辐射点。重心是列宁主义和列宁的哲学思想，由此向两个点上辐射：一是当代社会主义建设实践和当代中国哲学；二是当代国外马克思主义，主要是"西方马克思主义"。对于列宁的哲学思想，我曾主持"七五"规划国家重点科研项目，1992年出版了专著《列宁哲学思想的历史命运》，在理论界引起了反响。同时，一方面结合我国社会主义建设实践，在国内学术界探讨改革、开放中哲学问题的热潮刚刚兴起时，我与王东、孙承叔合作，于1986年出版了《社会主义建设中的哲学问题探索——改革之路的哲学沉思》；另一方面结合"西方马克思主义"思潮，积极参与了国内学术界有关"西马"的讨论和争议，发表了自己的见解，主张对"西马"作具体分析，并开展东、西方马克思主义的比较研究。

　　记者：列宁主义在当今国际范围内受到了严重的挑战，在国内也遭遇了一定的冷漠，有些人说列宁主义已经过时了，你是怎样认识的？

　　张：的确，当今世界形势发生了显著的变化，时代的主题出现了重大的转折。列宁主义的某些具体结论可能过时了。但是，从总体上看，列宁主义和俄国十月革命的胜利，对人类社会历史发生的重大影响，是不可否认的。列宁主义仍然可看作20世纪马克思主义的主潮，因为它是那个革命历史时代与俄国民族特点的有机统一。20世纪以来，不仅列宁的著作曾经在世界上具有广泛的影响，而且列宁主义的基本思想也一直成为国际社会思潮反复争议的焦点。不仅一系列社会主义国家的出现，与列宁主义的指导密切相关，而且一些社会主义国家先后兴起的改革，如果追溯到源头，也与列宁的思想密切相关。列宁在世时，曾坚决而明确地把"战时共产主义政策"转变为"新经济政策"，这实际上是社会主义史上的第一次改革。列宁在他最后的"政治遗嘱"中又提出了涉及经济、政治、文化体制改革的比较完整的设想，这些重要的思想遗产，至今值得我们认真研究和思考。列宁主义既有国际影响，又具民族特色。从思想实质和总体趋势上看，列宁主义仍然关系着社会主义的命运。至于它所受到的挑战，应当说是正常的现象。任何一种重大的社会思潮，都要接受实践与历史发展的挑战。问题在于我们研究和对待列宁主义的态度。

记者：据我们了解，《列宁哲学思想的历史命运》一书在国内学术界获得了好评。您能谈谈这本著作的理论特色吗？

张：我想，它的主要特点，就在于它不是平铺直叙地一般化地论述列宁的哲学思想，而是要求面向世界，在国际理论讲坛上发表自己的见解。它既是对列宁主义、列宁哲学思想的正面论述，又是与西方学者认真展开的对话。全书分正、附两篇，正篇部分共分 10 章，是就国际上有关列宁思想发生重大分歧和争议的 10 个方面，一一进行分析和评论；附篇部分则是翻译、选编了西方学者有关列宁哲学思想的若干著述，可以供读者对照阅读，供研究者全面参考、比较研究。总之，在国际理论舞台上，作者采取了一种比较冷静、客观的态度，不强加于人，不作简单否定，而是容纳分歧，允许争辩，从容不迫，徐徐道来。这样做，也许更有说服力。

记者：您觉得国内以往的列宁思想研究主要存在什么问题？您的研究中有什么突破吗？

张：我有些自己的看法，谈不上什么"突破"。我觉得以往对列宁主义的理解，受斯大林的影响比较大，对列宁的哲学思想的研究，存在着孤立、静止的观点。

斯大林关于列宁主义的定义，曾被看作是经典性的。一谈到列宁主义，就似乎只是讲无产阶级革命，特别是讲无产阶级专政的。现在看来，斯大林的定义固然有可供参考的一面，但也确实有很大的局限和缺陷。他只讲列宁主义的国际意义，而不提列宁主义的民族特点；他只反映了列宁主义的革命和专政的内容，而忽视了列宁主义的建设和发展的方面。

　　我认为列宁主义的生命力，就在于它的实践活动和理论探索的一个显著特点，就是依据客观形势、实际情况的变化，不断校正和改进原来提出的政策、策略和理论观点。随着时代、历史的前进，列宁主义和列宁的哲学思想，都有它自身的转变和发展的历程。在我看来，列宁的思想，主要经历了两个方面的重大转变和发展。从社会主义的道路上说，经历从"战时共产主义"向"新经济政策"的转变，从哲学的创建上说，经历了从《唯物主义和经验批判主义》到《哲学笔记》的转变。斯大林对待列宁的思想，不是历史地动态地把握，他是向后看而不是向前看的。他据守"战时共产主义政策"而中断了新经济政策的实施，这就导致了后来僵化的社会主义模式的形成；他据守《唯批》的思想而忽视《哲学笔记》的创新探索，这就导致了后来某些哲学教科书的板块和条状结构的形成，这对于各国的社会主义建设和马克思主义的理论建设，都是造成了重大影响和损失的。

　　国内的某些马哲史的教材或著作，往往把列宁思想的几个时期或几本主要著作并列起来，实际上是割裂开来，也表现了孤立、静止地对待列宁思想的倾向。比如，片面地评价和罗列《唯批》的许多方面的"贡献"，而看不出与《哲学笔记》的重大差别，看不到列宁哲学思想的重要转变和升华，我则主张把列宁的主要著作和思想，置于马克思主义发展的历史长河中考察，历史地把握列宁哲学思想的逻辑进程。

　　记者：您研究列宁哲学思想，结合中国现实得到的基本启示是什么？

　　张：我觉得有一个基本的历史事实值得重视。在20世纪的大半个世纪里，中国人一般是通过两重透视或中介，来理解和把握马克思主义的。首先，在很大程度上是透过列宁主义来理解和把握马克思主义。正是"十月革命一声炮响，给我们送来了马克思列宁主义"，"走俄国人的路，——这就是结论"。然后，又在很大程度上是透过斯大林的思想来理解和把握列宁主义的。比如，斯大林的关于列宁主义的定义，几乎成了解读列宁主义的唯一准则。也正是"从斯大林的著作中去找寻自己的胜利的途径"。这两层中介，可能是认识现当代中国历史的两个枢纽点，不少问题之"谜"可以从这里得到说明。这条走过来的道路，包含丰富而沉痛的经验和教训，至今仍有待认真总结、清理和反思。

　　记者：与列宁主义相对照，您又怎样看待"西方马克思主义"的性质和特点？

张："西方马克思主义"，或称"新马克思主义"，是在 20 世纪 20 年代初开始出现的一种思潮，它与西欧的文化历史背景密切相关，可以说是对列宁主义的重大反响，表现了国际上当代马克思主义发展中的不同线索或某种分化。"西方马克思主义"的概念，有一个逐渐扩展和演变的过程，包含着复杂的思想成分和众多的理论派别。基本的派别是人本主义和科学主义，其中人本主义派别显然占主导地位。这种思潮虽然没有统一的理论体系和规范，但也确有某些大致相同或相近的理论倾向。比如，揭露当代资本主义社会的弊端，批评僵化社会主义模式的缺陷，追溯马克思主义的理论渊源，注重考察当代社会生活的重大历史现象和现实问题，并与现代西方哲学的某种派别或成分相结合，试图重新诠释和探讨马克思主义，等等。它的理论色彩上的一个显著特征是：对马克思主义进行某种非正统观念的解释和探索。在这种解释和探索的过程中，对列宁主义或某些传统的流行观念，不免发生这样那样的分歧，甚至在某些具体观点或论述上，也有与"西方马克思学"、"西方列宁学"相似或相近之处。但从基本的研究动因和理论倾向上分析，"西方马克思主义"与"西方马克思学"、"西方列宁学"仍然是有实质性区别的。

记者：那么，您认为"西方马克思主义"与列宁主义的关系如何？

张：应当看到，我们这里所说的"西方马克思主义"，只是西方研究马克思主义的一种思潮，它并不能代表西方所有的马克思主义思潮和派别。但即使就这一种思潮来说，它与列宁主义的关系，也不是只有对立的一面，而是既对立又统一的关系，即既包含重大差别和原则分歧的一面，也包含互相补充、互相借鉴的一面。比如，在关于辩证法的理论观点上，与列宁的唯物辩证法思想有重大分歧，"西方马克思主义"者往往凭借实践观的视角，主张一种回到主体、回到人的辩证法。这种观点固然有忽视辩证法的客观来源、从而偏离唯物论的倾向，但他们转而加强对人本身、对主客体的相互关系，以及心理等领域的研究，却也正是针对或弥补了传统辩证法观念的薄弱或有所忽视的方面。最近由重庆出版社出版的《理论视角的重大转移——"西方马克思主义"的辩证法观》，正是讨论这一问题的。

记者："西方马克思主义"曾在 60 年代达到高潮，八九十年代似已进入低谷，有人说它"已处于花叶飘零的境地"，是这样么？

张："西方马克思主义"这种思潮的问题和缺陷是明显的，它的基本观点和主张，并没有在社会实践中获得富有成效的检验。"西马"在揭露资本主义弊端、批评僵化的社会主义模式时，既有触及深处而相当尖锐的一面，但也因缺乏历史分析而多有偏颇之处；在强调总体革命、倡导文化批判时，既有全面审视的深邃目光，也有忽视经济基础的严重缺陷。与五十六年代的盛况相比，"西马"当前确已处于低潮，但低潮并不等于没落或消失。任何社会思潮的发展，都不是直线式的，总是呈现曲折起伏的波浪形。自八九十年代以来，"西马"的某些派别和代表人物，进入更加深沉的思索和探讨，他们更加潜心于研究诸如苏联、东欧剧变的原因、当代资本主义的命运、市场经济与社会主义的关系，以及有中国特色的社会主义的性质等方面的问题，已经提出了各种见解。有的派别还把注视科学和社会的目光投向了全球性的问题，如生态危机、后工业社会、女权社会、现代家庭，等等，形成了"生态学马克思主义"、"分析学马克思主义"、"人类学马克思主义"、"女权主义"等新的派别。这种新的趋向是值得我们重视的。

　　记者：您认为20世纪马克思主义的主潮是列宁主义，那么，如何展望21世纪的马克思主义的主潮呢？

　　张：整个时代的主题已经由战争与革命转换为和平与发展。过去流行的社会主义观念也正在向新型的社会主义观念转变。21世纪将是一个科学技术空前快速发展的世纪，人类将进入一种知识信息化的时代。但是，只有彻底解放生产力，最终解放全人类，拯救整个地球的目标，也许是东、西方马克思主义可以达到的共识。21世纪的马克思主义的主潮，必须是立足于生产力和科学技术的高度发展，并且更高地综合人类优秀的文化遗产，综合现代东、西方哲学和东、西方马克思主义的研究成果的一种创新的形态。我们应当克服那种狭隘的"唯一正统"的观念，克服那种对待马克思主义思想史的单线性和直线性的思维模式，以更加积极而开放的心态注视和促进马克思主义的新发展，迎接新的21世纪的到来。

　　记者：听说您近来对北大校史和蔡元培的思想很有兴趣，是这样吗？

　　张：我是一个在北大生活了几十年的"北大人"，风风雨雨将近50年，道路是很不平坦的。这次纪念建校100周年，回顾百年沧桑，更加使我心潮起伏、感慨良多。每天清晨，我喜欢跨进西校门，心中半是歌唱半是默祷地迈步在未名湖畔，领略校园内的文化氛围。校庆前后我认真学习校史，读蔡元培、胡适等人的著作，提建议，写文章，总想尽一份心意和责任。

记者： 您为什么特别重视蔡元培的思想？

张： 蔡元培是现代中国最杰出的教育家，他懂得教育发展和人才成长的规律。他在北大任校长期间，把学术研究提到首位，积极倡导并坚决实施"兼容并包，思想自由"的方针，并且提出"以美育代宗教"的主张，要求塑造健全的人格。由于他在北大推行一系列前所未有的改革，才使北大学术繁荣，人才荟萃，蜚声中外。蔡元培的教育思想，融合了中西文化成果，蕴含着丰富的哲理，并且在许多方面是超前性的。北大最近排演了话剧《蔡元培》，表现了一个主题思想：北大不能没有蔡元培。这使观众很受感动，不少人潸然泪下。我想，在庆祝校庆的热闹非凡的场面过去之后，人们应当冷静下来，深入研究蔡元培的教育思想，认真总结北大发展教育、培养人才的基本经验和教训，不务虚名，脚踏实地，才能真正弘扬传统，继往开来，为祖国的现代化事业作出更多更大的贡献。

（原载《哲学动态》1998 年第 7 期）